지은이 **서미진**

네이버 비즈니스 스쿨 대표 강사로 온라인 판매를 시작하는 분들을 위한 스마트스토어, 네이버쇼핑 교육을 강의했습니다. 대한상공회의소와 LG전자에서 마케팅 강의를 진행하고, 강원창조경제혁신센터, 농촌진흥청 국립식량과학원, 울산경제진흥원 등에서 마케터 컨설팅을 담당하고 있습니다. 네이버 지식iN eXpert에서 온라인사업 전문가로 활동 중입니다.

이전에는 옥션, 11번가, 지마켓 등의 온라인 교육센터 기획 구축 운영 업무를 대행했고, 네이버쇼핑 온라인 교육센터와 P&G 바이럴 마케팅 콘텐츠 기획 및 운영을 맡았습니다. 롯데 그룹(롯데닷컴, 롯데아이몰, 롯데백화점) 온오프라인 교육 프로그램과 온라인 판매 매니저 과정, 쿠팡 교육 운영 대행 총괄 및 온라인 판매자 교육을 진행했습니다.

이메일 belle7074@naver.com

왕초보 판매자도 파워셀러가 되는 **네이버 스마트스토어 시작하기(개정2판)**

초판 1쇄 발행 2020년 10월 28일
개정판 1쇄 발행 2023년 03월 13일
개정2판 1쇄 발행 2024년 04월 30일
개정2판 2쇄 발행 2024년 08월 26일

지은이 서미진 / **펴낸이** 전태호
펴낸곳 한빛미디어(주) / **주소** 서울시 서대문구 연희로2길 62 한빛미디어(주) IT출판1부
전화 02-325-5544 / **팩스** 02-336-7124
등록 1999년 6월 24일 제25100-2017-000058호 / **ISBN** 979-11-6921-243-4 13000

총괄 배윤미 / **책임편집** 장용희 / **기획·편집** 윤신원 / **교정** 신꽃다미
디자인 최연희 / **전산편집** 김희정
영업 김형진, 장경환, 조유미 / **마케팅** 박상용, 한종진, 이행은, 김선아, 고광일, 성화정, 김한솔 / **제작** 박성우, 김정우

이 책에 대한 의견이나 오탈자 및 잘못된 내용은 출판사 홈페이지나 아래 이메일로 알려주십시오.
파본은 구매처에서 교환하실 수 있습니다. 책값은 뒤표지에 표시되어 있습니다.
한빛미디어 홈페이지 www.hanbit.co.kr / **이메일** ask@hanbit.co.kr

Published by HANBIT Media, Inc. Printed in Korea
Copyright © 2024 서미진 & HANBIT Media, Inc.
이 책의 저작권은 서미진과 한빛미디어(주)에 있습니다.
저작권법에 의해 보호를 받는 저작물이므로 무단 복제 및 무단 전재를 금합니다.

지금 하지 않으면 할 수 없는 일이 있습니다.
책으로 펴내고 싶은 아이디어나 원고를 이메일(writer@hanbit.co.kr)로 보내주세요.
한빛미디어(주)는 여러분의 소중한 경험과 지식을 기다리고 있습니다.

왕초보 판매자도
파워셀러가 되는

네이버 스마트 스토어 시작하기

개정2판

서미진 지음

 프롤로그

스마트스토어로 창업을 시작하는
초보 창업자분들에게

모든 일에서 '시작'은 매우 중요합니다. 온라인 창업도 마찬가지입니다. 모든 것을 완벽하게 준비할 수는 없지만, 아무것도 준비되지 않은 채 창업하면 수많은 시행착오를 겪습니다. 특히 온라인 판매를 처음 시작하는 초보 창업자들이 겪는 시행착오에는 놀라울 만큼 비슷한 이야기가 많습니다.

제가 십 년이 넘는 기간 동안 만나본 온라인 판매자들의 창업 라이프는 결코 평탄하지 않았습니다. 판매 아이템으로 고민하고 마케팅으로 속 쓰리고, 더 나아가 만족스럽지 않은 반응과 낮은 매출에 상처받으면서 외롭고 힘든 시간을 버텨야 합니다. 온라인 창업 초기에는 이런 일들이 일상입니다. 자본이 충분하고 마케팅 감각을 타고난 일부 판매자를 제외하면 초기의 시행착오 속에서 '사업 포기'를 수없이 고민하기도 합니다.

저는 '시작'을 준비하는 초보 창업자에게 늘 이야기합니다. 인테리어가 끝나지 않은 가게의 개업식을 할 수 없는 것처럼 온라인 쇼핑몰도 내 스토어를 탄탄히 잘 갖추고 준비한 뒤에 '개업식'을 해야 한다고 말입니다. 온라인 쇼핑몰의 개업식은 고객이 내 스토어에 방문할 수 있는 여러 길을 만들고 스토어 내부를 제대로 꾸며 상품을 진열한 후에 해야 합니다. 네이버의 다양한 서비스를 활용하면서 잘 준비하다 보면 예상치 못한 노출 기회와 탁월한 결과를 만날 수도 있습니다. 탄탄히 준비한 시작은 더 큰 성장을 위한 큰 밑거름이 될 것입니다.

스마트스토어 성공의
첫걸음을 돕겠습니다

저는 2004년 10월부터 옥션, 11번가, 네이버쇼핑, 롯데 그룹, 쿠팡 등의 온라인 교육센터에서 온라인 판매를 시작하려는 분들과 만나왔습니다. 처음 판매를 시작하려는 분들은 물론이고 지금 하고 있는 판매를 좀 더 잘해보려는 분들을 많이 만났습니다. 네이버 파트너스퀘어에서 열리는 교육에는 회당 약 150여 명이 참석합니다. 수강생들의 눈에서는 빛이 납니다. 새로운 시작을 계획하는 반짝임, 열심히 하기 위한 열정, 더 잘해보려는 의지, 다양한 사연 속에서 온라인 판매를 '시작하려는 분'들의 눈빛은 뜨겁습니다.

시작하려는 분에게 필요한 내용을 기획하고 제작하고 전달하는 과정은 저에게 매우 즐거운 시간입니다. 저는 항상 최선을 다해 '아는 것을 쉽게 알려드리고 싶고, 모르는 것은 찾아서라도 알려드리고 싶은 마음'으로 십 년이 넘는 시간을 네이버에서 강의했습니다. 그러던 중 파워셀러(상위 판매자)와의 인터뷰를 통해 '성공은 한 줄의 정답으로 설명할 수 없다'는 것을 배웠습니다.

제가 전달하는 방법들이 스마트스토어의 성공으로 가는 단 하나의 정답이나 절대적인 길은 아닙니다. 그러나 분명한 것은 제가 만난 수많은 판매자가 성공했던 과정을 함께 하며 얻은 경험치라는 것입니다. 이러한 다양한 예시와 오답 등을 안내함으로써 탄탄한 성공의 시작을 돕고자 합니다. 주저하지 말고, 걱정하지 말고 과감하게 첫걸음을 내딛으세요. 내년엔 더 좋은 자리에서 뵙겠습니다. 당신의 성공을 응원합니다.

저자 서미진

이 책의 구성

이해가 쏙쏙 되는 내용 설명

스마트스토어 창업부터 아이템 선정, 상품 등록, 전시, 운영, 마케팅 등 스마트스토어를 시작할 때 알아두어야 할 핵심만 뽑아 쉽게 알려줍니다.

상세한 따라 하기 실습

스마트스토어 판매자 가입부터 개설, 상품 등록, 전시, 레이아웃 관리, 마케팅 연동까지 스마트스토어 운영에 필요한 모든 내용을 하나하나 상세하게 알려줍니다.

어려운 부분을 콕콕 짚어주는 스마트스토어 TIP

생소한 용어를 소개하고 스마트스토어 판매에 필요한 궁금증을 속 시원히 풀어주어, 어려운 내용도 막히지 않고 학습할 수 있게 도와줍니다.

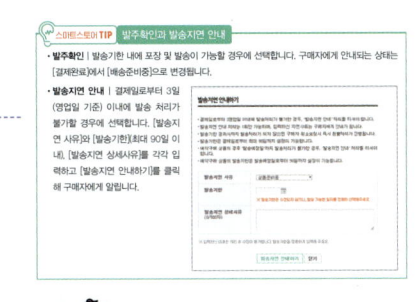

스마트스토어 전문가의 실전 노하우

스마트스토어 전문 강사로 일하는 저자의 실전 경험을 바탕으로 꼭 알아야 하는 내용이나 상황에 따른 판매 노하우를 추가로 알려줍니다.

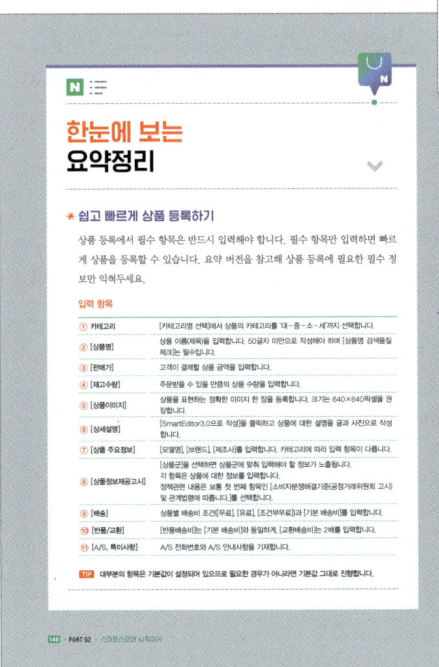

성공적인 스마트스토어 운영을 위한 단계별 체크 리스트

상품 등록, 판매 전시, 레이아웃 관리 등 스마트스토어 운영 및 관리를 쉽고 빠르게 익혀봅니다. 모르는 내용이나 아직 실천하지 않은 내용을 다시 확인해보세요.

목차

프롤로그 　　　　　　　　　　　　　　　　　　　　　　　　004
이 책의 구성 　　　　　　　　　　　　　　　　　　　　　　006

 **PART 01 스마트스토어 준비하기**

CHAPTER 01　온라인 창업과 스마트스토어

SECTION 01 ｜ 온라인 창업, 온라인으로 판매되는 상품 이해하기　020
　01_ 증가하는 온라인 쇼핑　020
　02_ 온라인에서 무엇이든 팔 수 있을까?　022
　03_ 어떤 아이템을 판매하면 좋을까?　024

SECTION 02 ｜ 다양한 온라인 판매처와 스마트스토어의 장단점　027
　01_ 온라인 판매처 한눈에 비교하기　027
　02_ 스마트스토어의 매력　030

CHAPTER 02　네이버 플랫폼 서비스 이해하기

SECTION 01 ｜ 상품이 검색되는 네이버쇼핑　032
　01_ 스마트스토어의 홍보 담당, 네이버쇼핑　032
　02_ 네이버쇼핑에 노출되는 판매처의 종류　034

03_ 네이버쇼핑의 검색결과 화면　　035
　　04_ 네이버쇼핑의 매칭 형태　　036

SECTION 02 | 스마트스토어를 위한 최적의 결제 시스템, 네이버페이　　038
　　01_ 쉽고 편리한 결제수단　　038
　　02_ 고객을 위한 다양한 혜택　　039
　　03_ 낮은 주문관리수수료　　040

SECTION 03 | 비즈니스에 도움이 되는 다양한 네이버 서비스　　042
　　01_ 브랜딩을 위한 모바일 홈페이지, modoo!　　043
　　02_ 내 스토어의 정보를 노출해주는 스마트플레이스　　043
　　03_ 더 많은 유입을 위한 최초의 광고, 검색광고　　044
　　04_ 방문자 데이터 분석을 위한 네이버 애널리틱스(통계)　　045
　　05_ 고객과의 실시간 대화를 위한 네이버 톡톡　　046

| 한눈에 보는 요약정리 | 네이버 서비스와 스마트스토어　　048

✅ CHAPTER 03　창업 준비의 시작, 벤치마킹

SECTION 01 | 나의 상품 구매 경험 되짚어보기　　050
　　01_ 상품 구매 경험으로 벤치마킹하기　　050
　　02_ 고객이 되어보기　　053

SECTION 02 | 잘 팔리는 상품과 상품페이지 분석하기　　054
　　01_ 네이버쇼핑 쇼핑BEST에서 상품 찾아보기　　054
　　02_ 모바일에서 쇼핑BEST 상품 찾아보기　　059
　　03_ 많이 판매되는 상품의 상세페이지 벤치마킹하기　　064

목차

PART 02 스마트스토어 시작하기

CHAPTER 01 스마트스토어 만들기

SECTION 01 | 판매자(셀러) 가입 준비하기 ... 070
- 01_ 개인 판매회원 ... 070
- 02_ 사업자 회원 ... 071
- 03_ 해외사업자 회원 ... 073

SECTION 02 | 스마트스토어 이름 짓기 ... 074
- 01_ 좋은 이름 ... 074
- 02_ 피해야 할 이름 ... 076

SECTION 03 | 스마트스토어 개설 전에 알아두어야 할 네 가지 ... 077
- 01_ 사업자등록을 반드시 해야 할까? ... 077
- 02_ 개인 판매회원에서 사업자 회원으로 변경하려면? ... 078
- 03_ 스마트스토어를 여러 개 만들 수 있을까? ... 084
- 04_ 스마트스토어를 새로 만들 수 있을까? ... 085

SECTION 04 | [따라 하며 배우는] 스마트스토어 판매자 가입하기 ... 086
- 01_ 스마트스토어센터 접속 ... 086
- 02_ 판매자 유형 선택 ... 088
- 03_ 정보 입력 ... 091
- 04_ 가입 완료 ... 096

CHAPTER 02　스마트스토어 상품 등록하기

SECTION 01 | [따라 하며 배우는] 상품 등록 전 준비　　　　098
　　01_ 상품명 짓기　　　　098
　　02_ 상품 사진 촬영　　　　099
　　03_ 상세페이지 제작　　　　101

SECTION 02 | [따라 하며 배우는] 스마트스토어 상품 등록　　　　103
　　01_ 카테고리 선택과 상품명 입력　　　　104
　　02_ 판매가와 재고 수량 설정　　　　107
　　03_ 옵션 설정　　　　109
　　04_ 상품 이미지 등록　　　　117
　　05_ 상세페이지 등록　　　　119
　　06_ 상품 주요 정보 등록　　　　130
　　07_ 기타 상품 정보 설정　　　　133
　　08_ 배송 외 추가 정보 설정　　　　135
　　09_ 상품 등록 완료　　　　145

| 한눈에 보는 요약정리 |　쉽고 빠르게 상품 등록하기　　　　146

SECTION 03 | 노출에 도움이 되는 상품 등록 노하우　　　　150
　　01_ 카테고리 선호도를 의식한 명확한 카테고리 선택　　　　150
　　02_ 브랜드와 제조사의 전략적 입력　　　　152
　　03_ 상품명의 검색 품질 확인　　　　154

SECTION 04 | 등록된 상품 정보 수정 및 관리　　　　155
　　01_ 상품 정보 수정하기　　　　155
　　02_ 여러 상품을 한꺼번에 수정하기　　　　158
　　03_ 그 외 자주 사용하는 상품 수정　　　　161
　　04_ 상품과 관련된 공지사항 추가하기　　　　162

목차

✓ CHAPTER 03　스토어 전시 관리하기

SECTION 01 | 스토어 전시 관리 전 준비 164
　01_ 내 스토어 정보 확인하기 164
　02_ 스토어 대표 이미지 166

SECTION 02 | [따라 하며 배우는] 1단계 – 공통 관리 170
　01_ 컬러 테마 171
　02_ GNB 위치 172

SECTION 03 | [따라 하며 배우는] 2단계 – 컴포넌트 관리 174
　01_ 스토어 이름 175
　02_ 프로모션 이미지 179
　03_ 신상품 184
　04_ 베스트 상품 186
　05_ 베스트 리뷰 상품 188
　06_ 자유상품 189
　07_ 자유배너 194

SECTION 04 | [따라 하며 배우는] 전시 카테고리 설정하기 195
　01_ 카테고리 그대로 전시(기본 설정) 195
　02_ 나만의 카테고리 설정하기 197
　03_ 전시 카테고리 확인하기 201

SECTION 05 | [따라 하며 배우는] 쇼핑 스토리 설정하기 205
　01_ 쇼핑 스토리 관리 206
　02_ 섹션 등록하기 208
　03_ 전시순서 변경하기 209
　04_ 전시기간 설정하기 210

PART 03 | 스마트스토어 운영하기

CHAPTER 01 | 마케팅 서비스 연결하기

SECTION 01 | 판매와 운영에 도움되는 서비스 연결 ... 214
- 01_ 네이버 서비스 ... 215
- 02_ 추가 연동하면 좋은 서비스 ... 218
- 03_ SNS 연동하기 ... 219

CHAPTER 02 | 배송 및 판매 관리하기

SECTION 01 | [따라 하며 배우는] 주문 확인하기 ... 222
- 01_ 신규 주문 확인 ... 222
- 02_ 주문 실시간 알림 설정 ... 223

SECTION 02 | [따라 하며 배우는] 고객 주문 처리 ... 225
- 01_ 1단계 – 신규 주문 내역 확인 ... 225
- 02_ 2단계 – 상품 포장 및 배송 ... 228
- 03_ 3단계 – 배송 정보 입력 ... 230

SECTION 03 | [따라 하며 배우는] 반품 처리 ... 234
- 01_ 1단계 – 반품 접수 ... 234
- 02_ 2단계 – 상품 확인 ... 237
- 03_ 3단계 – 반품 처리 ... 239

목차

SECTION 04 | [따라 하며 배우는] 교환 처리   241
     01_ 1단계 – 교환 접수   241
     02_ 2단계 – 상품 확인 및 교환 처리   243
     03_ 반품과 교환을 줄이는 노하우   244

CHAPTER 03   고객 관리하기

SECTION 01 | 고객 문의에 응대하기   246
     01_ 고객 문의의 종류   246
     02_ 고객 문의에 응대하기   249

SECTION 02 | 고객 리뷰 응대하기   252
     01_ 리뷰 확인   252
     02_ 리뷰 이벤트   257

CHAPTER 04   정산 관리하기

SECTION 01 | 정산 이해하기   262
     01_ 스마트스토어 정산 프로세스   262
     02_ 정산 내역 확인하기   262
     03_ 정산을 위한 구매확정 유도하기   265

PART 04 스마트스토어 마케팅하기

CHAPTER 01 재방문을 유도하는 마케팅

SECTION 01 | 상품 쿠폰으로 재방문 유도하기 268
- 01_ 쿠폰 설정 이해하기 269
- 02_ 첫 구매 고객 혜택과 재구매 고객 혜택 270
- 03_ 알림받기 혜택 설정 271

SECTION 02 | [따라 하며 배우는] 단골고객 유치하기 272
- 01_ 고객이 내 스토어를 재방문하게 만드는 알림받기 272
- 02_ 알림받기를 유도하는 할인쿠폰 발행하기 274

SECTION 03 | 알림받기를 설정한 고객에게 단체 메시지 발송하기 280
- 01_ 고객이 설정하는 스마트스토어 알림받기 280
- 02_ 알림받기에 동의한 고객에게 마케팅 메시지 보내기 282

CHAPTER 02 내 스토어 체류 시간을 늘리는 마케팅

SECTION 01 | 상세페이지 체류 시간 늘리기 292
- 01_ 추가 이미지 구성하기 292
- 02_ 할인 혜택 노출하기 293

SECTION 02 | 더 많은 상품을 함께 노출하기 294
- 01_ 연관상품 활용하기 294

목차

02_ 코디된 다른 상품을 보여주는 '코디 상품'	296
03_ 여러 상품 구매를 유도하는 '함께 사면 좋은 상품'	297
04_ 비슷한 상품을 함께 보여주는 '유사한 상품'	298

⊘ CHAPTER 03 네이버쇼핑을 이해하는 기본 마케팅

SECTION 01 | 네이버쇼핑 검색 이해하기	300
01_ 네이버 검색 프로세스	300
02_ PC 검색과 모바일 검색의 차이점 이해하기	301
SECTION 02 | 네이버쇼핑의 '네이버 랭킹순' 활용하기	304
01_ 적합도 관리하기	305
02_ 인기도 관리하기	311
03_ 신뢰도 이해하기	313
SECTION 03 | 네이버쇼핑 쇼핑BEST 인기검색어 활용하기	314
01_ 데이터랩에서 인기검색어 확인하기	315
02_ 인기검색어로 상품 기획, 마케팅하기	316

⊘ CHAPTER 04 네이버쇼핑을 활용한 무료 마케팅

SECTION 01 | 상품 하나를 할인 프로모션할 수 있는 '원쁠템'	320
01_ 원쁠딜 활성화하기	320
02_ 원쁠템 제안 따라 하기	322
SECTION 02 | [따라 하며 배우는] 기획전 참여하기	326
01_ 기획전 상품 제안 따라 하기	327

	02_ 기획전을 마케팅에 활용하기	331
SECTION 03	네이버쇼핑 파트너 공식 블로그 활용하기	333
	01_ 다양한 프로모션 확인하기	334
	02_ 타임특가, 프로모션, 기획전 등 프로모션 확인하기	335

⊘ CHAPTER 05 　 네이버 서비스를 활용한 저렴한 마케팅

SECTION 01	네이버페이 수수료를 0%로! 스타트 제로수수료	338
	01_ 스타트 제로수수료 혜택	338
	02_ 스타트 제로수수료 신청하기	339
SECTION 02	[따라 하며 배우는] 성장포인트 활용하기	340
	01_ 매출이 오를 때마다 지급되는 성장포인트	340
	02_ 성장포인트를 활용한 마케팅 노하우	341
	03_ 성장포인트로 네이버 검색광고 진행하기	347

특별부록	온라인 판매 성공 계획하기	350
찾아보기		358
동영상 강의 확인하고 실시간 상담하기		360

N 스마트스토어

PART
01
스마트스토어
준비하기

Chapter 01

온라인 창업과 스마트스토어

온라인으로 창업을 하고 스마트스토어에서 상품을 판매하는 일은 누구나 그리 어렵지 않게 시작할 수 있습니다. 그러나 충분히 준비하지 않고 섣부르게 개설한 스마트스토어는 고객을 만나지 못한 채 낮은 방문자 수와 저조한 매출로 인해 폐점에 이르기 쉽습니다. 강의를 통해 수많은 판매자를 만나면서 안타까운 경우가 많았습니다. 온라인에 익숙한 전문 판매자라면 이미 알고 있을 수 있지만 이제 시작하는 누군가는 꼭 알아두어야 할 이야기를 시작해보겠습니다.

CHAPTER 01　SECTION 01

온라인 창업, 온라인으로 판매되는 상품 이해하기

온라인 창업을 하기로 했다면 "어떤 상품을 판매할 예정입니까?"라는 질문에 바로 대답할 수 있어야 합니다. 판매할 상품을 명확히 정한 사람과 정하지 않은 사람은 출발선부터 다릅니다. 상품 기획은 판매자가 반드시 거쳐야 하는 단계로, 온라인에서 판매할 상품에 대해 이해하고 무엇을 팔지 정하는 과정입니다.

01 증가하는 온라인 쇼핑

2000년대 초반 온라인 쇼핑이 등장한 초기에는 컴퓨터를 통해 인터넷에 접속해야만 상품을 구매할 수 있었습니다. 이때 중대형 온라인 쇼핑몰의 주요 고객층은 20~30대 여성이었습니다. 그들은 사진으로 상품을 살펴본 후 구매하였고, 이로 인해 여성 의류, 패션잡화 상품군을 중심으로 온라인 쇼핑 시장이 급속도로 성장했습니다. 이와 달리 실물을 확인해야 구매 결정을 내릴 수 있는 상품군은 '구매에 대한 불안감'으로 인해 상대적으로 성장이 더뎠습니다.

온라인 쇼핑몰을 이용해온 이들은 이제 쇼핑 경험과 노하우를 많이 쌓아 여성 의류, 패션잡화뿐 아니라 식품, 생필품, 유·아동의류, 가구, 가전 등 대부분의 상품을 온라인으로 구매하고 있습니다. 고객층 역시 확장되어 남녀노소를 불문하고 다양한 연령층에서 온라인 쇼핑을 이용합니다.

컴퓨터를 이용해야만 온라인 쇼핑을 할 수 있었던 때와 달리 요즘은 스마트폰이라는 편리한 도구가 있습니다. 인터넷에 연결할 수 있는 환경이라면 언제 어디서든 스마트폰을 통해 검색하고 쇼핑할 수 있습니다. 또한 편리한 모바일 간편결제 시스템이 개발됨으로써 더욱 빠르게 모바일 쇼핑의 발전이 이루어졌습니다.

온라인 쇼핑 시장은 꾸준히 성장하고 있으며 거래액도 상승하고 있습니다. 통계청 자료에 따르면 온라인 쇼핑을 통해 거래되는 금액은 월평균 15조 원 이상입니다. 다음 자료를 보면 모바일 거래액을 나타내는 파란색 그래프가 전체 온라인 쇼핑거래액의 70% 이상을 차지하고 있음을 알 수 있습니다. 이제 온라인 쇼핑 고객은 우리 가까이에 있는 스마트폰으로 상품을 찾고, 결제하고 있다는 의미입니다.

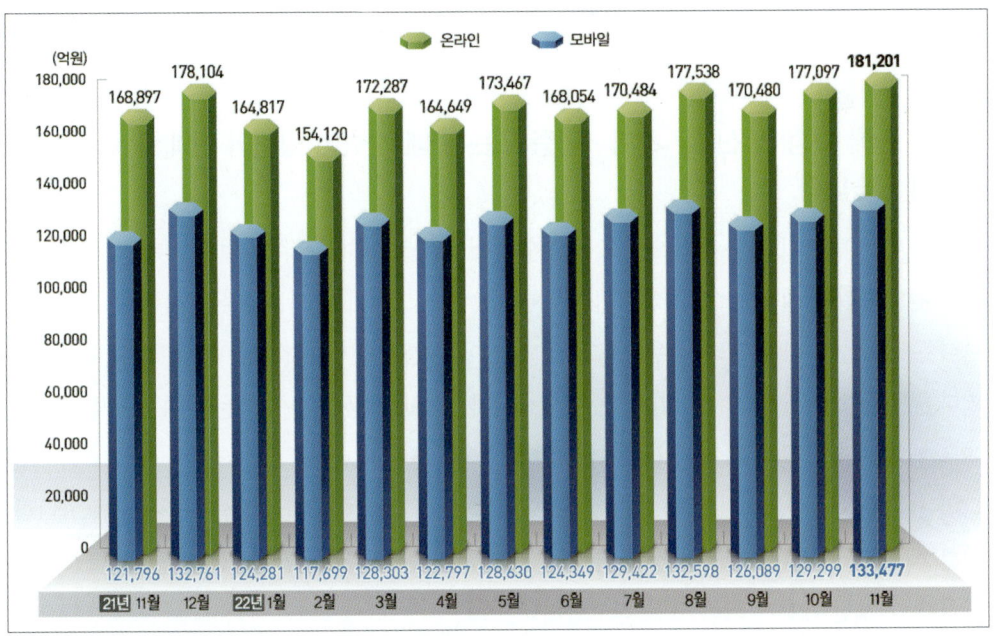

▲ 온라인 쇼핑 거래액 동향   출처 : 통계청

온라인 쇼핑 시장에서는 누구나 판매자가 될 수 있습니다. 번듯한 매장이나 사무실을 차리지 않아도, 고급 카메라를 준비하지 않아도, 상품의 가짓수가 많지 않아도, 판매할 상품 아이템만 있다면 언제 어디서든 누구나 시작할 수 있습니다.

02 온라인에서 무엇이든 팔 수 있을까?

무엇을 판매하면 좋을지 생각해보기 전에 온라인에서 어떤 상품을 판매할 수 있고, 어떤 상품은 판매할 수 없는지 기본적인 규정을 먼저 확인해보겠습니다.

● 기본 판매 규정 1. 온라인에서 판매할 수 없는 상품이 있습니다.

현행 전자상거래법에 따라 술과 담배를 포함한 다음 상품은 온라인에서 절대 판매할 수 없습니다.

> 주류 및 담배, 의약품, 시력 보정용 안경 및 콘택트렌즈, 마약류, 혈액(혈액증서), 군복 및 군용장구, 야생동식물, 음란물, 총포·도검·화약류 등

● 기본 판매 규정 2. 신고·허가·인증 또는 판매 자격이 있어야 판매할 수 있는 상품이 있습니다.

엄마가 만든 반찬이 아무리 맛있어도 온라인에서 곧바로 판매할 수는 없습니다. 식품을 제조하여 판매하려면 식품제조가공허가를 받아야 합니다. 그러나 완제품을 유통하는 경우는 다릅니다. 예를 들어 '새우깡'의 경우 제조사인 농심이 식품제조가공허가를 받았으므로 판매자는 별다른 절차 없이 온라인에서 판매할 수 있습니다. 즉, 완제품을 유통하는 것과 식품을 제조하여 판매하는 것은 준비 과정이 크게 다릅니다.

그러나 단순 유통이라 해도 건강기능식품이나 의료기기는 해당판매업신고증이 필요합니다. 또한 해외에서 식품과 화장품을 수입하여 판매할 경우에는 각각 신고 및 판매허가를 받아야 합니다. 자세한 내용은 다음 표를 참고합니다.

식품	식품 또는 식품첨가물을 제조·가공 및 판매하려면 식품의약품안전청장에게 신고를 해야 합니다. 판매·영업 목적으로 수입하려면 식품의약품안전청장에게 신고를 해야 합니다.

건강기능식품	건강기능식품을 제조하는 경우에는 식품의약품안전청장의 허가를 받아야 합니다. 수입 및 판매를 하려면 각각 식품의약품안정청장 및 시장·군수·구청장에게 신고를 해야 합니다.
의료기기	의료기기를 제조 또는 수입하려면 식품의약품안전청장의 허가를 받아야 하며, 판매 또는 임대를 하려면 영업소 소재지의 시장·군수 또는 구청장에게 판매업 또는 임대업 신고를 해야 합니다.
화장품	화장품을 수입하여 판매하려면 한국의약품수출입협회장에게 표준통관예정보고서를 제출하고 통관해야 하며, 제조번호별로 품질검사를 하고 합격된 제품에 한하여 출고해야 합니다. 화장품을 제조하는 경우에는 식품의약품안전청장에게 신고를 해야 하며, 기능성 화장품은 품목별로 안전성 및 유효성에 관하여 식품의약품안전청장의 심사를 받아야 합니다. 멸종위기에 처한 야생 동·식물종의 국제거래에 관한 협약(CITES)에 의한 동·식물 가공품이 함유된 화장품을 제조·수입 또는 국내에 반입하고자 할 경우에는 보건복지부령이 정하는 바에 의하여 식품의약품안전청장의 허가를 받아야 합니다.
전통주	술은 판매할 수 없으나, 전통주는 제외됩니다. 주류제조업면허증을 가진 자로서 관할세무서장의 승인을 받아 주류판매승인서와 주류제조면허증이 있으면 판매 가능합니다.

- **기본 판매 규정 3. 판매 사이트에 따라 별도의 판매 제한 규칙이 있을 수 있으므로 미리 확인해야 합니다.**

> **기타 취급 불가 상품(스마트스토어 기준)**
> - 불법 명의 이전물(작업폰, 일련번호, 서류 없는 오토바이(차량) 등)
> - 장물 습득물에 해당하는 상품(분실 휴대폰 등)
> - 해킹 관련 자료(프로그램, 서적, 기타 문서 등)
> - 사이버 아이템(사이버머니, 게임 아이템, 도토리 등)

- 양도 또는 매매가 불가한 상품권, 홍보용 할인권 등 상품권(철도승차권, 기명항공권, 국제경기 관람 당첨권 및 입장권 등)
- 심의를 받지 않은 매체물(음반, 게임, 서적, 영상 등), 기타 관계 기관의 허가, 심의/인증 등을 받지 않은 모든 상품
- 사생활 침해 상품(투시안경, 몰래카메라, 도청기 등)
- 사회 이슈 상품(범죄 우려 상품, 유해성 논란 상품 등)
- 남/녀 자위기구, 콘돔을 포함한 성 관련 용품
- 부동산(공인중개사만 중개 가능)
- 아이튠즈 기프트카드, 구글 기프트카드 등과 같이 국내 · 해외 사이트에서 사용 가능한 선불식 충전용 기프트카드류
- 주민등록번호 등과 같이 상품과 무관한 개인정보를 요구하는 상품
- 통신 · 렌탈 · 여행 · 숙박 · 항공권 관련 상품

출처 : 스마트스토어 안전거래가이드 상품등록정책

03 어떤 아이템을 판매하면 좋을까?

판매할 아이템을 기획하려면 실패를 최소화할 수 있는 아이템에 대해 알고 있어야 합니다. 쉽게 시작하기 좋지만 실패할 가능성이 많은 아이템은 무엇인지, 무엇을 고려해 아이템을 선정해야 하는지 등에 대해 살펴보겠습니다.

● 판매할 아이템에 대해 충분히 잘 알고 있는가?

공부를 잘하는 것과 공부를 잘 가르치는 것은 다릅니다. 마찬가지로 옷을 좋아하는 것과 코디를 잘하는 것도 다릅니다. 빈 마네킹을 다양한 분위기로 훌륭하게 디스플레이할 수 있어야 상품 기획이 가능한 수준으로 옷을 좋아하는 것입니다. 패션에 관심이 있을 뿐 아니라 코디도 잘해야 시즌에 맞춰 트렌드를 읽고 다양하게 기획한 상품군으로 온라인 고객을 만날 수 있습니다. 이처럼 단순히 좋아하거나 팔고 싶은 아이템보다는 잘 아는 아이템, 혹은 다양한 학습을 통해 잘 알 수 있는 아이템으로 시작할 것을 추천합니다.

해외에서 잘 팔리는 제품이라서, 혹은 아직 국내에 수입되지 않은 제품이라서 경쟁력이 있다고 판단하여 무작정 판매 계획을 잡는 경우도 있습니다. 그러나 상품에 대해 정확하게 이해하고 있지 않다면 선정 여부를 고민해봐야 합니다.

제품에 대한 이해도가 높아야 고객에게 쉽게 설명하고 효과적으로 어필할 수 있으며 홍보처도 쉽게 찾을 수 있습니다.

● 재고 확보가 쉬운가?

판매하는 상품 전부를 사입으로 채우려면 비용 부담이 큽니다. 그래서 사업 초기에는 대개 상품을 소량으로 사입할 수 있는 도매처를 선정해 거래를 시작하고 온라인에 상품을 등록한 후 주문이 들어올 때마다 사입합니다. 동대문 도매시장 부근에 온라인 쇼핑몰 사무실이 많은 것은 이런 이유에서입니다. 그러나 주문이 들어온 후에 시장에 방문해 상품을 준비한다면 배송이 늦어질 수밖에 없고, 재고가 실시간으로 확인되지 않아 주문관리가 어렵습니다. 또한 도매처와 반품·교환이 어려운 경우도 있습니다. 그러므로 재고를 적시에 확보하고 적절한 수준으로 조절할 수 있는 아이템인지 점검해야 합니다.

주변에서 재고 확보가 용이한 아이템을 찾는 것도 좋습니다. 가족과 친척, 친구, 집 주변 오프라인 상점 등에서 온라인 판매에 용이한 아이템을 가진 누군가를 만날 수 있습니다. 아빠 공장의 제품을 온라인으로 판매하는 딸, 엄마가 운영하는 매장을 온라인으로 홍보하는 아들, 공방에서 만드는 손뜨개 상품을 촬영하고 온라인으로 판매해주는 동네 언니 등 수많은 사례가 있습니다. 이처럼 누군가가 만들고 있거나 오프라인에서 판매하는 상품을 온라인으로 유통하는 일부터 시작할 수도 있습니다. 요즘은 온라인 진출을 고민하는 오프라인 판매자도 많습니다. 온라인에 접근하는 일을 어려워하는 판매자가 적임자를 찾아 협업하는 경우도 종종 볼 수 있습니다. 이처럼 A부터 Z까지 모든 일을 직접 하려고 생각하지 않는다면 다양한 경로로 온라인 판매를 시작할 수 있습니다.

> **스마트스토어 TIP | 사입이란?**
>
> 상거래를 목적으로 물건 따위를 사들이는 것을 말합니다. 직접 제품을 생산하지 않는 이상 판매자에게 사입은 필수입니다.

● 사업계획서를 작성할 수 있는가?

온라인 판매를 준비하는 사람들 중에는 매출 목표를 낮게 잡고 있거나 온라인 창업을 기존 사업의 성장을 위한 발판 정도로 생각하는 경우가 있습니다. 하지만 뚜렷한 방향과 계획 없이 쉽게만 생각하고 있다면 아무리 목표치가 낮아도 달성하지 못할 수 있습니다. 따라서 온라인 판매를 시작하기 전에는 '사업계획서를 작성할 수 있는가?'를 생각해보는 과정이 필요합니다. 사업계획서 작성은 처음에는 꽤 어려울 수 있지만 꼭 필요한 단계입니다.

사업계획서에는 판매할 아이템의 시장성, 수명, 장단점 분석을 기본적으로 담고, 사업 구상과 예산 기획도 정리해야 합니다. 또한 판매자인 나의 장단점을 분석하고, 장점의 발전 방향과 단점 보완 방법도 작성합니다. 이 과정을 통해 제품뿐 아니라 스스로에 대해서도 점검하고 이 제품을 온라인에서 내가 제일 잘 팔 수 있다는 확신이 들었을 때 다음 단계로 넘어갈 것을 권합니다.

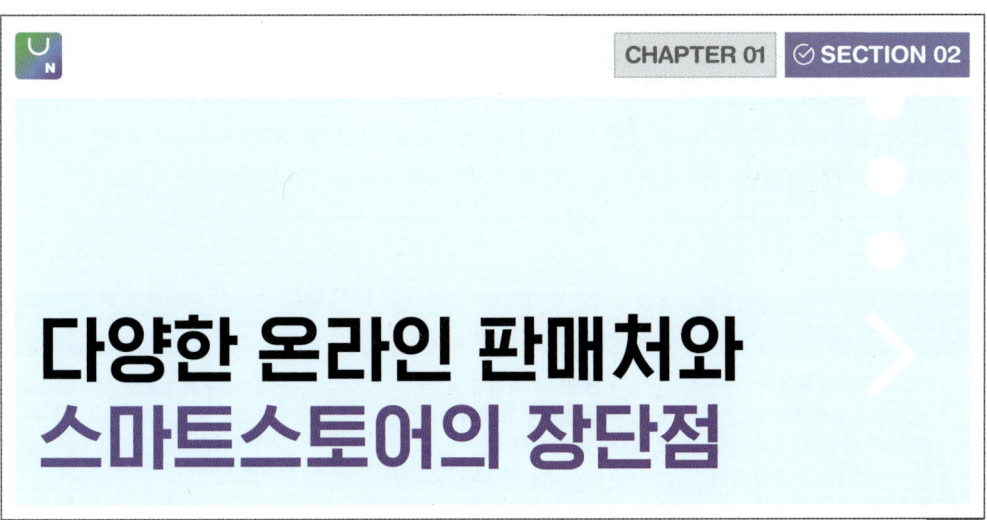

온라인으로 상품을 판매할 수 있는 방법은 무척 다양합니다. 대표적인 온라인 판매처에는 어떤 곳들이 있으며 각각 어떤 특징이 있는지 살펴보고, 스마트스토어에는 어떤 장점이 있는지 알아보겠습니다.

01 온라인 판매처 한눈에 비교하기

▲ 온라인 판매처

> **스마트스토어 TIP** 블로그마켓, 인스타마켓은?
>
> SNS를 이용하다 보면 유튜브, 페이스북, 블로그, 인스타그램 등에서 '마켓'을 열어 판매하는 것을 종종 볼 수 있습니다. 이는 SNS 플랫폼 계정을 통해 유통하는 방식으로 'SNS 커머스'라고 합니다. 이 책에서는 SNS 커머스를 제외하고 유통 플랫폼을 기반으로 하는 온라인 판매처만 소개합니다.

오픈마켓	소셜커머스	개인 쇼핑몰
• 판매자 가입비 없음 • 쇼핑 희망 고객 유입 • 판매수수료 발생 • 유사 아이템 노출 순위 경쟁 • 동종 아이템 가격 경쟁 • 노출 증대를 위한 오픈마켓 내 광고 필요	• 판매자 가입비 없음 • 쇼핑 희망 고객 유입 • 판매수수료 발생 • 부가적인 서비스수수료 발생 • 별도의 판매 상품 입력 정책(딜, 프로모션 등)이 존재 • MD와의 협의 등이 필요	• 판매수수료 없음(온라인 결제수수료만 발생) • 나의 상품들로만 유니크한 구성 가능 • 자체 프로모션 및 단골고객 관리 용이 • 쇼핑몰 구축 시간과 비용 발생 • 쇼핑몰 구축 이후 신규 방문 유입을 위한 마케팅 필수

● **오픈마켓**

국내에서 가장 유명한 오픈마켓은 옥션, G마켓, 11번가입니다. 오픈마켓은 대중적인 인지도가 높아서 이미 많은 사람이 방문하는 사이트입니다. 오픈마켓에 방문하는 사람들의 주된 목적은 쇼핑입니다. 그래서 내가 판매하는 아이템을 구매하려는 고객을 좀 더 쉽게 만날 수 있으며 모바일 앱도 활성화되어 있어 고객과의 접점이 넓습니다.

오픈마켓에서는 판매자 회원 가입이 무료이며, 단일 품목 한 개를 등록해도 판매할 수 있습니다. 그러나 오픈마켓에는 판매수수료가 있습니다. 상품 판매 후 판매금액에서 판매수수료를 제외한 금액을 송금 받습니다. 판매수수료는 상품군(카테고리)에 따라 다르게 책정되는데, 보통 10% 내외입니다. 고객이 1만 원을 결제했다면 판매자는 9천 원 정도를 받는 것입니다.

오픈마켓에서는 다양한 판매자가 수많은 상품을 판매하고 있습니다. 따라서 동일하거나 비슷한 아이템을 판매하는 판매자와의 경쟁에서 우위를 점하기 위해 광고를 진행하기도 합니다. 판매수수료도 지불하고 광고비까지 들여야 한다면 초보 판매자에게 오픈마켓 진입은 부담스러울 수 있습니다.

● 소셜커머스

소셜커머스에서도 오픈마켓과 유사한 형태로 상품을 판매할 수 있으며, 판매자 회원 가입은 무료입니다. 소셜커머스는 오픈마켓만큼이나 인지도가 높고 충성고객, 단골고객이 많은 판매 플랫폼입니다. 소셜커머스에서는 오픈마켓과 같은 방식 외에 여러 판매자의 상품을 모아서 딜, 프로모션 등의 형태로 노출하는 등 여러 방법으로 판매를 진행합니다. 직접 상품을 보관·배송하지 않고 소셜커머스 물류센터에 입점시킬 수도 있습니다. 어떤 판매 방법을 선택하느냐에 따라 노출과 매출에 큰 영향을 받습니다. 그로 인해 판매수수료 외에 서비스수수료가 발생하고 MD와의 협의 등이 필요하므로 초기 진입이 어려울 수 있습니다.

오픈마켓과 마찬가지로 소셜커머스도 온라인뿐만 아니라 모바일 앱이 활성화되어 있으므로 입점이 가능하다면 고객을 만나는 가장 빠른 길이 될 수 있습니다.

▲ 쇼핑 앱 월간 활성사용자(안드로이드 사용자, 2022년 9월 기준)   출처 : https://www.tdi9.com/news-service/815

● 개인 쇼핑몰

개인 쇼핑몰은 플랫폼 내 노출 경쟁과 판매수수료 없이 운영할 수 있는 독자적인 판매 공간을 말합니다. 요즘은 카페24, 메이크샵, 고도몰 등의 호스팅업체를 통해 쉽게 쇼핑몰을 만들 수 있습니다. 원하는 대로 기획·운영할 수 있고, 온라인결제(PG)에 대한 수수료만 지급하면 됩니다. 수시로 정보를 업데이트할 수 있고 할인 혜택이나 적립금 지급 등 방문 고객을 위한 다양한 프로모션도 적극적으로 진행할 수 있습니다.

그러나 개인 쇼핑몰은 개설하는 데 시간과 비용이 듭니다. 기본적으로 디자인과 개발 구축 비용이 들고, 쇼핑몰을 만든 후에는 홍보를 위한 비용과 시간이 필요합니다. 기획 단계부터 사이트를 완성하고 홍보하고 고객을 만나기까지 결코 적지 않은 시간과 비용이 발생한다는 점이 큰 부담입니다. 꾸준한 홍보로 어느 정도의 단골고객이 확보되고 브랜딩이 되면 타 채널을 활용하는 것에 비해 높은 순익이 발생할 수 있습니다. 그러나 급변하는 온라인 시장에서 살아남기 위해서는 트렌드에 맞게 꾸준히 유지보수를 해야 합니다.

02 스마트스토어의 매력

스마트스토어는 오픈마켓과 개인 쇼핑몰의 장단점이 잘 융합된 플랫폼으로, 다음과 같은 장점이 있습니다.

쉬운 사용법	저렴한 수수료	빠른 마케팅
• 실시간 온라인 회원 가입 • 쉬운 메뉴 구조 (상품 등록/주문 배송/고객 관리 등)	• 판매수수료 없음 • 결제수수료(네이버페이) 발생 • 네이버쇼핑 광고수수료 2%	• 네이버 서비스를 통해 다양한 마케팅 가능 • 네이버쇼핑으로 상품 연동 • 애널리틱스 등 네이버 서비스 연동 • 실시간 적용되는 스토어 디자인 • 할인쿠폰 발행 등 자체 프로모션 실시간 진행

회원 가입을 마치면 판매 사이트가 개설됩니다. 필수 정보를 입력해 상품을 등록하고, 주문 관리, 고객 관리, 정산 관리 등도 클릭 서너 번으로 쉽게 할 수 있습니다. 판매수수료는 없고 온라인결제(네이버페이) 수수료만 지불합니다.

스마트스토어를 이용하면 네이버의 다양한 서비스와 연동하여 데이터 분석, 마케팅, 고객 관리를 쉽게 할 수 있습니다. 그러나 블로그나 카페처럼 기초적인 몇 가지 레이아웃이 정해져 있어서 그 외의 디자인 변형은 어렵습니다. 또한 네이버 서비스 외에 다른 경로로도 고객 유입이 되어야 하므로 SNS 홍보 등 기타 마케팅도 필요합니다.

Chapter 02

네이버 플랫폼
서비스 이해하기

스마트스토어를 개설하면 네이버의 다양한 서비스가 나의 온라인 판매에 도움을 주는 조력자가 됩니다. 어떤 서비스들이 스마트스토어 운영에 도움이 되는지 알아보겠습니다.

CHAPTER 02　　SECTION 01

상품이 검색되는 네이버쇼핑

네이버 사용자가 가장 많이 이용하는 서비스는 검색입니다. 네이버에서는 하루에 약 3억 개 이상의 키워드가 검색되고, 검색결과 페이지에는 블로그, 카페, 지식iN, 뉴스 등 다양한 콘텐츠가 나타납니다. 검색결과 페이지 중 상품의 이미지와 가격이 표시되는 콘텐츠 영역이 네이버쇼핑입니다.

01 스마트스토어의 홍보 담당, 네이버쇼핑

네이버에서 특정 단어를 검색하면 연관되는 상품 이미지와 가격이 네이버쇼핑에 직접 노출됩니다. 구매자는 검색결과에 나온 네이버쇼핑 영역을 통해 스마트스토어에 방문할 수 있습니다. 따라서 네이버쇼핑은 스마트스토어에 방문자를 유치하는 홍보 담당이라고 할 수 있습니다.

◀ PC 버전 네이버 메인페이지의 [쇼핑] 탭

▲ PC 버전 네이버에서 키워드 검색으로 상품이 직접 노출된 화면

▲ 모바일 버전 네이버 메인페이지 좌, 우에서 상품이 노출되는 [쇼핑] 탭

▲ 모바일 버전 네이버에서 키워드 검색으로 상품이 직접 노출된 화면

네이버 플랫폼 서비스 이해하기 ▼ CHAPTER 02 ▼ 033

네이버쇼핑은 국내 검색율 1위 포털사이트인 네이버 검색결과 페이지에 노출되므로 쇼핑 키워드를 검색하는 고객에게 제품을 쉽게 홍보할 수 있는 장점이 있습니다. 제품을 구매하려는 사람들은 네이버쇼핑으로 이동해 직접 상품을 검색하기도 합니다.

모바일 버전에서도 키워드를 검색하면 자연스럽게 네이버쇼핑 정보가 검색결과에 함께 노출됩니다. 네이버 모바일 버전의 트렌드판을 활용하면 더 효과적으로 상품을 홍보할 수 있습니다.

02 네이버쇼핑에 노출되는 판매처의 종류

네이버쇼핑에는 개인 쇼핑몰, 종합몰, 스마트스토어 등 다양한 판매처의 판매자가 입점합니다. 판매 상품이 네이버쇼핑과 연동되면 구매자가 상품을 검색했을 때 검색결과에 노출됩니다. 입점하는 판매자에 따라 어떤 차이가 있는지 알아보겠습니다.

● 개인 쇼핑몰

네이버쇼핑에 입점을 신청하고 쇼핑몰에 상품 데이터를 연동해 노출합니다. 입점비는 2020년 4월 기준으로 무료입니다. 검색결과에 상품이 노출되는 데는 비용이 발생하지 않고, 구매자가 상품을 클릭하여 상세페이지로 이동하면 광고비가 발생합니다. 클릭당 광고비는 판매가를 기준으로 책정됩니다.

● 종합몰(오픈마켓, 소셜커머스, 전문쇼핑몰 등)

종합몰이 네이버쇼핑과 입점 계약을 하고, 종합몰 내 판매자들의 상품 데이터를 연동시켜 상품을 노출합니다. 광고비는 입점과 데이터 연동 이후에 매월 지불합니다. 광고비는 고정비로서 500만 원 이상입니다.

● 스마트스토어

스마트스토어 회원의 경우 [네이버쇼핑 연동하기]를 클릭하면 자동으로 입점됩니다. 상품을 등록할 때마다 상품 정보가 자동으로 연동되어 네이버쇼핑 내에 노출됩니다. 입점, 연동 설정 및 상품 노출까지 비용이 발생하지 않습니다. 또한 구매자가 상품을 클릭할 때의 광고비나 고정적으로 지출되는 광고비도 없습니다. 단, 네이버쇼핑 검색결과를 클릭하여 유입된 고객이 상품을 구매하면 판매된 주문에 한해서 광고수수료(2%)가 발생합니다.

네이버쇼핑에서는 각 사이트에 등록된 상품 정보가 연동되어 노출되므로 별도의 상품 등록이나 상품 정보 수정 기능이 없습니다. 상품 정보를 수정하고 싶다면 내 판매 사이트(스마트스토어)의 상품 정보를 수정합니다. 그러면 자동으로 데이터가 연동되어 변경된 정보가 네이버쇼핑에 노출됩니다.

03 네이버쇼핑의 검색결과 화면

네이버쇼핑에서 검색하면 고객이 입력한 키워드가 정보에 포함된 상품들이 일렬로 노출됩니다. 따라서 판매자는 고객이 검색할 만한 키워드를 잘 조합한 상품 정보를 등록해야 합니다. 상품이 노출되는 순서는 기본적으로 네이버쇼핑 랭킹순입니다.

또한 네이버쇼핑 랭킹 상위권에 들지 못한다 해도 상품을 홍보하고 고객을 스마트스토어로 유입시킬 수 있는 다양한 방법이 있습니다. 검색결과 상단에 상품을 직접 노출하는 쇼핑검색광고, 네이버쇼핑 내에 좀 더 다양하게 노출하기 위한 기획전 등을 활용하는 것입니다. 더 심도 있는 활용 방법은 PART 02에서 안내하겠습니다.

▲ 네이버쇼핑 검색결과 네이버쇼핑 랭킹순으로 정렬된 화면

04 네이버쇼핑의 매칭 형태

● 카테고리 매칭 형태

네이버쇼핑에서 상품을 검색했을 때 대다수의 상품은 이미지, 이름, 가격, 쇼핑몰 이름이 각각 표시되는 카테고리 매칭 형태로 노출됩니다.

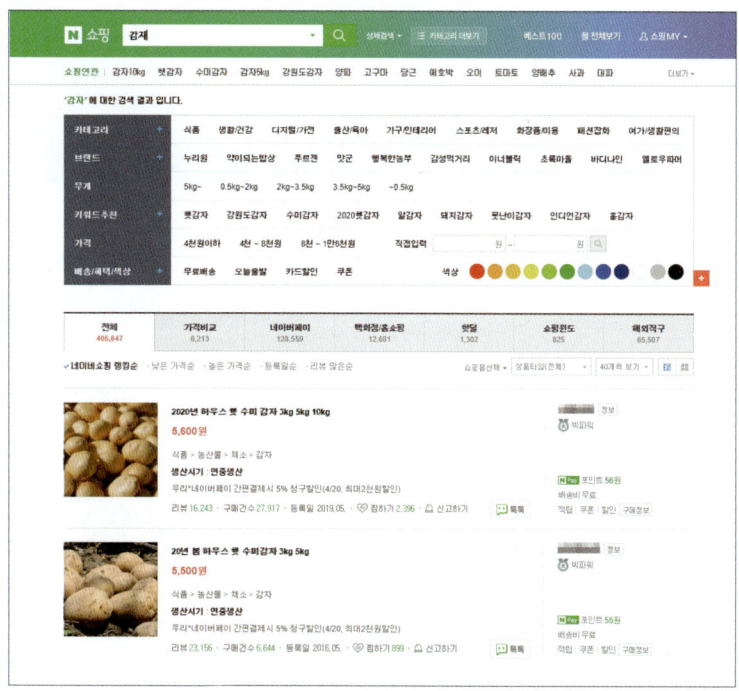

▲ 카테고리 매칭 형태('감자'를 검색해 개별 상품으로 노출된 결과)

● 가격비교 매칭 형태

동일한 제품을 판매하는 업체 정보를 모아서 노출하는 가격비교 매칭 형태도 있습니다. 가격비교 매칭은 제조사에서 제공한 제품 정보(원부 페이지, 카탈로그 페이지)를 기준으로 하며, 보통 모델명이 있는 가전제품, 명품, 화장품, 브랜드 의류 등의 공산품에 적용됩니다.

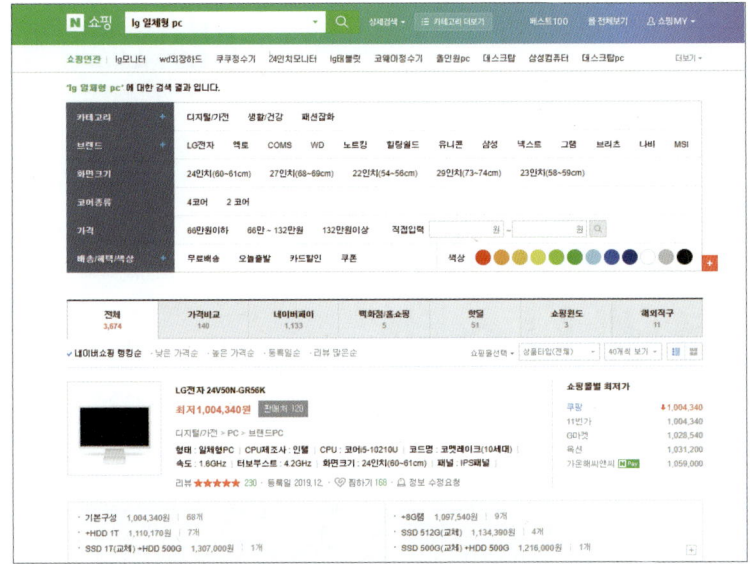

▲ 가격비교 매칭 형태('lg 일체형 pc'를 검색해 판매업체들이 노출된 화면)

기본적인 가격비교 매칭은 모델명 등의 텍스트 정보를 토대로 이루어집니다. 그런데 최근에는 의류와 패션잡화 카테고리에 한해 동일한 대표 이미지를 등록한 상품을 가격비교 매칭으로 보여주는 방식도 사용됩니다. 그러므로 도매 사이트에서 제공하는 의류 이미지를 그대로 사용하면 가격비교 매칭으로 노출될 가능성이 높아집니다.

▲ 대표 이미지가 동일한 상품을 모아 노출하는 가격비교 매칭 형태

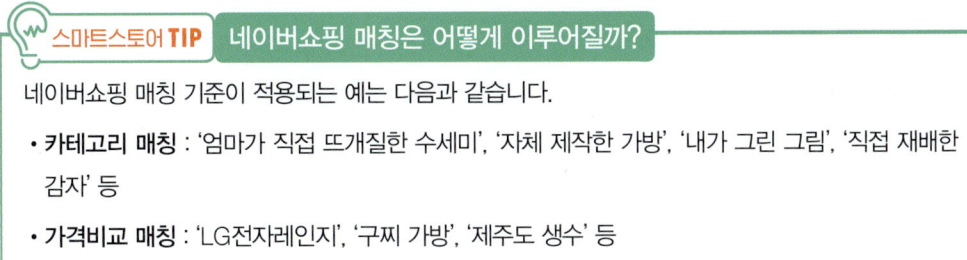

스마트스토어 TIP **네이버쇼핑 매칭은 어떻게 이루어질까?**

네이버쇼핑 매칭 기준이 적용되는 예는 다음과 같습니다.

- **카테고리 매칭** : '엄마가 직접 뜨개질한 수세미', '자체 제작한 가방', '내가 그린 그림', '직접 재배한 감자' 등
- **가격비교 매칭** : 'LG전자레인지', '구찌 가방', '제주도 생수' 등

CHAPTER 02　SECTION 02

스마트스토어를 위한 최적의 결제 시스템, 네이버페이

스마트스토어에 방문한 고객이 [구매하기]를 클릭하면 네이버페이를 이용해 결제하게 됩니다. 온라인 결제를 위한 다른 결제 시스템을 사용할 필요가 없습니다. 네이버페이의 사용 방법과 장점에 대해 알아보겠습니다.

01 쉽고 편리한 결제수단

식당에서 식사를 한 후 카드로 결제했다면 카드 값 결제일에 해당 식사 비용을 지불하게 됩니다. 식당 주인은 고객의 카드 값 결제일 이전에 카드 회사로부터 일정한 수수료를 제외한 금액을 정산받습니다. 온라인에서의 결제도 마찬가지입니다. 고객이 온라인에서 상품을 구매할 때는 카드 결제나 무통장 입금 등을 위한 결제수단이 필요합니다. 이 결제수단 역할을 네이버페이가 합니다. 판매자는 네이버페이로부터 수수료를 제외한 금액을 정산받습니다.

네이버페이의 가장 큰 장점은 추가 소프트웨어 설치와 회원 가입 과정이 없다는 것입니다. 고객은 네이버 아이디로 결제하는 것이므로 쉽고 편하게 이용할 수 있습니다.

▲ 스마트스토어 상품 상세페이지에서 네이버페이로 결제할 수 있는 [구매하기] 버튼

02 고객을 위한 다양한 혜택

네이버페이로 결제하면 결제 금액의 1%가 네이버페이 포인트로 적립됩니다. 구매평을 작성해도 일정 금액을 포인트를 지급합니다. 배송시작과 도착 예정을 알리는 등의 다양한 편의도 제공합니다. 최근에는 서비스 영역을 오프라인 간편 결제까지 확대하면서 네이버페이 이용자 수는 계속 증가하고 있습니다.

네이버를 자주 이용하는 고객은 자연스레 네이버페이를 쉽게 경험하게 됩니다. 네이버페이 결제를 통해 자동으로 포인트가 쌓이고 이 포인트를 사용하고자 네이버페이 가맹점을 찾는 경우도 많습니다.

또한 네이버쇼핑을 비롯한 다양한 네이버 영역에서 사이트 이름과 네이버페이 버튼이 함께 노출되므로 네이버페이 결제가 가능한 가맹점이 쉽게 구분됩니다. 스마트스토어에서 수월하게 상품을 구매한 경험이 있는 네이버페이 이용자가 내 스마트스토어의 잠재고객이 될 가능성이 크므로 더 빠르게 매출을 창출할 수 있습니다.

▲ 네이버페이로 상품을 구매했을 때 제공되는 포인트 적립과 추가 적립 이벤트

03 낮은 주문관리수수료

네이버페이 주문관리수수료란 네이버페이를 활용한 결제뿐 아니라 상품주문, 발송관리, 배송추적, 안심번호, 고객관리 및 마케팅 등 거래 과정 전반에 대한 통합 관리 서비스에 대한 수수료입니다. 2021년 7월 31일 결제완료 건부터 결제수단에 관계없이 주문관리수수료는 3.63%입니다. 사업자 회원은 매출등급(영세/중소/일반 등급)에 따라 우대수수료가 적용됩니다.

일반 수수료(주문관리수수료)	3.63%

> **스마트스토어 TIP** 스마트스토어 사업자 회원이라면?
>
> 국세청에서 선정한 매출 등급 기준에 따라 우대수수료가 적용됩니다(영세 : 1.98% , 중소1 : 2.585%, 중소2 : 2.75%, 중소3 : 3.025%). 사업자 회원으로 스토어를 처음 개설하면 매출 내역을 확인할 수 없어 등급 선정이 되지 않습니다. 이때는 일반수수료가 적용되고 이후 변동됩니다. 매출등급기준은 스마트스토어센터의 [정산관리] 메뉴에서 확인할 수 있습니다(262쪽).

처음 스마트스토어를 개설하면 네이버쇼핑을 통한 유입이 큰 비중을 차지합니다. 따라서 네이버쇼핑 연동수수료(2%)가 추가로 발생하는 주문이 많을 것입니다. 그러나 결제내역을 통한 재구매가 많아지고 블로그나 SNS 등 다양한 마케팅을 진행할수록 네이버쇼핑 수수료 없이 네이버페이 수수료만 발생하는 주문이 늘어날 것입니다.

 **스마트스토어 전문가**의 실전 노하우

상품 판매 정산 금액 알아보기

스마트스토어를 통해 상품이 판매되었다면 네이버쇼핑 수수료 2%와 네이버페이 주문관리수수료를 더한 금액을 빼고 정산됩니다. 만 원짜리 상품을 판매했을 때 두 경우의 판매 정산 금액을 각각 알아보겠습니다.

1. 네이버쇼핑 검색결과를 클릭해 방문하여 결제한 경우

네이버쇼핑에서 검색한 상품을 클릭해 스마트스토어에 방문한 후 결제한 경우는 네이버쇼핑 수수료와 네이버페이 주문관리수수료를 제외하고 정산됩니다.

결제 금액 − 네이버쇼핑 연동수수료 2% − 네이버페이 주문관리수수료(3.63%) = 정산 예정 금액

⋯ 10,000원 − 200원 − 363원 = 9,437원

2. 네이버쇼핑 외의 경로로 방문하여 결제한 경우

인스타그램이나 블로그 등 홍보글을 클릭해서 방문하거나 구매했던 내역을 통해 재방문하여 상품을 구매한 경우는 네이버페이 주문관리수수료만 제외하고 정산됩니다.

결제 금액 − ~~네이버쇼핑 연동수수료 2%~~ − 네이버페이 주문관리수수료(3.63%) = 정산 예정 금액

⋯ 10,000원 − 363원 = 9,637원

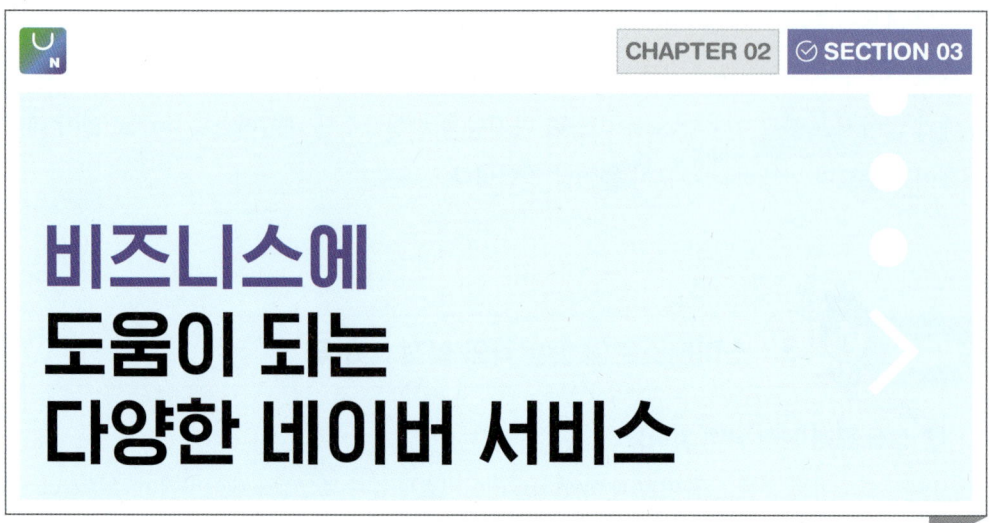

CHAPTER 02 | SECTION 03

비즈니스에 도움이 되는 다양한 네이버 서비스

네이버에는 고객관리와 마케팅, 데이터 분석에 도움이 되는 다양한 서비스가 있습니다. 스마트스토어를 개설하면 이 서비스들을 모두 쉽게 연동할 수 있습니다. 아이템이나 사업 규모에 따라 필요한 기능이 다르므로 나에게 적합한 서비스가 무엇인지 잘 판단해야 합니다.

▲ 네이버 비즈니스 광고 서비스 안내

01 브랜딩을 위한 모바일 홈페이지, modoo!

PC보다 모바일을 통한 검색이 더욱 많아지자 모바일에서도 잘 보이는 홈페이지로 최적화하는 것이 트렌드가 되었습니다. 네이버에는 쉽고 간편하게 모바일 홈페이지를 직접 만들 수 있는 툴인 modoo!(모두)가 있습니다. 스마트스토어만큼이나 쉽고 간편하게 홈페이지를 만들 수 있으며 무료로 개설할 수 있습니다.

02 내 스토어의 정보를 노출해주는 스마트플레이스

운영하는 스마트스토어가 브랜딩이 되면 고객은 네이버에서 상호명을 직접 검색할 수 있습니다. 이때 스마트스토어 이름이 네이버 검색결과 중 웹사이트 영역에 바로 노출되게 할 수 있습니다. 스마트스토어는 스토어 개설이 어렵지 않을 뿐 아니라 웹사이트 검색 등록 과정도 단순합니다. 단, 스마트스토어에 등록된 상품이 없으면 검색결과에 노출되지 않으므로 상품을 한 개 이상 등록한 이후에 설정해야 합니다.

오프라인 매장을 운영하고 있다면 스마트플레이스에 업체 정보를 등록할 수 있습니다. 그러면 네이버 검색결과 중 지도가 웹사이트 영역에 추가로 노출되며, 오프라인 정보에 스마트스토어 상품 정보도 함께 보여줄 수 있습니다. 스마트플레이스 앱을 사용하면 더 편리하게 정보를 수정할 수 있습니다.

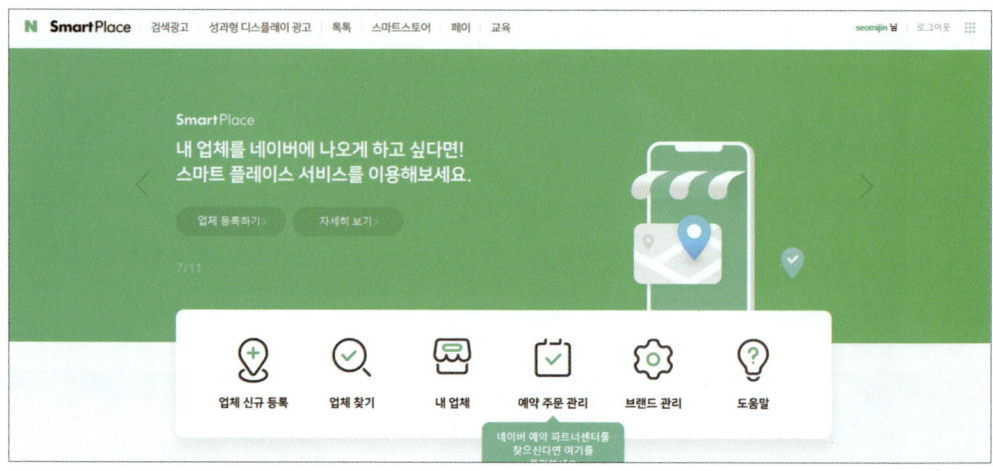

03 더 많은 유입을 위한 최초의 광고, 검색광고

스마트스토어를 개설한 직후에는 내 스마트스토어의 이름을 아무도 모릅니다. 그러므로 고객이 스토어 이름을 검색해 유입되는 경우는 거의 없습니다. 대신 모델명 또는 상품의 기능이나 목적을 설명하는 키워드로 광고를 진행하면 검색결과 페이지 상단에 내 스마트스토어가 노출됩니다. 노출된 결과를 통해 고객 유입과 판매가 이루어질 수 있으므로 검색광고는 홍보에 꼭 필요한 요소입니다. 대부분의 검색광고는 클릭당 광고비를 책정하므로 정확한 비용으로 원하는 만큼의 노출을 보장받으면서 고객 방문을 유도할 수 있습니다.

그러나 검색광고는 비용이 꽤 들기 때문에 섣불리 시작하면 안 됩니다. 검색광고는 사이트를 개설하고 운영하는 데 있어서 반드시 고려해야 하는 영역이며 실제로 대부분의 사업자가 이용하고 있습니다. 그러나 아직 준비되지 않은 사이트를 광고하면 그 효과가 단순 유입에 그칩니다. 스마트스토어를 운영하는 목표는 매출입니다. 그러므로 상품 등록과 꾸미기, 고객 프로모션 등 대부분의 기능이 활성화된 상태에서 좀 더 구체적인 계획을 세운 후에 광고를 진행하는 것이 좋습니다.

> **스마트스토어 TIP** 검색광고를 꼭 해야 할까?
>
> 스마트스토어를 개설하면 검색광고 대행사로부터 홍보전화를 받을지도 모릅니다. 광고대행사는 판매자의 광고비를 활용해 목표에 맞는 광고를 대신 집행해줍니다. 광고 체계에 아직 익숙하지 않다면 대행사를 이용하는 편이 더 효과적일 수 있습니다. 광고가 필요한 시기가 되면 여러 대행사를 비교해 적합한 곳에 발주하면 됩니다. 그러나 아직 준비가 되지 않은 상태에서 솔깃한 마음에 섣불리 광고를 시작하는 것은 비용만 낭비하게 되는 위험한 선택입니다.

04 방문자 데이터 분석을 위한 네이버 애널리틱스(통계)

더 많은 고객을 유입하려면 먼저 고객들에 대해 알아야 합니다. 고객을 파악하고 이해하는 데 큰 도움이 되는 도구가 있습니다. 내 스마트스토어에 방문한 사람들의 데이터를 분석할 수 있는 네이버 애널리틱스입니다. 이 애널리틱스 기능은 스마트스토어 내 [통계] 메뉴에서 바로 확인할 수 있습니다.

네이버 애널리틱스에서 제공하는 가장 기본적인 데이터는 오늘 방문자가 몇 명인지, 어디에서 어떤 키워드를 검색해서 들어왔는지 등입니다. [통계] 메뉴에서는 방문자 중 재방문자는 몇 명인지, 각 방문자가 어떤 페이지를 많이 봤는지, 몇 페이지를 보았으며 얼마나 오래 머물렀는지 등도 확인할 수 있습니다. 목적별, 기간별로 원하는 수치를 바로 확인하여 마케팅 효과를 보완 및 향상하고 효율적으로 관리할 수 있습니다.

05 고객과의 실시간 대화를 위한 네이버 톡톡

고객이 상품에 대한 관심이나 구매 의지를 표현하는 방법 중 하나는 문의글을 남기는 것입니다. 문의에 빨리 응답하지 않으면 고객은 다른 상품을 구매하거나 내 스마트스토어에 부정적인 이미지를 갖게 됩니다. 이후에 방문하는 고객들도 판매자의 응대가 신속하지 않다는 것을 확인할 수 있으므로 스마트스토어 신뢰도 형성에 도움이 되지 않습니다. 또 다른 문제는 문의에 신속히 응대를 하더라도 고객이 답변을 확인하지 않으면 커뮤니케이션이 단절된다는 것입니다. 이런 문제들이 발생되지 않도록 하고 고객과 판매자를 가깝게 연결해주는 서비스가 네이버 톡톡입니다. 네이버 톡톡을 설정하면 스마트스토어 상품페이지 화면에 [톡톡문의] 버튼이 노출되며, 고객은 쉽게 문의 메시지를 보낼 수 있고 판매자는 실시간으로 고객의 문의에 메시지로 답할 수 있습니다.

> **NOTE** 스마트스토어 전문가의 실전 노하우

네이버 톡톡의 장점

고객은

- 채팅을 위한 프로그램을 설치하거나 별도로 가입할 필요 없이 네이버 아이디로 쉽게 문의할 수 있습니다.
- 답변이 등록되면 네이버 알림을 통해 확인할 수 있습니다.
- 톡톡 알림을 통해 재방문하기 쉽습니다.

판매자는

- 스마트폰에 앱을 설치해 실시간으로 고객 문의를 확인할 수 있습니다.
- 컴퓨터로도 스마트스토어 문의에 응대할 수 있습니다.
- 전화 응대로 발생하는 부재중 연락이 줄어듭니다.
- 고객과 상담한 내역을 데이터로 관리할 수 있습니다.
- 톡톡파트너센터에서 상담 가능 시간, 부재중 자동 알림 메시지를 설정할 수 있습니다.
- 톡톡파트너센터에서 상담 멤버를 관리할 수 있고, 멤버 모두가 실시간으로 응대할 수 있습니다.
- 톡톡으로 알림받기에 동의한 고객들에게 단체 메시지를 발송하여 재방문율 높이는 마케팅이 용이해집니다.

한눈에 보는 요약정리

✱ 네이버 서비스와 스마트스토어

스마트스토어에서는 네이버의 다양한 서비스를 연동할 수 있습니다. 판매하는 아이템과 사업 규모 등을 분석해 어떤 서비스가 필요한지 전략적으로 선택합니다.

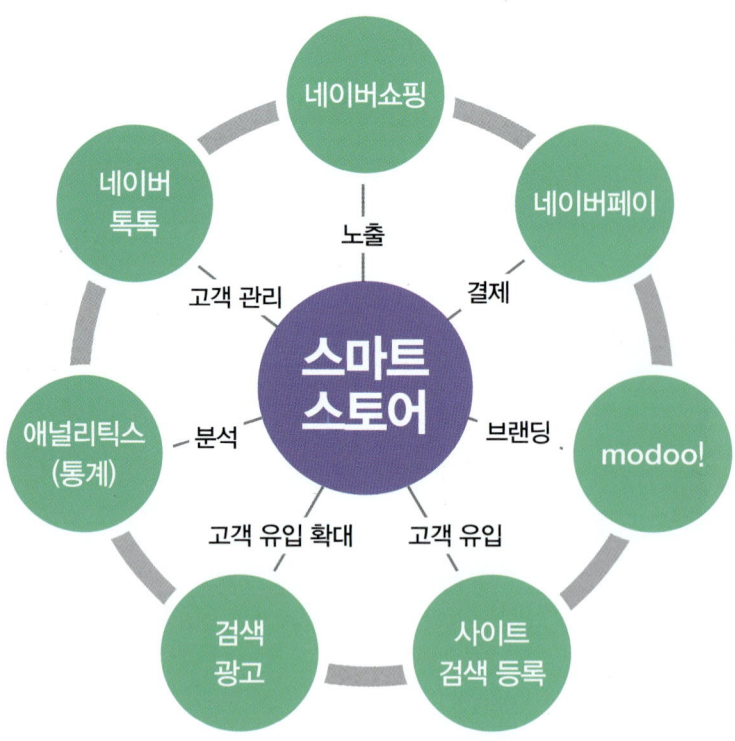

Chapter
03

창업 준비의 시작,
벤치마킹

온라인 창업을 준비하면서 가장 먼저 해야 할 일은 무엇일까요? 제가 가장 권장하는 일은 온라인 구매를 많이 해보는 것입니다. 온라인에서 상품을 검색하고 구매해본 경험이 결국 고객이 내 상품을 어떻게 검색하고 구매하는지를 추측하는 데 큰 도움이 되기 때문입니다. 오프라인에서 가게를 열기 전에 직접 주변 상권을 둘러보고 시장 분석을 해보는 것과 같습니다.

CHAPTER 03 SECTION 01

나의 상품 구매 경험 되짚어보기

네이버에서 상품을 구매해본 경험이 많다면 어떤 영역, 어떤 콘텐츠를 참고하여 상품 구매까지 이르는지 쉽게 이해할 수 있을 것입니다. 만약 온라인 구매 경험이 없다면 다음 과정을 따라하면서 경로를 익혀봅니다.

01 상품 구매 경험으로 벤치마킹하기

● STEP 1. 평소에 자주 사용하는 상품을 온라인으로 구매하기

구매 의지를 가지고 의도적으로 상품을 찾아봅니다. 여러 번 검색하고 방문하여 장바구니에 담은 후 최종적으로 결제할 상품을 결정해봅니다. 그러면 내가 어떻게 상품을 검색하는지, 어느 영역을 많이 둘러보게 되는지, 어떤 상품을 클릭하는지, 어떤 상세페이지에서 구매 의지가 생기는지 알 수 있습니다.

● STEP 2. 내가 잘 모르는 상품을 온라인으로 구매하기

가족이나 친구 등 다른 사람에게 필요한 상품이나 나와 성별이나 연령대가 다른 사람들이 주로 구매하는 상품을 검색해봅니다. 처음에는 어떻게 구매해야 할지 모르므로 기초적인 키워드부터 검색을 시작하게 되지만, 차츰 연관검색어나 다른 키워드를 발견할 겁니다. 그 과정에서 어떤 콘텐츠를 참고하고 어떤 검색결과를 보게 되는지 살펴봅니다.

● STEP 3. 내가 판매할 상품을 다른 온라인 판매자의 상품으로 구매하기

내가 판매할 상품과 같거나 비슷한 상품을 검색해봅니다. 어떤 키워드로 조회했을 때 검색결과 상위에 나타나는지, 어떤 이미지가 눈에 띄는지, 상세페이지에서 어떤 부분이 돋보이는지 등을 참고합니다.

상품을 검색하고 구매하는 과정이 노출되는 형태는 PC와 모바일이 다릅니다. 그러므로 PC와 모바일을 통해 각각 다양한 방법으로 해보는 것이 좋습니다. 모바일에서 검색했을 때 상품 이미지가 빨리 노출되지 않으면 스마트폰이나 데이터 환경을 탓하기도 합니다. 그런데 실제 고객도 마찬가지입니다. 성능이 좋지 않은 스마트폰이나 와이파이가 잘 터지지 않는 환경에서 검색할 수 있습니다. 따라서 상품 이미지가 어떻게 보이는지, 어떤 설명이 눈에 띄는지 다양한 환경에서 살펴보는 것이 좋습니다. 상품을 장바구니에 담고 결제 마지막 단계까지 진행하면서 적용되는 혜택이나 할인쿠폰까지 꼼꼼히 살펴봅니다.

이 과정을 수차례 반복하면서 메모하고 구매 과정을 되새겨봅니다. 그러면 차츰 내가 방문한 온라인사이트가 스마트스토어인지, 개인 쇼핑몰인지 구분할 수 있게 됩니다. 그 다음은 어떤 키워드를 입력하게 되고 어떤 페이지를 클릭하게 되는지, 어떤 상세페이지가 눈에 띄는지, 상품의 주요 가격대가 어떻게 측정되어 있는지 등 세세한 부분까지 분석합니다. 이러한 과정을 거치면서 온라인 쇼핑 세상과 더욱 가까워질 수 있고, 더 나아가 상품을 어떻게 구성할 수 있고 자신이 잘 할 수 있는 기획은 무엇인지 판단할 수 있습니다.

> **NOTE 스마트스토어 전문가의 실전 노하우**
>
> 📋 **상품 검색 예시로 알아보는 구매 패턴**
> 앞에서 제시한 세 가지 상황의 구매 패턴을 예시로 알아보겠습니다. 스마트스토어를 개설하기 전에 온라인 판매의 개념을 정리할 수 있도록 꼭 알아두어야 할 내용입니다.

STEP 1. 내가 매일 사용하는 샴푸를 온라인으로 구매해보기
- 내가 쓰는 제품이름이나 회사이름으로 검색해본다.
- 검색결과에 나온 샴푸에 여러 단계가 있는 것을 발견하고 나에게 맞는 샴푸명+단계를 검색한다.
- 가격비교 목록에서 저렴한 가격을 클릭해봤는데 배송이 오래 걸린다는 후기들이 눈에 들어왔다.
- 당장 필요하므로 조금 더 비싸지만 바로 출고된다는 배송 정보가 있는 판매자에게 제품을 구매했다.

STEP 2. 남자친구가 사용할 면도기 구매해보기
- 네이버에서 면도기를 검색했더니 면도기 종류가 너무 많다.
- 그래서 면도기 추천, 30대 면도기, 면도기선물, 가성비 좋은 면도기 등의 키워드로 제품을 추천하는 블로그와 유튜브 동영상을 참고했다.
- 특정 브랜드 제품으로 구매하기로 마음먹고 브랜드명을 검색했다.
- 최저가로 구매했다.

STEP 3. 엄마가 도매시장에서 판매하는 양말의 온라인 판매를 위해 경쟁 양말 구매해보기
- 네이버에서 양말을 검색했더니 상품이 너무 많다. 가격이 너무 저렴해서 이렇게 팔아도 남을지 생각해봤다.
- 엄마가 매장에서 판매하는 상품과 동일한 것도 많았다. 경쟁력이 필요했다.
- 판매가 잘 되는 사이트들을 둘러보니 아이템 가짓수가 많았다.
- 다양한 사이트를 둘러보니 다음과 같은 특징이 있었다.
  - 기본 아이템부터 연령대별 아이템(어린이 위주)을 체계적으로 분류한 사이트
  - 기능성 제품 위주로 구비한 사이트
  - 계절에 맞는 시즌별 아이템을 다양하게 갖춘 사이트
  - 사진을 잘 찍어서 상품이 더 좋아보이게 만든 사이트
  - 사진은 평범하지만 최저 마진율로 판매하는 사이트
  - 여러 제품을 묶음상품으로 구성해서 판매하는 사이트
- 각 사이트의 특징을 정리하고 장단점을 생각해보면서 기획에 대한 시야를 넓게 되었다.

02 고객이 되어보기

고객은 판매자가 생각한 키워드나 판매자가 아는 방법으로만 상품을 검색하지 않습니다. 고객은 해당 상품을 자주 구매하던 사람이거나 상품에 대해서는 잘 모르지만 꼭 구매해야 하는 사람일 수도 있습니다. 혹은 상품에 대해 잘 아는 전문가일 수도 있습니다. 고객이 내 상품을 찾아오는 경로는 상상 이상으로 다양합니다.

- Q. 온라인에서 상품을 구매하려는 사람은 어떤 키워드로 검색하고 어떤 영역을 클릭해서 방문할까?

- Q. 상품에 대해 잘 모르지만 꼭 구매해야 하는 사람은 어떤 키워드로 검색할까? 어떤 검색결과를 클릭하고 어떤 콘텐츠를 참고해서 구매 결정을 내릴까?

- Q. 나와 비슷한 상품을 판매하는 사람들은 어떤 기준으로 상품명, 사진, 가격을 노출할까? 어떤 목적으로 이런 기획을 한 것일까?

처음에 이런 질문을 떠올렸다면 해답이 쉽게 떠올랐을 수도 있습니다. 그러나 모든 고객이 상품에 대해 나와 같은 수준의 정보와 이해력을 갖고 있는 것이 아닙니다. 따라서 고객의 다양한 상황을 이해하고 다양한 각도에서 바라보며 최적의 안내를 할 수 있도록 노력해야 합니다.
앞에서 세 과정으로 상품을 구매해본 경험을 패턴화하고 해당 상품을 장바구니에 담는 분명한 이유를 생각해봅니다. 고객의 입장에서 생각한다면 조금 더 쉽게 답을 찾을 수 있을 것입니다.

CHAPTER 03 · SECTION 02

잘 팔리는 상품과 상품페이지 분석하기

상품 구매 경험을 통해 고객의 입장이 되어봤다면 이제 내 상품을 어떻게 팔 것인지 구체적인 방향을 잡아야 합니다. 앞서 말했듯이 벤치마킹이 가장 중요합니다. 잘 팔리는 상품과 상품페이지를 분석해서 정리해봅니다.

01 네이버쇼핑 쇼핑BEST에서 상품 찾아보기

네이버쇼핑에서 잘 팔리는 제품을 찾아보는 첫 번째 방법은 네이버쇼핑 쇼핑BEST입니다. 네이버 메인페이지에서 [쇼핑]을 클릭해 네이버쇼핑 메인페이지로 이동합니다.

◀ PC 버전 네이버 메인페이지의 [쇼핑] 탭

네이버쇼핑 메인페이지에서 오른쪽 상단에 있는 [쇼핑BEST] 탭을 클릭해 쇼핑BEST 메인페이지로 이동합니다.

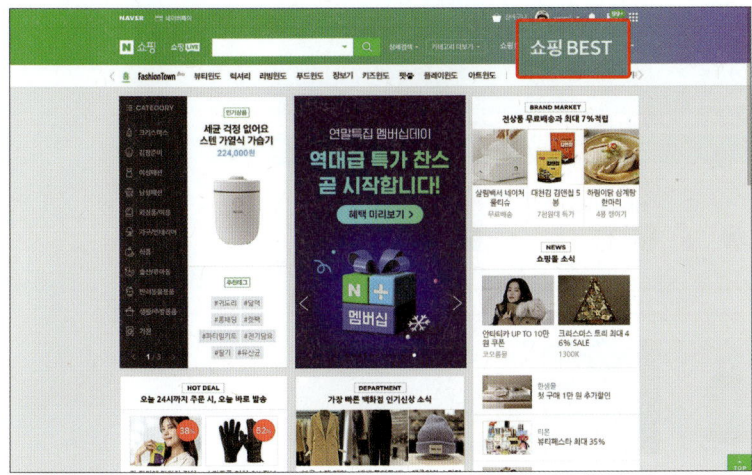

◀ PC 버전 [쇼핑BEST] 클릭 화면

쇼핑BEST 메인페이지에는 [오늘의 베스트], [별별랭킹], [카테고리], [쇼핑윈도] 탭으로 구성되어 있습니다. 각 탭을 클릭하면, 주제별 인기상품, 인기쇼핑몰, 인기키워드 순위를 볼 수 있습니다. 내가 판매할 상품의 세부적인 확인을 위해 상단 탭에서 [카테고리]를 클릭합니다.

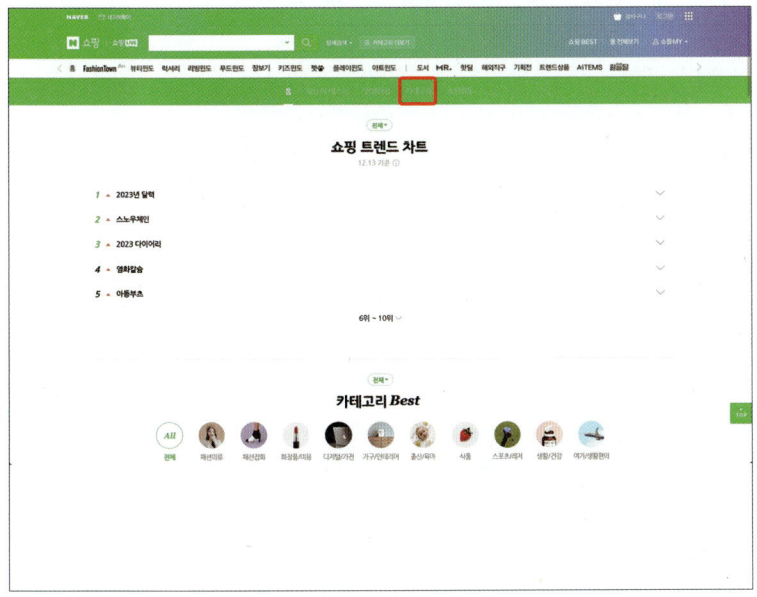

◀ PC 버전 [쇼핑BEST] 메인페이지

❶ [카테고리] 탭에서는 연령대와 성별에 따라 인기 있는 카테고리 위주로 노출됩니다. ❷ [전체]로 선택된 상태 또는 원하는 고객의 연령대와 성별로 필터링하여 조회하면 ❸ [많이 본 상품], [많이 구매한 상품], [인기 브랜드], [트렌드 키워드]의 상품 목록을 볼 수 있습니다.

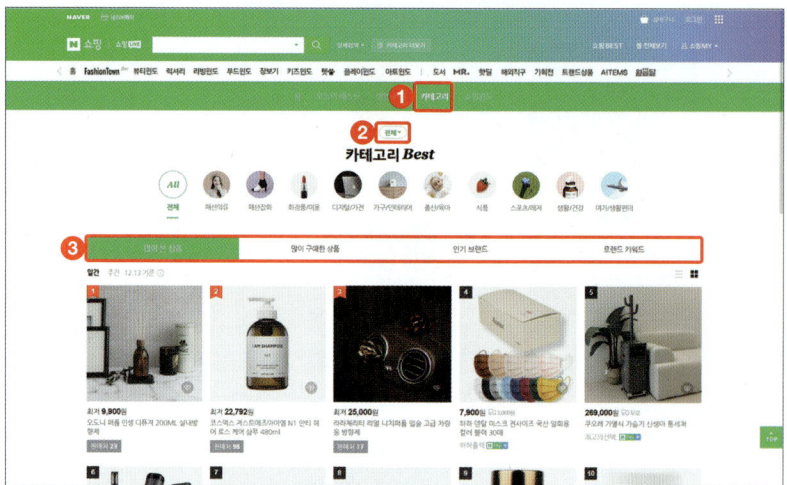

▲ 쇼핑BEST에서 [카테고리] 탭을 선택한 메인페이지

이때는 전체 카테고리의 다양한 상품군이 보입니다. 상품을 직관적으로 확인하기 위해서는 중분류, 소분류까지 카테고리를 세분화해서 조회하는 것이 좋습니다.

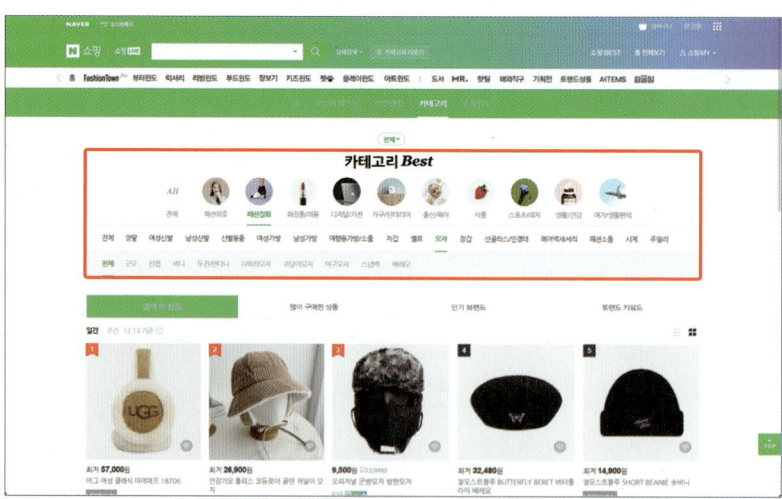

▲ 쇼핑BEST의 [카테고리] 탭에서 [패션잡화]-[모자]를 선택한 결과

> **쇼핑BEST 메뉴 구성 살펴보기**
>
> - **오늘의 베스트** | 네이버쇼핑에서 쇼핑 테마를 주제별로 정하고, 비슷한 연령과 성별의 고객이 많이 찾고 많이 구매한 상품을 모아서 노출되는 서비스
> - **별별랭킹** | 네이버쇼핑에서 발생한 구매/조회/리뷰 등의 데이터를 기반으로 다양한 테마의 랭킹으로 상품이 노출되는 서비스
> - **카테고리** | 네이버쇼핑에서 고객들이 많이 찾고 구매한 상품 및 많이 검색한 키워드를 카테고리별로 모아서 상품이 노출되는 서비스
> - **쇼핑윈도** | 네이버쇼핑에서 고객들이 많이 찾고 구매한 상품 및 리뷰 좋은 상품 중 쇼핑윈도 카테고리별로 모아서 상품이 노출되는 서비스

TIP 쇼핑BEST 외 메뉴는 59쪽 모바일 쇼핑BEST에서 설명하겠습니다.

많이 본 상품/많이 구매한 상품

[많이 본 상품]은 네이버쇼핑 검색에서 고객들이 조회한 상품 기준으로, [많이 구매한 상품]은 구매 데이터를 활용하여 상품 랭킹을 제공합니다. 일간, 주간으로 기간을 변경하여 조회할 수 있으며 검색 결과는 매일 변경될 수 있습니다.

이 결과를 통해 고객들이 많이 클릭하고 있는 상품의 대표 이미지를 두루 살펴보고, 상품의 대표 이미지를 어떻게 촬영하면 좋을지 참고하면 좋습니다.

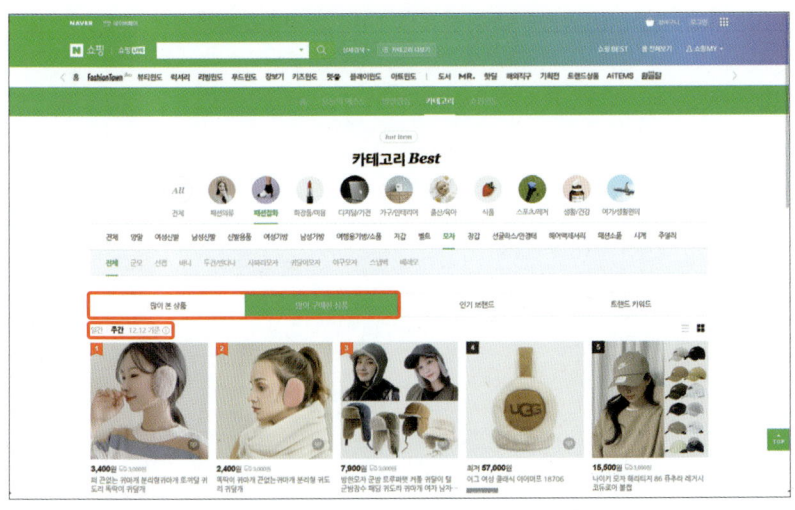

▲ [많이 구매한 상품] 탭을 선택하여 [주간]으로 필터링한 결과

● 인기브랜드/트렌드 키워드

[인기브랜드]와 [트렌드 키워드]는 네이버쇼핑에서 고객들이 많이 검색하고 상품을 많이 본 키워드 중 최근 급상승한 키워드를 뽑아 제공합니다. 특히 [트렌드 키워드]에서는 상위 20개 키워드 목록을 볼 수 있고, 원하는 키워드를 클릭하면 쇼핑검색 상위 상품이 랜덤으로 나타납니다.

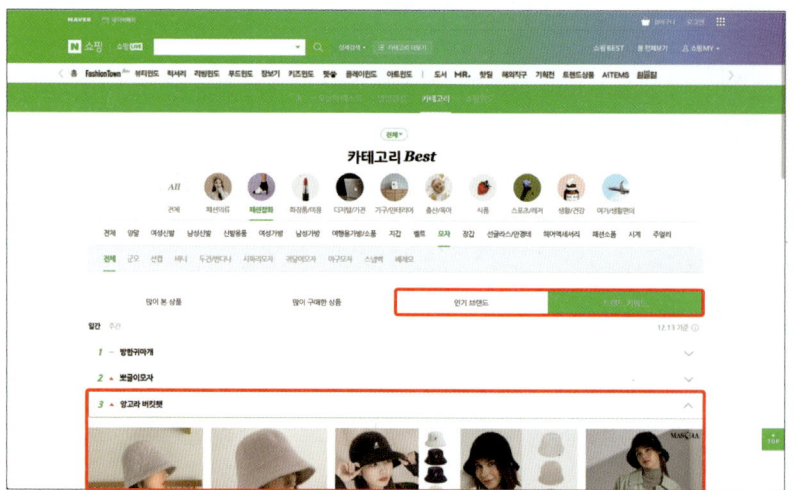

▲ [트렌드 키워드]를 선택하여 '앙고라 버킷햇' 키워드를 선택한 결과

상품명을 작성할 때 [트렌드 키워드]를 참고하면 좋습니다. 해당 키워드에서 상위 노출되고 있는 상품들의 대표 이미지와 가격을 참고하여 상품 등록을 준비합니다.

02 모바일에서 쇼핑BEST 상품 찾아보기

스마트폰으로 네이버에 접속하면 PC와 다른 메뉴를 볼 수 있습니다. 모바일용 네이버 메인페이지에서 오른쪽으로 화면을 스와이프하여 [쇼핑] 페이지에 접속할 수 있습니다. 네이버에 로그인된 상태로 [쇼핑] 페이지에 방문하면 [잇걸], [우먼], [멘즈] 페이지 중에서 자동 노출됩니다. 지금까지는 내 성별과 연령대에 맞는 상품을 보았다면 판매자의 입장이 되어 내 주요 고객의 성별과 연령대별로 어떤 상품을 보는지 찾아보는 것도 좋습니다.

▲ 앱 또는 모바일용 네이버 메인페이지에서 [쇼핑] 페이지 방문

쇼핑 메인페이지에서 [잇걸] 또는 [우먼]으로 설정된 상태에서 화면을 아래로 내려 살펴보면, [오늘 많이 검색한 잇템] 항목을 확인할 수 있습니다. [오늘 많이 검색한 잇템] 상품들 중 하나를 선택해보면 네이버쇼핑의 [BEST]-[오늘의 베스트] 페이지로 이동합니다.

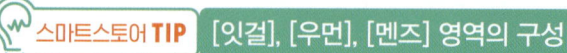

스마트스토어 TIP [잇걸], [우먼], [멘즈] 영역의 구성

[잇걸]은 20대 여성, [우먼]은 30대 이상 여성, [멘즈]는 남성 고객이 많이 검색한 잇템과 카테고리에 따른 쇼핑 아이템을 보여줍니다. 로그인하지 않은 상태에서 접속하면 기본적으로 [우먼] 탭의 페이지가 나타나고 로그인하면 내 성별과 연령에 맞는 탭이 노출됩니다.

▲ 잇템 상품 중 [미니 토트백]을 선택해 네이버쇼핑 [BEST] 탭으로 이동한 화면

[BEST] 탭은 PC 버전과 동일하게 [오늘의 베스트], [별별랭킹], [카테고리], [쇼핑윈도]로 구분되어 있습니다. [오늘의 베스트]는 네이버쇼핑에서 비슷한 연령과 성별의 고객이 많이 찾고 많이 구매한 상품을 쇼핑 테마 주제별로 모아서 보여주는 서비스입니다. [오늘의 베스트]는 별도의 비용을 들여 집행하는 광고가 아니라 네이버쇼핑에 입점한 상품을 대상으로 네이버쇼핑 노출 기준 로직에 의해 자동으로 인기상품의 순위가 매겨집니다.

▲ [오늘의 베스트] 탭에서 확인할 수 있는 날짜별 다양한 주제별 상품 리스트

이 영역에서 내가 판매할 제품과 연관성 있는 테마가 있는지 살펴봅니다. 화면 상단 날짜별 베스트에서 지난 날짜의 테마도 살펴볼 수 있습니다.

▲ 지난 날짜 테마 살펴보기

창업 준비의 시작, 벤치마킹 ▼ CHAPTER 03 ▼ 061

[별별랭킹]을 선택하면 다양한 테마에 대한 상품 목록 랭킹을 조회해볼 수 있습니다. [별별랭킹]은 네이버쇼핑에서 발생한 구매/조회/리뷰 등의 데이터를 기반으로 한 순위 목록입니다. 원하는 타깃을 설정하고 조회하여 인기 상품 목록을 참고하거나, 추천 타깃을 선택하여 상품 목록을 벤치마킹하면 좋습니다.

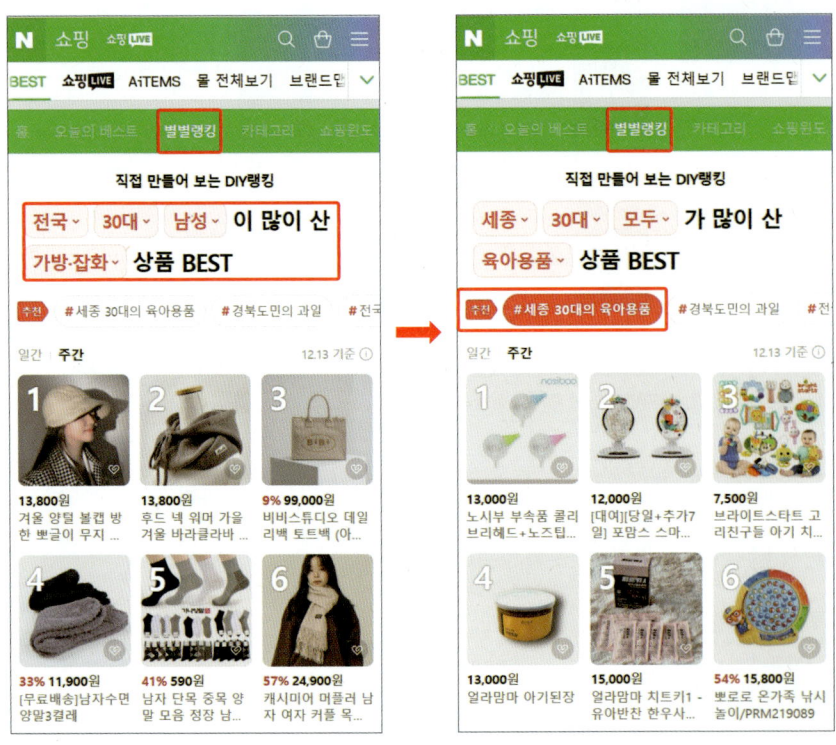

▲ [별별랭킹] 탭에서 타깃을 직접 설정한 경우   ▲ [별별랭킹] 탭에서 추천 타깃을 설정한 경우

❶ [카테고리] 탭에서는 PC 버전과 동일하게 각 연령/성별대에서 인기 있는 카테고리 위주로 노출됩니다. ❷ [전체]로 선택된 상태 또는 원하는 고객의 연령대와 성별로 필터링하여 조회하면 ❸ [많이 본 상품], [많이 구매한 상품], [인기 브랜드], [트렌드 키워드]의 상품 목록을 볼 수 있습니다.

TIP 모바일에서 PC 버전과 필터 옵션이 동일해도 필터링한 상품 목록 결과는 PC와 다를 수 있습니다.

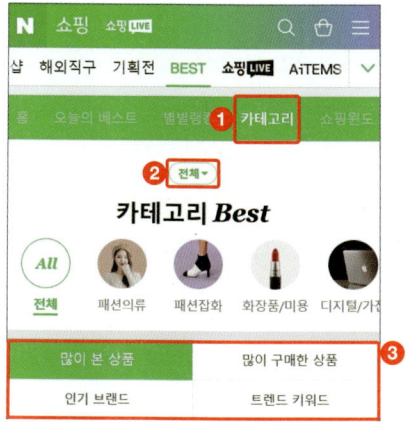

▲ [카테고리] 탭의 날짜별 다양한 주제별 상품 리스트

[카테고리] 탭에서 상품을 둘러볼 때 페이지 최상단에 있는 [연령대별], [성별]에 따라 상품 목록이 다르게 노출되니 타깃을 다르게 설정하여 확인해보는 것도 필요합니다. 화면을 아래로 내려 [네이버 메인에 #BEST 추가]를 선택합니다. 원하는 방식을 설정하면 네이버 메인페이지에서 수시로 [#BEST]를 확인할 수 있습니다.

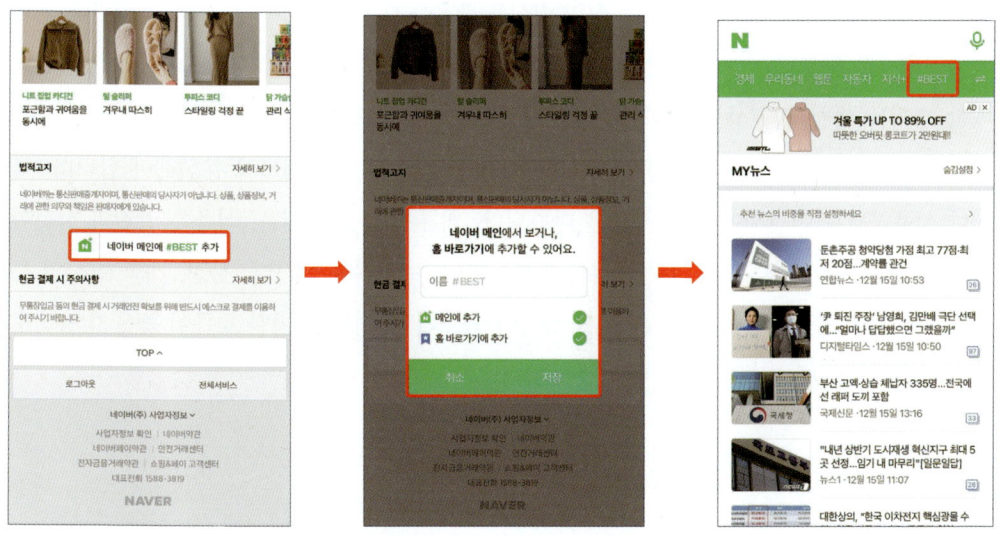

▲ 네이버 메인페이지에 [#BEST] 추가하기

03 많이 판매되는 상품의 상세페이지 벤치마킹하기

상품의 상세페이지는 방문 고객이 구매를 결정하게 하는 1등 영업사원입니다. 그러나 이 영업사원이 입도 떼기 전에 고객은 상품 페이지를 이탈합니다. 우리는 고객이 영혼 가득 작성한 상세페이지를 꼼꼼히 봐주기를 바라지만, 고객이 평균적으로 머무는 체류 시간은 3초도 채 되지 않습니다. 그리고 처음부터 완벽한 상세페이지를 만들기는 매우 어렵습니다. 좋은 상세페이지는 디자인이 예쁜 페이지가 아니라, 좋은 스토리텔링으로 고객이 알고자 하는 내용을 잘 전달하는 페이지입니다. 좋은 기획의 상세페이지는 고객의 평균 체류 시간을 높이고 구매율을 높입니다.

노련한 판매자들은 상세페이지를 구성할 때 많은 것을 고려합니다. 우선 고객이 구매 결정을 내리는 데 도움이 되도록 기-승-전-결을 갖춘 흐름으로 설명합니다. 또한 고객이 자주 묻는 내용이나 오해하기 쉬운 내용, 잦은 반품과 교환이 발생하는 사례 등 다양한 경험을 토대로 상세페이지를 여러 차례 보완해낸 결과물입니다. 따라서 많이 판매되는 상품의 상세페이지를 눈으로만 훑어보지 말고 내용을 꼼꼼히 기록하면서 참고해야 합니다. 상세페이지는 아직 겪지 못한 고객의 피드백을 미리 경험하고 상품 설명 방식을 배우는 데 탁월한 교과서가 될 것입니다.

상세페이지를 눈으로만 보고 넘긴다면 고객과 별반 다르지 않습니다. 상품을 팔고 있거나 판매할 계획을 세웠다면 '상세페이지를 만들기 위해 어떤 정보를 준비해야 하는지', '어떤 사진을 준비해야 하는지', '어떤 내용을 먼저 설명해야 하는지' 등을 중심으로 분석해야 합니다. 특히나 상품군별로 어필해야 하는 부분은 다릅니다. 의류는 제품 사진을, 식품은 안전과 신선함을, 기능성 제품은 해당 제품의 기능적인 부분을 먼저 보여줘야 합니다. 사진, 대화 형식의 문장, '움짤' 형식의 동영상 등 다양한 어필 방법이 있으니 내 상품은 어떤 흐름이 좋을지 둘러보고 기획력의 시야를 넓히는 것이 매우 중요합니다.

다음 표를 참고해 상세페이지를 한 장으로 정리해봅니다.

STEP 1	상단-중단-하단으로 크게 구분 짓고 각각 어떤 정보가 있는지 기록하기
STEP 2	기-승-전-결로 나누어 어떤 흐름으로 설명하는지 기록하기
STEP 3	이미지는 네모, 글은 동그라미 등으로 표시하고 단락을 나누어 기록하기

STEP 4	이미지 단락별로 어떤 사진을 몇 장씩 사용했는지 요약하기(전체 컷, 클로즈업 컷, 모델 컷, 마네킹 컷, 디테일 컷, 포장 컷 등)
STEP 5	글 단락별로 어떤 주제를 설명하는지 요약하기

▲ 상단에 어필 포인트를 구성한 상세페이지

그러나 모든 상품군이 같은 형식을 취해야 하는 것은 아닙니다. 상품에 따라 상세페이지의 구성이 달라질 수 있습니다. 따라서 잘 팔리는 상품이라 하여 무작정 분석하는 것보다 내가 판매하려는 상품군의 예시를 골라서 분석하는 것이 효과적입니다. 내가 판매할 상품과 같은 카테고리에 있는 상위 판매자들의 상세페이지를 보면서 다음과 같은 내용을 고민해봅니다.

NOTE 스마트스토어 전문가의 실전 노하우

📋 상품군에 따른 상세페이지 구성

제작 상품
직접 제작하는 상품임을 크게 어필합니다. 제품의 품질과 가격, AS가 훌륭함을 안내하고 AS 신청 방법이 쉽고 간단함을 어필하기도 합니다.

설치 상품
설치 가능 지역과 평균 설치 기간, 설치 비용을 잘 보이게 배치해 외부 지역의 고객이 실수로 구매하는 일을 방지합니다.

유명 브랜드 상품
정품 인증 이미지 등을 이용해 오리지널 상품이 맞음을 강조합니다. 가품과 다른 점을 비교하여 신뢰도를 형성하는 방식으로 상품을 설명합니다.

온라인 브랜드 상품
인지도가 낮은 경우가 많으므로 브랜드명을 노출하기보다 상품의 기능을 강조해 설명합니다. 기존 고객들의 상품 후기를 크게 어필하여 호감을 높이는 데 주력합니다.

● 사진 촬영

상품을 테이블에 놓고 촬영할지, 그릇에 담아서 촬영할지, 내가 직접 모델이 되어도 괜찮을지, 실내와 야외 어디서 찍는 게 더 좋을지 등 머릿속에서만 상상하지 말고 다른 상품의 상세페이지를 많이 분석하면서 해법을 찾아갑니다.

● 상품의 포장 및 고객의 질문

상품이 어떤 방식으로 포장되어 배송되는지 안내합니다. 예를 들어 선물용 쇼핑백과 함께 포장해서 보낼 예정이라면 그 안내 사진을 첨부합니다. 고객이 자주 묻는 질문에 따른 추가 설명이 필요한지 등을 판단해 눈에 띄게 안내합니다.

● 배송 및 교환/반품 정책

주문 이후 제작 기간이 소요되는 상품의 배송 기간을 어떻게 안내하는지, 주문 제작 상품의 교환과 반품에 대한 설명을 참고합니다. 또한 무조건 무료배송을 어필하는 스마트스토어도 있고, 조건부 무료배송으로 판매하는 스마트스토어에서도 무조건 무료배송 상품이 존재할 수 있습니다. 따라서 제품의 특성상 반드시 배송비가 발생하는 경우는 어떻게 처리하고 있는지도 참고합니다.

> **NOTE 스마트스토어 전문가의 실전 노하우**
>
> **📋 상세페이지를 분석할 때 알아두어야 할 것**
>
> 다른 스마트스토어의 상세페이지를 분석하고 벤치마킹하는 것은 매우 중요합니다. 그러나 벤치마킹과 베끼는 것은 엄연히 다릅니다. 벤치마킹을 할 때 유의해야 할 사항에 대해 알아봅니다.
>
> **Q. 다른 판매자의 상품 이미지를 그대로 캡처해서 써도 되나요?**
> 안 됩니다. 내 상품의 상세페이지에는 직접 찍은 사진 혹은 구입한 이미지 등을 사용해야 합니다. 사진이나 일러스트 컷 등을 임의로 캡처하거나 도용하면 저작권 문제가 발생합니다.
>
> **Q. 상품 설명에 들어 있는 이미지는 어떻게 구하나요?**
> 네이버, 다음, 구글과 같은 포털사이트에서 '무료이미지', '무료픽토그램' 등으로 검색합니다. 그러면 비용을 들이지 않고 상업적으로 이용할 수 있는 이미지를 구할 수 있습니다. 그러나 무료 이미지는 품질이 좋지 않은 경우가 많고 상품을 제대로 소개하기에는 한계가 있습니다. 이때에는 비용을 지불하고 이미지를 사용할 수 있는 유료 사이트를 이용해야 합니다. 저작권 문제가 발생하지 않도록 상업적 이용을 허용한 이미지만 이용해야 합니다.
>
> **Q. 다른 판매자의 상세페이지와 똑같이 만들어도 되나요?**
> '따라 하기'가 반드시 '복제'라고 할 수는 없습니다. 공부 잘하는 친구의 학습법을 따라서 공부한다고 커닝은 아닌 것과 같습니다. 그러므로 다른 판매자의 상세페이지를 참고해서 잘 설명하는 것만으로는 문제가 되지 않습니다. 그러나 저작권법에 저촉되는 부분은 꼼꼼히 확인해야 합니다. 동일한 홍보 문구를 사용하는 것은 피해야 하고, 상표권에 등록된 상표명을 허위로 기재하는 등의 콘텐츠 복제도 안 됩니다.

N 스마트스토어

PART
02
스마트스토어
시작하기

Chapter
01

스마트스토어 만들기

스마트스토어를 만드는 것을 두고 '스마트스토어에 입점한다'고 합니다. '스마트스토어'라는 플랫폼 안에 매장을 '입점'하는 것이기 때문이죠. 스마트스토어를 개설하는 과정은 아주 쉽습니다. 온라인에서 판매자로 가입하면 바로 만들 수 있습니다. 스토어 이름 짓기부터 개설할 수 있는 스토어 개수까지 초보 판매자가 궁금해하는 내용들을 차근차근 알아보겠습니다.

판매자(셀러) 가입 준비하기

스마트스토어 판매자는 사업자등록 유무에 따라 개인과 사업자로 나뉘고, 사업자는 국내 사업자와 해외사업자 회원으로 나뉩니다. 판매자 형태에 따라 제출 서류가 다르므로 정확히 알아둡니다.

개인 판매회원	사업자 회원	해외사업자 회원
• 서류 필요 없음 • 19세 미만은 별도 서류 필요	• 국내 사업자등록증을 소지한 경우	• 해외 거주 국가에 사업자등록을 한 경우

01 개인 판매회원

19세 이상의 성인이라면 누구나 판매자로 가입할 수 있습니다. 사업자등록증이 없다면 개인 판매회원입니다. 특별한 서류 없이 휴대폰 본인인증만으로 스마트스토어를 개설하고 상품을 등록해 판매할 수 있습니다. 온라인 창업을 본격적으로 시작하기 전에 소량으로 상품을 판매해보는 등의 시험 운영을 할 수도 있습니다.

> **스마트스토어 TIP** 미성년자도 판매자로 가입할 수 있나요?
>
> 생년월일 기준으로 만 19세 미만의 법적 미성년자는 법정대리인의 동의서가 있어야 가입할 수 있습니다. 가입에 필요한 서류는 스마트스토어 가입센터를 확인해 준비합니다.

성인 필요 서류
- 없음

만 19세 미만의 법적 미성년자 필요 서류
- 통신판매업 신고 후 통신판매업신고번호 입력 필수

02 사업자 회원

국내에서 사업자등록을 했다면 사업자 회원으로 가입할 수 있습니다. 개인사업자와 법인사업자의 필요 서류가 다르므로 정확히 확인하고 준비합니다.

개인사업자 필요 서류
- 사업자등록증 사본 1부
- 대표자 인감증명서(또는 대표자 본인서명사실확인서) 사본 1부
- 대표자 혹은 사업자 명의 통장(또는 계좌개설확인서, 온라인통장표지) 사본 1부

TIP 사업자등록증이 있다면 바로 사업자 회원으로 가입하면 됩니다. 거래금액 및 거래횟수에 따라 50회 이상의 판매 이력이 존재하는 경우, 통신판매업신고가 필요합니다.

법인사업자 필요 서류
- ✅ 법인 명의 통장 사본 1부
- ✅ 법인등기사항전부증명서 사본 1부
- ✅ 법인 인감증명서 사본 1부
- ✅ 통신판매업신고 후 통신판매업신고번호 입력 필수

● CASE 1. 사업자등록증과 통신판매업신고증이 있을 때

사업자등록 번호로 인증합니다. 판매자 가입 절차 마지막에 관련 서류를 스캔하여 첨부하면 스마트스토어 개설을 완료할 수 있습니다.

● CASE 2. 사업자등록증만 있을 때(통신판매업 미신고 시)

사업자등록 정보에 전자상거래업으로 도소매 판매가 가능한 업종이나 업태를 추가해야 하는 경우도 있습니다. 업종이나 업태를 추가하더라도 사업자등록 번호는 바뀌지 않습니다. 우선 사업자등록 번호로 판매자 가입 인증을 마치고 가입 절차 마지막에 관련 서류를 스캔하여 첨부하면 됩니다. 다음 TIP을 참고해 통신판매업신고를 준비합니다.

> **스마트스토어 TIP | 통신판매업신고하기**
>
> 온라인 판매가 처음이라면 사업자등록증만으로 가입할 수 있습니다. 다른 오픈마켓을 포함하여 50회 이상의 판매 이력이 발생했다면 '통신판매업신고'를 해야 합니다.
>
> ① **판매자 가입 시 통신판매업은 [신고준비중]으로 선택** | 사업자등록 번호로 인증하고 판매자 가입 절차 마지막의 통신판매업은 [신고준비중]으로 선택합니다. 그러면 통신판매업신고증이 있을 때와 동일한 절차로 스마트스토어를 개설할 수 있습니다. 그러나 제출해야 할 서류가 모두 등록되지 않았기 때문에 승인대기중 상태입니다.
>
> ② **통신판매업신고 시 [구매안전서비스 이용 확인증] 제출** | 스마트스토어에 판매자 가입 신청을 완료하면 [판매자 정보] 메뉴에서 '구매안전서비스 이용 확인증'을 받을 수 있습니다. '구매안전서비스 이용 확인증'을 시/구청(정부24)에 제출하여 통신판매업으로 신고한 후 통신판매업신고증을 수령합니다.

③ **통신판매업신고증을 추가 등록하여 판매자 가입 완료** | 통신판매업신고증 사본 1부를 [판매자 정보]-[심사내역 조회]에 등록하면 판매자 가입이 완료됩니다.

03 해외사업자 회원

거주하는 국가가 해외이고 해당 국가에 국내사업자로 등록했다면 해외사업자 회원으로 가입할 수 있습니다. 해외에 거주 중이라도 필요한 서류를 미리 준비하면 국내와 마찬가지로 빠르게 판매자 가입을 할 수 있습니다.

해외사업자 필요 서류
- 대표자 해외 여권 사본 1부
- 사업자등록증(미국의 경우 IRS 서류) 사본 1부
- 해외에서 개설된 사업자 또는 법인명의 통장(또는 해외계좌 인증 서류) 사본 1부

> **TIP** 판매자 가입 방법은 SECTION 04. 86쪽에서 자세히 설명합니다.

CHAPTER 01　SECTION 02

스마트스토어 이름 짓기

스마트스토어의 이름, 즉 상호는 사업자등록증에 기재된 것과 달라도 됩니다. 예를 들어 사업자등록증에 기재된 상호가 '㈜서미진유통'이라고 해서 스마트스토어의 이름을 반드시 '㈜서미진유통'으로 할 필요는 없습니다. 스마트스토어 이름은 무엇을 염두에 두고 짓는 것이 좋은지 알아보겠습니다.

01 좋은 이름

당연한 말 같지만 스마트스토어 이름은 판매 상품의 콘셉트를 잘 드러내면서도 기억하기 쉽고 검색이 잘 되게 정하는 것이 좋습니다. 또한 상품의 이미지가 연상되는 이름, 브랜딩화할 수 있는 이름이 좋습니다.

네이버는 가장 큰 검색 포털사이트입니다. 따라서 네이버 검색 창에 키워드를 검색하면 검색 결과 페이지 중 웹사이트 영역에 스마트스토어 사이트 정보가 노출됩니다. 또한 네이버쇼핑에서 상품을 검색할 때도 스마트스토어 이름이 함께 결과에 나타납니다.

다음 그림에 입력한 키워드는 필자가 실습용으로 개설한 스마트스토어 이름입니다. 이 키워드를 네이버 검색 창에 검색하면 다음과 같이 웹사이트 영역에 사이트 정보가 노출됩니다.

▲ 네이버에서 스마트스토어 이름을 검색해 웹사이트 영역에 노출된 화면

또한 가급적 한글을 사용해 짓는 것이 좋습니다. 키워드를 검색하는 대부분의 사람이 영어보다 한글을 많이 사용하기 때문입니다. 예를 들어 아디다스 브랜드를 검색하려면 대개 'adidas'가 아니라 '아디다스'를 입력합니다. 사람들이 아직 잘 알지 못하는 스마트스토어 이름을 영문으로 지으면 인지도를 쌓는 데 더욱 어려울 수 있습니다.

> **스마트스토어 TIP 스마트스토어 이름을 수정할 수 있나요?**
>
> 얼마 전까지만 해도 스마트스토어 이름은 한 번 정하면 수정할 수 없었습니다. 그러나 이제는 1회에 한해 수정할 수 있습니다. 마음이 바뀔 때마다 수정할 수 있는 것이 아니므로 이름은 처음부터 신중하게 정해야 합니다.

02 피해야 할 이름

너무 흔한 단어는 스마트스토어 이름으로 적절하지 않습니다. 네이버 검색결과에 노출되기가 매우 어렵기 때문입니다. 네이버 검색결과에는 명사가 가지고 있는 뜻, 이미지, 정보가 먼저 노출됩니다. 인지도가 낮은 스마트스토어는 웹사이트 영역에서도 뒤로 밀릴 것입니다.

네이버는 사용자의 검색 의도를 통계적으로 분석해 결과를 보여줍니다. 따라서 사용자가 특정 사이트를 찾고 있는 것으로 분석되면 통합검색결과에서 웹사이트 영역의 검색결과를 우선적으로 보여줍니다. 즉, 흔한 단어는 스마트스토어 방문을 목적으로 검색했다고 분석하기 어려우므로 내 스마트스토어보다 그 단어를 포함하고 있는 블로그나 포스트(VIEW), 지식iN, 카페, 이미지, 동영상, 뉴스 등의 다른 콘텐츠가 상위에 노출될 수밖에 없습니다.

예를 들어 스마트스토어 이름을 '예쁜하이힐'이라고 등록했다면, 네이버에서는 '예쁜하이힐'이라는 키워드를 검색한 사용자가 많이 클릭했던 이미지나 동영상이 먼저 노출됩니다. 또는 '예쁜하이힐추천' 등의 키워드를 포함하고 있는 블로그, 카페, 연예인 정보 등이 상위에 노출됩니다. 인지도가 없고 클릭이 일어나지 않으며 상품이 얼마 없는 스마트스토어를 단순히 키워드가 동일하다는 이유로 검색결과 상위에 노출시키지는 않습니다. 앞에서 설명했듯이 스마트스토어 이름은 판매 중인 상품을 잘 설명할 수 있는 키워드의 조합, 또는 브랜딩할 수 있는 의미 있는 단어들로 구성하는 것이 좋습니다.

CHAPTER 01 　 SECTION 03

스마트스토어 개설 전에 알아두어야 할 네 가지

스마트스토어 개설을 위한 회원가입 과정에서 많이 받는 질문을 정리해보았습니다. 개인 판매회원과 사업자 회원 사이에서 궁금한 부분을 미리 살펴보고 스마트스토어를 개설하기 바랍니다. 이러한 사항을 미리 숙지해둔다면 스토어 운영에 큰 도움이 됩니다.

01 사업자등록을 반드시 해야 할까?

온라인 창업을 시작하는 사람들은 사업자등록을 하지 않은 경우가 대부분입니다. 사업의 방향이 확실하지 않으므로 미리 사업자등록을 하지 않은 것입니다. 그리고 스마트스토어는 사업자등록을 하지 않거나 초기자본이 없어도 시작할 수 있으므로 개인 판매회원으로 시작하는 경우가 많습니다. 그런데 사업자등록을 하지 않고 영원히 개인 판매회원으로 판매할 수 있을까요? 개인 판매회원으로 판매하면서 매출이 크게 발생하지 않는다면 큰 문제가 없습니다. 그러나 고액이 아니더라도 꾸준한 매출이 발생하고 영리를 목적으로 지속적인 판매를 하고자 한다면 사업자등록 및 통신판매신고를 해야 합니다. 사업자등록을 하지 않으면 세금계산서를 발행하지 못하므로 매출에 대한 세금 문제가 발생하기 때문입니다. 또한 광고나 마케팅을 진행할 때도 사업자등록증을 요구하는 곳이 많으므로 어느 시점이 되면 결정을 해야 합니다.

● **사업자등록을 하지 않으면 불이익이 있을까?**

매출이 지속적으로 발생하는데도 사업자등록을 하지 않고 개인 판매회원으로 판매한다면 발생한 매출 관련 세금 신고 성실도에 따라 조세범(조세에 관한 법률에 위반하는 범죄) 처벌법으로 처벌받을 수 있습니다. 가능하면 사업자등록 및 통신판매신고를 하는 것이 좋습니다.

> **사업자등록 없이 지속적으로 물품을 판매할 경우 다음과 같은 불이익을 받을 수 있습니다.**
> 1. 사업자등록 없이 이루어진 거래에 대해 공급가액의 1%(간이과세자는 공급대가의 0.5%) 미등록 가산세 부담
> 2. 사업자등록 없이 사업을 영위하는 경우, 세금계산서 교부가 불가능하며 관련 매입세액을 공제받을 수 없음
> 3. 사업자등록을 하지 않아 부가가치세를 신고하지 못한 사업장의 거래에 대해 신고불성실 가산세와 납부불성실 가산세 추가 부담
> - 신고불성실 가산세: 무신고, 과소신고의 경우 신고하지 않은 납부세액의 10% 가산세 부담
> - 납부불성실 가산세: 무납부, 과소납부의 경우 미납부 또는 과소 납부세액에 대해 1일 0.03%(연간 10.95%)의 가산세 부담
> 4. 소득세를 신고하지 않은 경우 신고불성실 가산세와 납부불성실 가산세 추가 부담(주민세 별도10%)
> - 신고불성실가산세: 산출세액에서 무신고나 과소신고 해당 비율에 대하여 20% 가산세 부담
> - 납부불성실 가산세: 무납부, 과소납부의 경우 미납부 또는 과소 납부세액의 1일 0.03%(연간 10.95%)의 가산세 부담
>
> 상기 불이익 이외에 조세범처벌법 등 관련법규에 따라 처벌될 수 있습니다.
>
> 출처 : 네이버 스마트스토어센터 도움말

02 개인 판매회원에서 사업자 회원으로 변경하려면?

스마트스토어를 개설할 때 개인 판매회원으로 가입한 후 매출이 꾸준히 이어지면 사업자 회원으로 전환합니다. 이때는 스마트스토어의 판매자 신분을 변경해야 합니다.

사업자등록을 한 후 사업자등록증과 통신판매업신고증을 발급받아 사업자 회원으로 상태를 전환합니다. 그러면 그동안 등록한 상품과 설정한 정보가 사라지지 않고 스마트스토어를 그대

로 운영할 수 있습니다.

개인 판매회원에서 사업자 회원으로 전환하는 과정은 다음과 같습니다. 온라인에서 신청해야 하는 것과 스마트스토어에 신청해야 하는 것들이 나뉘어져 있으니, 잘 구분해서 진행합니다.

TIP 이 부분은 판매자 가입을 하지 않은 상태에서는 진행할 수 없습니다. SECTION 04. 86쪽의 실습을 따라 한 후 진행하는 것이 좋습니다.

● STEP 1. 사업자등록 및 사업자등록증 발급 신청하기

사업개시일로부터 20일 이내에 필요 서류를 갖추어 관할 세무서에 신청하고, 사업자등록증을 신청해 발급받습니다. 홈택스(www.hometax.go.kr)에서도 신청 가능하므로 집에서도 진행할 수 있습니다.

홈택스에 가입하고 메인페이지에서 [사업자등록]을 클릭한 후 [사업자등록신청하기]를 클릭해 사업자등록 및 사업자등록증을 신청합니다.

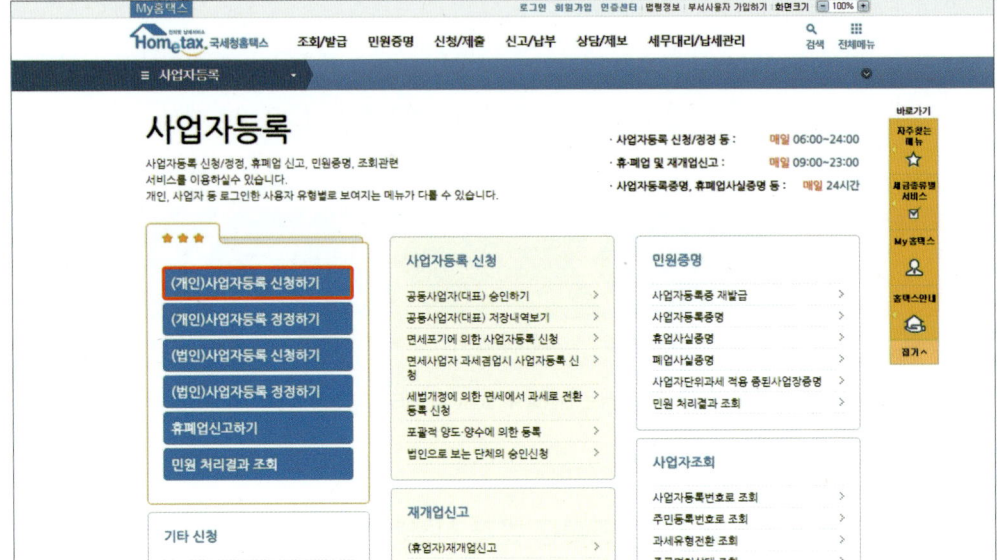

▲ 홈택스의 사업자등록 신청 화면

> **스마트스토어 TIP**  온라인 쇼핑몰 운영 시 사업자등록 필요 서류
>
> 스마트스토어 운영 시 사업자등록에 필요한 서류는 다음과 같습니다.
>
> - **주민등록증**
> - **임대차계약서**(사업장이 집 주소일 경우 필요 없음)
> - **공인인증서**(홈택스를 통해 사업자등록을 할 경우 필요)
>
> 위 서류와 함께 사업자등록 신청서를 작성하면 사업자등록이 끝납니다. 이때 업종은 '통신판매업', '전자상거래 소매업', '기타 통신 판매업' 등으로 등록해야 하며 사업자유형(일반, 간이, 면세 등)도 제대로 확인해야 합니다.

● STEP 2. 사업자 전환 신청하기

사업자등록을 마쳤다면 사업자 전환을 신청하기 위해 스마트스토어센터(sell.smartstore.naver.com)에 접속합니다. [판매자정보]-[사업자 전환] 메뉴를 클릭하고 사업자 정보를 입력합니다. 50회 이상의 판매 이력이 존재하는 경우에는 통신판매업신고가 필수입니다. 현재는 대상이 아니더라도 꾸준한 판매가 예상된다면 통신판매업신고도 준비합니다. 이때 [통신판매업신고번호]는 [아니오]-[신고준비중]으로 선택합니다.

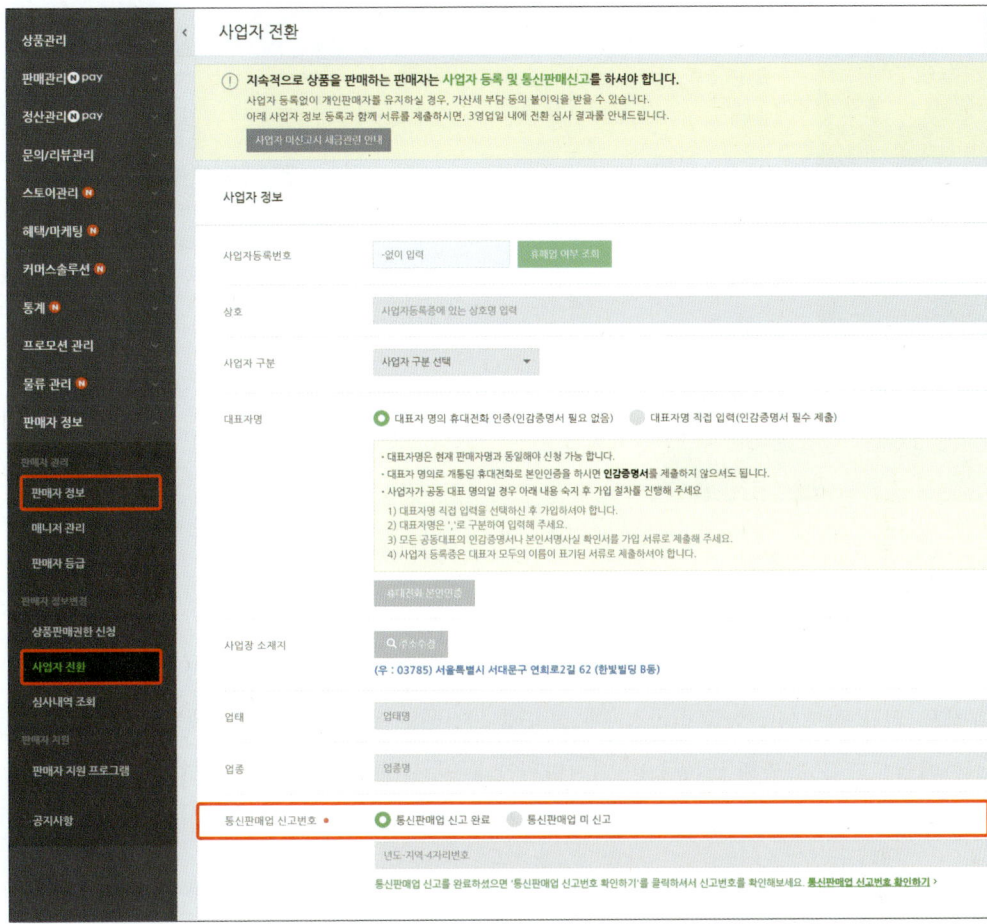

> **TIP** 통신판매업 신고를 하려면 사업자 전환을 한 후 '구매안전서비스 이용확인증'을 다운로드해야 합니다. 아직 신고대상이 아니라면 사업자 전환 신청을 마칩니다.

• STEP 3. 구매안전서비스 이용확인증 다운로드

사업자 전환을 완료한 후에는 '구매안전서비스 이용확인증'을 다운로드해야 합니다. 스마트스토어센터에 접속한 후 [판매자정보] 메뉴를 클릭합니다. 판매자 정보 페이지가 열리면 [구매안전서비스 이용확인증]을 클릭해 다운로드합니다.

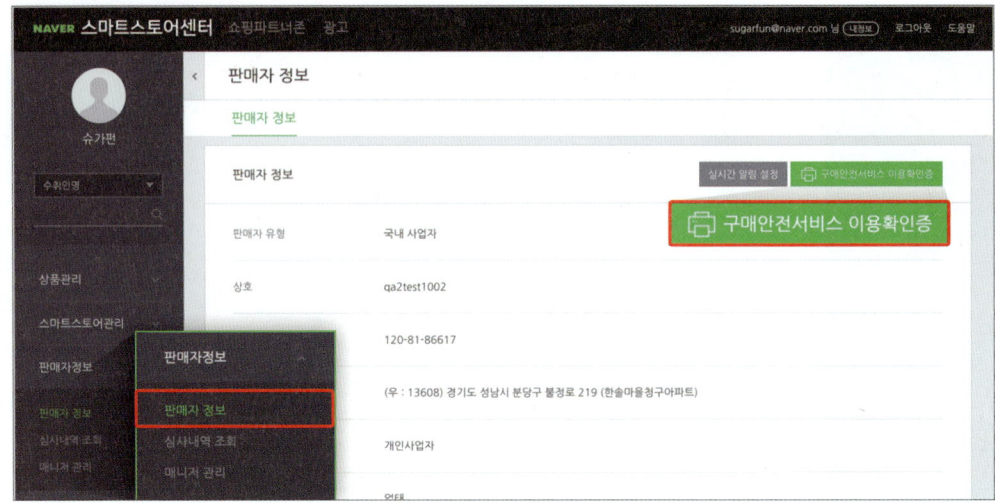

출처 : 스마트스토어센터 공지사항

● STEP 4. 통신판매업신고

'구매안전서비스 확인증'을 다운로드했다면 이제 통신판매업신고를 진행합니다. 시/구청에 방문해도 되고 정부24(www.gov.kr)에 접속해 신청해도 됩니다. 정부24 메인페이지에서 '통신판매업신고'를 검색해 [민원서비스]-[민원안내 및 신청]-[통신판매업신고] 메뉴를 이용해 신청합니다. 이때 구비 서류인 '구매안전서비스 이용확인증'을 함께 제출합니다.

TIP 정부24 메인페이지에서 [통신판매업신고] 메뉴를 찾는 것이 복잡하므로 검색 서비스를 이용해 해당 메뉴를 찾는 것이 빠릅니다.

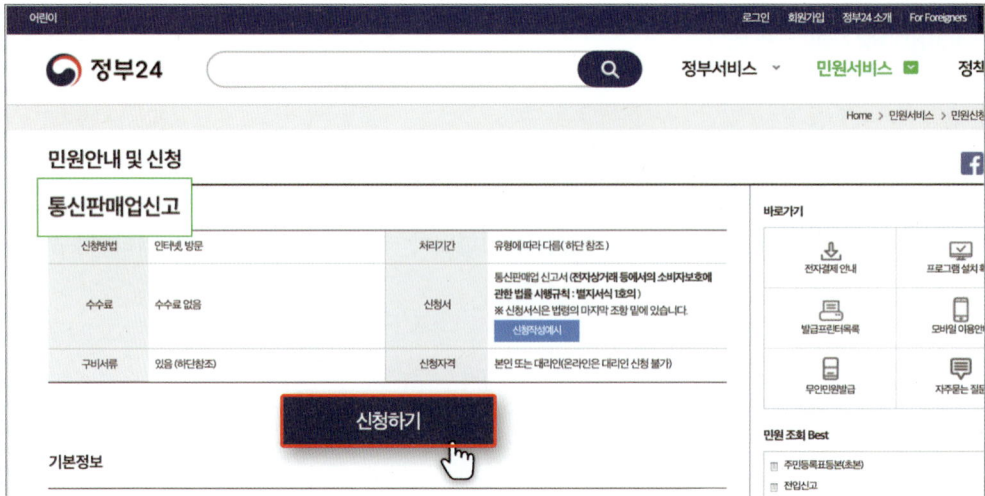

> **스마트스토어 TIP** 통신판매업을 꼭 신고해야 할까요?
>
> 통신판매업신고는 지속적인 전자상거래를 하는 판매자라면 꼭 해야 하는 것입니다. 공정 거래를 위해 인터넷에서 상품을 판매하는 데 필요한 신고입니다. 단, 직전년도 동안 통신판매의 거래 횟수가 50회 미만인 경우 신고 의무에서 제외됩니다. 신규 가입 및 사업자 전환 시 통신판매업 항목은 비필수 항목으로 심사가 진행되며 통신판매업 번호를 미입력한 판매자의 경우, 거래금액 및 거래횟수에 따라 '통신판매업 신고 안내 팝업'을 통해 별도 안내가 진행됩니다. 이때는 팝업 내용에 따라 구매안전서비스 이용확인증을 준비하여 신고해야 합니다.

● STEP 5. 통신판매업신고 등록

통신판매업신고증 사본을 스마트스토어센터에 등록해 사업자 전환 심사 승인을 완료합니다. 스마트스토어센터의 [판매자정보] - [심사내역 조회] 메뉴에서 미등록된 통신판매업신고증 파일(통신판매업신고증 번호)를 입력하여 등록할 수 있습니다.

출처 : 스마트스토어센터 공지사항

심사가 완료되면 개인 판매회원에서 사업자 회원으로 전환됩니다.

03 스마트스토어를 여러 개 만들 수 있을까?

네이버 아이디는 휴대전화 인증을 통해 동일한 번호로 최대 세 개의 아이디(계정)를 만들 수 있습니다. 하지만 네이버 아이디가 여러 개라도 개인 판매회원으로 가입하면 본인 명의의 스마트스토어 한 개만 개설할 수 있습니다.

사업자 판매자의 경우 다음 조건을 충족하면 다른 상품군으로 판매할 스마트스토어를 추가 개설할 수 있습니다. 기존에 운영 중인 스마트스토어를 포함해 최대 세 개까지 가능합니다. 다만 동일한 상품을 판매하는 스마트스토어를 중복으로 개설할 수는 없습니다.

- 회원 가입 후 6개월 경과
- 최근 3개월 총 매출 800만 원 이상
- 최근 3개월 구매만족 4.5점 이상
- 최근 3개월간 이용정지 이력 없음

스마트스토어를 추가로 개설하려면 스마트스토어센터의 [판매자정보] 메뉴를 이용합니다. 판매 정책을 위반하는 사례가 발생할 경우 모든 스마트스토어의 운영이 종료될 수 있으므로 유의해야 합니다. 예를 들어 동일한 상품을 여러 스마트스토어에 동시 노출하여 판매하면 이는 정책을 위반하는 것이므로 운영이 정지될 수 있습니다.

스마트스토어 TIP 스마트스토어 판매 정책이란?

네이버에서 운영하는 전자상거래 플랫폼인 스마트스토어에는 네이버가 지정한 판매 정책이 있습니다. 판매자 가입 시 운영 약관을 살펴보거나 안전거래정책을 통해 부정거래, 허위거래 항목을 확인할 수 있습니다. 자세한 내용은 스마트스토어센터 하단에서 [안전거래 가이드]를 클릭해 [안전거래정책] 페이지를 열어 확인합니다.

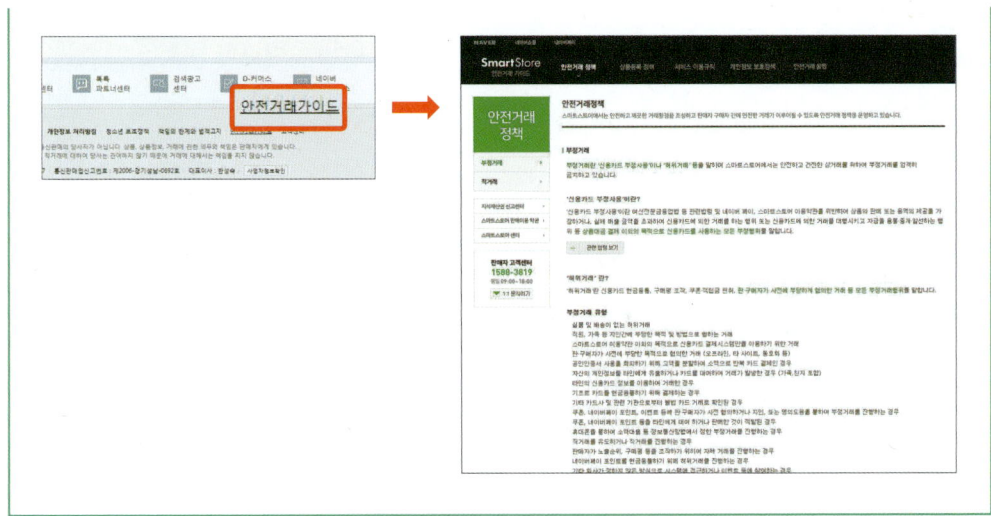

04 스마트스토어를 새로 만들 수 있을까?

스마트스토어를 개설해 운영하다가 다시 새롭게 개설하는 것은 가능할까요? 앞서 말했듯 스마트스토어는 세 개까지 개설할 수 있지만 각 스마트스토어에서 다른 상품군을 판매해야 합니다. 따라서 같은 상품군을 팔기 위해, 혹은 스마트스토어 이름을 변경하기 위해 스마트스토어를 새로 개설하려면 판매자에서 탈퇴한 후 재가입을 해야 합니다.

기존에 가입한 판매자 정보(개인 판매회원은 본인인증 정보, 사업자 회원은 사업자등록 정보)로 재가입하려면 기존 계정을 탈퇴한 후 30일 이후에 다시 가입해야 합니다. 이때 기존의 스마트스토어 이름과 URL을 사용할 수 없으므로 탈퇴 여부를 신중하게 선택해야 합니다.

CHAPTER 01　SECTION 04

[따라 하며 배우는] 스마트스토어 판매자 가입하기

스마트스토어센터에 접속하고 판매자 유형을 선택한 후 간단한 정보를 입력하면 수월하게 스마트스토어 판매자로 가입할 수 있습니다. 여기에서는 온라인 창업 초보자의 입장이 되어 개인 판매회원으로 가입해보겠습니다. 사업자 회원으로 가입할 때는 추가 정보 입력 페이지가 있을 수 있습니다.

스마트스토어 판매자로 가입하는 절차는 크게 다음과 같은 단계로 이루어집니다.

> 스마트스토어센터 접속 → 판매자 유형 선택 → 정보 입력 → 가입 완료

01 스마트스토어센터 접속

01 네이버 메인페이지에서 '스마트스토어센터'를 검색합니다. 검색결과 중 [네이버 스마트스토어센터]를 클릭합니다.

TIP 브랜드 검색 영역을 클릭하면 스마트스토어 공식 블로그로 이동합니다.

02 스마트스토어센터 메인페이지에서 [판매자 가입하기]를 클릭합니다.

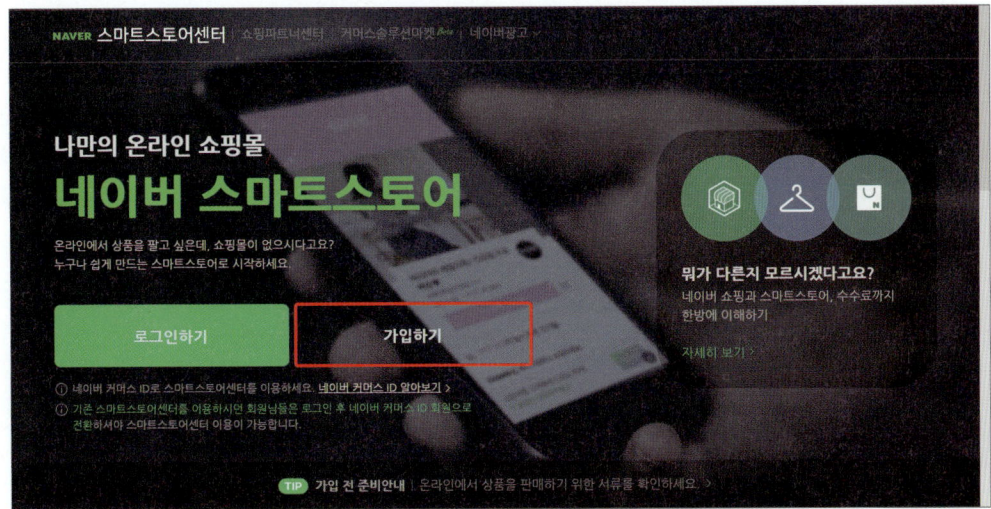

스마트스토어 만들기 ▼ CHAPTER 01 ▼ 087

02 판매자 유형 선택

03 회원가입은 [네이버 아이디로 가입하기] 또는 [이메일 아이디로 가입하기]를 선택하여 스마트스토어 가입을 진행합니다. 여기서는 [네이버 아이디로 가입하기]를 클릭합니다.

TIP 판매할 본인의 스마트스토어라면, [네이버 아이디로 가입하기]가 편리하고, 회사 스토어 개설이라면 [이메일 아이디로 가입하기]가 좋습니다. 스토어 개설 이후에 매니저 초대 기능을 이용해 여러 사용자가 접속, 관리할 수 있습니다.

04 스마트스토어센터 [판매자 가입] 페이지로 이동하면 [판매자 유형]을 선택합니다. 여기서는 ❶ [개인]을 선택하고 ❷ [다음>]을 클릭합니다.

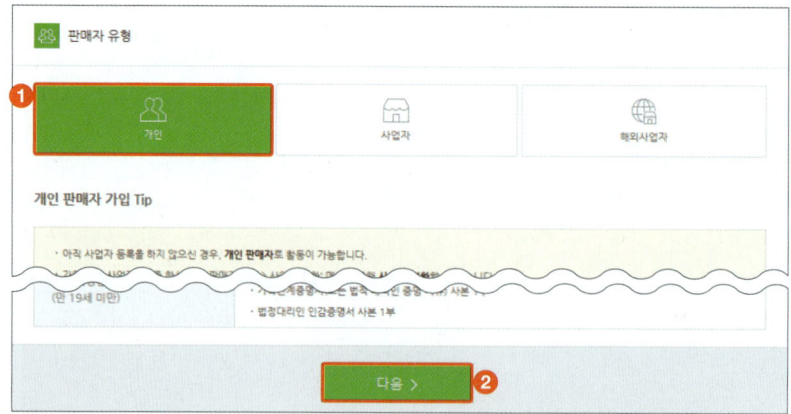

TIP 개인 판매자 가입 Tip과 필수 서류를 꼼꼼히 읽어본 후 [다음>]을 클릭해 이동합니다.

05 실명인증을 위해 휴대전화 본인인증을 진행합니다. ❶ [휴대전화 본인인증]을 클릭하고 휴대전화 본인인증을 완료한 후 ❷ [다음>]을 클릭합니다.

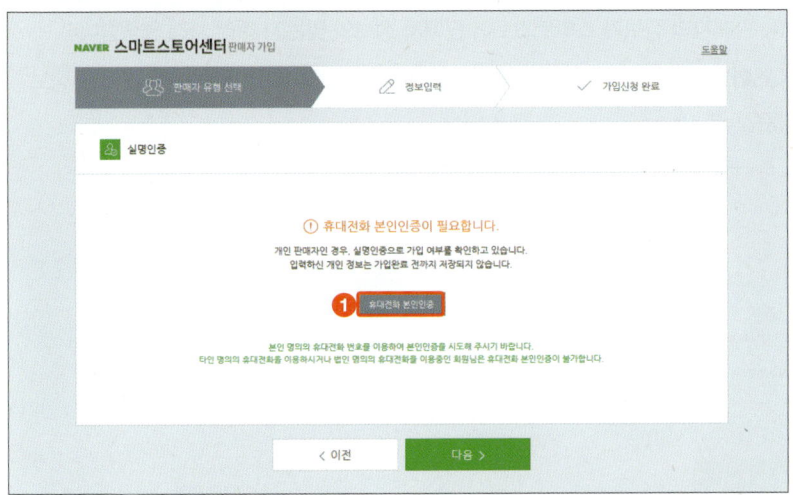

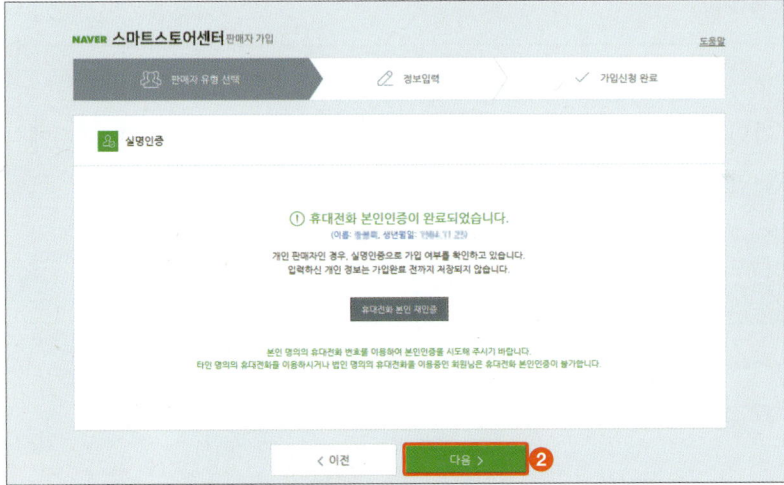

> **TIP** 휴대전화 본인인증을 진행할 때는 스마트스토어를 운영할 사람(본인)의 휴대전화 번호로 인증해야 합니다. 타인 명의의 휴대전화를 이용하거나 법인 명의의 휴대전화를 이용하면 본인인증을 진행할 수 없습니다.

스마트스토어 TIP 인증 단계가 필요한 이유

스마트스토어에 판매자로 가입하는 과정에서는 여러 번에 걸친 인증 단계를 거칩니다. 휴대전화 인증, 본인인증, 실명인증 등 판매자의 정보가 스마트스토어 판매자 정보와 맞는지 여러 차례 인증합니다.

이렇게 하는 이유는 스마트스토어가 전자상거래가 이루어지는 플랫폼이므로 무엇보다 판매자 정보가 확실해야 하기 때문입니다.

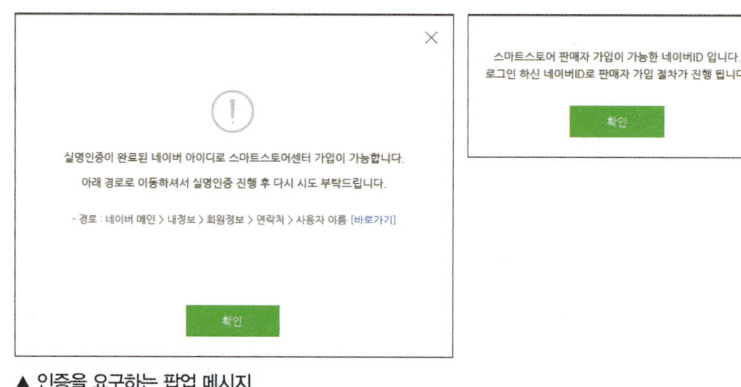

▲ 인증을 요구하는 팝업 메시지

06 스마트스토어 가입과 동시에 네이버 비즈니스 서비스를 연결할 수 있습니다. 여기에서는 ❶ [네이버 쇼핑]을 연동하고 ❷ [다음>]을 클릭합니다.

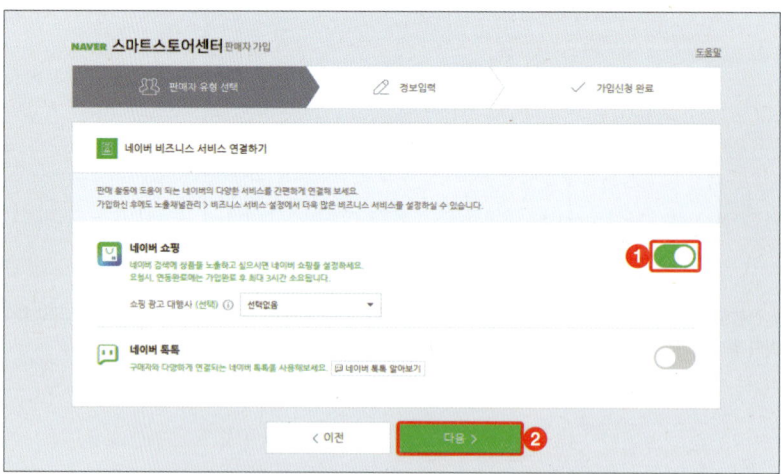

TIP 네이버 톡톡은 스마트스토어 개설 이후에 설정해도 됩니다. 네이버 톡톡에 대한 자세한 설명은 248쪽을 참고합니다.

07 ❶ [이용 약관에 모두 동의합니다.]를 클릭하고 ❷ [다음>]을 클릭합니다.

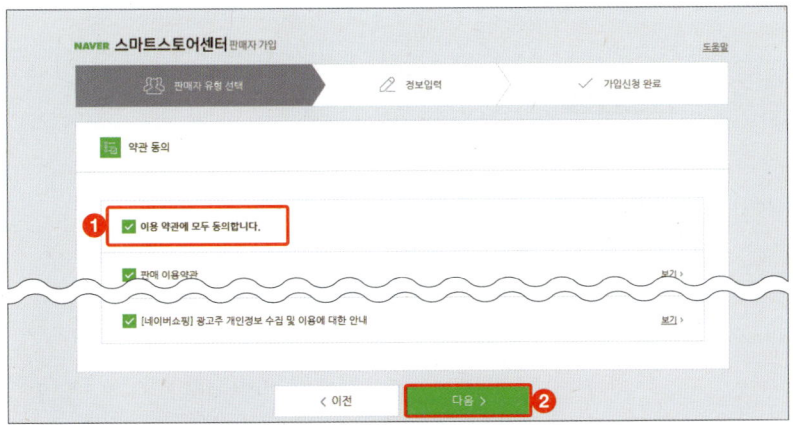

TIP 이용 약관의 각 항목은 [보기]를 클릭해 확인하는 것이 좋습니다.

03 정보 입력

08 [정보입력] 단계로 넘어가면 앞에서 입력한 판매자 정보가 맞는지 확인합니다. 주소는 필수로 입력해야 하는 항목이므로 ❶ [주소찾기]를 클릭해 입력합니다. 사무실이나 자택 등 거주하는 곳의 주소를 입력하고 ❷ [다음>]을 클릭합니다.

09 이름, URL, 소개글, 전화번호 등 스마트스토어 정보를 입력합니다.

- **필수 입력 항목 이해하기**

① **스마트스토어 이름** | 스마트스토어 이름을 1~14자로 입력합니다. 한글과 영문 대소문자, 숫자를 사용할 수 있으며, 이미 등록된 이름은 사용할 수 없다는 경고 문구가 나타납니다. 가입 후 1회 수정할 수 있습니다. 네이버 검색 시 검색어로도 활용되므로 신중하게 정합니다.

② **스마트스토어 URL** | https://smartstore.naver.com/ 뒤에 사용할 스마트스토어 고유의 주소입니다. 이 주소는 가입 후 수정할 수 없으므로 더욱 신중하게 선택해야 합니다. 이미 등록된 사이트 URL이라면 경고 문구가 나타납니다.

③ **소개글** | 스마트스토어 메인 화면과 네이버 검색결과 사이트 설명 글에 활용되는 문구입니다. 어떤 아이템을 판매하는 스토어인지 50글자 미만으로 입력합니다. 소개글은 언제든 수정할 수 있습니다.

④ **고객센터 전화번호** | 고객센터 전화번호는 스마트스토어 하단 영역과 프로필에 상시 노출됩니다. 앞에서 인증된 연락처와 연동된 번호가 나타나지만 수정할 수 있습니다.

> **스마트스토어 TIP** | **스마트스토어 이름과 URL**
>
> 스마트스토어 이름은 개설 이후 단 1회만 수정할 수 있으므로 신중하게 정해야 합니다. 스토어 URL은 가입 후 확정되며, 수정할 수 없습니다. 스마트스토어 개설 이후에 도메인을 구매하여 스마트스토어로 연결할 수도 있습니다.
>
> 자신이 온라인에서 구매했던 경험을 되짚어보면, 대개 검색을 통해 쇼핑몰에 방문했을 것입니다. 온라인 주소를 직접 입력해 방문하는 경우는 매우 드뭅니다. 그렇기 때문에 스마트스토어 URL은 영문과 숫자를 혼용하여 판매자가 이해하기 쉽게 구성하는 것이 바람직합니다.

10 [판매 상품정보 입력] 항목의 정보를 설정합니다.

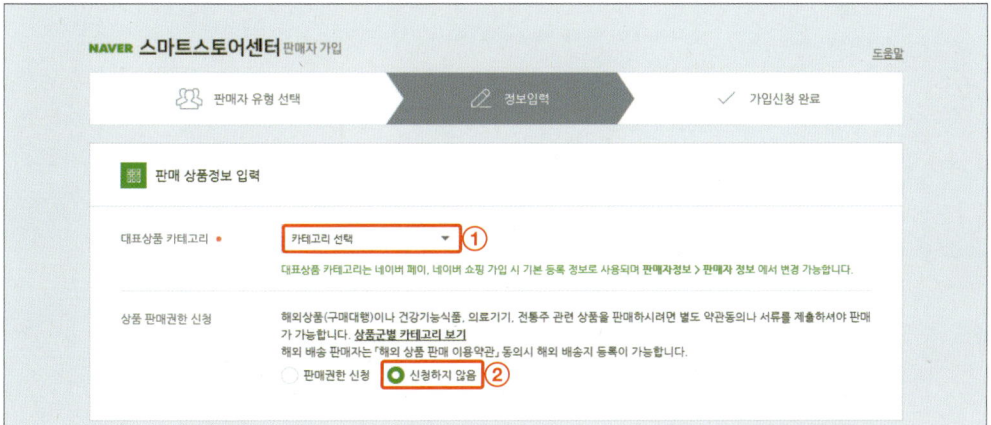

● **필수 입력 항목 이해하기**

① **대표상품 카테고리** | 주력으로 판매할 상품의 카테고리를 선택합니다. 네이버 페이, 네이버 쇼핑 가입 시 기본 등록 정보로 사용되며, [판매자 정보] 메뉴에서 언제든 수정할 수 있습니다.

② **상품 판매권한 신청** | 상품 판매권한은 특정 카테고리의 상품을 판매하려면 별도로 신청해야 합니다. 해외구매대행 상품이나 건강기능식품, 의료기기, 전통주 등 판매권한이 필요하므로 별도의 서류를 제출해야 합니다. 여기서는 [신청하지 않음]을 선택합니다.

11 [배송·정산정보] 항목에 주소와 계좌 정보를 입력합니다.

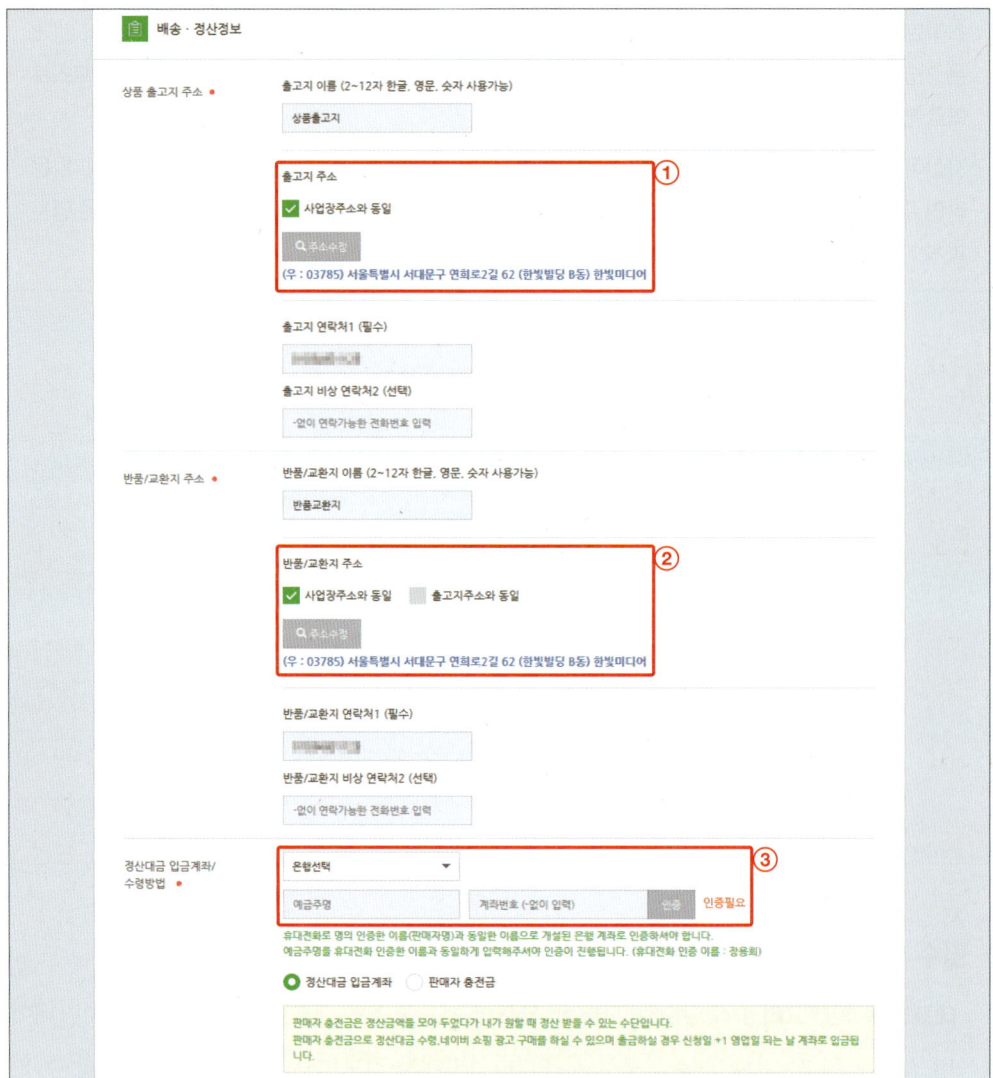

● **필수 입력 항목 이해하기**

① **상품 출고지 주소** | 판매자 가입 시 입력했던 사업장주소와 연락처가 자동으로 입력됩니다. 출고지 주소가 다를 경우 [주소수정]을 클릭해 수정합니다.

② **반품/교환지 주소** | 반품/교환지 주소도 자동 입력됩니다. 여기에서는 처음 입력한 정보 그대로 수정하지 않고 진행합니다.

③ **정산대금 입금계좌/수령방법** | 판매자 본인 명의의 계좌정보를 입력하고 [인증]을 클릭해 계좌를 인증합니다. 예금주명을 휴대전화 인증한 이름과 동일하게 입력해야만 인증이 진행됩니다. 판매금액을 정산받을 때 [정산대금 입금계좌]와 [판매자 충전금] 중 선택할 수 있습니다. 판매자 충전금은 정산대금을 모아두었다가 한번에 정산받을 수 있는 수단입니다.

> TIP 판매자 신원 확인 정보 입력 부분은 따로 입력하지 않습니다. 다만 외국인과 법인사업자라면 별도의 서류 제출이 필요하므로 안내 내용을 읽어본 후 다음으로 진행합니다.

12 [담당자 정보] 항목에 담당자에 대한 정보를 입력한 후 [신청 완료]를 클릭합니다.

● **필수 입력 항목 이해하기**

담당자 이름, 담당자 인증 | 고객센터와는 별개로 상품의 주문 현황이나 스마트스토어센터의 주요 공지를 받는 담당자 정보입니다. 휴대전화와 이메일 주소를 등록합니다. 가입 후 [판매자 정보]-[매니저 관리] 메뉴에서 담당자 정보를 변경할 수도 있습니다.

13 특정금융정보법에 따라 개인 신원 확인을 위한 추가 정보가 필요합니다. [판매자 추가 정보 입력] 항목에서 [정보입력]을 클릭해 판매자 정보를 입력하고 [신청 완료]를 클릭해 신청을 완료합니다.

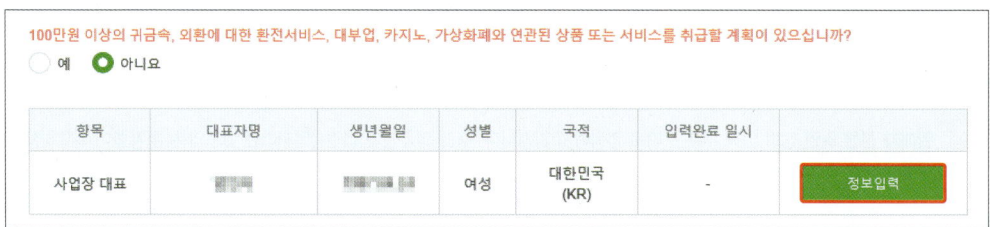

04 가입 완료

14 스마트스토어 판매자 가입이 완료되었습니다. [스마트스토어센터 가기]를 클릭하면 상품 등록 및 판매를 준비할 수 있는 어드민 페이지로 이동합니다.

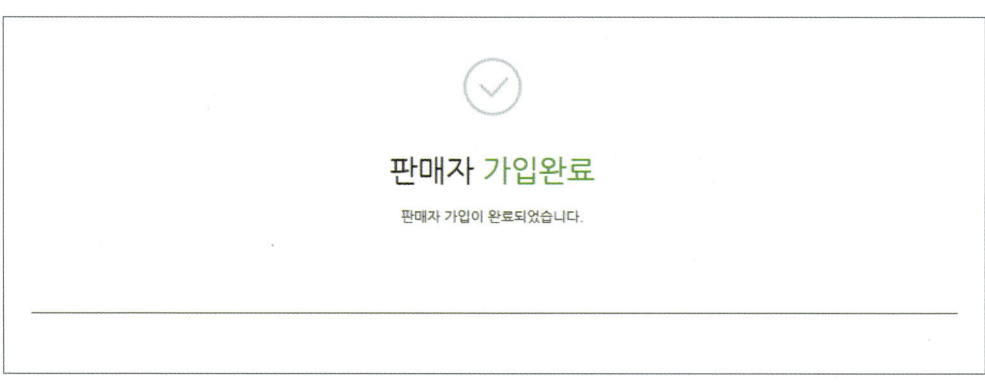

Chapter 02

스마트스토어
상품 등록하기

스마트스토어를 개설했다면 제일 먼저 상품 정보를 등록해야 합니다. 고객 관리, 주문 관리, 마케팅 관리, 스토어 관리 등 대부분의 메뉴는 상품을 등록한 후에 사용할 수 있습니다. 상품 등록에 필요한 정보에는 어떤 것이 있는지 알아보고 상품 등록 과정을 실습해보겠습니다.

CHAPTER 02 　 SECTION 01

[따라 하며 배우는]
상품 등록 전 준비

스마트스토어에 상품을 등록하기 전에 준비할 사항은 생각보다 많습니다. 대표적으로, 판매할 제품의 상품명을 정하고 사진을 촬영하는 작업은 미리 해두어야 합니다. 제품을 설명하는 상세페이지도 미리 제작해야 합니다. 상세페이지는 제품에 대한 모든 것을 설명하는 가장 중요한 과정이므로 충분한 시간을 들여 제대로 만들겠다는 계획을 세우는 것이 바람직합니다.

어떤 키워드를 조합해 상품명을 작성하고 어떤 점에 유념해 사진을 촬영해야 검색 노출에 유리한지, 상세페이지에 반드시 담아야 하는 정보는 무엇인지 등을 알아보겠습니다.

01 상품명 짓기

상품명은 정확한 이름과 상품 특징을 설명하는 키워드를 조합해 등록하는 것이 좋습니다. 키워드는 네이버에서 내 상품이 검색되도록 하는 중요한 정보입니다. 하고 싶은 말이나 설명하고 싶은 내용보다 고객이 상품을 찾기 위해 검색할 만한 단어를 선정해야 합니다. 내가 판매하려는 상품과 동일한 상품들이 어떤 키워드로 구성되었는지 참고하고, 다양한 벤치마킹을 통해 학습한 인기 키워드, 연관 키워드 등을 활용합니다.

TIP 벤치마킹을 통한 학습 방법은 50쪽을 참고합니다.

NOTE 스마트스토어 전문가의 실전 노하우

상품명에 키워드 활용하기

어떤 상품을 구입하려고 검색할 때 어떤 키워드를 입력할 것인지 판매자가 아닌 구매자의 입장에서 생각해봅니다. 상품명에는 정확한 모델명, 용량, 규격 등의 정보를 포함하는 것이 좋습니다.

예를 들어 원피스를 구매하려 할 경우 대개는 '할인중인 원피스', '자체제작 원피스' 등의 키워드로는 검색하지 않습니다. 구매자가 자주 검색하는 연관 키워드나 인기 키워드를 살펴보면 '브이넥 원피스', '블랙 원피스', '퍼프 소매 원피스' 등의 구체적인 키워드를 발견할 수 있습니다. 이처럼 상품을 정확히 설명하는 키워드들을 조합해 상품명을 구상하는 것이 좋습니다.

Bad : 2020년에 새로 수확한 아주 달고 맛 좋은 신품종 사과
Good : 청송 꿀사과 선물용 1박스 5kg

Bad : 스토어 자체제작 럭셔리 스타일 할인 특가 원피스
Good : 브이넥 퍼프 소매 블랙 원피스

02 상품 사진 촬영

구매자들은 네이버쇼핑 영역에 노출된 상품의 이미지를 보고 스마트스토어에 방문합니다. 따라서 상품 사진은 고객을 유입할 수 있는 매우 중요한 요소입니다. 그렇다고 하여 굳이 좋은 스튜디오에서 비싼 장비로 촬영하지 않아도 됩니다. 최근에는 스마트폰으로 촬영하는 경우도 많습니다.

판매율이 높은 상품들의 이미지를 살펴보면, 직접 착용한 모습을 거울컷으로 촬영하거나 자연광이 좋은 사무실이나 야외에 자연스럽게 배치해 촬영한 컷도 많습니다. 이런 사진들은 친근하고 자연스러운 느낌을 전달하므로 좋은 효과를 볼 수 있습니다. 그러나 상품에 따라서는 친근한 느낌보다 신뢰 형성을 위한 완성도 있는 촬영이 필요할 수도 있습니다. 그러므로 계획된 예산과 능력에 따라 상품 사진을 어떻게 촬영할지 결정해야 합니다.

NOTE 스마트스토어 전문가의 실전 노하우

상품 사진 촬영 가이드

스마트스토어에 상품을 등록할 때 필요한 정보입니다. 대표 이미지나 상세페이지 등은 권장 사이즈에 맞추어 등록해야만 네이버쇼핑 검색에 노출됩니다.

- **대표 이미지** | 정사각형, 1,000×1,000픽셀 권장
- **상세페이지** | 가로 860픽셀 권장

TIP 대표 이미지의 권장 사이즈와 형식에 대한 자세한 설명은 117쪽과 168쪽을 참고합니다.

요즘은 스마트폰 해상도가 좋아서 기본 카메라로 촬영해도 큰 문제가 없습니다. 다만 너무 작거나(300×300), 너무 크거나(3,000×3,000) 비율이 맞지 않는 이미지는 네이버쇼핑 검색에 연동되지 않습니다.
상품을 촬영할 때 권장 사이즈를 어떻게 적용하면 좋을지 예시를 통해 알아보겠습니다.

A

B

권장 크기에 딱 맞춰 촬영한 A와 배경이 넉넉한 B 중에 어떤 사진의 활용도가 높을지 생각해봅니다. 정답은 B입니다. 권장 크기보다 여백을 넉넉하게 두고 촬영하는 것이 좋습니다. 스마트스토어에 상품 사진을 등록하다 보면 한 개의 이미지를 적재적소에 활용하기 위해 크기를 조절할 필요가 있기 때문입니다. 네이버의 모든 영역에서 정사각형 이미지만 필요한 것은 아닙니다. 따라서 B처럼 여백을 두고 촬영한 다음, 원본을 복사하여 다음과 같이 권장 크기에 맞춰 자르는 것이 차후 작업량을 줄이는 데 도움이 됩니다.

- 정사각형 대표 이미지(□), 모바일 배너 사이즈(□) 등, 다양한 규격으로 크기를 조절할 수 있으니 반드시 넉넉한 여백의 원본 사진이 필요합니다.
- 사진 크기는 포토스케이프, 포토웍스, 포토샵 등의 이미지 편집 프로그램으로 조절할 수 있고, 스마트폰에서 다양한 사진 애플리케이션을 이용해 조절할 수도 있습니다.

스마트폰에서 1:1(정방형)로 설정해 촬영하면 쉽게 대표 이미지 구도로 촬영할 수 있습니다. 단, 정방형이 아닌 다른 비율로 설정한 사진도 여유 있게 촬영합니다.

03 상세페이지 제작

상품을 등록할 때 가장 많은 시간이 소요되는 부분이 상세페이지입니다. 상세페이지는 사진과 글을 통해 제품을 정확히 설명하고, 이를 통해 고객의 호감을 얻어 구매까지 이어지게 하는 중요한 역할을 합니다. 앞서 벤치마킹을 통해 상세페이지 기획안을 준비했다면 이를 토대로 상세페이지에 어떤 정보를 채워 넣을 것인지 구체적인 계획을 세웁니다. 다음은 기본적인 몇 가지 예입니다.

- 필요한 사진 선택
- 사진 크롭, 리사이징
- 구체적 설명을 위해 사진에 효과 적용

- 배송 조건
- 배송비 정책
- 반품교환 조건
- 포장 정보 설명을 위한 포장 상태 사진
- 상세페이지마다 보여줄 스마트스토어 로고, 브랜딩을 위한 타이틀 이미지

상품 등록에 앞서 준비하다 보면 생각보다 준비할 일이 많다는 것을 알 수 있습니다. 포토샵을 이용한 사진 보정이나 상세페이지 디자인에도 많은 시간이 필요하고 배송 등에 따른 구체적인 정책을 정하는 데에도 준비 시간이 필요합니다.

스마트스토어 관련 강의에서 많이 받는 질문 중에 하나가 "모든 준비를 완벽히 갖추고 시작해야 할까요? 아니면 일단 판매하면서 점차 보완하는 게 좋을까요?"입니다. 이 질문에 대한 정확한 답은 없습니다. 판매 상품과 판매자 성향에 따라 다르기 때문입니다.

개인적인 의견으로는 모든 것을 완벽하게 준비해야만 판매를 시작할 수 있는 것은 아니라고 봅니다. 실제로 대부분의 판매자가 스마트스토어 판매를 시작하고 나서 필요에 의해 보완하고 경험을 통해 수정해나갑니다. 물론 너무 준비가 안 된 상태에서는 출발선에 서지 말아야 할 것입니다. 보이는 만큼 최대한 많은 준비를 한 후 판매를 시작하면서 점차 보완할 것을 권합니다.

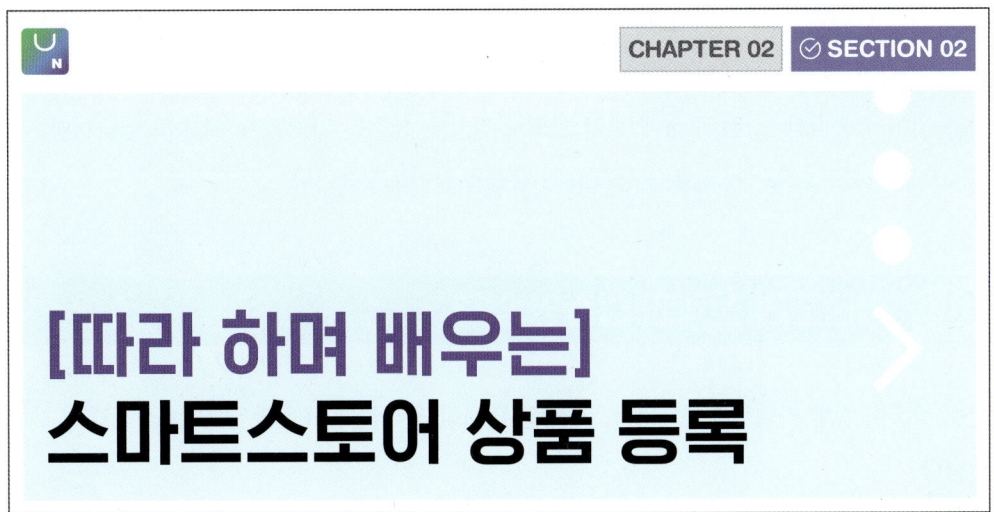

스마트스토어에서 상품을 판매하려면 먼저 상품 등록을 해야 합니다. 네이버 판매자 계정으로 로그인한 후 스마트스토어센터에 접속하고 [상품관리]-[상품 등록] 메뉴를 클릭해 상품을 등록합니다.

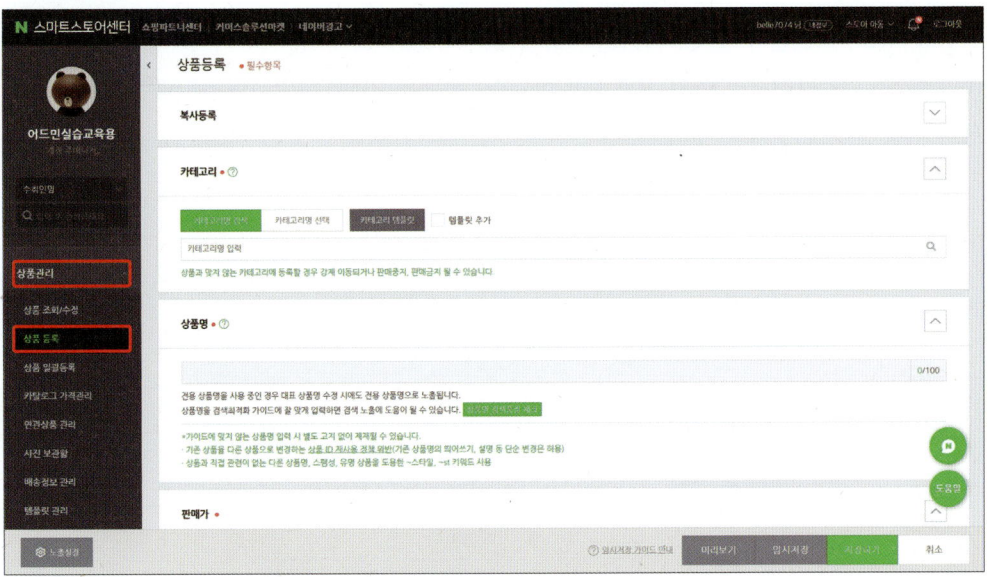

항목 이름 옆에 빨간색 점이 표시된 것은 필수 항목으로, 반드시 입력해야 합니다. 고객에게 좀 더 정확한 정보를 안내하고 다양한 영역에 노출되게 하려면 기타 항목까지 정확하게 입력하는 것이 좋습니다. 상품 구성에 따라 별도로 필요한 요소를 입력해야 할 수도 있습니다. 본격적으로 스마트스토어에 상품을 등록하는 방법을 알아보겠습니다.

01 카테고리 선택과 상품명 입력

판매 상품이 속한 카테고리를 선택하고, 상품 정보를 정확하게 표현할 수 있는 상품명을 기입합니다.

카테고리 선택

[카테고리명 검색]이나 [카테고리명 선택]을 이용하면 판매 상품에 맞는 카테고리를 쉽게 선택할 수 있습니다. 일부 상품은 상품판매권한의 신청이 완료되어야 등록할 수 있으며, 상품과 맞지 않는 카테고리를 선택하면 강제로 이동되거나 판매중지 또는 금지 처리될 수 있습니다.

01 [카테고리명 선택]을 클릭합니다. 상품에 따라 3단계(대-중-소 카테고리) 또는 4단계(대-중-소-세 카테고리)까지 선택해야 합니다. 선택된 카테고리는 하단에 파란색으로 표시됩니다.

NOTE 스마트스토어 전문가의 실전 노하우

카테고리 선택 시 유의 사항

Q. 선택할 카테고리가 없어요.

내가 판매할 상품에 딱 맞는 카테고리가 없을 수도 있습니다. 하지만 판매자가 임의로 추가할 수는 없고 네이버에서 정한 카테고리를 선택해야 합니다. 판매가 불가능한 상품군이 아니라면 가장 적합한 카테고리를 선택합니다.

Q. 카테고리를 여러 개 선택할 수 있나요?

상품당 한 카테고리만 선택할 수 있습니다. 동일 상품을 다른 카테고리로 여러 번 등록하면 검색 노출에 불리해지고 중복상품으로 삭제될 수 있으니 유의합니다.

상품명 작성

상품명은 중복된 단어, 상품과 관련 없는 키워드, 할인 정보 등을 제외하고 간결하게 작성합니다. 상품명을 검색최적화 가이드에 잘 맞게 입력하면 네이버 검색결과 노출에 도움이 됩니다.

02 ❶ 고객이 검색할 만한 키워드를 조합해 상품명을 입력한 후 ❷ [상품명 검색품질 체크]를 클릭합니다.

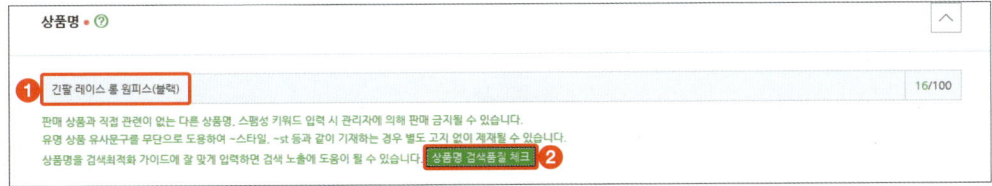

NOTE 스마트스토어 전문가의 실전 노하우

[상품명 검색품질 체크] 항목 이해하기

상품명을 검색최적화 가이드에 잘 맞게 입력했는지 확인하려면 [상품명 검색품질 체크]를 클릭해 확인합니다. 이 항목은 검색에 적합한 가이드이므로 참고만 하는 것이 좋습니다. 가끔 [상품명 검색품질 체크]를 클릭했을 때 수정해야 하는 항목이 나타나기도 합니다. 자주 발생하는 수정 항목을 예시로 살펴보겠습니다.

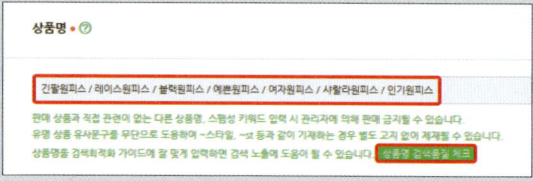

상품명에 '긴팔원피스/레이스원피스/블랙원피스/예쁜원피스/여자원피스/샤랄라원피스/인기원피스'라고 입력하고 [상품명 검색품질 체크]를 클릭합니다.

상품명 검색품질 체크 창이 나타나고 수정해야 할 항목이 나열됩니다. 각각의 '키워드+키워드'로도 검색되므로 키워드 중복은 피하고 수식어는 제외해야 한다는 것을 확인할 수 있습니다. 또한 특수문자 사용을 최소화하고 간결하게 입력해야 합니다.

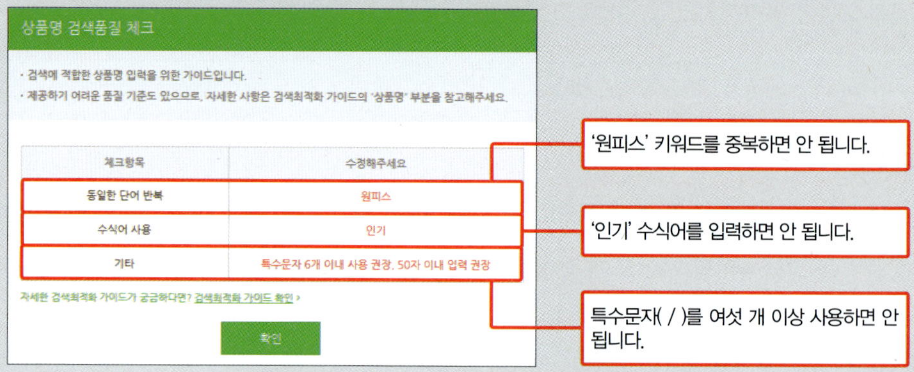

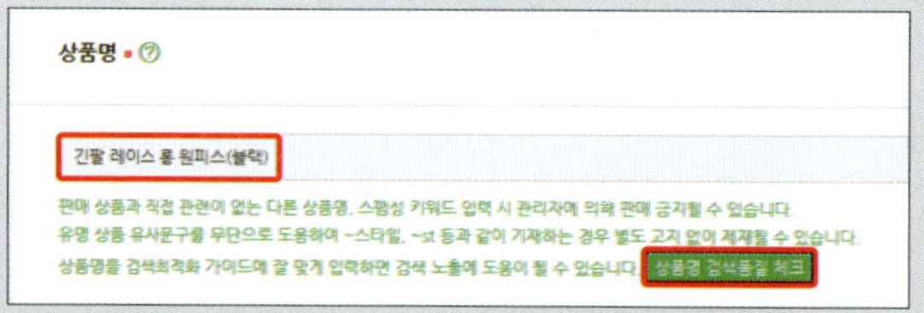

상품명을 '긴팔 레이스 롱 원피스(블랙)'으로 수정하고 [상품명 검색품질 체크]를 클릭합니다.

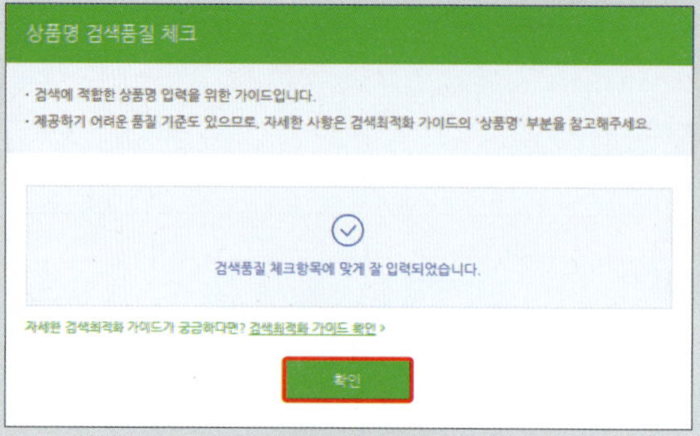

이번에는 체크 항목에 맞게 잘 입력되었다는 메시지가 나타납니다. [확인]을 클릭해 상품명을 등록합니다.

02 판매가와 재고 수량 설정

상품의 소비자가격을 입력하고 할인 여부 등을 설정합니다. 할인은 필수 항목은 아니며, 설정할 경우 저렴하게 구매할 수 있는 혜택을 제공하는 것처럼 보여줄 수 있습니다. 또한 현재 배송 가능하거나 확보할 수 있는 수량을 계산해 재고 수량을 입력합니다.

판매가 입력

03 고객이 결제할 소비자가격을 숫자로 기재합니다. 판매자는 고객이 결제한 금액에서 네이버페이 수수료와 네이버쇼핑 매출연동수수료 2%를 제외하고 정산받습니다.

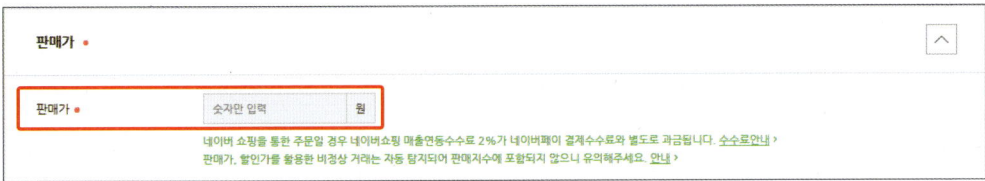

할인 설정

04 [할인] 항목에서 [설정함]을 클릭합니다. 판매가에서 일정 비율(%)로 할인할 수도 있고 정해진 금액을 할인할 수도 있습니다. 수정하지 않는 한 계속 할인된 금액으로 판매되며, 할인율은 변경할 수 있습니다.

▲ 판매가의 10%를 할인하는 경우

▲ 판매가에서 500원을 할인하는 경우

특정기간 할인

05 특정기간에만 할인하려면 [특정기간만 할인]에 체크합니다. 시작하는 [날짜-시간-분]과 종료되는 [날짜-시간-분]을 선택하면 해당 기간에만 할인된 금액으로 노출됩니다.

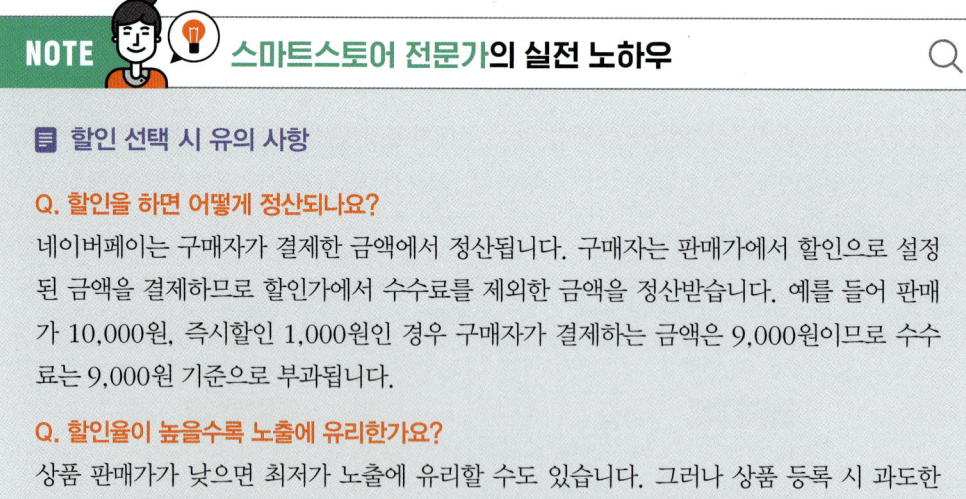

TIP [특정기간만 할인]에 체크하면 해당 기간의 이전과 이후에는 판매가로 노출된다는 점에 유의합니다.

NOTE 스마트스토어 전문가의 실전 노하우

📋 **할인 선택 시 유의 사항**

Q. 할인을 하면 어떻게 정산되나요?
네이버페이는 구매자가 결제한 금액에서 정산됩니다. 구매자는 판매가에서 할인으로 설정된 금액을 결제하므로 할인가에서 수수료를 제외한 금액을 정산받습니다. 예를 들어 판매가 10,000원, 즉시할인 1,000원인 경우 구매자가 결제하는 금액은 9,000원이므로 수수료는 9,000원 기준으로 부과됩니다.

Q. 할인율이 높을수록 노출에 유리한가요?
상품 판매가가 낮으면 최저가 노출에 유리할 수도 있습니다. 그러나 상품 등록 시 과도한 할인을 적용하여 비정상거래(허위 거래)를 조작하는 경우, 오히려 상품 노출에 불리하게 작용할 수도 있습니다.

판매기간, 부가세

판매기간과 부가세는 필수 항목은 아닙니다. 판매기간은 정해진 기간 내에만 판매해야 할 경우에 설정하고, 부가세는 상품에 따라 설정합니다.

06 ❶ 기간을 정해두고 판매하지 않을 것이라면 [판매기간] 항목은 [설정안함]을 유지합니다. ❷ [부가세] 항목에서는 대부분 [과세상품]을 선택하지만, 면세상품 또는 영세상품 사업자라면 해당 옵션을 선택합니다.

재고 수량

재고 수량은 현재 판매 가능한 수량으로, 상품이 판매될 때마다 감소하며 0이 되면 상품 상태가 [품절]로 바뀝니다. 소량을 입력하면 조금만 판매되어도 [품절]로 전환되는 등 노출에 불리할 수 있습니다. 반대로 대량을 입력하면 주문이 폭주할 경우 배송 처리에 문제가 발생할 수 있습니다. 따라서 배송 가능한 수량과 확보 가능한 수량을 잘 가늠해 입력합니다. 물론 수시로 가감할 수 있습니다.

07 [재고수량] 항목에 현재 판매 가능한 상품의 수량을 입력합니다.

03 옵션 설정

판매 상품이 동일한 형태라면 재고 수량만 입력하면 되지만 색상이나 사이즈 등이 두 가지 이상이어서 주문 시 선택해야 한다면 [옵션]을 설정합니다.

[옵션] 항목 오른쪽의 [설정안함]을 클릭해 세부 설정 영역을 엽니다.

[옵션] 세부 설정 영역은 [선택형]과 [직접입력형]으로 나뉩니다. 여기서는 [선택형] 위주로 따라해보겠습니다. 옵션명 개수, 옵션명, 옵션값, 옵션별 재고 수량 등을 입력하는데, 카테고리에 따라 입력 화면이 조금씩 다릅니다.

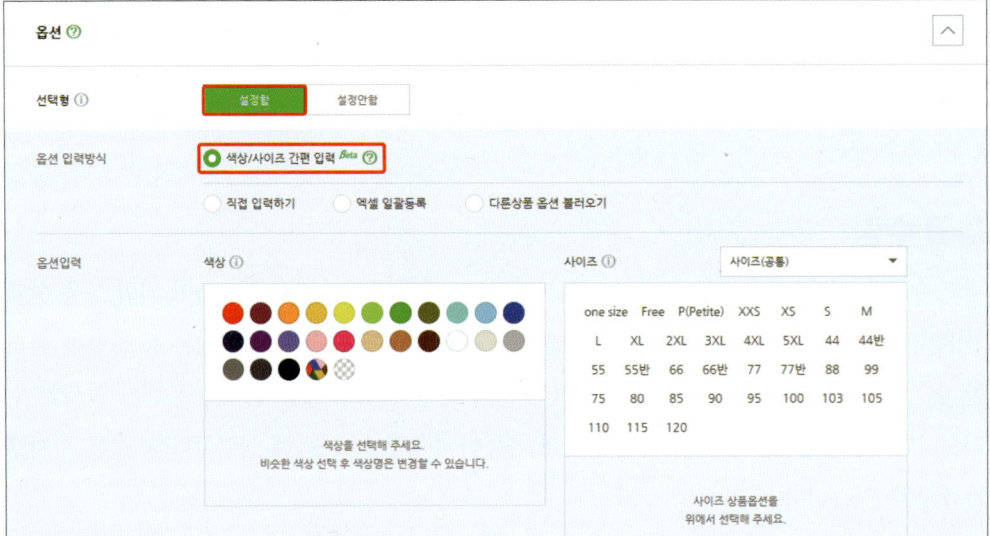

▲ [옵션]-[선택형]-[색상/사이즈 간편 입력] 설정 화면

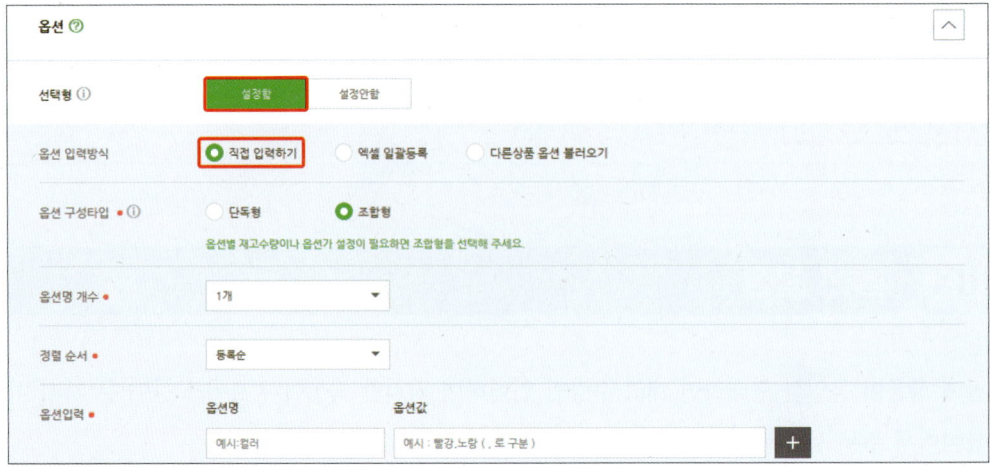

▲ [옵션]-[선택형]-[직접 입력하기] 설정 화면

한 가지 옵션 설정(색상)

08 한 가지 옵션을 설정해보겠습니다. ❶ [옵션 입력방식]의 [직접 입력하기]를 클릭하고, ❷ [옵션 구성타입]은 [조합형]을 클릭합니다. ❸ [옵션명 개수]에서 [1개]를 선택하고 [옵션입력]의 ❹ [옵션명]에 '색상'을, ❺ [옵션값]에 '빨강, 노랑, 검정'을 입력한 후 ❻ [옵션목록으로 적용]을 클릭합니다.

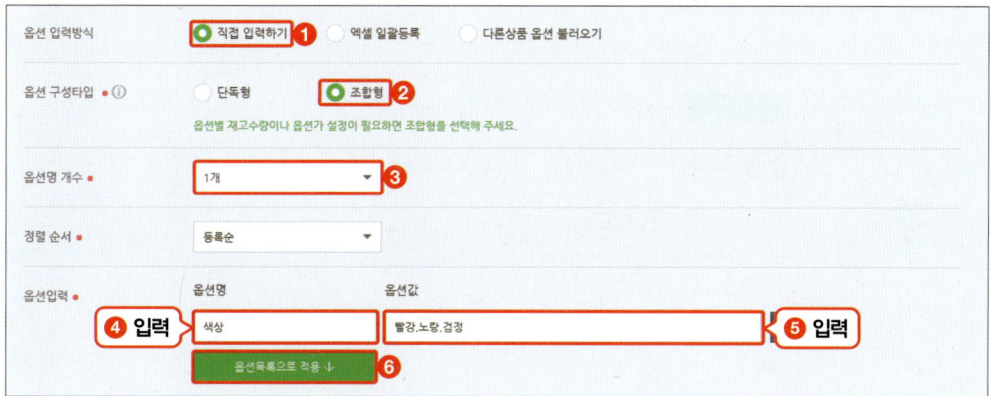

TIP [옵션값]은 반드시 쉼표(,)로 구분해 입력해야 정확한 값으로 나눠집니다. 잘못 입력하면 다음 단계의 옵션목록에 옵션명이 정확하게 나타나지 않습니다. 잘못 입력했다면 다시 입력하고 [옵션목록으로 적용]을 클릭합니다.

09 [옵션목록]이 나타납니다. 각 옵션의 [판매상태]가 [품절]로 표시된 이유는 [재고수량]이 [0]이기 때문입니다. 각 옵션의 [재고수량]을 입력하면 [판매중]으로 변경됩니다.

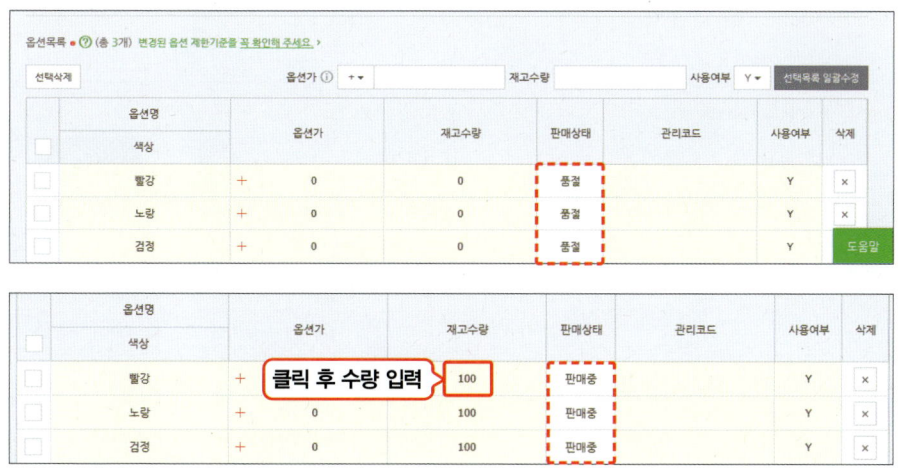

두 가지 옵션 설정하기(색상/사이즈)

10 두 가지 옵션을 설정해보겠습니다. ❶ [옵션 입력방식]의 [직접 입력하기]를 클릭하고, ❷ [옵션 구성타입]은 [조합형]을 클릭합니다. ❸ [옵션명 개수]에서 [2개]를 선택하고 [옵션입력]의 ❹ [옵션명]에 '색상'과 '사이즈'를, ❺ [옵션값]에 '빨강, 노랑, 검정'과 '55, 66, 77'을 각각 입력합니다. ❻ [옵션목록으로 적용]을 클릭합니다.

11 [옵션목록]이 나타납니다. [색상]별로 [사이즈]가 적용되어 총 아홉 개의 옵션이 적용되었습니다.

12 [재고수량] 항목을 입력해 [판매상태]를 [판매중]으로 변경합니다. 옵션이 많아져 일일이 입력하기 번거롭다면 ❶ 항목 전체를 선택하고 ❷ [재고수량]을 입력한 후 ❸ [선택목록 일괄수정]을 클릭합니다. 각 옵션의 [재고수량]이 한꺼번에 변경됩니다.

NOTE 스마트스토어 전문가의 실전 노하우

📋 옵션 추가 시 유의 사항

네이버 스마트스토어는 상품 옵션을 지나치게 많이 설정하는 것을 지양합니다. 불이익을 받는 일이 없도록 스마트스토어의 변경된 옵션 제한 기준을 확인합니다.

- 옵션명은 세 개까지 가능하고 총 옵션은 500줄까지 가능합니다.
- 하나의 상품에 대량의 옵션을 등록하는 것보다는 종류별로 나누어 각각의 상품으로 등록하는 것이 판매와 관리에 용이합니다.
- 특정 옵션은 판매가격보다 높은 금액으로 판매해야 할 때는 [옵션가]에 추가 금액을 입력합니다. 옵션가는 판매가 기준으로 정해진 범위 내에서 설정할 수 있습니다. 예를 들어 판매가가 10,000원이라면 옵션가는 -5,000원~+5,000원으로 설정할 수 있습니다.
- 모든 옵션에 옵션가를 추가할 수는 없습니다. 판매금액대로 판매하는 옵션이 반드시 있어야 합니다.

옵션가

옵션가는 판매가 기준으로 입력할 수 있습니다.
- 판매가 0원~2,000원 미만 : 0원 이상~100% 이하
- 판매가 2,000원~10,000원 미만 : 판매가의 -50% 이상~100% 이하
- 판매가 10,000원 이상 : 판매가의 -50% 이상~판매가의 +50% 이하

출처 : 스마트스토어센터 옵션 제한 기준

색상/사이즈 간편 입력

의류나 잡화 등의 특정 카테고리에서는 옵션 설정 시 간편 입력 방식을 활용할 수 있습니다.

13 ❶ [옵션 입력방식]에서 [색상/사이즈 간편 입력]을 클릭한 후 ❷ [옵션입력]에서 [색상]과 [사이즈]를 각각 선택합니다.

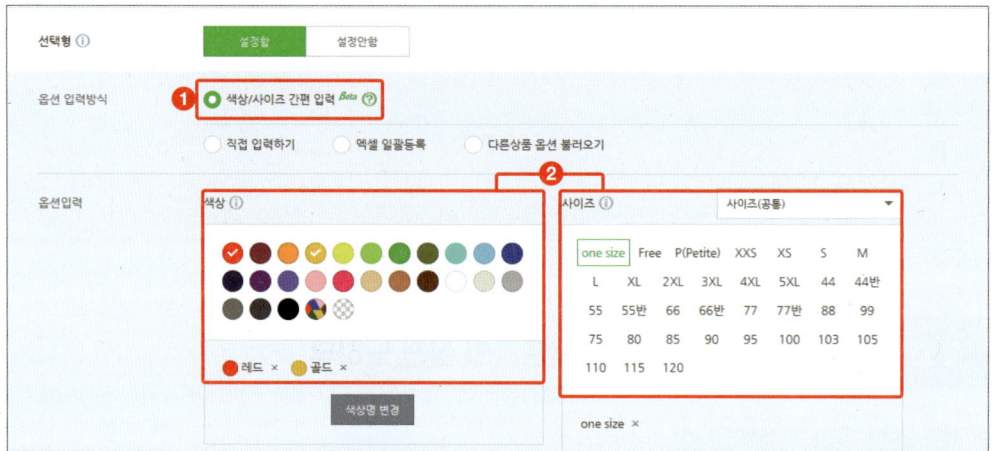

TIP [색상/사이즈 간편 입력]은 현재 베타 버전으로 제공됩니다. 색상과 사이즈 선택만으로 간편하게 상품을 등록할 수 있지만 옵션가는 설정할 수 없습니다.

14 선택한 색상의 이름을 다르게 표현하고 싶다면 ❶ [색상명 변경]을 클릭합니다. [색상명 변경] 창이 나타나면 ❷ 변경하고 싶은 이름을 입력하고 ❸ [저장]을 클릭합니다. 모든 옵션이 입력되면 ❹ [옵션목록으로 적용]을 클릭합니다.

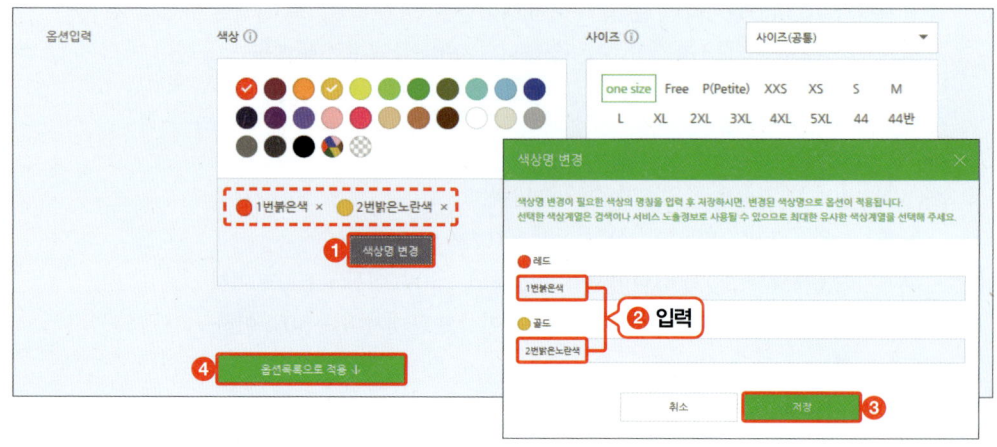

NOTE 스마트스토어 전문가의 실전 노하우

색상/사이즈 간편 입력 시 유의 사항

[색상/사이즈 간편 입력]은 다양한 옵션을 쉽고 빠르게 입력할 수 있는 방법입니다. 그러나 모든 상품에 적용할 수 있는 것은 아니므로 다음과 같은 내용에 유의하여 활용합니다.

- 의류, 잡화 등 특정 카테고리에서만 가능합니다.
- 고객이 상품을 구매할 때 직관적으로 옵션 정보를 확인할 수 있습니다.
- 입력한 정보는 네이버쇼핑에도 노출됩니다.
- 옵션가는 추가할 수 없으므로 옵션가를 추가해야 하는 상품은 [옵션입력 방식]을 [직접 입력하기]로 선택해 등록해야 합니다.

출처 : 스마트스토어센터 도움말

15 옵션목록에서 재고수량을 관리해보겠습니다. 모든 옵션에 일괄로 같은 수량을 입력할 수도 있고, 옵션마다 따로 입력해도 됩니다. 옵션목록 상단에 있는 ❶ [재고수량 관리하기]에 체크하고 ❷ 임의로 수량을 입력해봅니다.

TIP [재고수량 관리하기]에 체크하면 전체 옵션의 재고수량이 300으로 일괄 표시됩니다.

[재고수량 관리하기]의 체크를 해제하면 재고수량을 입력하지 않고도 옵션을 등록할 수 있습니다. 상품 주문이 발생해도 재고를 차감하지 않는 형식입니다.

TIP [재고수량 관리하기]에 체크되어 있지 않은 것이 기본 설정입니다.

재고수량을 설정하고 옵션을 등록하면 옵션별로 각각 등록한 재고 수량의 총합이 상단의 [재고수량]에 보여집니다. [색상/사이즈 간편 입력]에서 [재고수량 관리하기]에 체크하지 않았다면 임의의 값이 표시되고 주문 시에도 재고가 차감되지 않습니다.

16 구매자가 상품을 정확하게 선택할 수 있도록 옵션마다 상품 이미지를 노출할 수 있습니다. ❶ [옵션 이미지]의 [등록하기]를 클릭해 [옵션 이미지] 창이 열리면 ❷ 옵션별로 상품 이미지를 등록하고 ❸ [저장]을 클릭합니다.

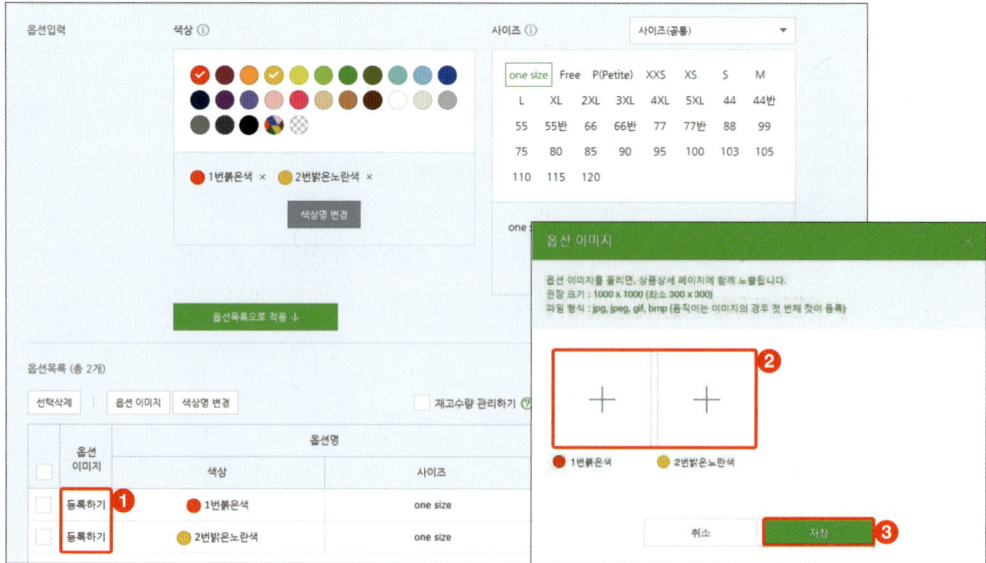

04 상품 이미지 등록

상품 이미지에는 대표 이미지와 추가 이미지가 있습니다. 대표 이미지는 상세페이지를 열면 처음에 보여지는 이미지로, 네이버쇼핑에서 검색했을 때 노출되는 이미지입니다. 권장 크기는 1000×1000픽셀입니다. 이미지 등록 시 권장 크기보다 너무 크거나(3000×3000픽셀), 너무 작으면(300×300픽셀) 쇼핑 검색과 연동되지 않습니다. 이미지는 정사각형 비율(1:1)을 유지하는 것이 좋습니다. 커도 무방하나 작은 크기는 추천하지 않습니다. 가급적 정사각형을 유지하는 것이 좋습니다.

대표 이미지 1장 외에 추가로 9장의 추가 이미지를 등록할 수 있습니다. 추가 이미지는 상세페이지에서 대표 이미지 다음으로 노출되며, 모바일에서는 슬라이딩 액션을 통해 노출됩니다. 대표 이미지 1장으로 설명할 수 없는 부분이 있다면 이미지를 추가해 구체적으로 보여주는 것이 좋습니다. 실제로 대표 이미지만 등록된 상품과 추가 이미지가 함께 등록된 상품의 고객 체류 시간이 다릅니다. 당연히 추가 이미지가 있는 상품페이지의 체류 시간이 깁니다. 추가 이미지는 상품의 호감도를 높이는 데 도움이 됩니다.

17 ❶ [대표이미지] 영역을 클릭해 대표 이미지를 등록하고 ❷ [추가이미지] 영역을 클릭해 상품을 설명할 추가 이미지를 첨부합니다. [내 사진]을 클릭하면 내 컴퓨터에 저장된 사진을 불러올 수 있고 [사진보관함]을 클릭하면 사진보관함에 저장된 사진을 불러올 수 있습니다.

NOTE 스마트스토어 전문가의 실전 노하우

대표 이미지에 동영상 추가하기

멈춰 있는 사진만으로는 상품 정보를 충분히 전달하기에 부족할 때가 있습니다. 이때는 대표 이미지에 동영상을 추가하는 것이 좋은 대안이 됩니다. 특히 소재나 기능의 특장점을 보여줄 때 좋습니다. 예를 들어 쫀쫀하다, 펄럭인다, 하늘하늘하다, 비침이 없다 등의 특징은 사진으로만 설명하기에는 부족하고 짧은 영상으로 구현하는 것이 효과적입니다. 제품과 함께 하는 자연스러운 일상, 실제 제품을 사용하는 모습, 제품을 활용한 팁, 제품 가이드 등도 영상으로 등록하면 좋습니다. 동영상을 등록하면 추가 이미지 중 제일 마지막과 상품 상세 페이지 최상단에 노출됩니다. 필수 사항은 아니니 부담 갖지 않아도 됩니다.

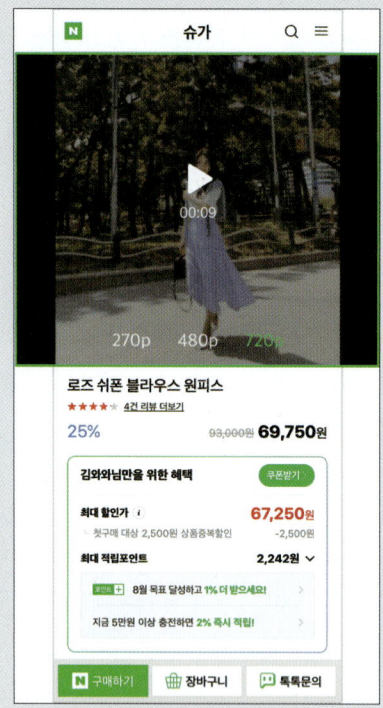 

스마트스토어가 네이버TV 채널과 연동되어 있다면 해당 채널에 등록되며, 수정 또는 삭제 시 네이버TV 영상에도 반영됩니다.

동영상을 등록하려면 [동영상] 영역을 클릭합니다. 시간은 최대 1분, 용량은 1,024MB 이내여야 하며, AVI, WMV, MPG, MPEG, MOV 형식만 등록할 수 있습니다.

05 상세페이지 등록

스마트스토어의 장점은 블로그나 카페에 글을 쓰는 것처럼 상품에 대한 상세 설명을 사진과 글로 표현할 수 있다는 것입니다. HTML 언어를 전혀 몰라도 등록할 수 있지만, 이미 HTML로 제작한 경우에는 [상세설명] 항목을 [HTML 작성]으로 선택해 등록할 수 있습니다.

글쓰기

18 [상세설명]의 [직접 작성] 탭에서 [Smart Editor ONE으로 작성]을 클릭합니다.

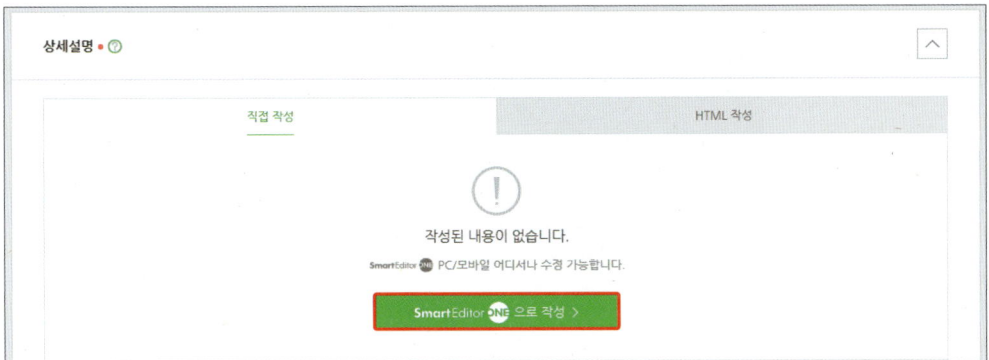

19 새 창에 네이버 스마트스토어센터 스마트에디터가 나타납니다. '내용을 입력하세요' 영역에 상품 정보를 입력합니다.

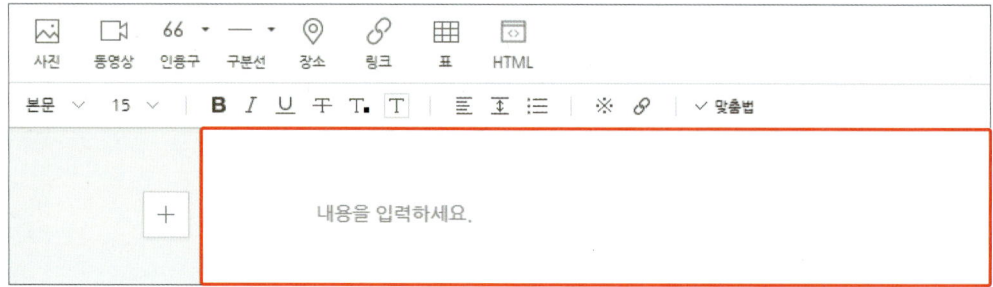

TIP 기본적인 입력 방식은 네이버 블로그와 동일하며, 상단 메뉴 아이콘을 클릭해 사진이나 동영상, 링크 등을 추가할 수 있습니다.

20 편집 메뉴를 활용해 글자 크기, 굵기, 색, 바탕색, 정렬 형태 등을 변경합니다. 특정 문장을 드래그하면 나타나는 팝업 편집 박스를 사용해 수정해도 됩니다.

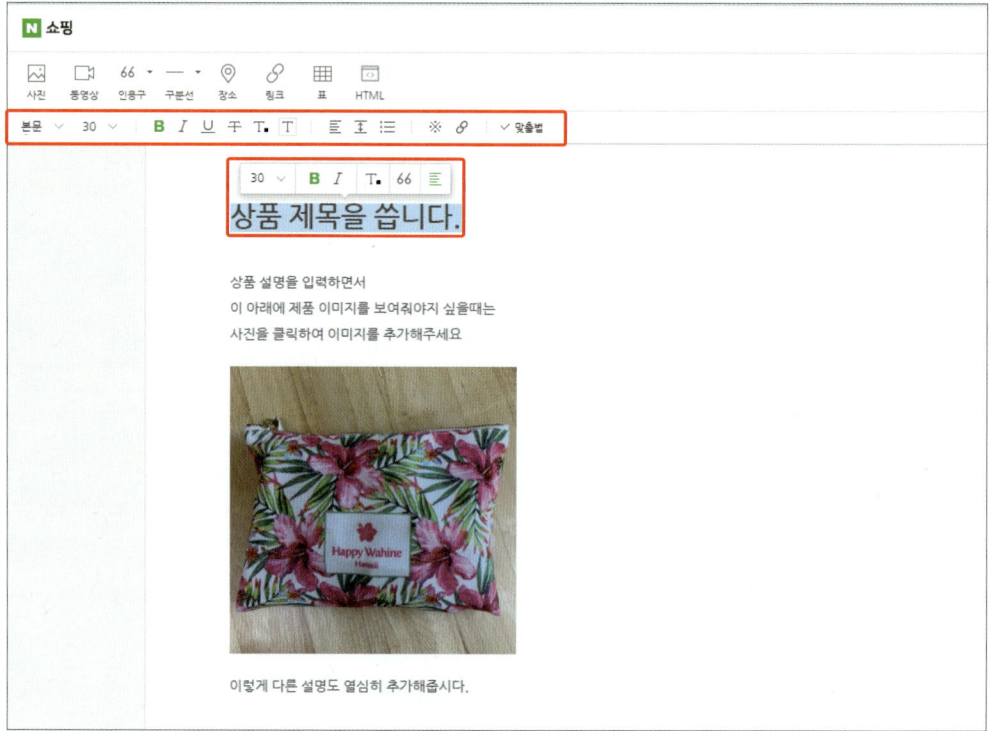

21 상품의 상세 설명을 입력하면서 원하는 영역에 사진 또는 문구를 추가할 수도 있습니다. ❶ 입력 영역 왼쪽의 ⊞ 아이콘을 클릭해 [사진], [구분선], [인용구] 메뉴가 나타나면 ❷ 원하는 메뉴를 클릭해 추가합니다. ❸ 입력을 마치면 ✕ 아이콘을 클릭해 추가 메뉴를 닫습니다.

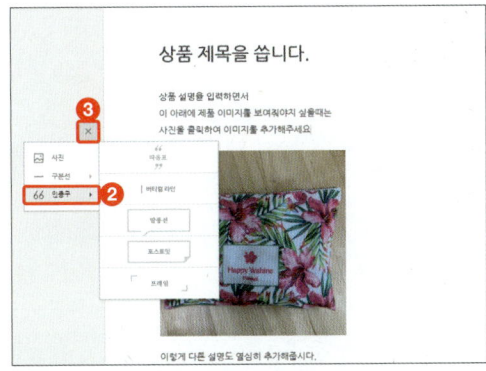

사진 편집하기

22 상품 설명에 등록한 사진을 편집하려면 ❶ 편집하고 싶은 사진을 클릭합니다. 사진 편집 메뉴에서 사진 교체, 편집, 크기 및 위치 조절, 태그 수정 등을 할 수 있습니다. ❷ 사진 편집 🪄을 클릭합니다.

23 [SmartEditor] 페이지가 나타납니다. 오른쪽에 있는 메뉴를 이용해 편집할 수 있습니다.

24 상품 사진을 크게 보여주기 위해 배경을 잘라보겠습니다. ❶ [자르기, 회전]을 클릭합니다. ❷ 자르기 격자의 [종횡비]를 설정하고 ❸ 각 모서리를 드래그해 원하는 크기만큼 조절합니다. ❹ 원하는 영역으로 설정한 후 [적용]을 클릭하고 ❺ [완료]를 클릭합니다.

25 SmartEditor 사진 편집 페이지가 닫히고 편집된 이미지가 적용됩니다.

 **스마트스토어 전문가의 실전 노하우**

상세 설명 템플릿 활용하기

상세페이지를 직접 기획해서 작성해도 되지만 네이버에서 제공하는 템플릿을 이용하면 좀 더 편리하게 완성할 수 있습니다. 스마트에디터 오른쪽에 있는 [템플릿]을 클릭하면 여러 카테고리의 추천 템플릿이 나타납니다. 구상한 페이지와 완벽히 일치하지 않더라도 가장 비슷한 형태의 템플릿을 찾아 활용합니다. 카테고리를 고르고 템플릿을 클릭하면 작성 중인 내용을 저장하고 템플릿 문서를 불러올 수 있습니다.

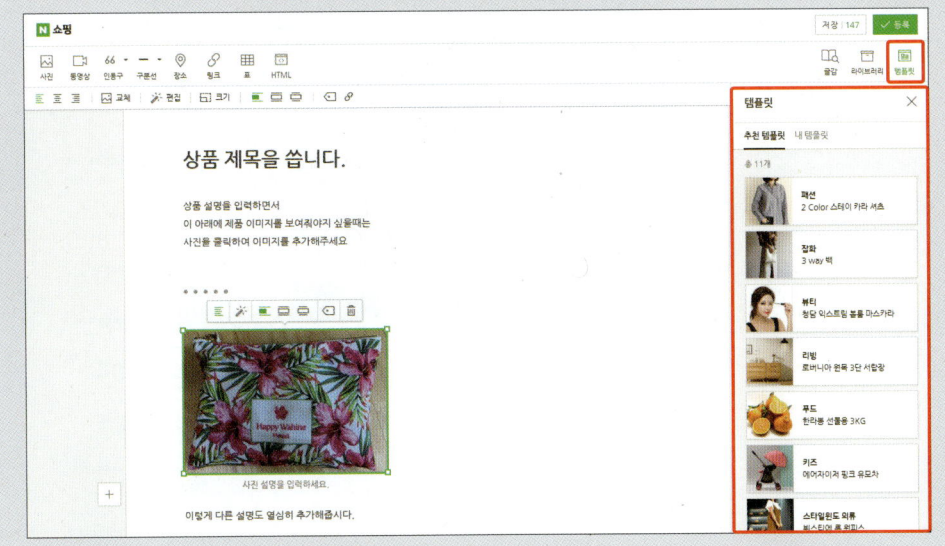

템플릿 수정하기

템플릿에 구성된 문구와 사진은 원하는 대로 수정할 수 있습니다. 판매하고자 하는 상품 관련 문구로 수정하고, 이미 등록된 사진은 클릭하여 내 상품 이미지로 교체합니다.

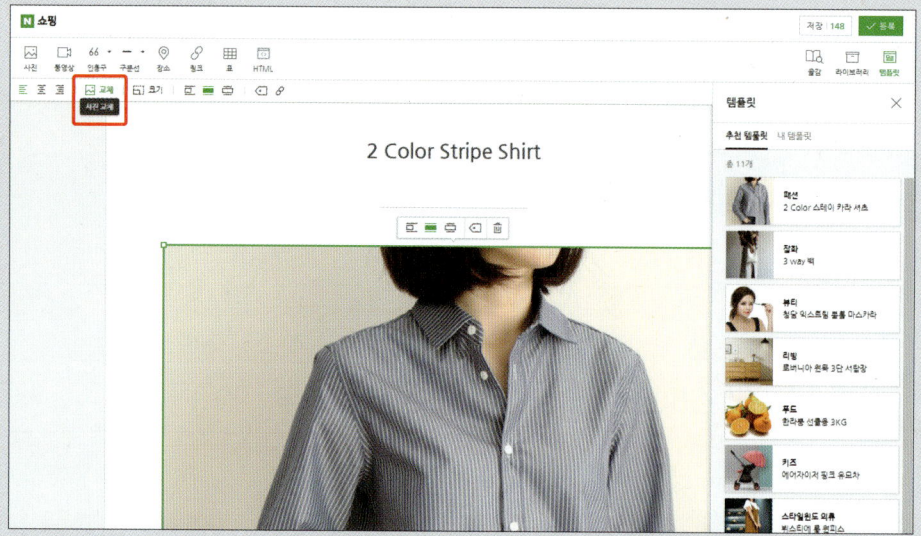

템플릿에 있는 상품 사진보다 많은 개수의 사진을 추가할 수도 있습니다. 사진을 클릭하고 입력 영역 왼쪽의 ➕ 아이콘을 클릭해 메뉴가 열리면 [사진]을 클릭합니다. 원하는 사진을 불러와 등록할 수 있습니다.

템플릿에 있는 상품 사진을 삭제할 수도 있습니다. 삭제하고 싶은 사진을 클릭하고 팝업 편집 메뉴에서 삭제 🗑 를 클릭합니다.

템플릿 추가하기

완성한 글을 내 템플릿으로 저장하면 다른 상품을 등록할 때 다시 불러와 활용할 수 있습니다. [내 템플릿]을 클릭하고 [현재글 추가]를 클릭하면 현재 작성된 글이 템플릿에 추가됩니다.

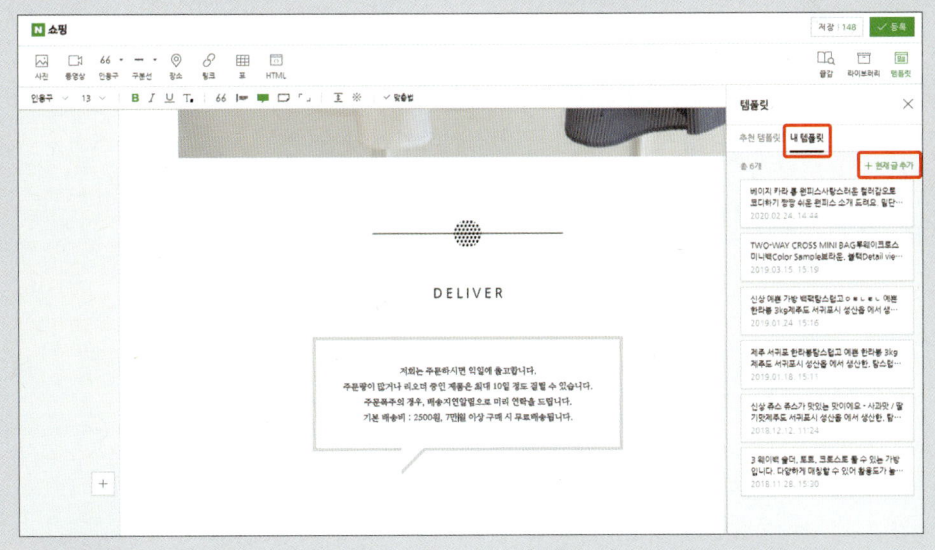

상세 설명 미리 보기

26 작성하고 있는 상세 설명이 PC와 모바일에서 어떻게 보이는지 확인할 수 있습니다. 화면 오른쪽 아래에 있는 PC 모니터 아이콘을 클릭합니다.

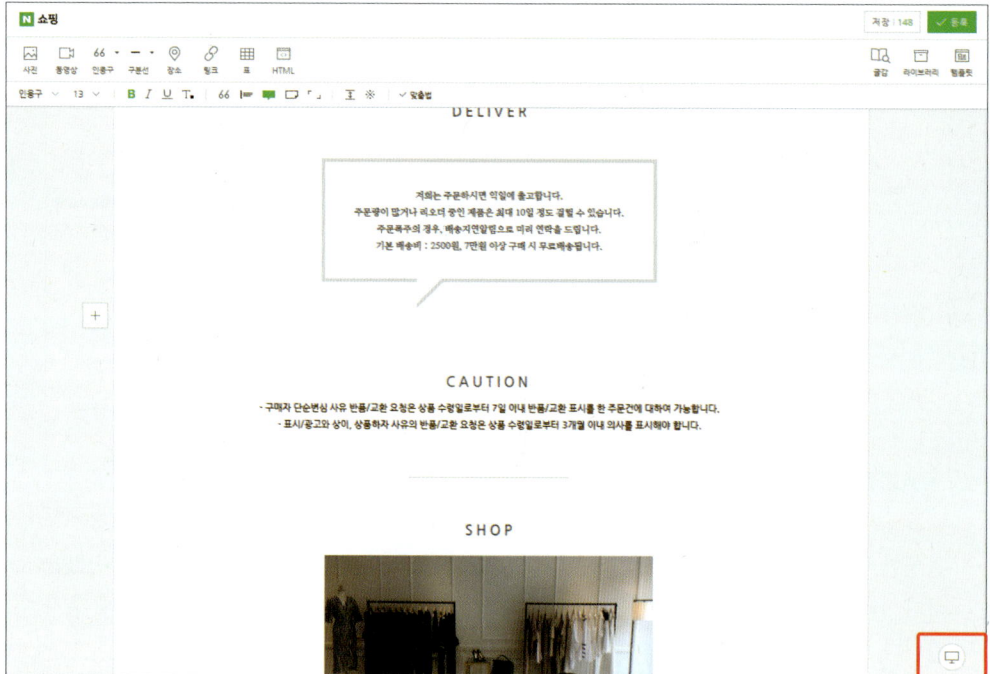

27 아이콘을 클릭할 때마다 PC 화면, 모바일 화면, 태블릿 화면으로 전환됩니다. 입력한 글과 사진이 기기별로 어떻게 보이는지 중간 점검하기에 좋습니다.

28 가독성을 해치는 긴 문장이나 의미가 불분명하게 노출되는 부분이 있으면 구매자가 읽기 쉽게 편집해야 합니다.

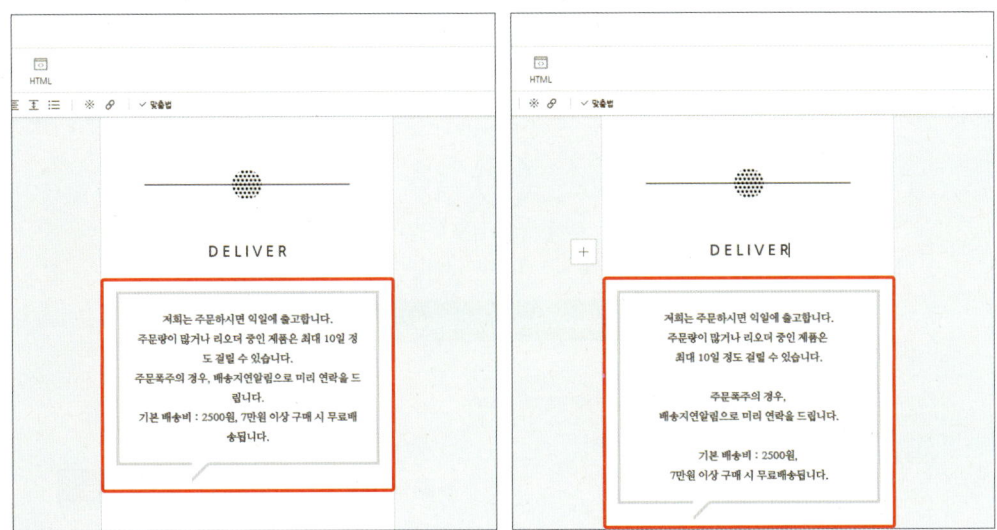

29 완성된 상세 설명은 오른쪽 위에 있는 [등록]을 클릭해 등록합니다.

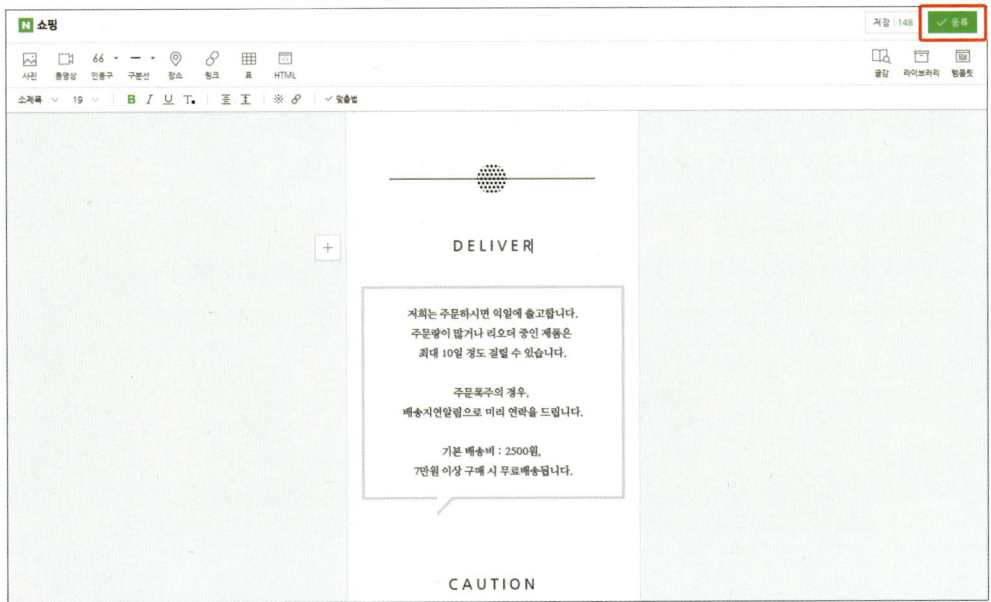

> **TIP** [저장]을 클릭하면 현재 입력 중인 정보가 저장됩니다. 상세 설명에 등록하려면 반드시 [등록]을 클릭해야 합니다.

30 [상세설명] 항목에 '작성된 내용이 있습니다.'라는 메시지가 나타납니다.

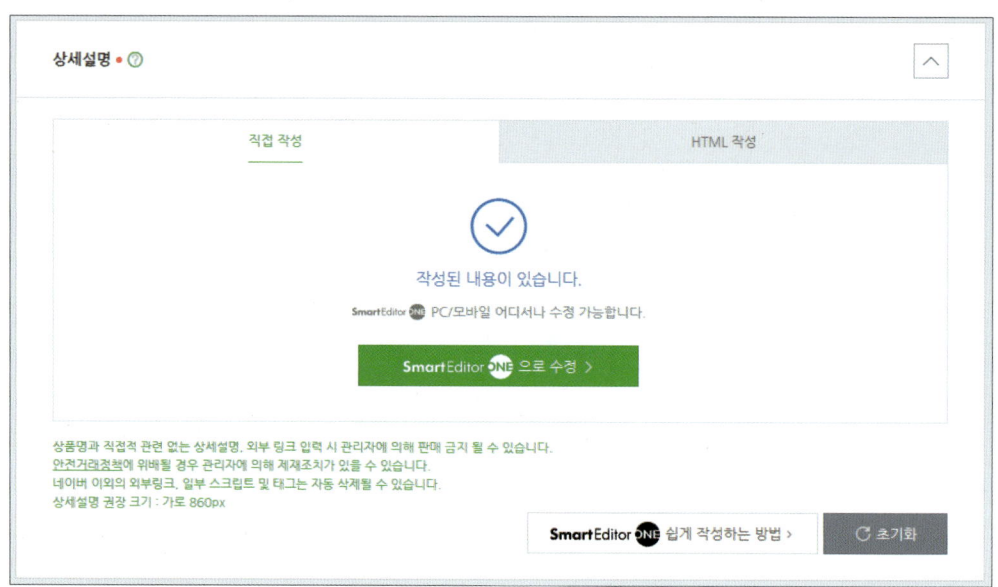

NOTE 스마트스토어 전문가의 실전 노하우

스마트에디터의 유용한 팁

앞에서 알아본 것처럼 상세 설명을 등록할 때 스마트에디터를 활용하면 글을 쓰고 편집하는 과정이 훨씬 쉬워집니다. 이 외에 유용한 팁을 알아보겠습니다.

제품 규격, 사이즈 정보를 입력할 수 있는 [표]

스마트에디터 ONE에서 추가된 표 기능을 활용하면 상품 정보를 기입하기가 더 쉽습니다.

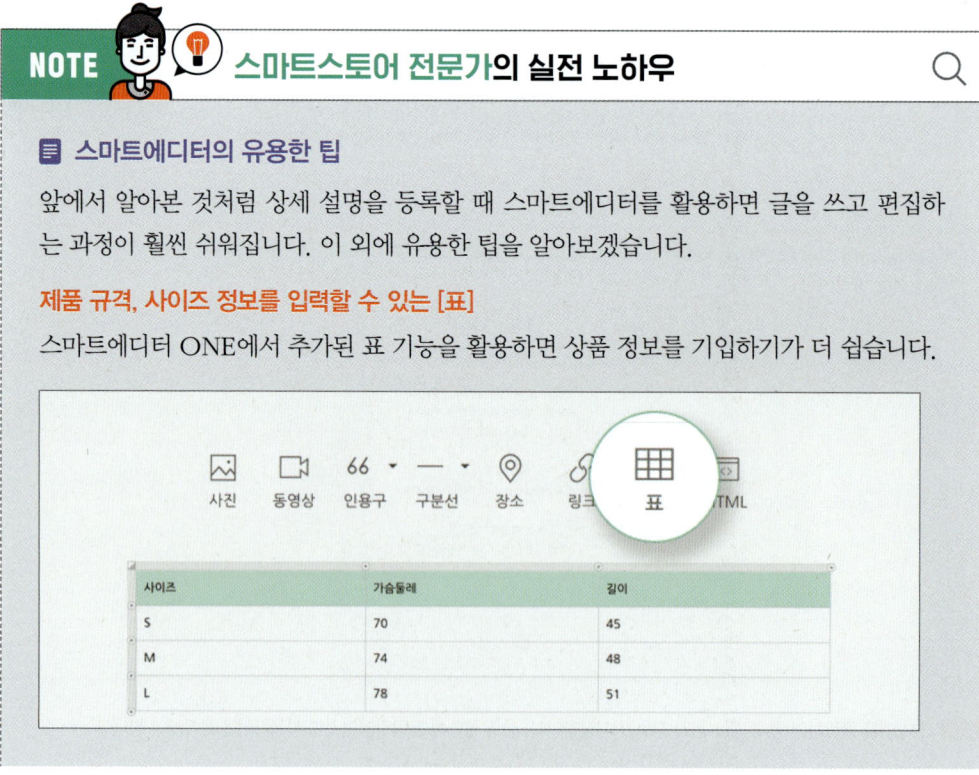

상품 이미지에 링크를 연결하는 [태그]

상품 이미지 내의 원하는 위치에 상품 정보를 등록할 수 있습니다. 예를 들어 의류나 잡화를 판매한다면 패션 코디, 인테리어 상품 등을 추천해 구성할 수 있습니다. 이 기능은 PC에서만 사용할 수 있습니다.

그룹 이미지

상품 설명에 필요한 다양한 이미지를 그룹으로 묶어 구성할 수 있습니다. 여러 장의 이미지 파일을 드래그해 콜라주와 슬라이드 타입 중 상품에 어울리는 레이아웃으로 구성하면 됩니다. 이 기능은 PC에서만 사용할 수 있습니다.

06 상품 주요 정보 등록

[상품 주요정보] 항목에는 [모델명], [브랜드], [제조사], [상품속성] 정보를 입력합니다. 소비자가 특정 상품을 검색한 경우 상품 주요 정보를 참조해 적합한 상품이 노출됩니다. 네이버 검색결과 노출 순위는 판매에 큰 영향을 미칠 수 있으므로 정확하게 입력합니다.

모델명

31 상품의 모델명을 입력합니다.

32 [찾기]를 클릭하면 네이버에 등록된 가격비교매칭 상품을 찾을 수 있으며, 여기서 [선택]을 클릭해 가격비교 매칭 상품과 연동 설정할 수도 있습니다.

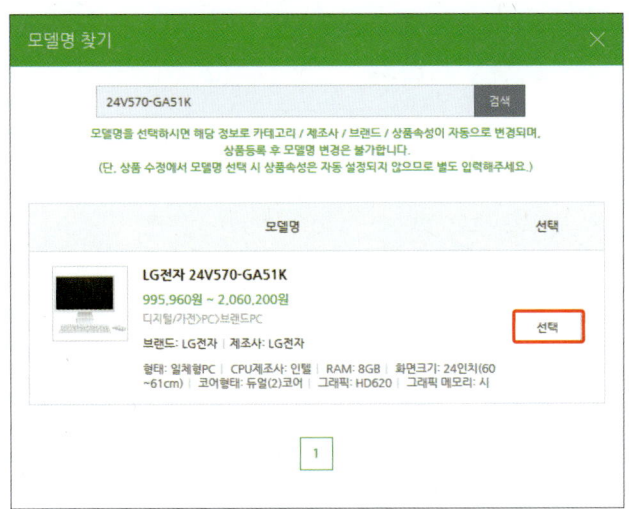

TIP 모델명이 없거나 자체 제작한 상품이라면 입력하지 않아도 됩니다. 선택한 모델명의 정보에 맞게 카테고리, 제조사, 브랜드, 상품 속성(색상/사이즈 등 간편 입력 옵션)이 자동으로 변경됩니다. 상품 등록 후 모델명은 변경할 수 없으니 신중하게 선택합니다.

브랜드, 제조사

구매자가 상품을 검색했을 때 [브랜드]나 [제조사] 항목에 일치하는 정보가 입력되어 있으면 적합한 상품으로 노출됩니다. 그러므로 브랜드나 제조사가 있으면 반드시 기입합니다. 브랜드가 없거나 자체 제작한 상품이라면 [설정안함]을 클릭합니다.

33 [브랜드], [제조사]를 각각 입력합니다. 일부를 입력해 자동완성 목록이 나타나면 해당 정보를 선택합니다.

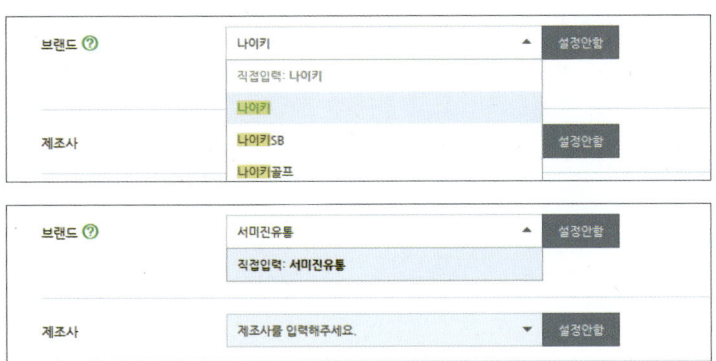

상품 속성

[상품속성] 항목은 앞에서 설정한 상품 카테고리에 따라 다르게 노출됩니다. 속성 정보는 검색 결과에서도 노출되고 상세페이지에도 보이므로 정확하게 선택합니다.

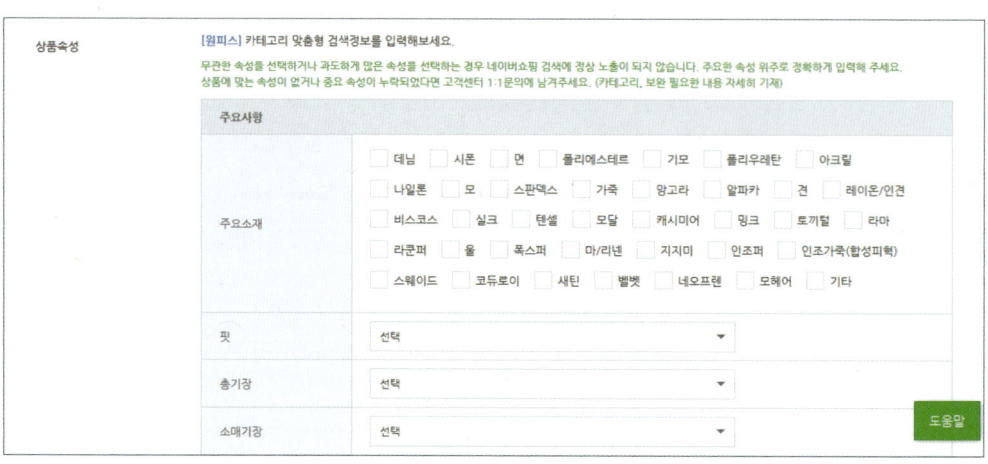

NOTE 스마트스토어 전문가의 실전 노하우

상품 속성 활용하기

[상품속성] 항목에서 선택한 주요 사항은 상품 검색결과와 탐색 도구에서 활용되므로 반드시 입력하는 것이 좋습니다. 네이버쇼핑에는 수많은 상품이 있습니다. 고객은 원하는 상품을 좀 더 정확히 검색하기 위해 검색결과 상단에 있는 탐색 도구를 사용해 특정 속성으로만 찾아보기도 합니다. 이때 상품 속성 정보를 입력하지 않은 상품은 탐색 도구에 필터링되지 못하기 때문에 노출 빈도가 낮아집니다.

단, 해당 사항이 없는 정보를 입력하면 네이버쇼핑에 노출되지 못하거나 검색 순위가 뒤로 밀릴 수 있으니 유의합니다.

> **TIP** 탐색 도구는 고객이 상품을 편리하게 찾을 수 있게 도와주는 기능으로, 검색어마다 달라지는 브랜드, 제조사, 주요 특징(속성) 등을 선택해 원하는 상품만 볼 수 있게 도와줍니다.

07 기타 상품 정보 설정

KC인증, 원산지, 상품상태, 미성년자 구매

34 상품 카테고리에 따라 [KC인증]을 설정하고 [인증정보]를 입력해야 할 수도 있습니다. KC 인증에 관련된 자세한 내용은 [개정 전안법가이드북 보기]를 클릭해 확인합니다. 추가로 필수 항목인 [원산지], [상품상태]를 선택합니다. [상품상태]와 [미성년자 구매]는 자동으로 설정되어 있지만 변경이 필요하다면 알맞은 상태로 변경합니다.

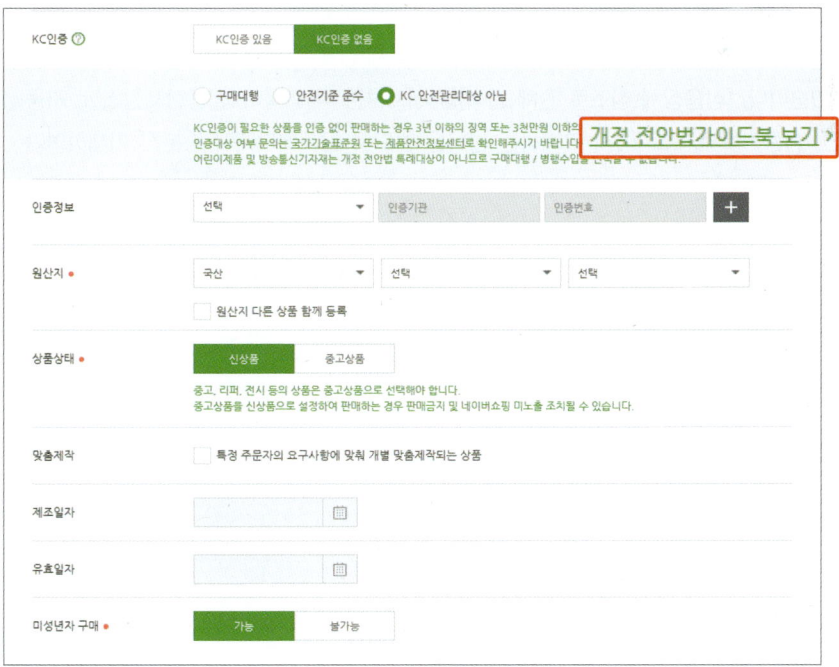

상품정보제공고시

온라인 판매에서는 '전자상거래 등에서의 소비자보호에 관한 법률'에 의거하여 상품에 대한 정보를 소비자에게 제공(표시)하도록 되어 있습니다.

35 ❶ [설정여부]는 [설정함]으로 두고 ❷ [상품군]을 알맞게 선택한 후 [제품소재], [색상], [치수] 항목에 대한 정보를 입력합니다.

스마트스토어 TIP 상품상세참조

앞서 [상품 주요정보]에 충분한 정보를 기입하였다면 [상품상세 참조로 전체 입력]에 체크하여 손쉽게 입력할 수 있습니다. [상품상세 참조로 전체 입력]을 체크하면 각 항목이 '상품상세참조'로 자동 입력됩니다. 단, 상품정보제공고시에서 고지하는 항목은 반드시 상세페이지에 충분히 기재하여야 합니다.

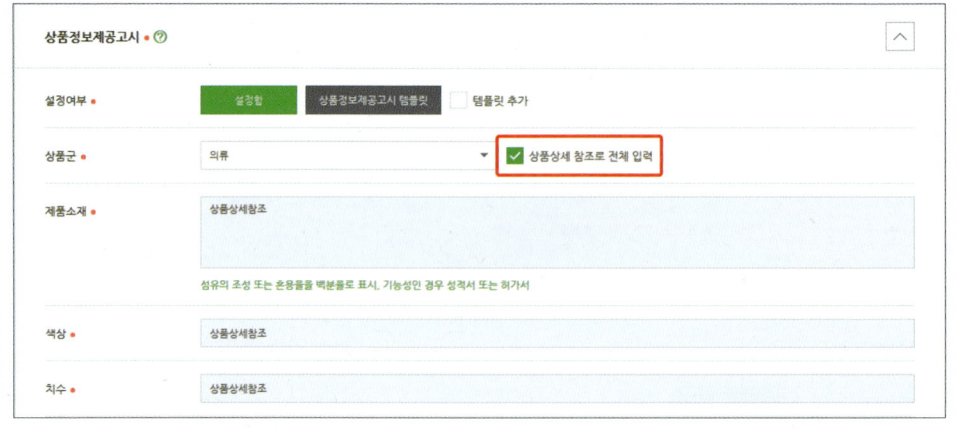

08 배송 외 추가 정보 설정

배송

온라인에서 판매하는 상품은 주로 택배를 이용하므로 다음과 같이 배송 정보를 입력합니다.

36 ❶ [배송여부]에서 [배송]을 클릭하고 ❷ [배송방법]에서 [택배, 소포, 등기]를 클릭합니다. ❸ [배송속성]은 [일반배송]을, ❹ [묶음배송]은 [가능]을 클릭합니다. ❺ [상품별배송비]는 [무료], [유료], [조건부 무료] 중에서 선택합니다. 선택한 항목에 따라 [기본 배송비], [배송비 조건], [결제방식] 등 추가 정보를 입력합니다.

> **스마트스토어 TIP | 배송비 선택사항**
>
> 다음과 같이 특이사항에 해당할 때는 선택사항을 다르게 입력해야 합니다.
>
> - 배송하는 상품이 아닌 서비스 이용권 등의 경우 : [배송여부]-[배송없음] 선택
> - 상품 사이즈가 커서 택배 발송이 불가한 경우(송장번호 기재하지 않는 화물 배달만 하는 경우) : [배송방법]-[직접배송] 선택
> - 오프라인 매장으로 고객이 직접 방문하여 수령해도 괜찮은 경우 : [배송방법]-[방문수령] 체크

- 현재 거주하고 있는 지역 부근으로는 퀵서비스 발송도 가능한 경우 : [배송방법]–[퀵서비스] 체크 후 퀵서비스 가능한 지역 선택
- 스마트스토어 주문한 상품들을 모아서 배송할 수 있는 경우(배송비가 한 번만 부과됨) : [묶음배송]–[가능] 선택

스마트스토어 전문가의 실전 노하우

'오늘출발' 상품과 주문제작상품

'오늘출발' 상품

재고가 충분하고 주문받은 당일에 발송할 수 있다면 그것을 장점으로 활용하는 것이 좋습니다. [배송속성]에서 [오늘출발]을 선택하고 [오늘출발 기준시간]을 설정합니다. 오늘 바로 발송된다는 내용이 표기되어 빠른 배송을 원하는 고객에게 매력적으로 어필할 수 있습니다.

설정 시간 이전에 주문된 건은 당일에 발송해야 합니다. 설정한 기한 내에 발송하지 못하면 발송 지연 페널티가 부과되므로 무리하지 않도록 합니다.

주문확인 후 제작 상품

구매자의 결제가 이뤄진 후에 제작해 발송하는 상품은 배송 기간이 다소 오래 걸릴 수 있습니다. 이때 구매자에게 주문 후 제작되는 상품임을 고지하고 제작에서 배송까지 소요되는 일정을 미리 안내할 수 있습니다. [배송속성]에서 [일반배송]을 선택하고 [주문확인 후 제작]에 체크합니다. 그런 다음 [발송예정일]을 선택합니다. 발송 예정일은 최소 2일~최대 14일 사이에서 선택합니다.

반품/교환

37 개인 판매회원으로 가입한 경우, 혹은 사업자 회원으로 가입했지만 아직 택배사 정보를 설정하지 않은 경우에는 고객의 편의를 위해 [반품/교환 택배사]가 [기본 반품택배사(한진택배)]로 설정되어 있습니다. ❶ [반품배송비(편도)]에는 기본 배송비 금액(편도 금액)을, ❷ [교환배송비(왕복)]에는 기본 배송비의 두 배를 입력합니다.

NOTE 스마트스토어 전문가의 실전 노하우

반품 택배사 설정하기

반품 택배사는 국내사업자 회원(판매자)에 한해 설정할 수 있습니다. 개인 판매회원은 네이버가 설정한 택배사(현재는 한진택배)를 통해 받으면 됩니다. 자체 계약된 택배사가 있다면 스마트스토어센터에서 [판매자 정보] 메뉴를 클릭하고 [배송정보]-[기본 반품택배사 설정]에서 택배사 계약 정보를 입력합니다.

AS/특이사항

공산품이라면 A/S 정보를 입력해야 합니다. A/S를 실행하지 않는 상품의 경우 하자나 오발송 시 상품 확인 후 새상품으로 교환 또는 재발송 정도로 안내하는 경우가 많습니다. 판매자가 임의로 A/S 규정을 정하면 스마트스토어 이용정지 사유가 될 수 있으며 관련 법에 의거해 제재될 수 있습니다.

38 A/S를 신청할 수 있는 전화번호와 안내 정보를 입력합니다. 판매자가 직접 A/S할 수 있다면 판매자 정보를 기입합니다.

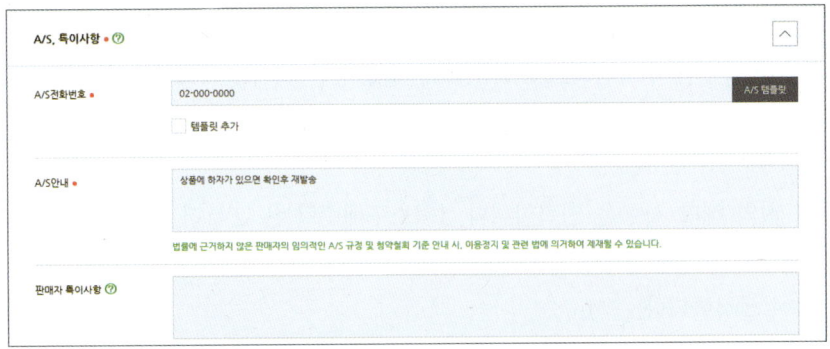

TIP [A/S전화번호]를 입력하고 [템플릿 추가]에 체크하면 차후 [A/S 템플릿]으로 사용할 수 있습니다.

추가 상품

본 상품을 구매할 때 관련 있는 상품을 추가로 구매할 수 있도록 등록할 수 있습니다. 추가 상품을 등록하면 고객이 주문할 때 금액을 더해서 상품 구성을 추가할 수 있습니다.

39 ❶ 각 항목에 원하는 [추가상품명 개수], [정렬 순서]를 입력합니다. 추가 상품은 가격이 발생하므로 ❷ [추가상품 입력]의 [추가상품값], [추가상품가]를 꼭 입력합니다. ❸ 입력을 마친 후 [목록으로 적용]을 클릭하면 [추가상품 목록]이 나타납니다.

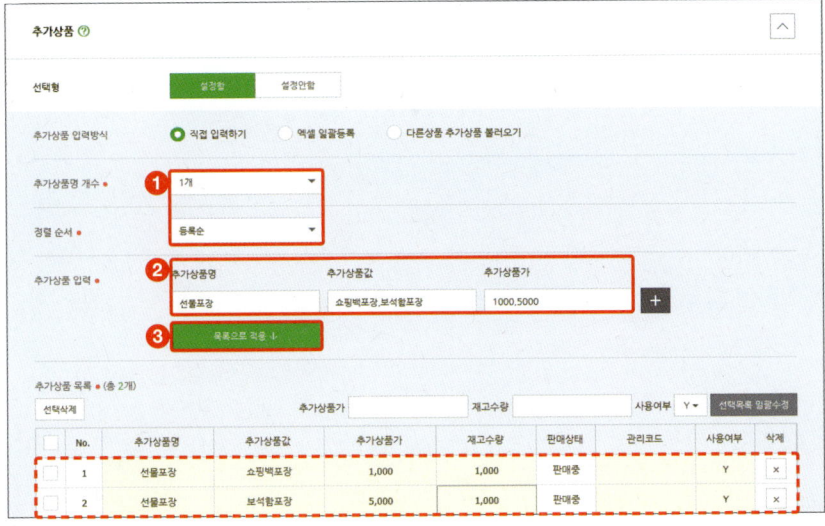

구매/혜택조건

상품의 최소/최대 수량을 설정해 그 이상/이하로만 구매할 수 있게 할 수 있습니다. 또한 해당 상품을 여러 개 구매하는 고객에게는 할인 혜택을 주거나 포인트를 제공할 수도 있습니다. 포인트 금액은 판매 정산 금액에서 차감되므로 과도하게 제공하지 않는 것이 좋습니다. 사은품, 이벤트 항목에서는 제공하는 혜택 정보를 텍스트로 기재합니다.

40 [구매/혜택조건]의 해당 사항을 입력합니다. [최소구매수량]은 '2'부터 입력할 수 있으며 입력하지 않으면 1개로 적용됩니다. [포인트]는 [상품 구매 시 지급]이나 [상품리뷰 작성 시 지급] 중 체크하여 설정합니다.

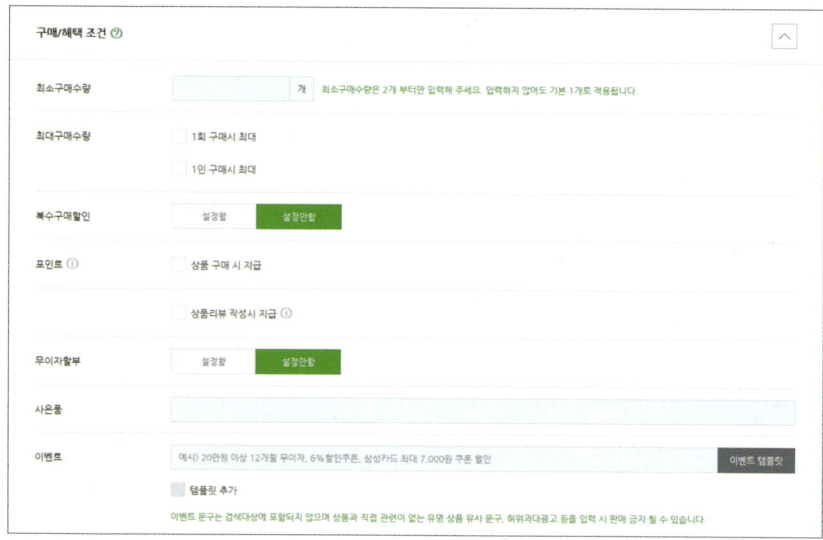

 **구매/혜택조건 예시**

- 다양한 디자인의 900원짜리 양말을 판매할 때 최소 10개를 골라야 구매가 가능하도록 할 경우
  → [최소구매수량] 10개 설정
- 한우 특가 세일을 진행하면서 다수 고객에게 혜택을 제공하고자 1인당 1팩만 구매가 가능하도록 제한하려는 경우
  → [최대구매수량] 1개 설정
- 사무용 의자를 판매할 때 5개 이상 구매하면 10% 할인해주려는 경우
  → [복수구매할인] 5개 설정
- 구매평을 작성하는 고객에게 포인트를 지급하고자 할 경우
  → [포인트]-[상품리뷰 작성 시 지급]에 체크

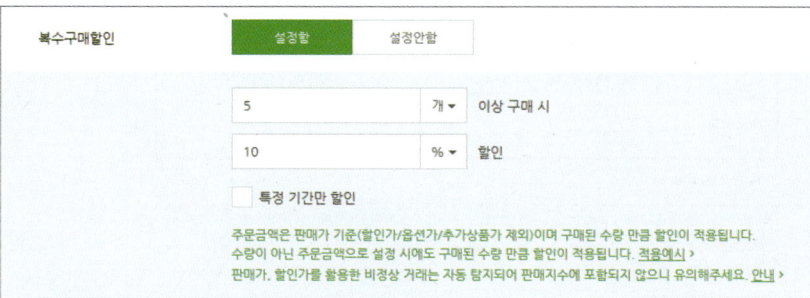

▲ [복수구매할인] 설정 화면(5개 이상 구매 시 10% 할인)

▲ [상품리뷰 작성시 지급] 설정 화면(포토리뷰 작성 시 추가 300포인트 지급)

검색 설정

검색결과의 상위에 노출되도록 하려면 [검색설정] 항목에 정확한 태그를 설정해두는 것이 좋습니다. 네이버쇼핑 검색에서는 태그 사전에 등록된 태그에 대해서만 노출되고 기준에 맞지 않는 태그는 노출되지 않습니다. 따라서 모호한 단어를 직접 입력하는 것보다 네이버에서 제공하는 태그 키워드를 활용해서 입력합니다.

41 [태그]를 선택합니다. ❶ [요즘 뜨는 HOT 태그], [감성태그], [이벤트형 태그], [타겟형 태그]에 맞추어 선택합니다. ❷ 태그를 선택하면 하단에 입력된 태그가 나타납니다.

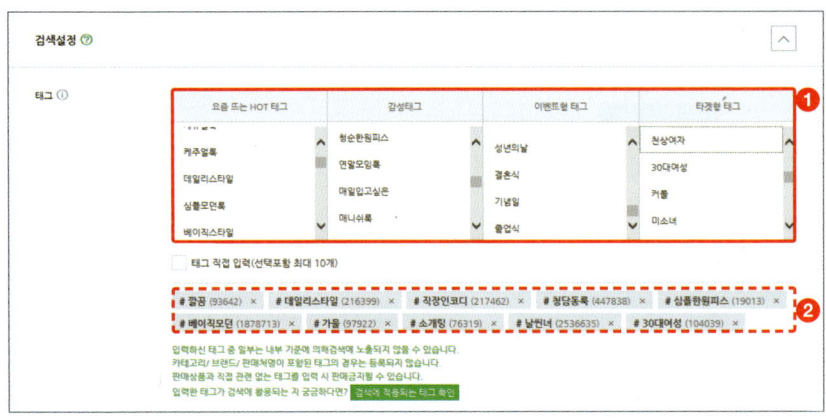

NOTE 스마트스토어 전문가의 실전 노하우

태그 활용하기

[검색설정] 항목은 [태그], [Page Title], [Meta description]으로 구성됩니다. 검색에 적합한 태그를 입력해야만 검색결과에 노출됩니다. 이는 네이버의 '검색최적화 가이드'에 따라 결정되며, 태그 사전에 없는 태그를 입력하면 검색결과 노출에 전혀 도움이 되지 않습니다.
[태그] 영역 아래에 있는 [Page Title]과 [Meta description]은 내 상품이 판매에 적합하다는 것을 검색엔진이 판단하여 검색결과에 상위 노출시키는 데 도움을 줍니다.

Page Title

브라우저 탭 상단에 Page Title이 노출됩니다.

SNS에서 흔히 볼 수 있는 카드뷰 링크에서 대표 이미지 아래에 Page Title과 Meta description이 노출됩니다.

각 영역을 입력하지 않으면 기존 정보가 그대로 노출됩니다. 다음 표를 참고합니다.

	미입력 시	입력할 경우 권장 사항
Page Title	상품명이 그대로 사용됨	짧고 굵고 명확한 상품명
Meta description	스토어 소개글이 그대로 사용됨	해당 상품에 대한 정확한 정보

판매자 코드

판매 회사 또는 판매자가 설정한 상품번호가 있다면 입력해서 관리할 수 있습니다. 일반적으로 바코드를 통한 입출고 처리 등의 형태로 활용합니다. 내부 관리코드는 고객에게 알리지 않아도 됩니다.

42 상품코드가 별도로 있는 경우에만 입력합니다.

노출 채널

[노출 채널]은 지금 등록하는 상품을 스마트스토어와 네이버쇼핑으로 연동해 노출하기 위한 항목입니다. [채널명]과 [가격비교사이트 등록]은 [스마트스토어]와 [네이버쇼핑]에 기본적으로 체크되어 있습니다. [전시상태]는 [전시중]으로 체크되어 있으며 [전시중지]를 선택하면 내 스마트스토어에서 상품이 보이지 않습니다. [알림받기 동의 고객 전용상품]은 일부 대행사에서 사용하는 정보이므로 굳이 설정할 필요는 없습니다.

43 [채널명], [가격비교 사이트 등록], [전시상태]는 기본값을 그대로 둡니다.

> **TIP** [알림받기 동의 고객 전용상품]이나 [공지사항]은 공지사항 관리 메뉴(마케팅 채널)에서 일괄로 관리할 수 있습니다.

09 상품 등록 완료

44 상품 등록 입력을 모두 마쳤으면 등록을 완료해야 합니다. 화면 오른쪽 아래에 있는 [저장하기]를 클릭해 상품 등록을 마칩니다.

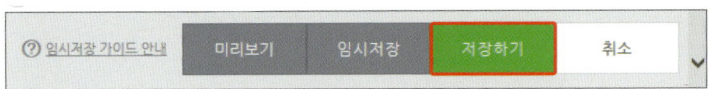

45 모든 정보가 입력되었다면 '상품저장이 완료되었습니다.'라는 메시지가 나타납니다. [스마트스토어 상품보기]를 클릭하면 지금 등록한 상품의 상세페이지로 이동하고, [상품관리]를 클릭하면 상품 정보를 수정할 수 있는 페이지로 이동합니다.

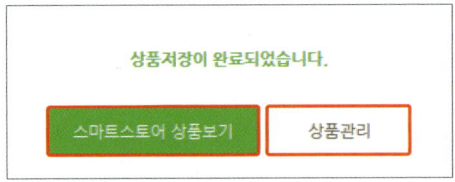

NOTE 스마트스토어 전문가의 실전 노하우

미리 보기 및 임시저장

[저장하기] 옆에는 [미리보기]와 [임시저장]이 있습니다. [미리보기]를 클릭하면 입력한 정보가 상세페이지에서 어떻게 노출되는지 확인할 수 있습니다. [임시저장]은 필요한 정보를 아직 다 채우지 않은 경우에 사용합니다. 상품명 기준으로 최대 40개까지 임시로 저장할 수 있으며 나중에 불러와 정보를 추가로 입력하거나 수정할 수 있습니다.
필수 정보를 모두 입력하지 않은 채 [저장하기]를 클릭하면 누락되거나 잘못 기재된 항목에 다음과 같이 오류 메시지가 표시됩니다. 반드시 입력해야 하는 필수 정보는 모두 입력하고 상품 저장을 완료합니다.

한눈에 보는
요약정리

✱ 쉽고 빠르게 상품 등록하기

상품 등록에서 필수 항목은 반드시 입력해야 합니다. 필수 항목만 입력하면 빠르게 상품을 등록할 수 있습니다. 요약 버전을 참고해 상품 등록에 필요한 필수 정보만 익혀두세요.

입력 항목

①	카테고리	[카테고리명 선택]에서 상품의 카테고리를 '대-중-소-세'까지 선택합니다.
②	[상품명]	상품 이름(제목)을 입력합니다. 50글자 미만으로 작성해야 하며 [상품명 검색품질 체크]는 필수입니다.
③	[판매가]	고객이 결제할 상품 금액을 입력합니다.
④	[재고수량]	주문받을 수 있을 만큼의 상품 수량을 입력합니다.
⑤	[상품이미지]	상품을 표현하는 정확한 이미지 한 장을 등록합니다. 크기는 640×640픽셀을 권장합니다.
⑥	[상세설명]	[SmartEditor3.0으로 작성]을 클릭하고 상품에 대한 설명을 글과 사진으로 작성합니다.
⑦	[상품 주요정보]	[모델명], [브랜드], [제조사]를 입력합니다. 카테고리에 따라 입력 항목이 다릅니다.
⑧	[상품정보제공고시]	[상품군]을 선택하면 상품군에 맞춰 입력해야 할 정보가 노출됩니다. 각 항목은 상품에 대한 정보를 입력합니다. 정책관련 내용은 보통 첫 번째 항목인 [소비자분쟁해결기준(공정거래위원회 고시) 및 관계법령에 따릅니다.]를 선택합니다.
⑨	[배송]	상품별 배송비 조건([무료], [유료], [조건부무료])과 [기본 배송비]를 입력합니다.
⑩	[반품/교환]	[반품배송비]는 [기본 배송비]와 동일하게, [교환배송비]는 2배를 입력합니다.
⑪	[A/S, 특이사항]	A/S 전화번호와 A/S 안내사항을 기재합니다.

> **TIP** 대부분의 항목은 기본값이 설정되어 있으므로 필요한 경우가 아니라면 기본값 그대로 진행합니다.

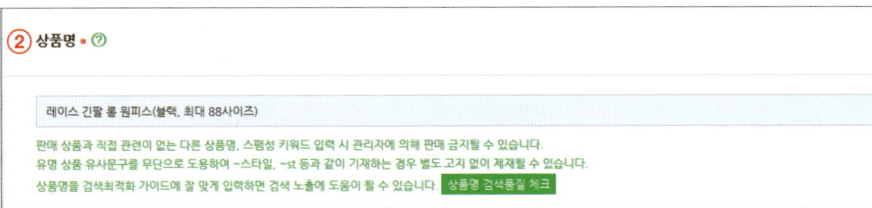

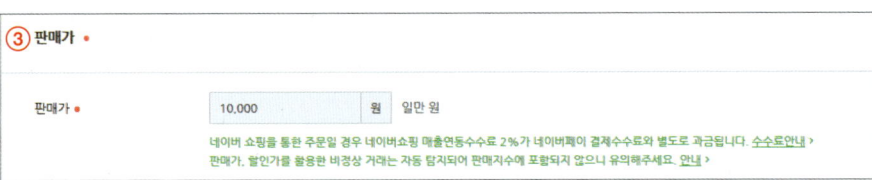

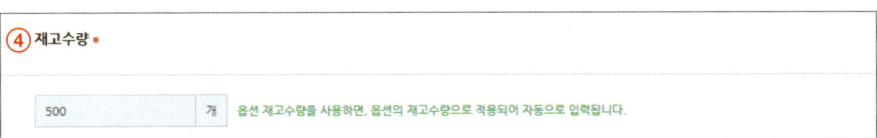

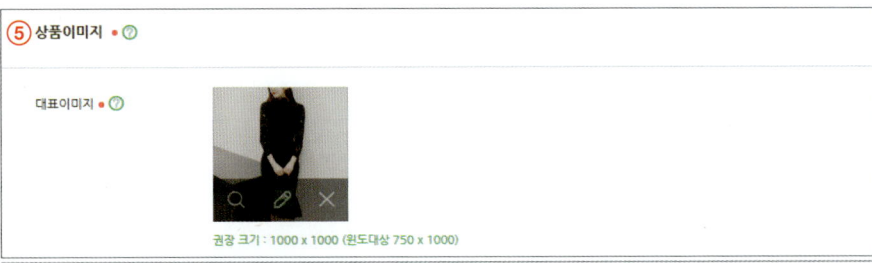

스마트스토어 상품 등록하기 · CHAPTER 02 · 147

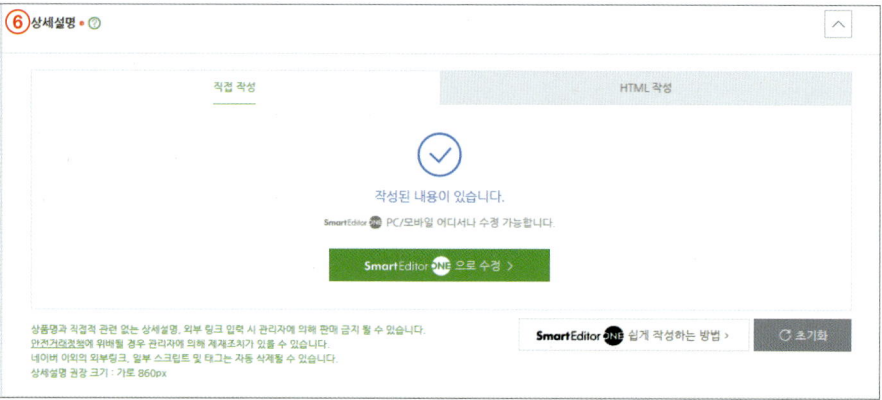

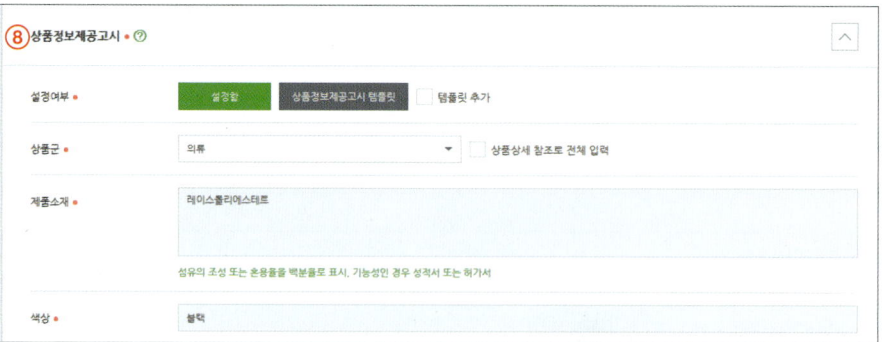

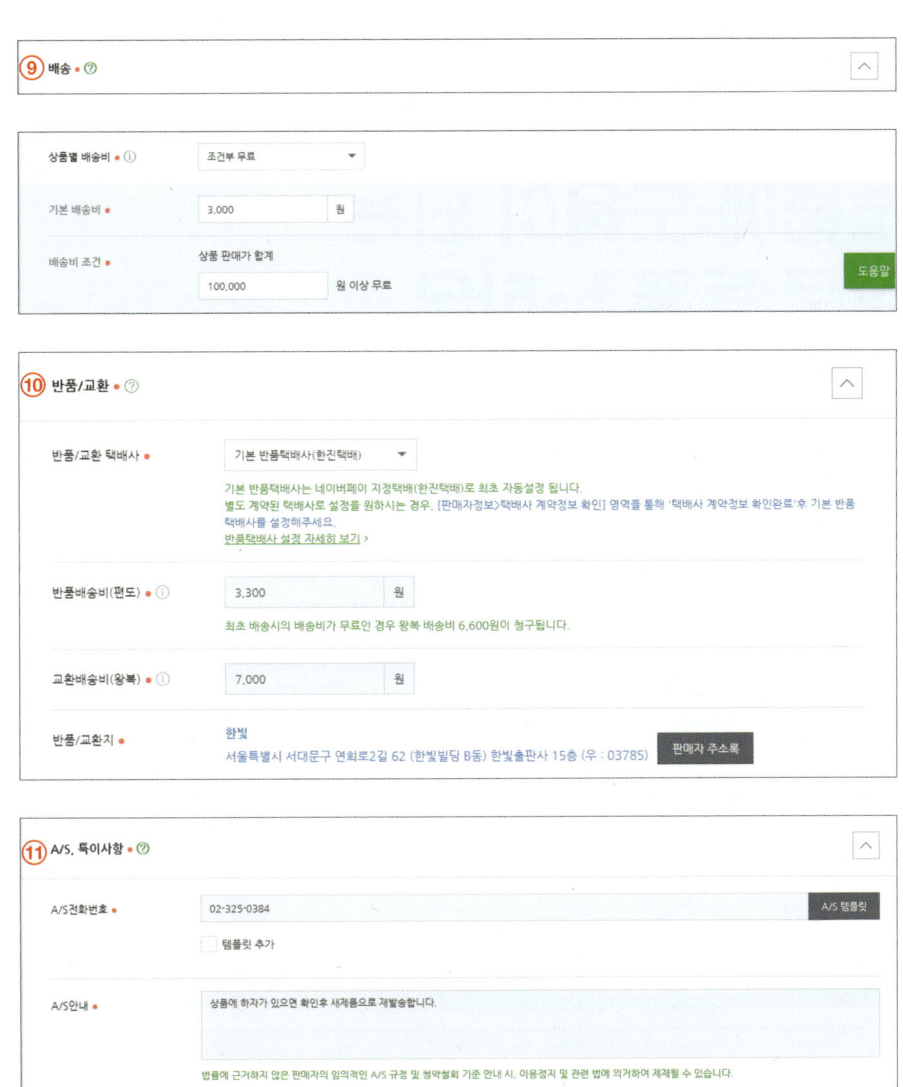

TIP [추가상품]부터 [노출채널]까지는 필요한 경우에만 정보를 추가합니다. 해당 사항이 없다면 입력하지 않아도 됩니다.

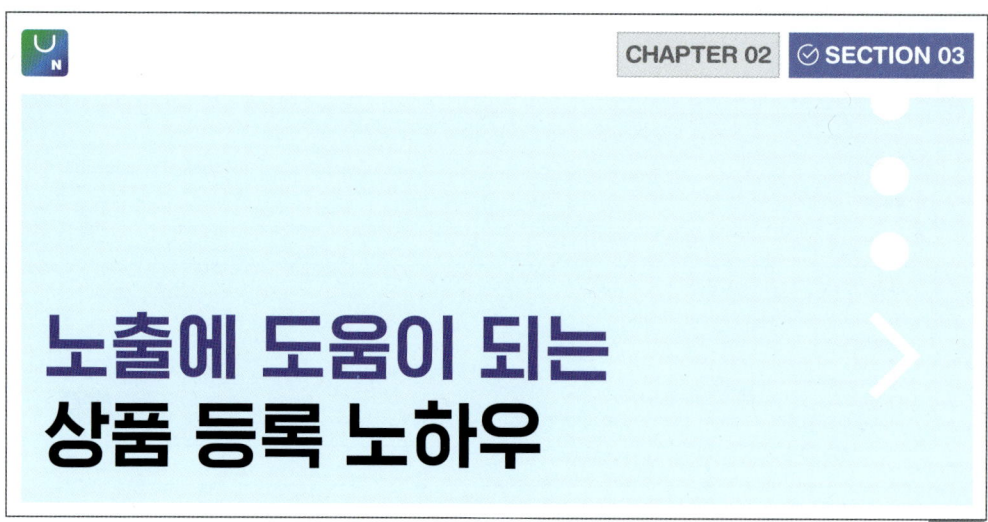

CHAPTER 02 SECTION 03

노출에 도움이 되는 상품 등록 노하우

스마트스토어에 등록한 상품은 네이버쇼핑에서 검색됩니다. 정보의 정확도가 높아야 효과적인 위치에 노출되어 판매에 도움이 되므로 등록할 때 꼭 알아두면 좋은 정보를 미리 익혀둡니다.

01 카테고리 선호도를 의식한 명확한 카테고리 선택

네이버쇼핑에는 검색어에 따라 노출 우선도가 결정되는 '카테고리 선호도'가 있습니다. '감자'의 검색결과를 예로 들어보겠습니다. 네이버쇼핑에서 '감자'를 검색하면 무려 52만 개가 넘는 상품이 나옵니다.

▲ 네이버쇼핑의 '감자' 검색결과

그러나 52만 개 이상의 상품이 모두 먹는 '감자'는 아닙니다. 상품명에 '감자'라는 키워드가 들어 있는 모든 상품이 보이는 것입니다. 예를 들어 감자 모양 키링, 감자 깎는 칼, 감자 국수, 감자 전분, 감자 과자, 감자 인형, 감자가 그려진 티셔츠 등 다양한 카테고리의 상품이 노출됩니다. 이 모든 상품의 총 합이 52만 개인 셈입니다.

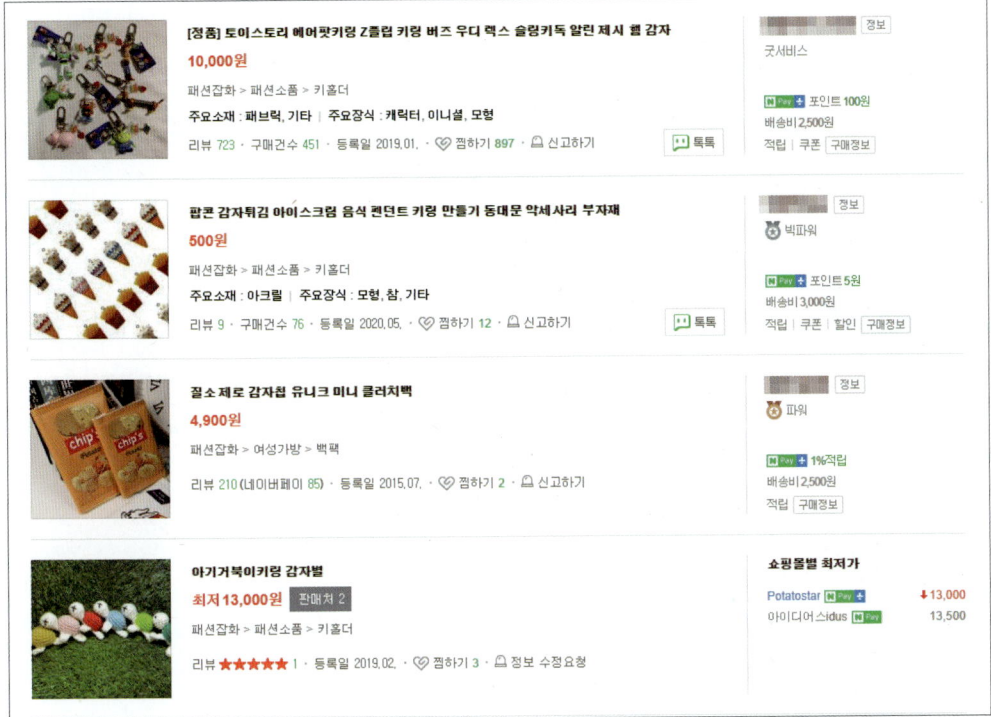

▲ 검색결과 중 식품 '감자'가 아닌 상품의 예

그런데 노출순위를 살펴보면 상위에 노출된 상품은 모두 식품입니다. 이것은 검색어로 입력한 '감자'가 식품이므로 네이버쇼핑에서 검색 로직을 통해 식품 카테고리의 감자 분류를 우선적으로 노출했기 때문입니다. 즉 식품 카테고리에 있는 상품에 추가 점수를 적용해 상위 노출시킵니다. 그래서 검색결과 첫 번째 페이지에는 거의 대부분 '식품>농산물>채소>감자' 카테고리의 상품이 노출되는 것입니다.

상위 노출되는 카테고리를 선택하자

상품을 등록할 때 카테고리 선택이 어렵거나 난해할 때는 비슷한 상품을 먼저 검색해보고 상위 노출되는 카테고리를 선택하는 것이 좋습니다.

예를 들어 강아지 백팩을 판매하려는 경우 상품 등록 전에 네이버쇼핑에서 '강아지 백팩'을 검색해봅니다. 그러면 검색결과 첫 번째 페이지에 노출된 상품 대부분이 [생활/건강〉반려동물〉이동장/외출용품〉이동장/이동가방] 카테고리에 등록되어 있는 것을 확인할 수 있습니다.

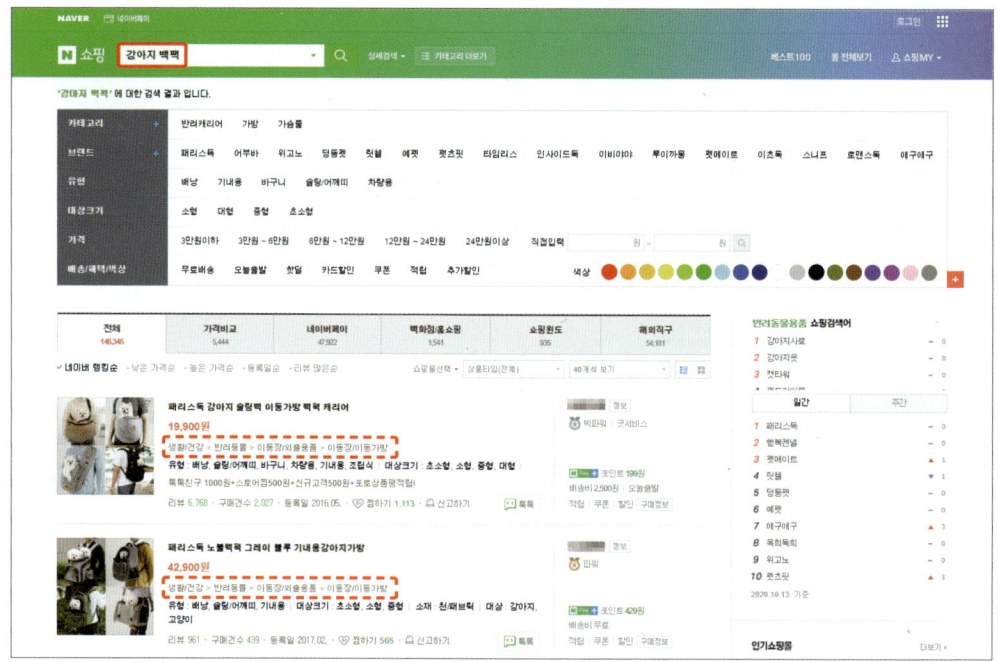

▲ 네이버쇼핑에서 '강아지 백팩' 검색결과

이렇듯 선호도가 높은 카테고리를 선택하는 것이 노출에 유리합니다. 키워드마다 여러 카테고리의 상품이 검색되지만 선호도가 높은 카테고리의 상품이 상위 노출됩니다.

02 브랜드와 제조사의 전략적 입력

네이버쇼핑 검색결과에서는 [브랜드]나 [제조사]로 상품을 필터링하여 상품을 찾아보는 방법도 있습니다. 이러한 탐색 도구를 통한 필터링 검색결과는 브랜드나 제조사명을 정확하게 기재해야 추가 노출됩니다. 따라서 상품 등록 시 [브랜드]와 [제조사]는 꼭 입력하는 것이 좋습니다.

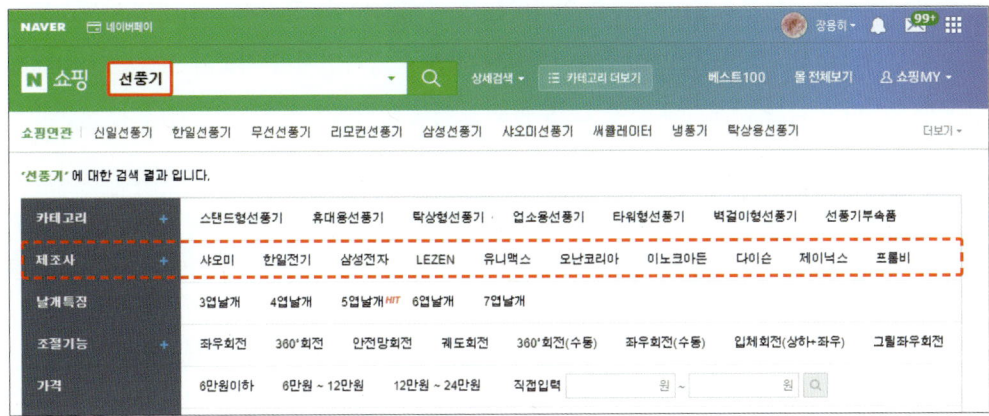

▲ 네이버쇼핑에서 '선풍기' 검색결과 시 [제조사] 탐색도구 영역

브랜드, 제조사를 전략적으로 선택하자

네이버쇼핑 검색결과 페이지에 노출되는 [브랜드] 탐색도구 영역에는 상품 등록 시 입력한 브랜드 정보와 해당 카테고리 가격비교 페이지 내의 브랜드 정보가 나타납니다. 네이버쇼핑 시스템에 따라 자동으로 노출되며, 노출 순서는 상품의 클릭 수, 상품 수 등 랭킹에 따라 정해집니다. 상품의 인기도가 상승하면 자동으로 등록되는 시스템으로 요청이나 임의의 작업을 통해서는 변경되지 않습니다.

동대문에서 사입한 상품이나 자체 제작한 상품이라면 브랜드나 제조사가 없을 수 있습니다. 이때는 판매자의 스마트스토어 이름을 입력하는 것이 좋습니다. 장기적으로 내 스마트스토어를 브랜딩화하는 것입니다. 스마트스토어를 꾸준하게 운영하면서 인기도가 상승한다면 대기업 브랜드뿐만 아니라 판매자의 스마트스토어도 브랜드 영역에 노출될 수 있습니다.

03 상품명의 검색 품질 확인

상품명은 상품 등록 시 가장 중요한 요소입니다. 잘못 입력한 상품명은 어뷰징으로 인식되고 검색에서 불이익을 받게 됩니다. 같은 날 같은 시각에 내 스마트스토어에 수십 개의 상품을 등록하거나 잘못된 상품명으로 등록하면 검색 로직에 의해 노출 순서에서 밀립니다.

검색결과 페이지에는 수많은 상품이 있으므로 검색 품질에 대한 불이익은 최대한 받지 않도록 해야 합니다. 상품명을 입력할 때 [상품명 검색품질 체크]를 클릭하여 검색 품질 체크 항목에 맞게 입력되었는지 확인하는 간단한 과정만 지켜도 불이익을 받지 않을 수 있습니다. 단, 검색 품질에 통과되는 것이 상위 노출을 보장하는 것은 아니므로 상품에 알맞은 최적의 상품명을 찾을 수 있도록 노력합니다.

> **TIP** 어뷰징(Abusing)은 의도적으로 클릭 수를 늘리기 위한 조작 행위를 말합니다. 상품과 상관없는 키워드, 베낀 상품명, 낚시성 키워드 등 클릭을 노린 의도적인 행위는 모두 어뷰징에 해당합니다.

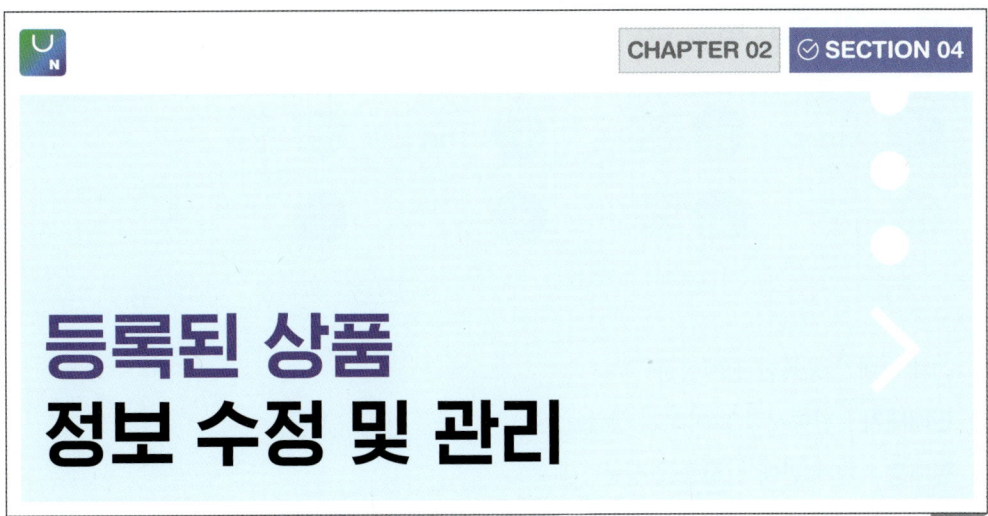

CHAPTER 02 · SECTION 04

등록된 상품 정보 수정 및 관리

01 상품 정보 수정하기

상품을 등록한 후 정보를 수정해야 할 때도 있습니다. 이번에는 등록된 상품의 정보를 조회하여 수정, 관리하는 방법을 알아보겠습니다.

상품 조회하기

등록한 상품을 조회하려면 스마트스토어센터에서 [상품관리]-[상품 조회/수정] 메뉴를 클릭합니다. [상품 조회/수정] 페이지가 열리고 판매자가 등록한 상품을 확인할 수 있습니다.

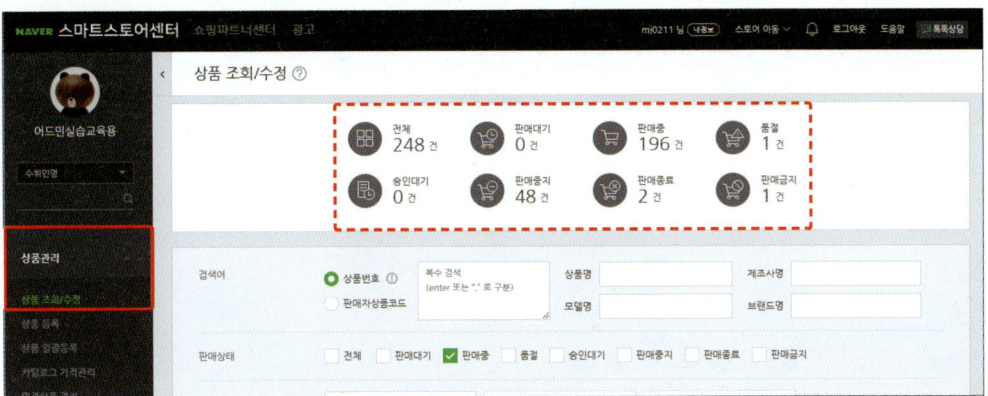

[상품 조회/수정] 항목 알아보기

① **전체** | 내가 등록한 전체상품
② **판매대기** | 판매시작일 이전의 상품
③ **판매중** | 현재 판매 진행중인 상품
④ **품절** | 전시는 되고 있으나 재고수량이 0으로 구매는 불가능한 상품
⑤ **승인대기** | 인증서류를 아직 제출하지 않아 판매 전 대기 중인 상품
⑥ **판매중지** | 판매를 중지설정한 상태의 상품
⑦ **판매종료** | 판매종료일 이후의 상품
⑧ **판매금지** | 네이버의 정책에 따라 판매가 금지된 상품

[상품 조회/수정] 항목의 개별 항목을 클릭하면 해당 항목에 맞는 [판매상태]가 적용되며, 해당하는 상품 목록이 나타납니다.

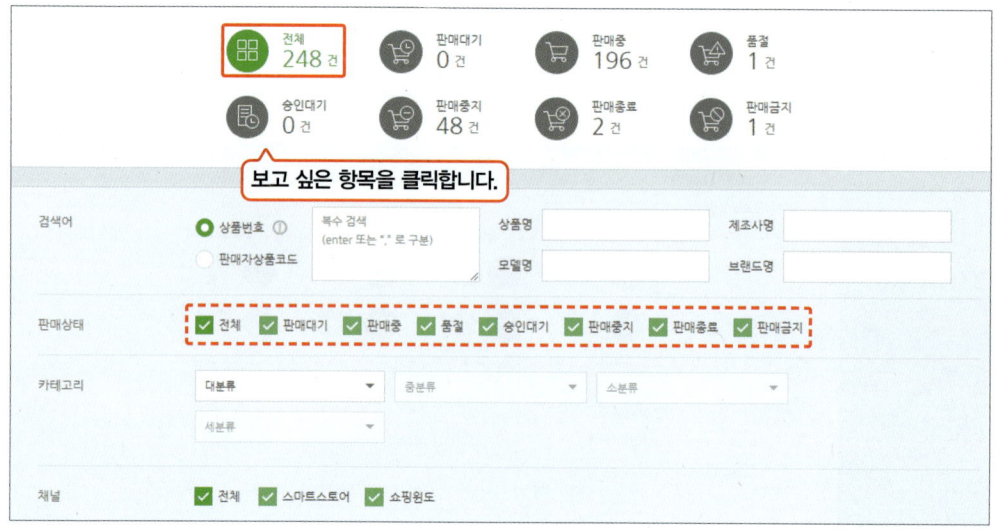

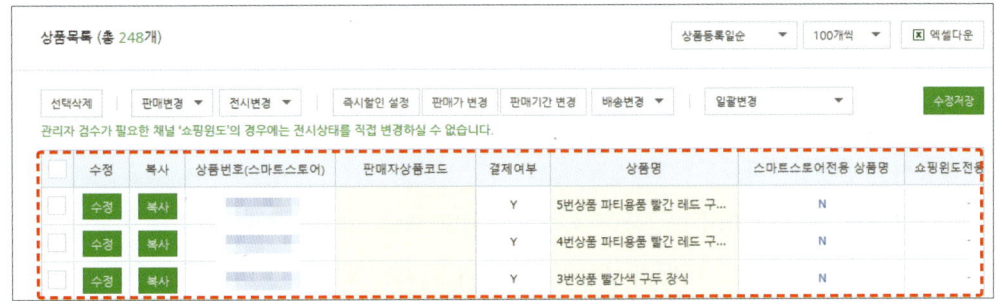

등록된 상품 정보 확인 및 수정하기

[상품목록] 표 아래에 있는 스크롤바를 오른쪽으로 이동하면 목록에 있는 상품의 세부 정보를 확인할 수 있습니다. [상품명] 및 [전시상태], [재고수량], [판매가], [할인가], [옵션] 등 상품을 등록할 때 입력한 정보가 나타납니다. 정보를 수정한 후에는 [수정저장]을 클릭합니다.

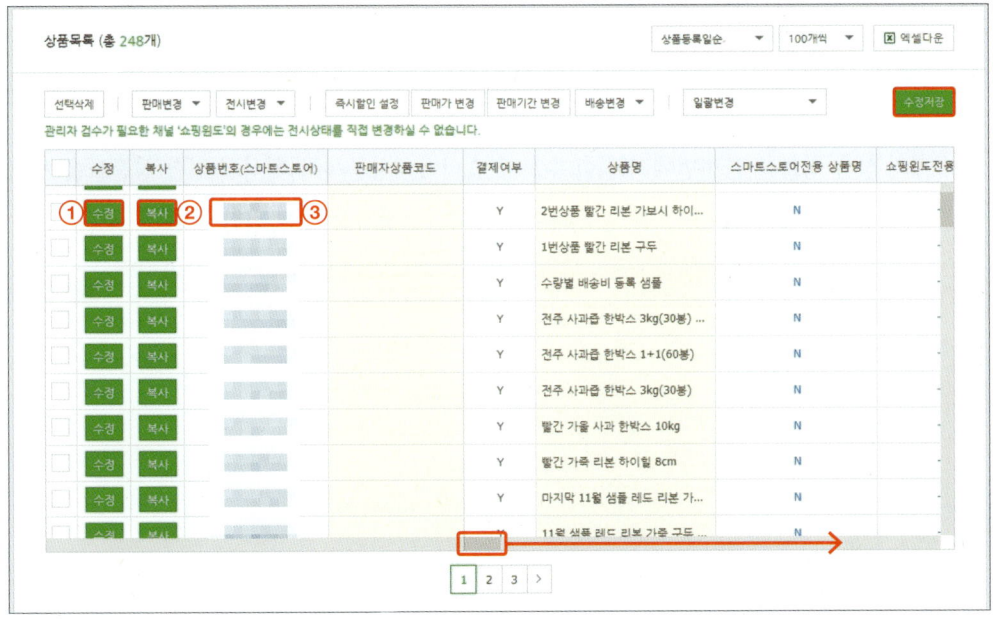

① **[수정]-상품 수정하기** | 할인이나 판매가, 상품 정보를 수정하고 싶은 상품을 찾아 수정 을 클릭합니다. 상품 수정 페이지가 나타나고 상품 등록 단계에서 입력한 모든 항목을 확인할 수 있습니다. 상품 정보를 수정하고 저장합니다.

② **[복사]-상품 복사하기** | 기존에 등록한 상품 정보를 복사해 새 상품을 등록할 수 있습니다. 복사할 기존 상품을 찾아 복사 를 클릭하면 기존 정보가 그대로 복사된 상품 등록 페이지로 이동합니다. 비슷한 상품에서 일부 정보만 수정해 빠르게 다른 상품을 등록하고자 할 때 활용하면 편리합니다.

③ **[상품번호(스마트스토어)]** | 상품 번호를 클릭하면 해당 상품의 상세페이지로 이동합니다. 등록된 상품이 고객에게 어떻게 보여지는지 실제 화면을 확인할 수 있습니다.

> **스마트스토어 TIP** [상품목록]에 등록된 상품의 수보다 적게 나타날 때
>
> [상품목록]을 조회하기 방금 전에 신규 상품을 등록했거나 조회 값을 다르게 설정해 검색하면 [판매상태]가 [판매중]인 상품만 노출될 수도 있습니다. 이때는 [상품 조회/수정]의 [전체]를 클릭해 노출 영역이 초록색으로 바뀌게 설정한 후 원하는 항목을 다시 한 번 클릭합니다.

02 여러 상품을 한꺼번에 수정하기

여러 개의 상품 정보를 한꺼번에 수정할 수도 있습니다. [상품목록]에서 수정할 상품들을 체크하고 목록 상단에 있는 선택박스를 활용해 수정한 후 [수정저장]을 클릭합니다.

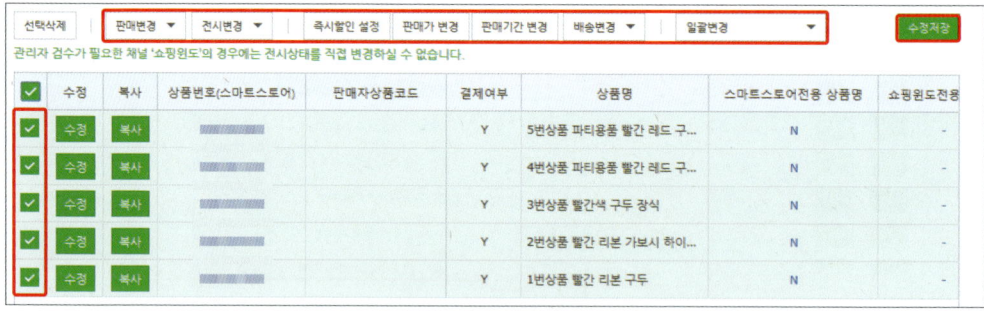

판매 상태 변경하기

상품을 [판매중] 또는 [판매중지]로 수정할 수 있습니다. [판매중지]로 설정하면 상세페이지에 '이 상품은 현재 구매하실 수 없는 상품입니다.'라는 메시지가 나타나며 구매할 수 없는 상태가 됩니다.

전시 상태 변경하기

상품을 [전시중] 또는 [전시중지]로 수정할 수 있습니다. [전시중지]로 설정하면 내 스마트스토어에 상품이 노출되지 않습니다. 단, 구매자가 즐겨찾기 등을 통해 주소(URL)로 방문하면 상세페이지가 보입니다.

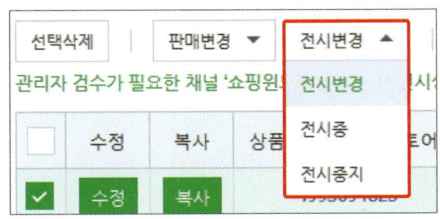

즉시할인 설정하기

선택한 상품들의 할인 옵션을 한꺼번에 변경할 수 있습니다. 변경하고 싶은 상품을 선택하고 [즉시할인 변경]을 클릭합니다. [할인] 항목을 [설정함]으로 선택하고 [전체 할인] 항목에 금액 또는 비율(%)을 입력합니다. [변경]을 클릭하면 일괄적으로 즉시할인이 적용됩니다.

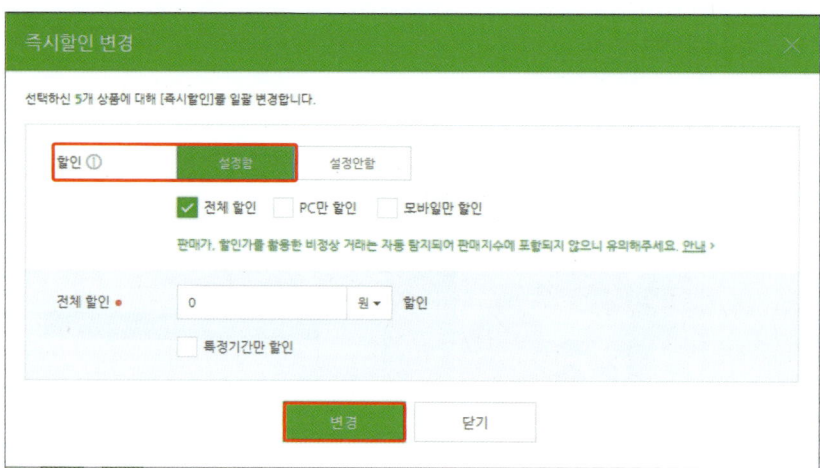

판매가 변경하기

선택한 상품들의 판매가를 한꺼번에 변경할 수 있습니다. 판매가를 변경할 상품을 선택하고 [판매가 변경]을 클릭합니다. [판매가] 항목에서 특정 금액이나 비율(%)로 인상 또는 인하할 수 있습니다. 혹은 특정한 금액으로 동일하게 변경할 수도 있습니다. [변경]을 클릭하면 일괄적으로 판매가가 변경됩니다.

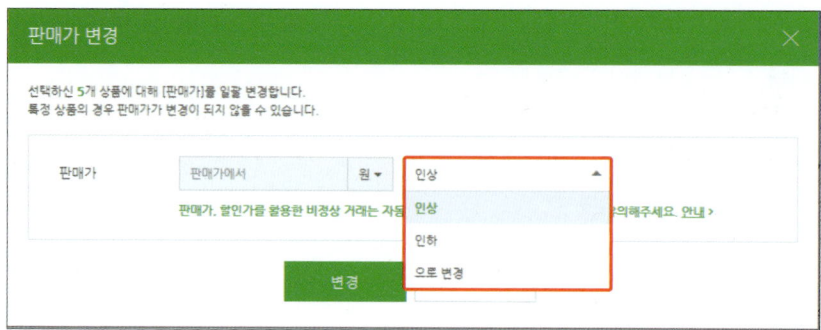

03 그 외 자주 사용하는 상품 수정

판매 상태나 전시, 즉시 할인, 판매가 외에도 한꺼번에 변경할 수 있는 항목이 있습니다. 수정할 상품을 선택한 후 [일괄변경]을 클릭하면 [이벤트문구], [구매/혜택], [구매수량제한] 등 다양한 상품 정보를 일괄적으로 수정할 수 있습니다. 정보를 수정한 후 [수정저장]을 클릭합니다.

포인트 지급 방식 등을 변경하려면 [일괄변경]-[구매/혜택]을 클릭해 설정할 수 있습니다. [구매/혜택 변경] 창이 나타나면 [포인트] 항목을 수정하고 [변경]을 클릭합니다.

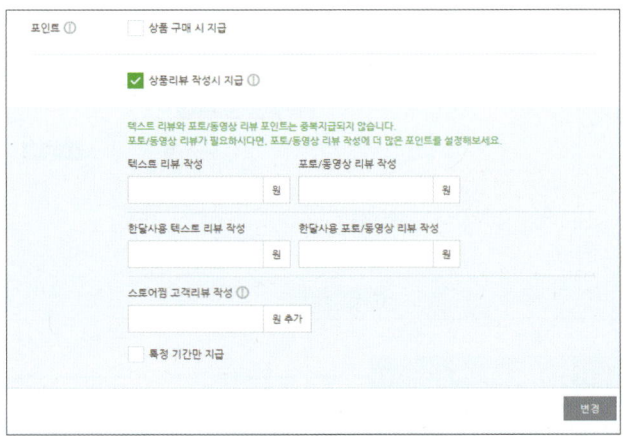

> **스마트스토어 TIP | 수정 항목은 꼭 저장하세요**
> 상품 정보를 수정한 후에는 반드시 [수정 항목 저장]을 클릭해야 수정한 내용이 적용됩니다.

04 상품과 관련된 공지사항 추가하기

상품 판매 중 명절, 휴가 기간의 배송 접수 마감을 안내하거나 상품의 재고, 배송 등 일부 정보가 변경되었을 경우 공지사항을 추가할 수 있습니다. 스마트스토어센터에서 [상품관리]-[공지사항 관리] 메뉴를 클릭합니다. [상품 공지사항 관리] 페이지가 열리면 [새 상품 공지사항 등록]을 클릭합니다.

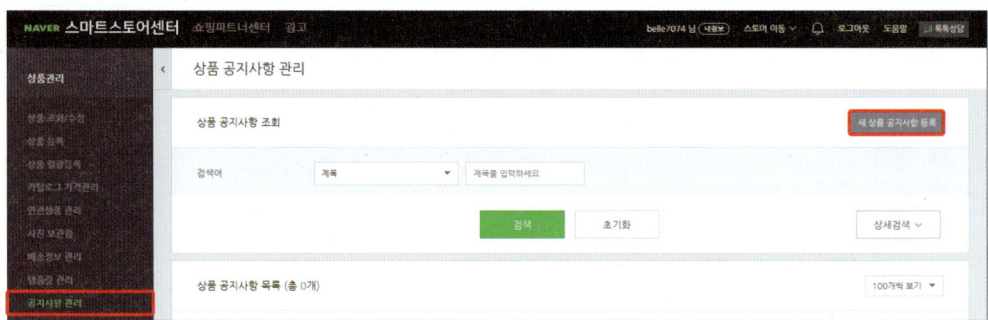

상세페이지를 작성하듯 [상품 공지사항 상세]의 [직접 작성] 탭에서 [Smart Editor ONE으로 작성]을 클릭해 공지사항을 작성합니다. 모든 상품의 상세페이지에 노출하기 위해 [전시위치]의 [모든 상품에 공지사항 노출]에 체크하고 등록합니다.

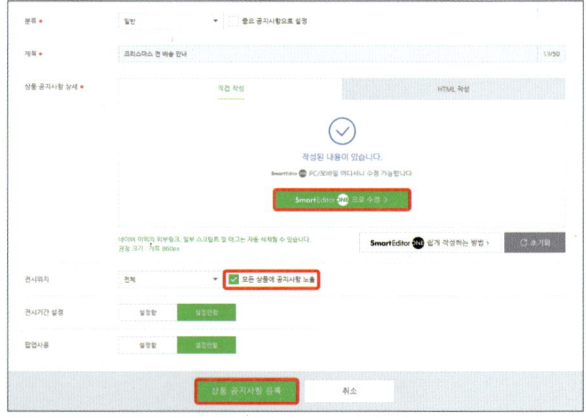

스마트스토어 TIP 공지사항을 특정 기간에만 전시하기

[전시기간 설정]에서 공지사항 노출 시작 날짜와 시간, 종료 날짜와 시간을 설정하면 해당 기간에만 공지사항이 노출되고 종료 후에는 노출되지 않습니다.

Chapter 03

스토어 전시 관리하기

좋은 디스플레이는 방문 고객에게 호감을 주고 시선을 이끌어 매출 상승에 도움이 됩니다. 이번에는 상품 등록 후에 스토어 관리 메뉴를 통해 스토어를 디자인하고 상품을 전시하는 방법을 알아보겠습니다.

01 내 스토어 정보 확인하기

고객에게 내 스마트스토어가 어떻게 보이는지 확인해보겠습니다. 스마트스토어센터에서 좌측 상단 스토어 로고나 스토어 이름을 클릭하면 내 스토어로 이동합니다.

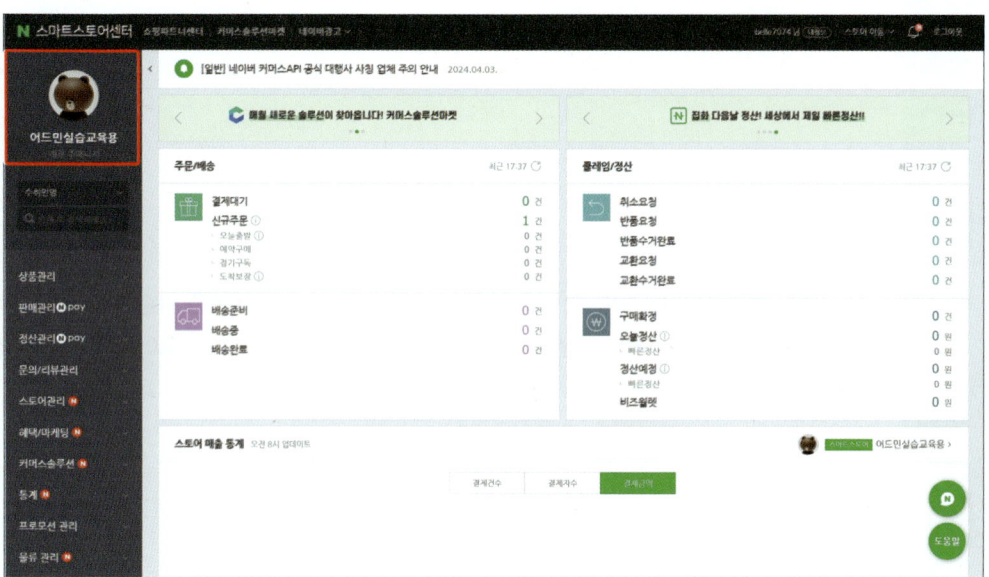

CHAPTER 02에서 상품을 등록하지 않았다면 스토어에는 좌측 이미지처럼 '판매중인 상품이 없습니다.'라는 메시지가 나타납니다. 상품을 등록하면 우측 이미지처럼 신상품 등의 영역으로 상품이 노출됩니다.

▲ 등록된 상품이 없는 상태

▲ 상품이 등록된 상태

등록한 상품 중에 먼저 노출하고 싶은 상품들을 선택하여 상위에 전시하거나, 이벤트 배너 등을 등록하여 우리 스토어만의 혜택을 먼저 노출할 수도 있습니다.
같은 레이아웃을 이용하는 스마트스토어지만 다른 스토어들과 차별점을 드러내고, 보다 유니크한 이미지를 심어줄 수 있습니다.

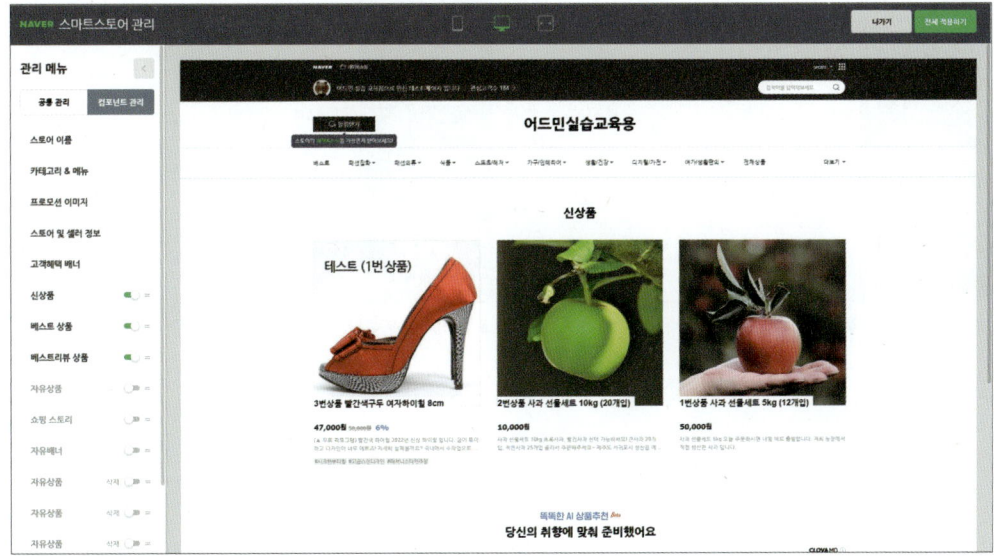
▲ 스마트스토어 관리 메뉴

스토어 전시 관리하기 ▼ CHAPTER 03   165

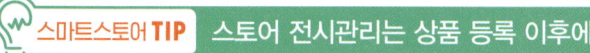

스마트스토어 TIP 스토어 전시관리는 상품 등록 이후에!

상품을 등록하기 전에는 스마트스토어센터의 관리 메뉴에서 설정할 수 있는 부분이 거의 없습니다. 등록한 상품이 스토어에 노출되어야 이 상품들로 전시 설정이 가능합니다. 따라서 상품을 모두 등록한 후에 스토어 오픈을 위한 최종 관리, 즉 상품 전시를 위해 스토어 관리 메뉴를 활용하는 것이 좋습니다.

02 스토어 대표 이미지

스토어 대표 이미지는 스토어 프로필 화면과 네이버쇼핑 검색 시 내 스마트스토어 이름과 함께 노출됩니다. 대표 이미지를 등록하기 전에는 기본 이미지가 보입니다.

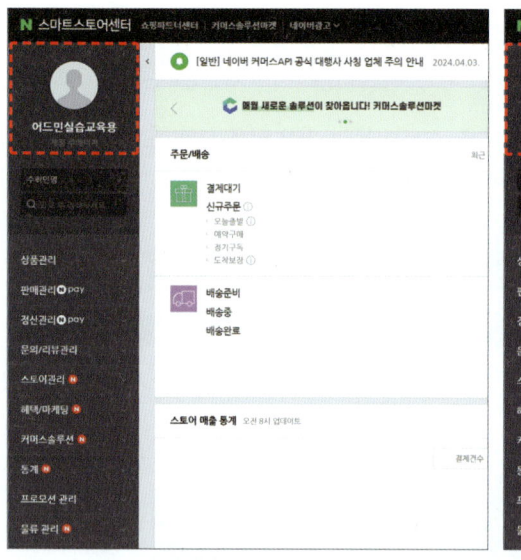
▲ 대표 이미지 등록 전 기본 상태

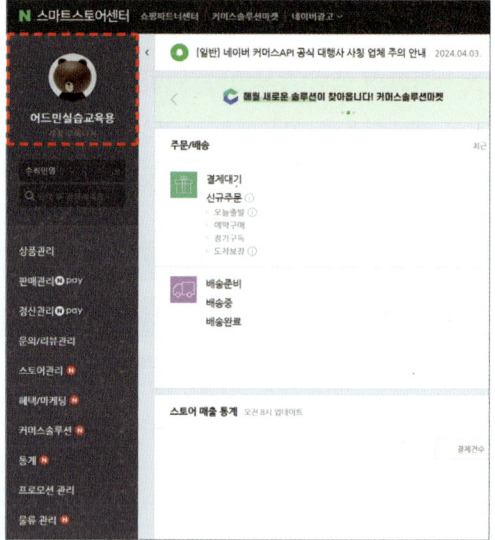
▲ 이미지를 등록한 상태

이미지를 등록하면 다음과 같이 내 스토어의 대표 이미지로 보입니다.

스토어 대표 이미지 등록하기

대표 이미지를 등록하려면 [스토어관리]-[스토어 설정]-[기본정보 관리] 메뉴를 클릭하고 [스토어 관리] 페이지에서 [스토어 대표 이미지] 항목의 [+]를 클릭합니다. PC에 있는 사진을 선택하기 위해 [내 사진]을 클릭하고 사진을 등록합니다.

대표 이미지를 등록한다고 해서 바로 적용되는 것은 아니며, 네이버 담당 부서의 검수 후에 등록이 완료됩니다. 영업일 기준으로 1~2일이 소요됩니다.

> **NOTE** 스마트스토어 전문가의 실전 노하우
>
> ### 대표 이미지 등록 시 유의 사항
>
> 스토어 대표 이미지에는 크기 및 용량, 형식의 제한이 있습니다.
> 최소 160×160픽셀 이상의 정비율 이미지여야 하고 권장 사이즈는 가로 1,300픽셀 이상입니다. 파일 용량은 최대 20MB까지 가능하며 JPG, JPEG, GIF, PNG 형식만 등록할 수 있습니다.
> 신규로 등록한 이미지는 네이버 담당 부서의 검수 과정을 거쳐 적용됩니다. 스토어 대표 이미지는 스토어 프로필 화면과 네이버쇼핑 검색 시 노출되는 중요한 부분이므로, 스토어를 직관적으로 표현할 수 있도록 제작하는 것이 좋습니다. 스토어 이름을 이미지화하거나 대표 상품 이미지를 활용한 로고를 권장합니다.
>
> **스토어 대표 이미지 제작 가이드**
> - 초상권, 저작권, 상표권 등 타인의 권리를 침해하는 이미지는 사용할 수 없습니다.
> - 선정/음란/신체 노출 이미지 등은 사용할 수 없습니다.

- **좋은 예** | 스토어 아이텐티티를 표현할 수 있는 이미지, 권장 사이즈 영역이 모두 채워진 형태의 이미지, 스토어 로고 이미지 등

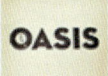

- **나쁜 예** | 스토어 아이텐티티를 표현할 수 없는 이미지, 홍보 문구 등의 텍스트가 적용된 이미지, 이미지에 텍스트와 겹쳐 잘 식별되지 않는 이미지, 해상도가 낮은 이미지, 두꺼운 테두리가 적용된 이미지 등

출처 : 스마트스토어 이미지 제작 가이드

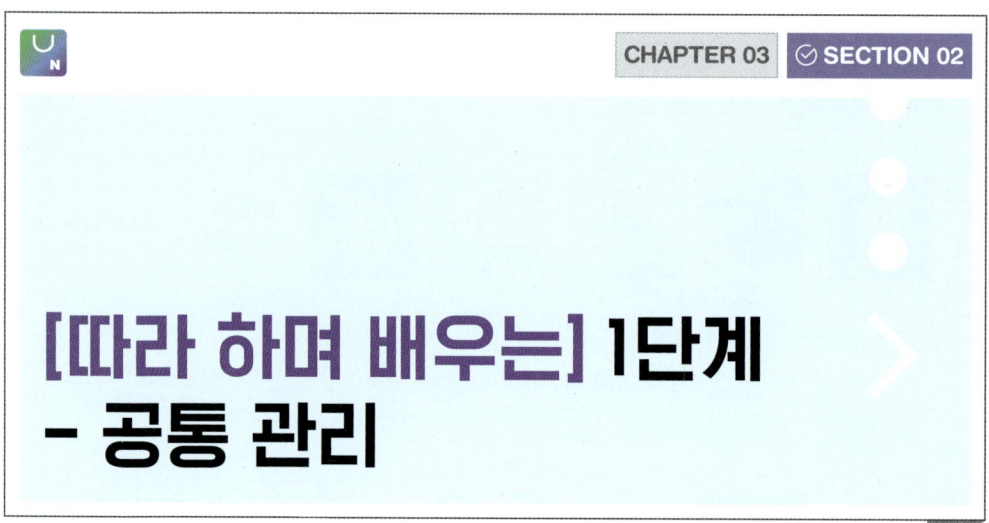

CHAPTER 03　SECTION 02

[따라 하며 배우는] 1단계
- 공통 관리

[스토어관리]는 내 스토어의 메인페이지와 스토어 내에서 보이는 카테고리를 관리할 수 있는 메뉴입니다. [스토어관리]의 첫 번째 메뉴 [스마트스토어]를 클릭하면, 새 페이지가 열리면서 메인페이지의 모든 것을 설정할 수 있는 화면으로 이동합니다. PC와 모바일에서 내 스토어의 상품이 매력적으로 노출될 수 있도록 설정해보겠습니다.

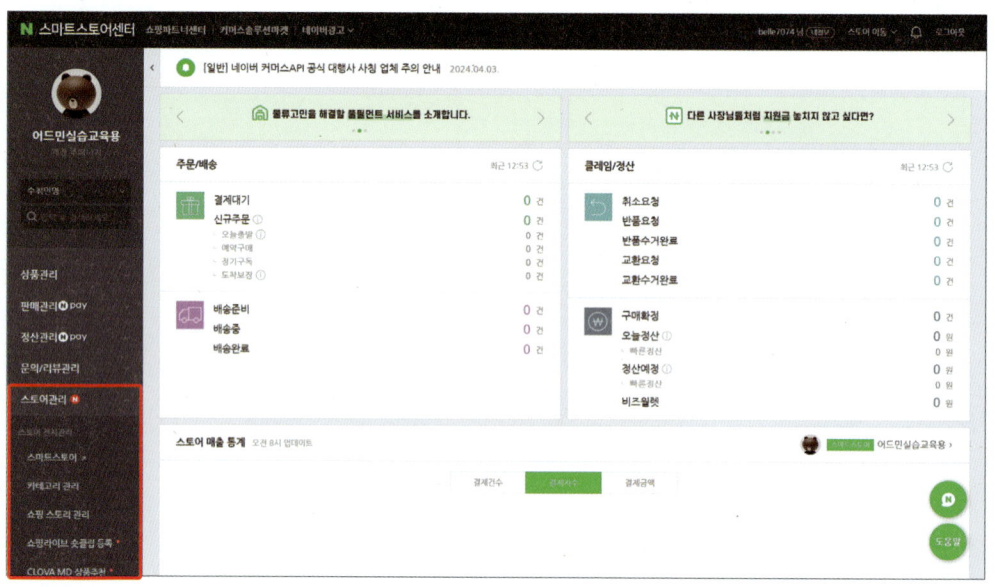

01 [스토어관리]-[스마트스토어] 메뉴를 클릭하면 [스마트스토어 관리] 페이지가 새 창으로 열립니다. ❶ 상단에서 [모바일], [PC], [전체 화면] 중 하나를 선택하면 페이지 중앙의 미리 보기 화면에서 설정한 페이지가 보여집니다. ❷ 좌측 [관리 메뉴]에서 더욱 디테일한 설정을 적용할 수 있습니다. [관리 메뉴]에서 [공통 관리]를 살펴보겠습니다.

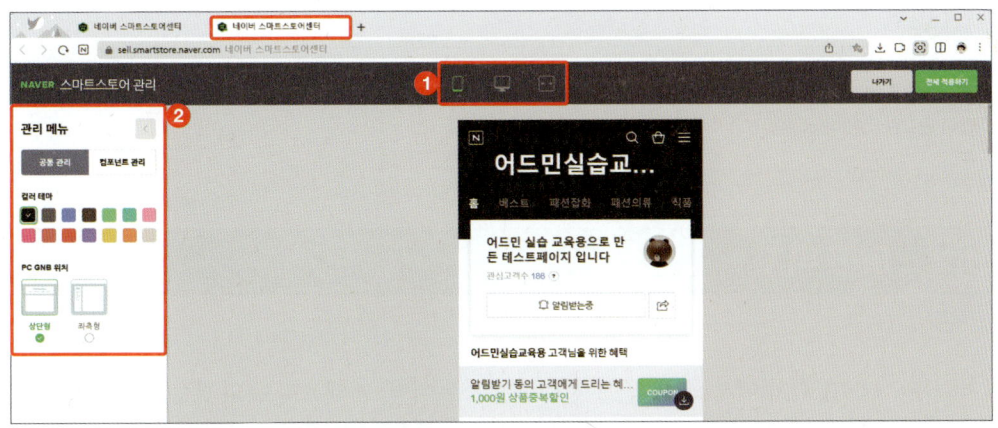

01 컬러 테마

02 ❶ [관리 메뉴]의 [공통 관리] 탭에서는 내 스토어의 메인 색상과 메뉴의 위치를 설정할 수 있습니다. ❷ [컬러 테마]에서 색상을 선택하면 미리 보기 화면에서 변경된 색상을 볼 수 있습니다. ❸ 변경된 컬러 테마 하단에 스토어 이름과 카테고리가 노출되는 부분을 PC GNB라고 합니다. 기본적으로 PC GNB는 상단에 위치해 있습니다.

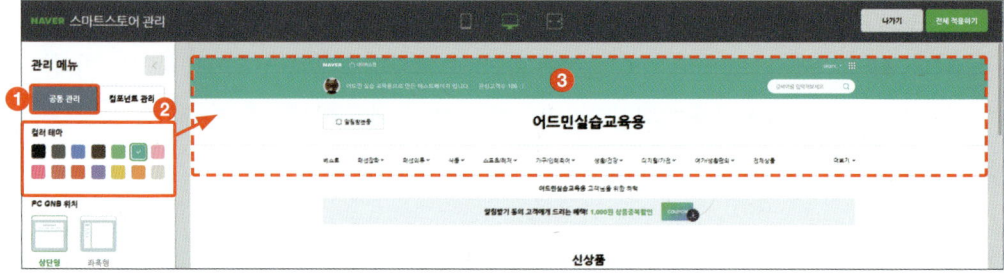

> **TIP** 설정을 변경한 후에는 우측 상단의 [전체 적용하기]를 클릭하여 저장해야 적용이 완료됩니다. 중앙 미리 보기에서 보여진다고 적용이 완료된 것이 아닙니다.

02 GNB 위치

03 [PC GNB 위치]에서 [좌측형]을 선택하면 스토어명, 카테고리 등의 메뉴가 좌측으로 이동되어 내 스토어를 블로그처럼 꾸밀 수 있습니다.

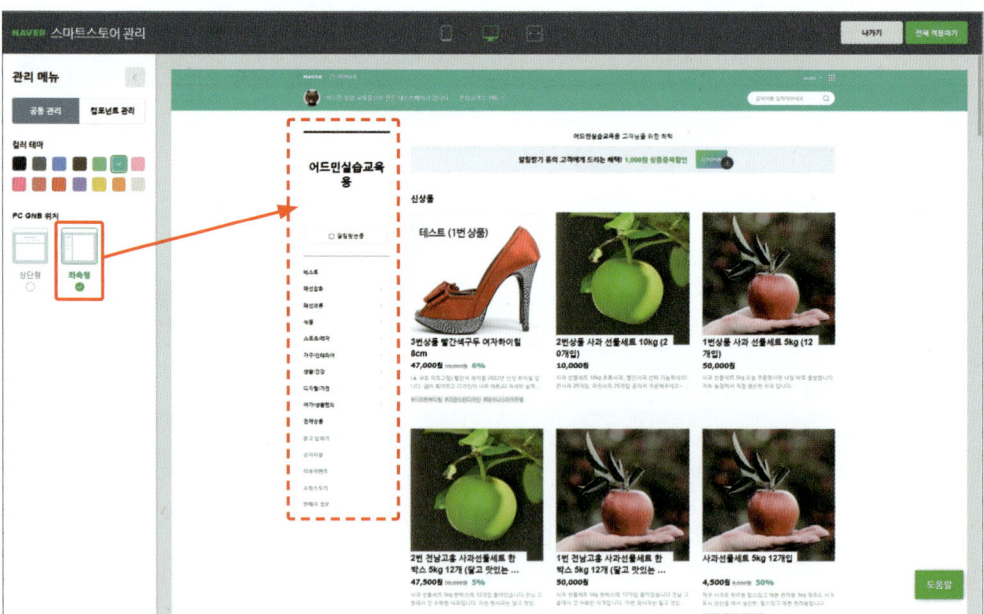

GNB 위치를 좌측으로 변경하는 것은 PC에서만 적용됩니다. 모바일에서 GNB 위치는 상단에 고정됩니다.

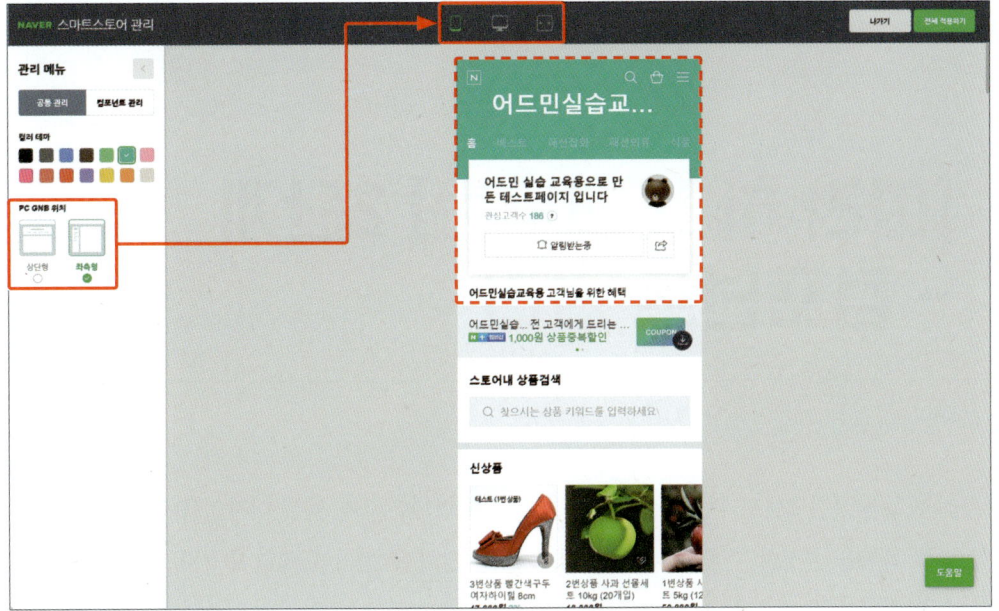

▲ [공통 관리]에서 [PC GNB 위치]를 [좌측형]으로 변경한 후 [모바일] 미리 보기를 적용했을 때 전혀 달라지는 부분이 없음

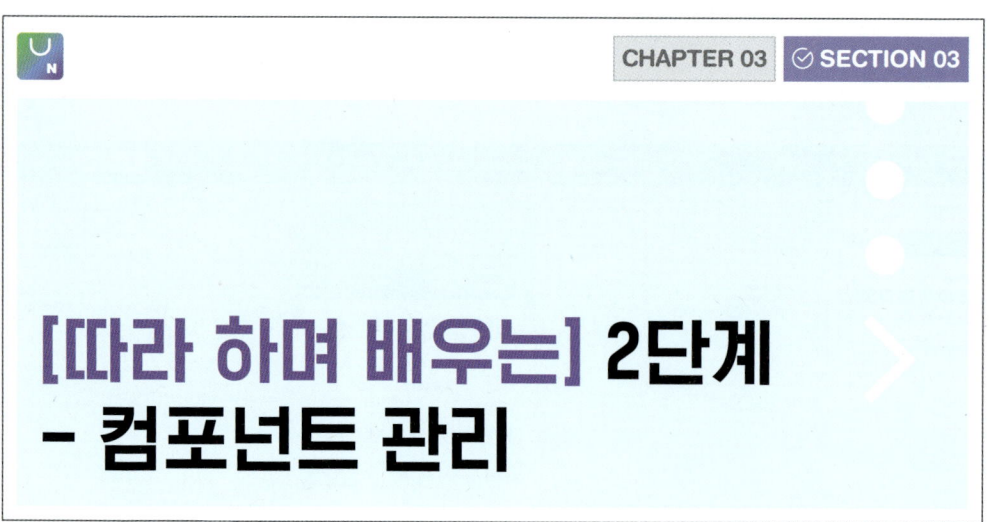

[관리 메뉴]의 [컴포넌트 관리] 탭에서는 스토어 메인페이지에 일부 디자인을 적용하고, 노출할 상품 목록을 설정할 수 있습니다. 크게 ❶ 고정 영역 ❷ 반자율 영역 ❸ 자유 영역으로 구분할 수 있습니다.

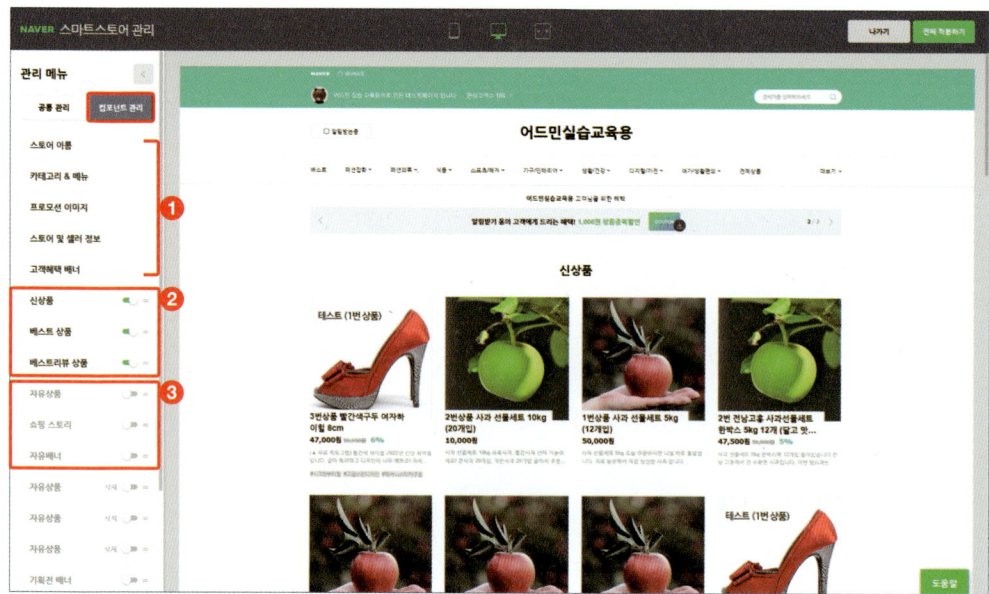

▲ [컴포넌트 관리] 탭에서 기본 설정된 좌측 메뉴

❶ 고정 영역은 [스토어 이름]부터 [고객혜택 배너]까지 노출 여부를 임의로 변경할 수 없는 고정된 위치입니다. [프로모션 이미지]나 [고객혜택 배너] 등은 해당 콘텐츠가 있을 경우에만 노출됩니다.

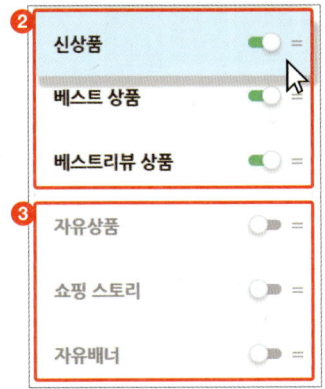

❷ 반자율 영역은 [신상품], [베스트 상품], [베스트리뷰 상품]으로 해당 메뉴 우측 버튼을 클릭하여 초록색 ◉ 으로 활성화하거나 회색 ◎ 으로 비활성화하여 노출 유무를 선택할 수 있습니다. 또한 활성화 버튼 옆의 ≡ 이나 메뉴명을 클릭&드래그하여 노출 순서를 변경할 수도 있습니다. 반자율 영역과 자유 영역 사이에서만 이동할 수 있습니다. 그러나 해당 영역에 노출될 상품은 조건에 따라 자동 선정됩니다.

❸ 자유 영역은 노출 여부와 해당 메뉴에 노출할 상품을 자율적으로 선택하여 노출할 수 있습니다. 인기 상품, 특정 카테고리의 상품, 시즌성 상품들을 모아 전방에 배치하기에 용이합니다.

위 세 개 영역 중에서 다른 스토어들과 우리 스토어를 다르게 표현할 수 있는 주요 메뉴들을 변경하고 설정하는 방법을 알아보겠습니다.

	노출 유무 선택	상품 선택 여부	디자인 변경 여부
① 고정 영역(상단 GNB)	불가능	–	일부 가능
② 반자율 영역	가능	불가능	불가능
③ 자유 영역	가능	가능	일부 가능

01 스토어 이름

01 스토어를 개설할 때 작성했던 스토어 이름이 상단에 텍스트형으로 노출됩니다. [스토어 이름]을 클릭해 [스토어 이름 관리] 페이지로 이동하면 중앙에 해당 메뉴에 적용할 콘텐츠 입력 화면이 생깁니다.

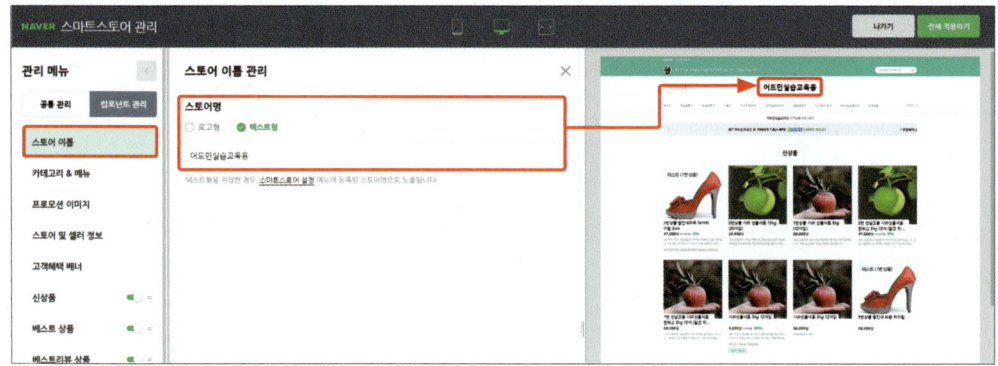

02 스토어 이름 영역을 이미지로 대체할 수 있습니다. ❶ [스토어 이름]을 클릭해 [스토어 이름 관리] 페이지로 이동합니다. ❷ [스토어명]을 [로고형]으로 선택하면 ❸ [모바일]과 [PC] 상단에 노출할 이미지를 등록할 수 있습니다. 권장 사이즈와 용량을 확인하세요. ❹ [모바일 GNB 배경 화이트 적용]을 초록색 ◉ 으로 활성화하면 모바일 환경에서는 흰색 바탕에 로고가 노출됩니다.

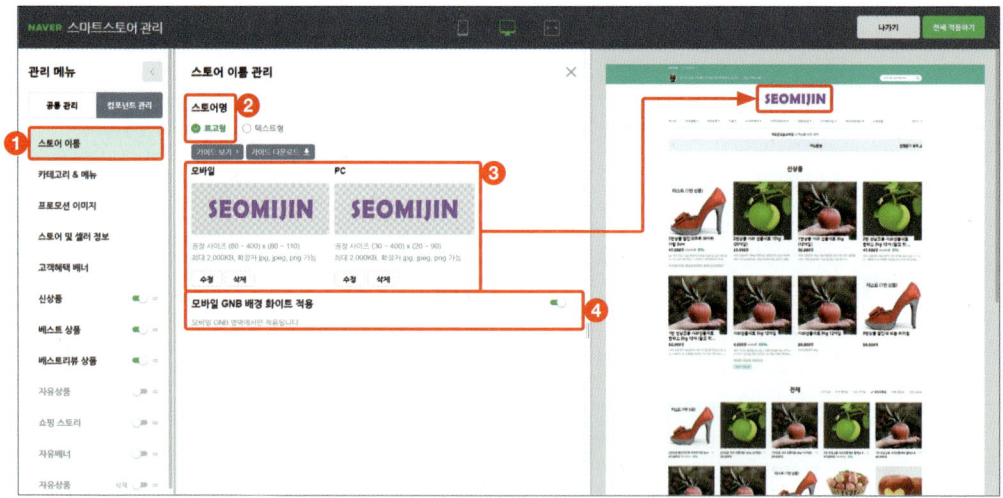

TIP 모바일용 로고가 배경색이 있다면, [공통 관리]-[컬러 테마]에서 설정한 배경색과 겹칩니다. 이때 [모바일 GNB 배경 화이트 적용]을 활성화하면 로고가 깔끔하게 노출됩니다.

스토어 이름 적용 예시 - PC 버전 상단

스토어 이름은 텍스트로만 구성하는 것보다 스토어 이름을 이미지로 만들어 구성하는 것이 훨씬 깔끔해 보입니다. 다음의 전후 이미지를 통해 스토어 이름 적용 결과 화면을 참고해봅니다.

TIP 스토어 이름 영역은 언제든지 수정할 수 있습니다. 다양한 이름 적용 예시를 통해 내 스토어를 잘 드러낼 수 있는 이름으로 등록합니다.

스토어 이름 적용 예시 - 모바일 버전 상단

스토어 이름+이미지 적용 예시 - PC 버전 상단

스토어 이름 영역에 스토어 이름(텍스트)과 이미지를 합해 하나의 이미지로 만들어 등록하면, 고객들의 주목도가 높아집니다.

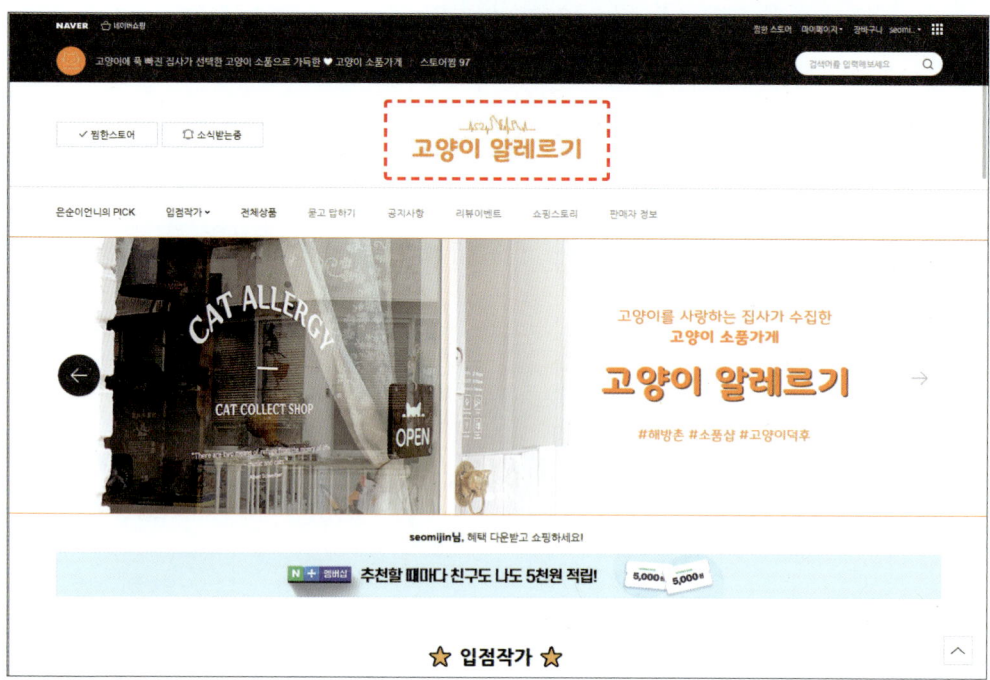

> **스마트스토어 TIP** | 배경이 투명한 PNG 파일로 제작
>
> 흰색 배경의 JPG 형식 이미지는 자칫 촌스러워 보일 수 있습니다. 스토어 이름 이미지를 JPG로 저장할 때는 스토어 테마 배경색과 동일한 배경색을 선택하는 것이 좋습니다. 포토샵에서 PNG로 저장할 때는 배경색을 투명(Transparency)하게 설정한 후 저장합니다.

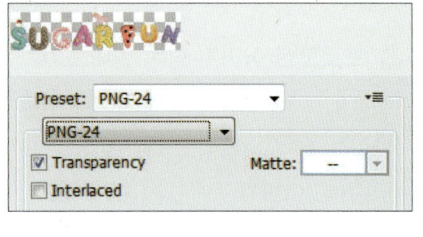

02 프로모션 이미지

03 프로모션 이미지 영역은 한정된 테마 안에서 비슷한 디자인으로 상품을 전시할 때, 내 스토어를 가장 눈에 띄게 설명할 수 있는 영역입니다. 브랜드 로고, 제품 이미지, 프로모션 내용 등을 어필하면 고객이 스토어 상단에 주목하게끔 만들 수 있습니다. 롤 배너 형식으로 클릭하면 상품으로 이동할 수 있습니다.

❶ [프로모션 이미지]를 클릭하고 ❷ [프로모션 이미지 관리] 영역에서 해당 항목을 입력합니다.

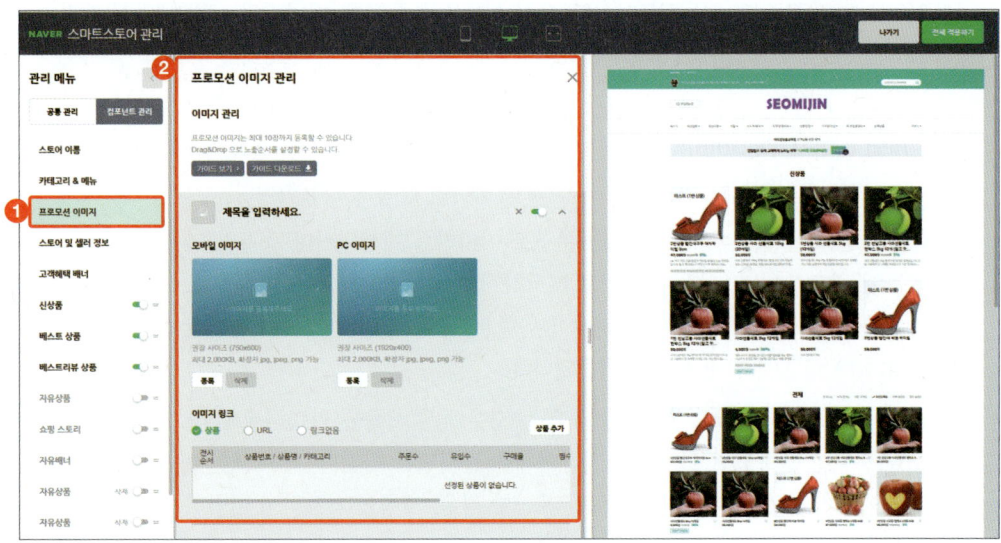

TIP 프로모션 이미지를 등록하지 않으면 우측 미리 보기처럼 스토어 이름과 카테고리명 아래에 상품 목록이 노출됩니다.

프로모션 이미지 항목 알아보기

[프로모션 이미지]의 설정 항목에서는 [가이드 보기], [가이드 다운로드], [모바일/PC 이미지 등록], [이미지 링크], [제목]이 있습니다.

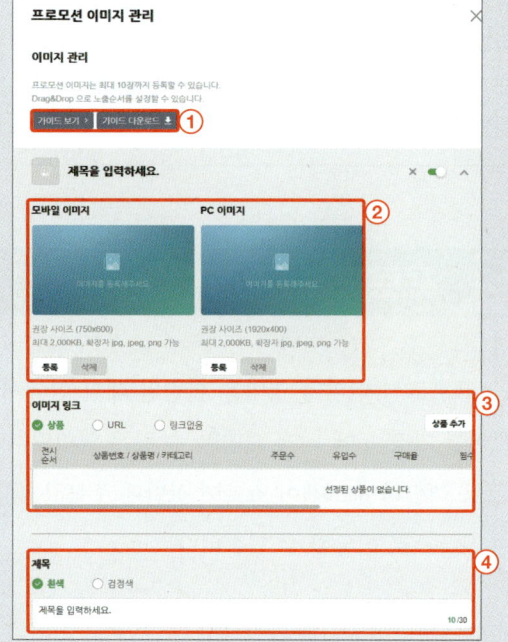

① **가이드 보기, 가이드 다운로드** | 프로모션 이미지로 등록할 이미지의 규격에 맞춰 제작된 샘플 포토샵 파일(psd 파일)을 다운로드해 쉽게 프로모션 이미지를 등록할 수 있습니다.

② **모바일 이미지, PC 이미지** | 주된 하나의 내용을 각각 사이즈에 맞춰 제작하여 등록합니다. 또는 모바일이나 PC에만 노출되도록 하나만 등록도 가능합니다.

③ **이미지 링크** | 스토어 로고나 안내 문구로 이미지를 제작하거나 등록한 경우에는 [링크 없음]에 체크합니다. 상품 이미지로 제작하거나 등록한 경우에는 상품으로 바로 연결시켜주기 위해 [상품]에 체크한 상태에서 우측 [상품 추가]를 클릭하여 연결할 상품을 선택합니다(PC와 모바일 동일하게 연결됩니다).

④ **제목** | 프로모션 이미지에 텍스트가 있는 경우에는 '제목을 입력하세요.'라고 작성된 문구를 지워서 프로모션 이미지가 깔끔하게 노출되도록 합니다. 프로모션 이미지에 타이틀을 기재하지 않고 제품 이미지로만 제작한 경우, 제목을 기재하여 이미지를 설명할 수 있습니다.

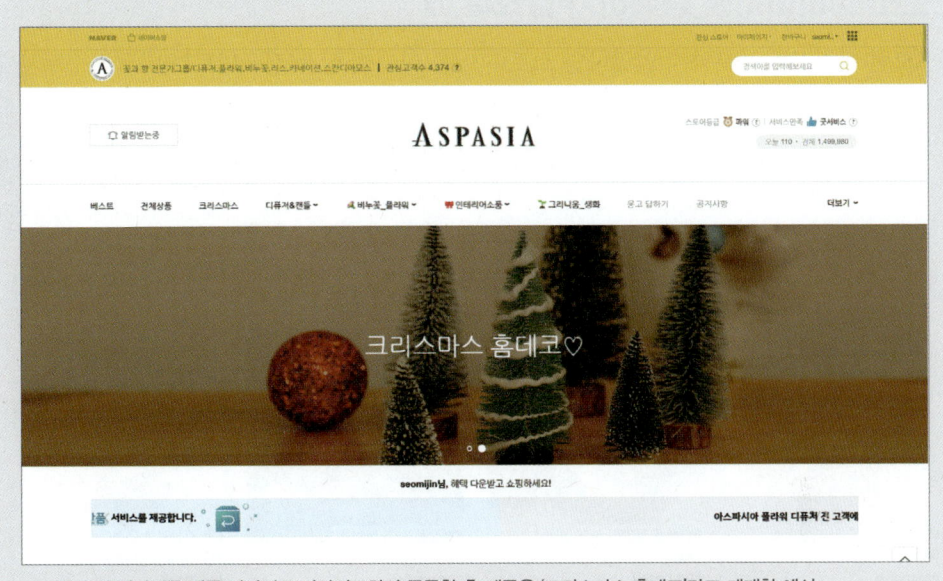

▲ 프로모션 이미지를 제품 이미지로 리사이즈하여 등록한 후 제목을 '크리스마스 홈데코'라고 게재한 예시

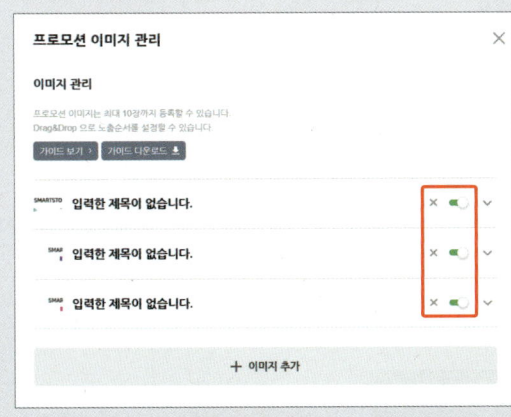

프로모션 이미지는 제목 하단에 [+ 이미지 추가]를 클릭하여 최대 열 개까지 등록할 수 있습니다. 등록한 타이틀 이미지는 상위 등록순으로 순차적으로 노출됩니다. 목록을 드래그하여 순서를 변경할 수 있습니다. 여러 개 등록한 프로모션 이미지는 ⓧ와 활성화 버튼으로 삭제 또는 미노출할 수 있습니다.

프로모션 이미지를 등록하지 않았을 때

프로모션 이미지를 등록하지 않았다면 스토어 이름 아래에 상품 컴포넌트가 바로 노출됩니다.

프로모션 이미지를 등록했을 때

프로모션 이미지를 등록하면 스토어 이름 아래에 프로모션 이미지가 노출되고 그 아래로 상품 컴포넌트가 노출됩니다.

프로모션 이미지를 두 개 이상 등록했을 때

프로모션 이미지를 두 개 이상 등록하면 등록된 이미지 숫자만큼 ○ ○ ● 표시가 나타납니다. [전시순서]에 따라 프로모션 이미지가 좌우로 롤링되어 나타나며, 좌우 화살표로 프로모션 순서를 탐색할 수 있습니다. 모바일 버전에서는 좌우로 스와이프해 탐색합니다.

03 신상품

04 실시간으로 최신 등록된 상품을 자동 선정하여 정렬합니다. ❶ [신상품]을 클릭합니다. 우측 미리 보기에서 내 스토어에 노출되는 예시를 확인할 수 있습니다. ❷ [신상품 관리] 영역에서 [제목], [썸네일 타입], [전시할 상품]의 수 등을 설정할 수 있습니다. 노출할 상품은 별도로 설정할 수 없습니다. ❸ 신상품 영역에서 상품별로 발생한 주문 수, 유입 수, 구매율, 찜 수도 개별 수치로 확인할 수 있습니다.

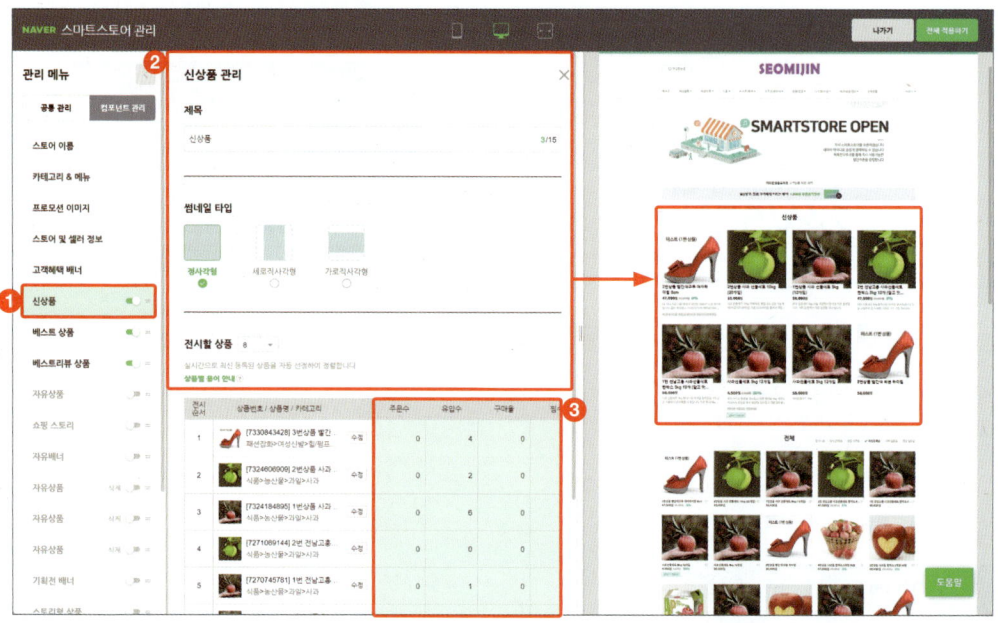

NOTE 스마트스토어 전문가의 실전 노하우

상품 섬네일 타입 설정 시 [정사각형] 선택하기

[컴포넌트 관리]에서는 컴포넌트에 전시할 [상품 썸네일 타입]을 선택할 수 있습니다. 애초에 상품 이미지를 세로 또는 가로 직사각형으로 등록한 경우라면 [가로/세로직사각형]을 선택하는 것이 좋습니다. 그러나 네이버쇼핑에서 상품 이미지를 정확히 노출하기 위해 대표 이미지를 정사각형으로 등록한 경우가 대부분이므로 섬네일 타입은 [정사각형]으로 선택하는 것이 좋습니다.

대표 이미지가 정사각형으로 꽉 차는 경우에 [썸네일 타입]을 [세로직사각형]으로 선택하면 다음과 같이 이미지의 좌우가 잘려서 보일 수 있습니다. 초보 판매자들이 자주 하는 실수입니다.

스마트스토어뿐만 아니라 개인몰이나 오픈마켓 등 다른 전자상거래 플랫폼에 동일한 상품을 등록할 때도 정사각형 이미지를 자주 사용합니다. 상품 콘셉트를 잘 보여주기 위해 일부러 직사각형 이미지를 선택한 것이 아니라면 대표 이미지는 정사각형이 좋습니다.

📋 상품 콘셉트에 따라 상품 이미지 타입 선택하기

단, 무조건 정사각형을 선택해야 하는 것은 아닙니다. 상품 대표 이미지에 여백이 많지 않다면 이미지가 잘릴 수 있지만 다음 그림처럼 좌우 여백이 있다면 정사각형일 때보다 세로 직사각형일 때 제품이 더 크게 잘 보입니다. 이처럼 상품 이미지 타입은 대표 이미지의 상태와 상품 콘셉트에 따라 선택해야 합니다.

04 베스트 상품

05 내 스토어에서 판매량이 높은 상품을 자동 선정하여 정렬합니다. ❶ [베스트 상품]을 클릭합니다. 미리 보기에서 내 스토어에서 노출되는 예시를 확인할 수 있습니다. 아직 판매가 되지 않은 경우 노출되지 않습니다. ❷ [베스트 상품 관리] 영역에서 [제목], [썸네일 타입], [상품 선정 기준]을 설정할 수 있습니다. 판매량 집계 기간을 [일간], [주간], [월간] 중 선택하면 해당되는 상품이 최대 네 개까지 자동 노출됩니다. 노출 상품을 별도로 선정할 수 없습니다.

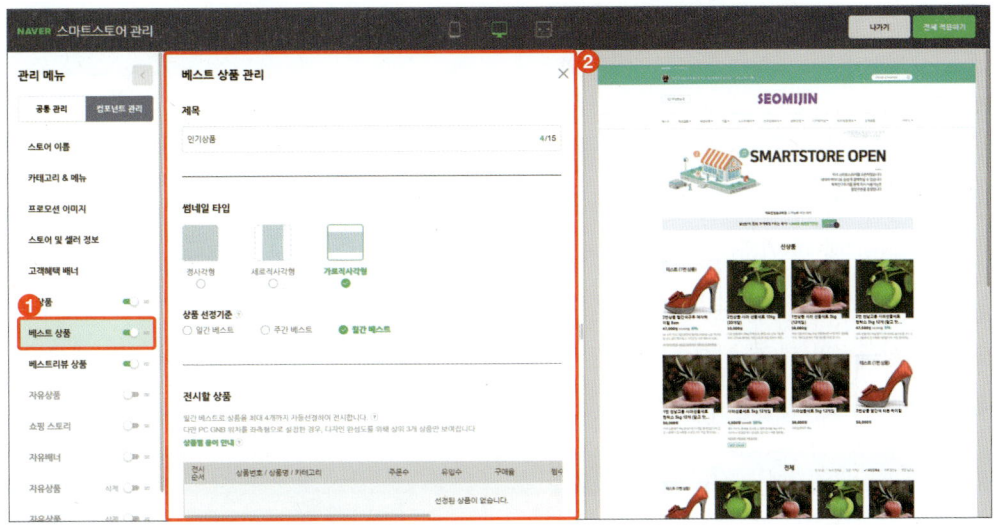

> 💡 **스마트스토어 TIP** [상품 선정기준] 항목
>
> 일간 또는 주간으로 설정한 경우, 처음 시작하는 소상공인은 여러 상품을 짧은 기간 내에 다양하게 판매하지 못할 수 있습니다. 해당 영역에서 상품이 노출되지 못하기도 합니다.
>
> 그래서 [상품 선정기준]을 [월간 베스트]로 선택하고 최상단에 제목을 '인기상품' 또는 '베스트상품'으로 입력하여 주문량이 많은 상품을 직관적으로 보여주면 좋습니다.

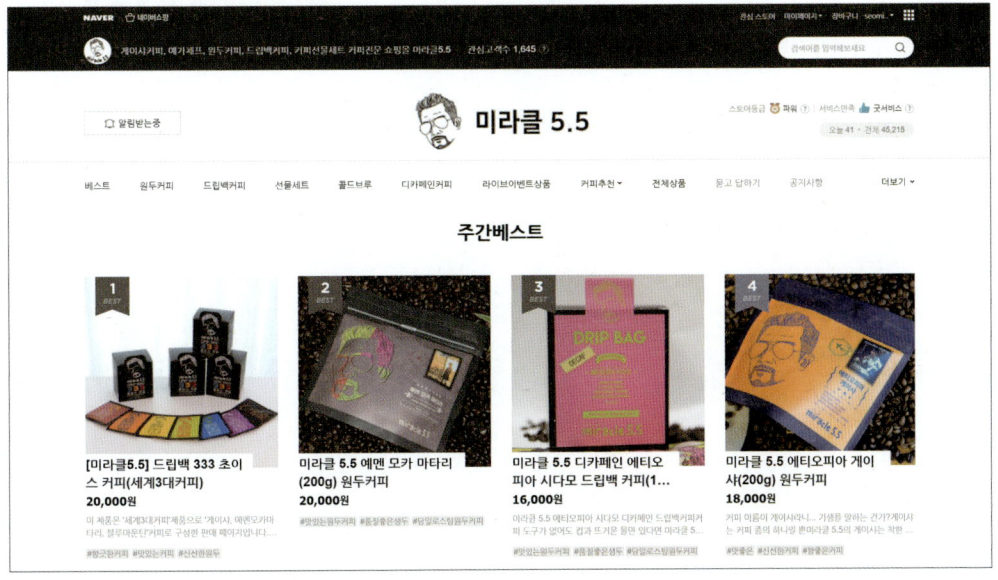

▲ [상품 선정 기준]을 [주간 베스트]로 설정하여 다채로운 상품을 노출시키는 스토어 예시

05 베스트 리뷰 상품

06 판매된 상품 중 리뷰가 있는 상품을 자동으로 노출합니다. 평점 기준으로 상위 상품을 최대 여섯 개까지 추출하여 자동으로 전시합니다. 리뷰가 있는 상품이 최소 네 개는 선정되어야 전시되며, 세 개 이하라면 영역 전체가 노출되지 않습니다. ❶ [베스트리뷰 상품]을 클릭합니다. 미리 보기에서 내 스토어에 노출되는 예시를 확인할 수 있습니다. 아직 작성된 리뷰가 없거나, 상품수가 세 개 이하라면 노출되지 않습니다. ❷ [베스트리뷰 상품 관리] 영역에서 [제목], [등록방식]을 설정할 수 있습니다.

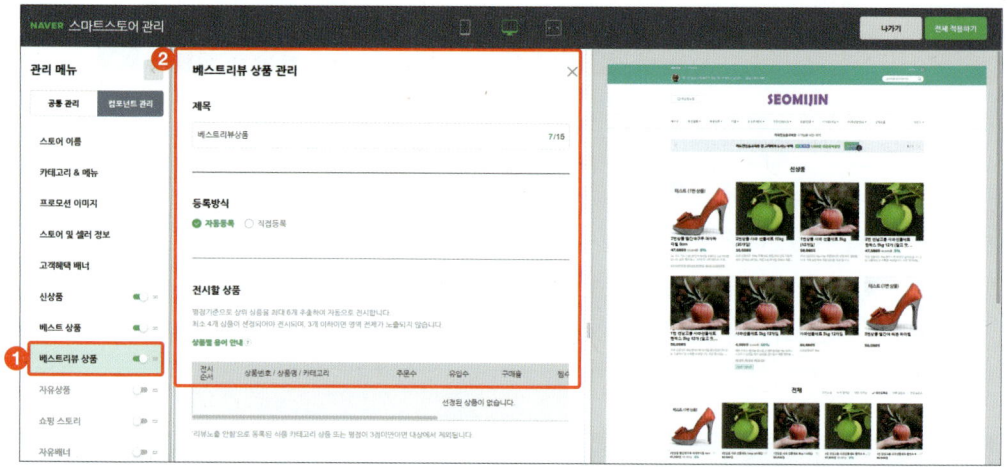

07 [등록방식]은 [자동등록]과 [직접등록]으로 선택할 수 있습니다. [직접등록]은 [상품 추가]를 클릭하여 리뷰가 있는 상품을 직접 선택합니다.

'리뷰노출 안함'으로 등록된 식품 카테고리 상품 또는 평점이 3점 미만이면 대상에서 제외됩니다.

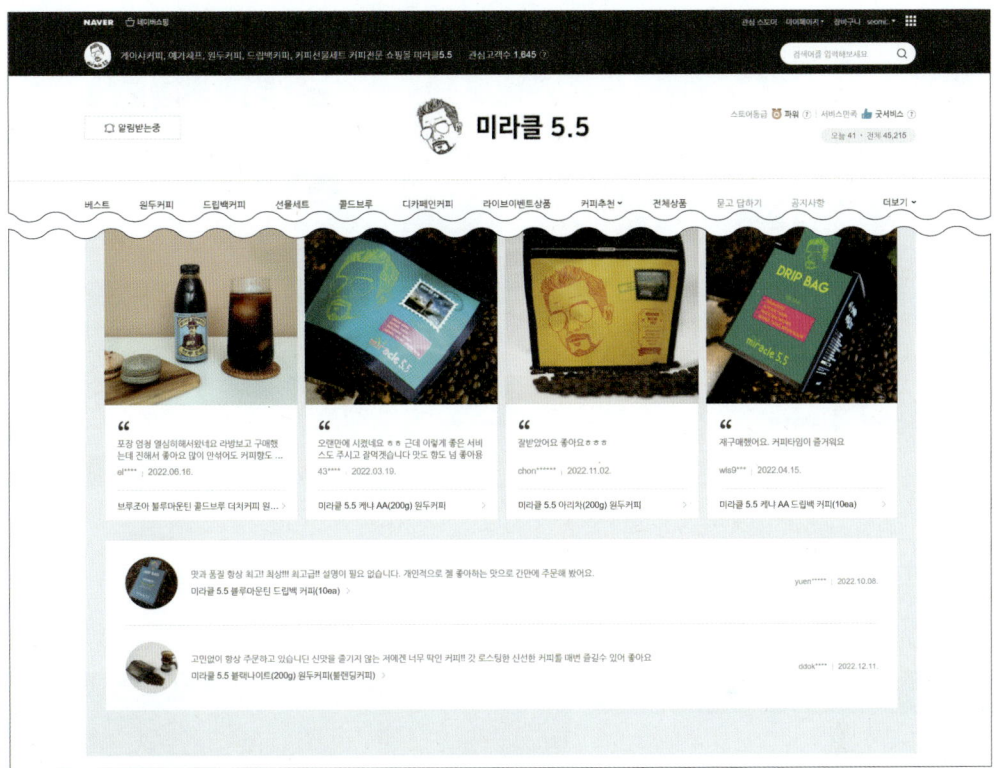

▲ 베스트 리뷰 상품 노출 예

06 자유상품

08 정해진 기준이 아닌 판매자가 직접 노출하고 싶은 상품을 선정하여 우선 노출할 수 있습니다. ❶ [자유상품]을 클릭해 활성화합니다. ❷ [자유상품 관리] 영역에서 [제목], [디자인 유형], [썸네일 타입], [전시할 상품] 등을 설정합니다.

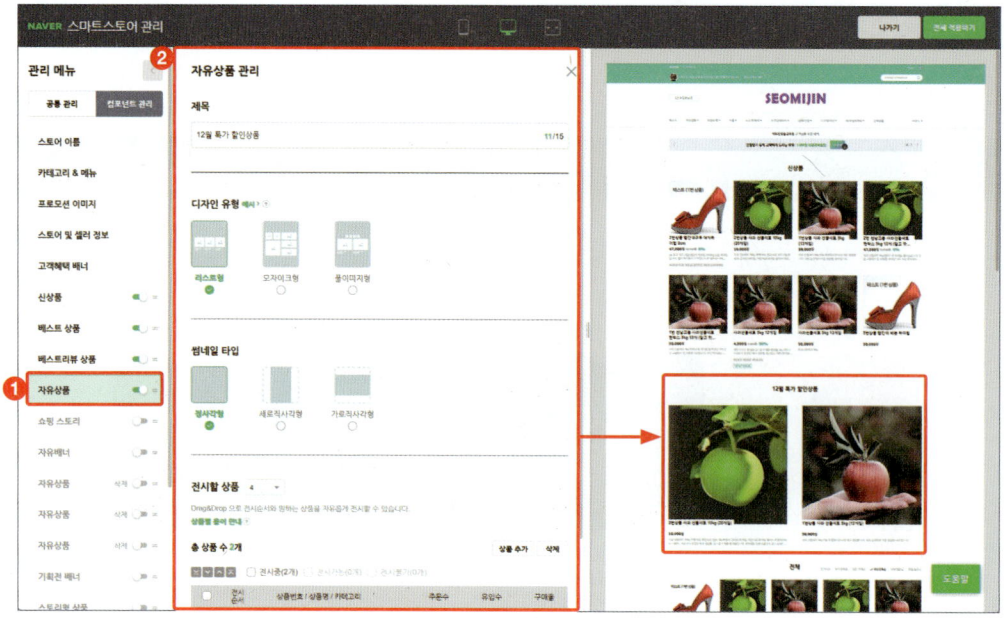

09 관리 메뉴 최하단에서 [+컴포넌트 추가]를 클릭하여 자유상품 컴포넌트를 최대 다섯 개까지 추가할 수 있습니다.

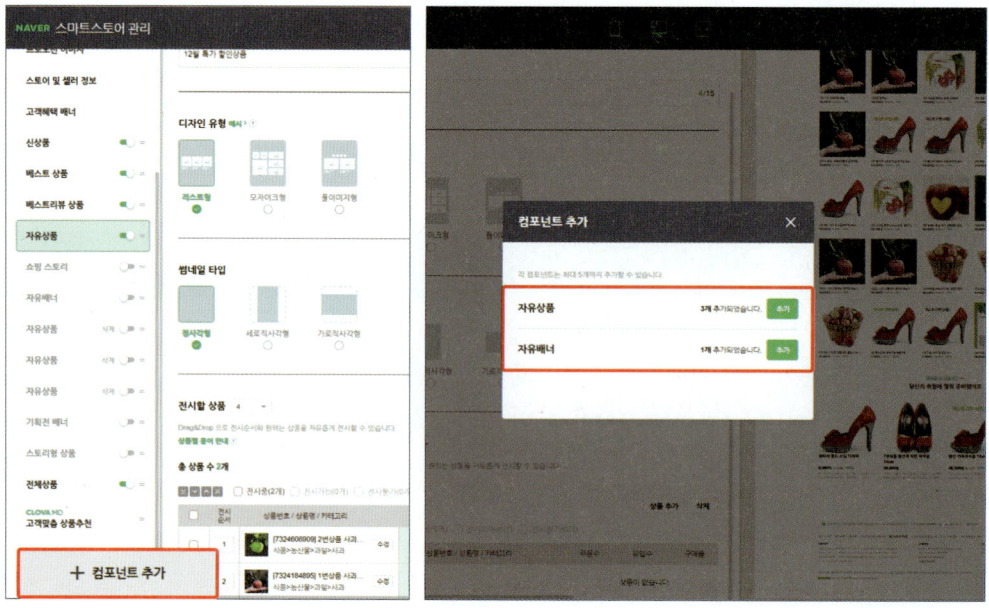

TIP 스마트스토어에 다양한 상품을 판매 중일 때, 시즌 상품, 할인율이 높은 상품 등을 자유상품 컴포넌트로 모아서 메인페이지에 전시하면 상품을 매력적이고 직관적으로 노출할 수 있습니다.

NOTE 스마트스토어 전문가의 실전 노하우

자유상품 디자인 유형 알아보기

자유상품에서 상품을 선택하고 전시하는 타입에는 [리스트형], [모자이크형], [풀이미지형]이 있습니다. [리스트형]은 상품의 사진, 제목, 가격이 리스트로 정렬되는 기본 방식입니다.

[모자이크형]은 크기가 다른 여덟 개의 칸에 상품을 전시하여 보여주는 방식입니다.

[풀이미지형]은 컬렉션 영역 상단에 섬네일 이미지가 노출되고 그 아래에 두 개의 상품 정보가 전시되는 방식입니다. 상단의 섬네일 이미지는 자동으로 롤링됩니다.

모자이크형 설정하기

10 ❶ [디자인 유형]에서 [모자이크형]을 선택합니다. ❷ 모자이크 가운데에 노출될 제목과 부제목을 입력합니다. ❸ [모자이크형 상품 관리]에서 총 여덟 개 영역에 노출될 상품을 하나씩 클릭하여 상품을 추가합니다(중복 등록 가능). ❹ 선택된 상품을 미리 보기에서 확인할 수 있습니다. 이때 선택한 상품의 대표 이미지를 대신할 이미지를 등록하여 노출할 수도 있습니다. 규격 사이즈를 확인하세요.

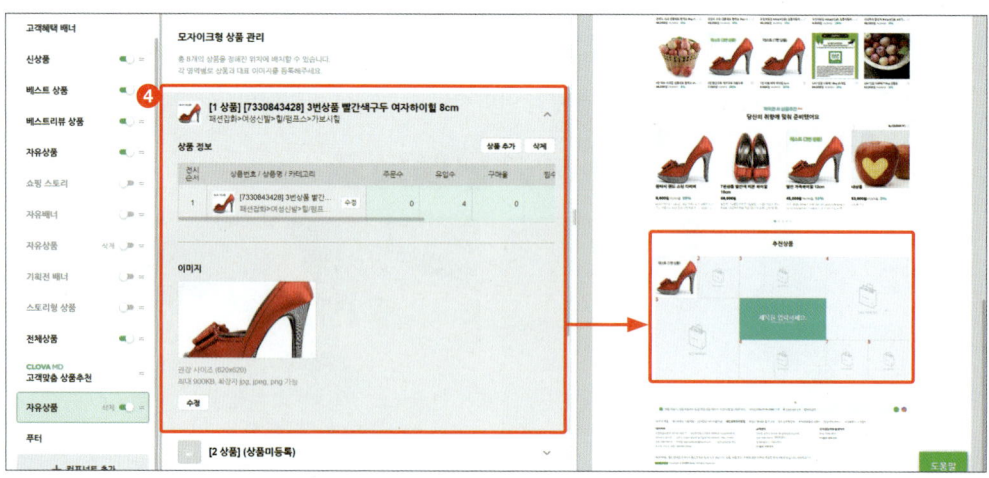

풀이미지형 설정하기

11 ❶ [디자인 유형]에서 [풀이미지형]을 선택합니다. ❷ 풀이미지형으로 등록할 상품을 하나씩 클릭하여 상품을 추가합니다. ❸ 한 개의 상품을 추가하면 미리 보기처럼 한 개의 상품이 두 번 노출됩니다. 그래서 최소 두 개 이상의 상품을 짝수로 등록하는 것이 좋습니다.

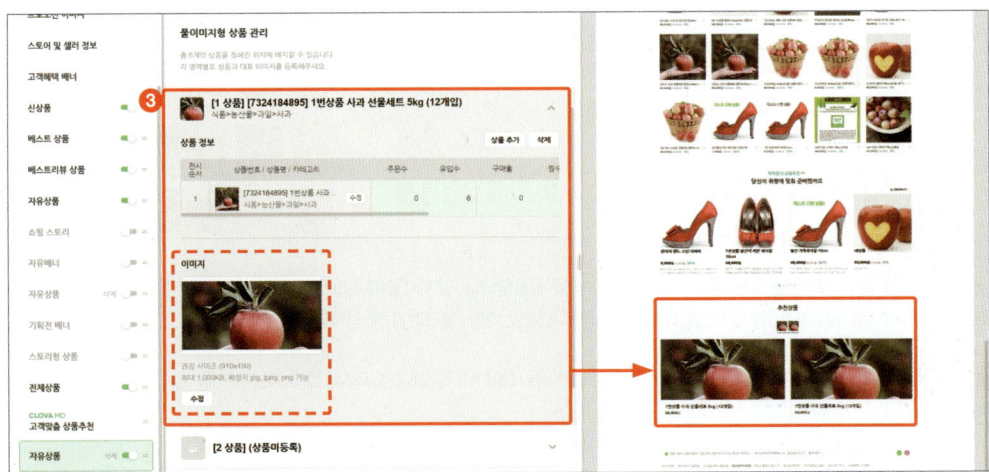

TIP 풀이미지형 컴포넌트 상단에 섬네일 이미지가 노출되고, 하단에 노출되는 이미지는 가로가 긴 직사각형입니다. 조금 더 직관적인 정보 전달을 위해 점선 영역을 클릭하여 이미지를 등록해주는 것이 좋습니다. 권장 사이즈는 940×450입니다.

07 자유배너

정해진 기준이 없이 직접 제작한 배너 이미지를 등록할 수 있습니다. 내용이나 형식에 제한이 없습니다. 단, 배너 이미지 사이즈만 맞춰서 준비하면 됩니다.

12 ❶ [자유배너]를 클릭해 활성화합니다. ❷ [자유배너 관리] 영역에서 [모바일 이미지]와 [PC 이미지], [이미지 링크]를 등록합니다. ❸ 수정, 설정한 내용은 반드시 우측 상단의 [전체 적용하기]를 클릭하여 저장하고 [나가기]를 클릭해야 내 스토어에서 반영됩니다.

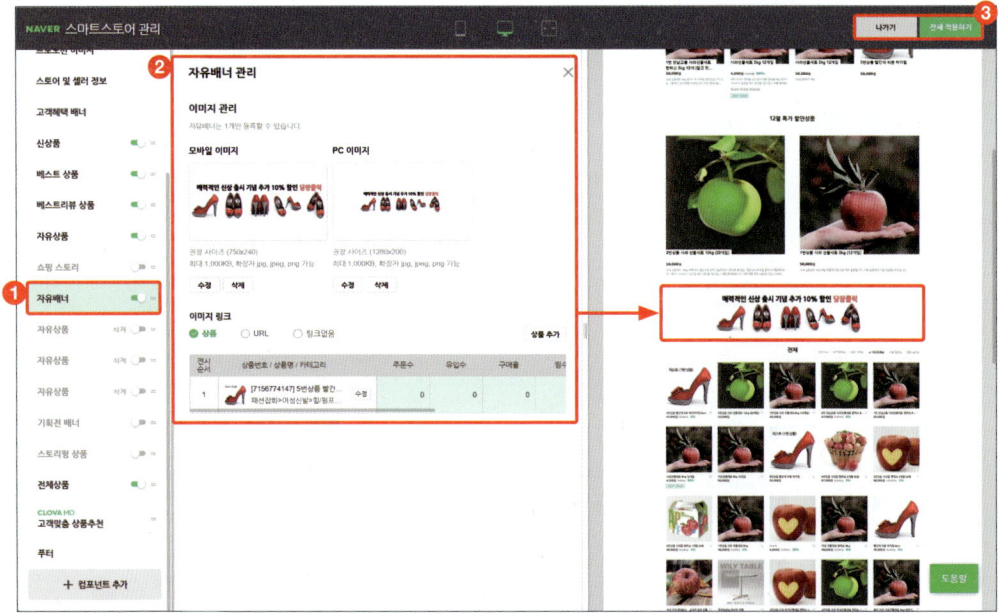

TIP 상품을 홍보하고 싶을 때는 상품 이미지와 [상품]을 활용합니다. 공지사항이나 쇼핑 스토리의 행사 및 할인 소식을 전할 때는 프로모션 내용 배너와 [URL]을 활용합니다. 단순 내용을 전달할 때는 [링크없음]을 선택합니다.

TIP [전체 적용하기]를 클릭하지 않고 페이지를 닫으면 알림창이 나타납니다. 반드시 [전체 적용하기]를 클릭하여 수정 내용을 반영합니다.

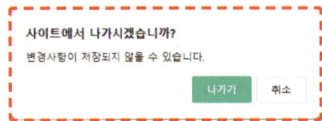

CHAPTER 03 　 SECTION 04

[따라 하며 배우는]
전시 카테고리 설정하기

스토어에 상품을 등록할 때 카테고리를 선택하는 과정을 거칩니다. 카테고리는 상품의 고유 속성값으로 설정되어 네이버쇼핑에서도 동일한 카테고리로 매칭되어 노출됩니다. 그런데 매칭된 카테고리를 그대로 적용하지 않고 내가 직접 카테고리를 설정해 상품을 연결할 수도 있습니다. 카테고리를 생성한 후 상품을 연결하는 방법을 알아보겠습니다.

01 카테고리 그대로 전시(기본 설정)

스마트스토어센터에서 [스토어관리]-[카테고리 관리]를 클릭하면 [카테고리 전시방식]에서 [카테고리 그대로 전시]와 [나만의 카테고리 전시]를 확인할 수 있습니다.
기본 설정값으로 [카테고리 그대로 전시]가 선택되어 있습니다. 상품을 대량으로 등록할 때는 [카테고리 전시방식]의 카테고리를 변경하지 않고 [상품 카테고리 그대로 전시]가 선택된 채로 두는 것이 직관적이고 상품 관리에도 용이합니다. 그러나 다양한 카테고리의 상품을 소량 등록할 때는 [나만의 카테고리 전시]를 선택해 상품을 직관적으로 전시하여 노출하는 것이 좋습니다.

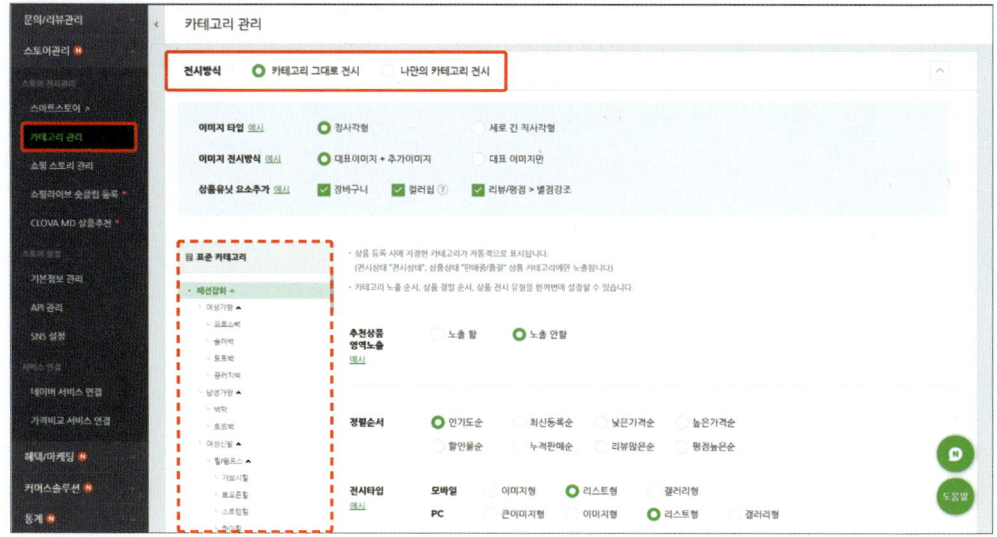

표준 카테고리 적용

[표준 카테고리] 리스트에서 굵은 글씨로 표시된 것이 대분류 카테고리입니다. [가구/인테리어] 카테고리에 여러 상품을 등록했다면 다음 화면과 같이 카테고리 정보를 내 스토어에서 확인할 수 있습니다. 스토어 상단에는 대분류 카테고리명이 노출되고, 클릭하면 해당 카테고리에 등록된 모든 상품이 노출됩니다.

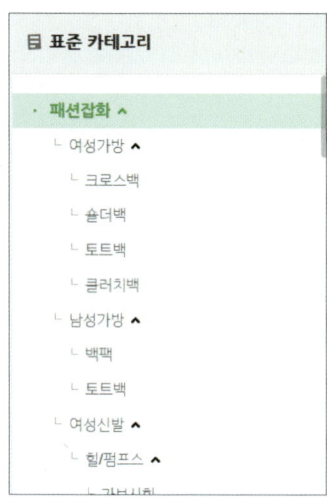

02 나만의 카테고리 설정하기

나만의 카테고리 전시 설정하기

01 카테고리를 직접 생성하려면 ❶ [카테고리 전시방식]에서 [나만의 카테고리 전시]를 클릭한 후 ❷ [전시 카테고리 관리]에서 [카테고리 추가]를 클릭합니다. ❸ [대분류 카테고리 추가]에서 추가하고 싶은 전시 카테고리를 입력해 추가합니다. 전시 카테고리는 최대 19개까지 만들 수 있습니다.

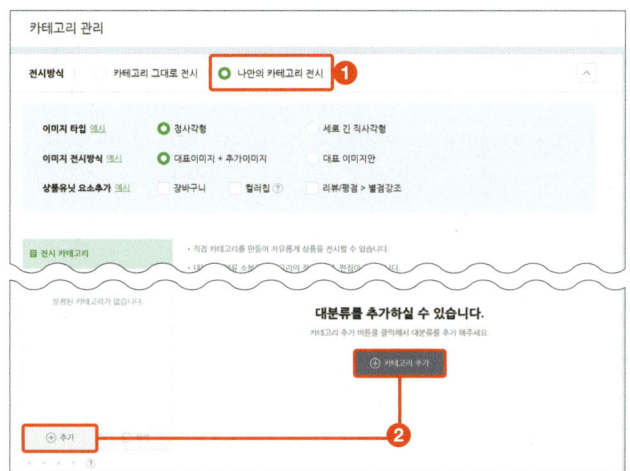

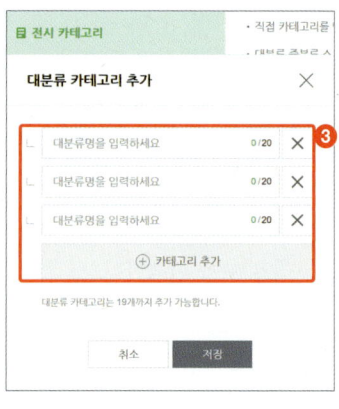

TIP 카테고리를 만드는 과정은 간단합니다. 대분류 카테고리를 만든 후, 카테고리명을 선택해 하위 카테고리를 생성할 수 있습니다. 단, 전시 카테고리를 생성하는 주된 목적은 직관적인 상품 노출이므로 가급적이면 하위 카테고리를 생성하는 것보다 대분류 카테고리명을 나열해 고객이 상품까지 도달할 수 있는 클릭 수를 줄이는 것이 좋습니다.

💡 스마트스토어 TIP | 카테고리 생성 시 느낌표 표시가 뜨는 이유

카테고리를 생성하면 느낌표 표시 ❗가 나타납니다. 아직 상품이 연결되지 않았다는 표시입니다. 느낌표 표시가 있는 카테고리는 내 스토어에 노출되지 않습니다.

NOTE 스마트스토어 전문가의 실전 노하우

전시 카테고리 알차게 활용하기

내 스토어에 상품을 등록할 때, 등록하는 상품에 따라 자동으로 카테고리가 매칭됩니다. 그러나 내가 원하는 카테고리를 직접 설정해 관리할 수 있는 전시 카테고리를 활용하는 것이 더 유용한 경우도 있습니다. 어떤 경우에 전시 카테고리가 필요한지 알아보겠습니다.

적은 품종의 상품을 여러 카테고리에 등록할 때

티셔츠, 블라우스, 니트 등 다양한 상의 품목을 집중적으로 등록하고, 구색을 갖출 용도로 치마, 바지, 양말, 스카프 등의 품목을 두세 개씩만 등록하는 경우

문제점 | 특정 카테고리(상의)에는 상품이 많지만, 다른 카테고리(하의, 소품 등)에는 상품이 절대적으로 부족해 보입니다.

해결 방법 | 상품이 집중적으로 몰려 있는 카테고리는 상세하게 분류하고, 상품이 많이 없는 카테고리는 더 크게 분류합니다. 즉, 상의 품목은 '티셔츠', '블라우스', '니트' 등의 카테고리로 구현하고, 치마와 바지는 '하의' 카테고리로, 양말이나 스카프 등은 '액세서리' 카테고리로 모아 연결합니다.

특정 카테고리의 상품만 등록할 때

휴대폰 케이스만 다품종으로 등록해 스마트스토어 메인페이지에 대분류 카테고리인 '디지털/가전'만 노출되는 경우

문제점 | 카테고리(디지털/가전)를 선택하면 전체 상품이 노출되므로 세부 분류가 어렵습니다.

해결 방법 | 휴대폰 케이스의 기종별, 기능별, 소재별로 카테고리를 나누어 구분하고, 각 카테고리별로 상품을 분류해 연결합니다.

상품 선택하여 불러오기

02 ❶ 상품을 연결할 카테고리를 클릭하고 ❷ [상단 이미지]는 [사용안함] ❸ [상품 연결]은 [개별상품 단위로 연결]을 선택합니다. ❹ [상품찾기]를 클릭해 내가 등록한 상품 중 노출하고 싶은 상품을 선택해 전시합니다. 이때 상품은 여러 개 선택할 수도 있습니다.

03 ❶ 상품 목록 아래의 [정렬순서]와 [전시타입]을 원하는 대로 선택하고 ❷ [적용하기]를 클릭합니다.

여러 카테고리를 선택하여 상품 불러오기

04 ❶ 상품 매칭이 안 된 카테고리를 클릭하고 ❷ [상단 이미지]는 [사용안함] ❸ [상품 연결]은 [카테고리 단위로 연결]을 선택합니다. ❹ [카테고리 검색]을 클릭하여 노출할 상품의 카테고리를 선택합니다. ❺ 상품 목록 아래의 [정렬순서]와 [전시타입]을 원하는 대로 선택하고 ❻ [적용하기]를 클릭합니다.

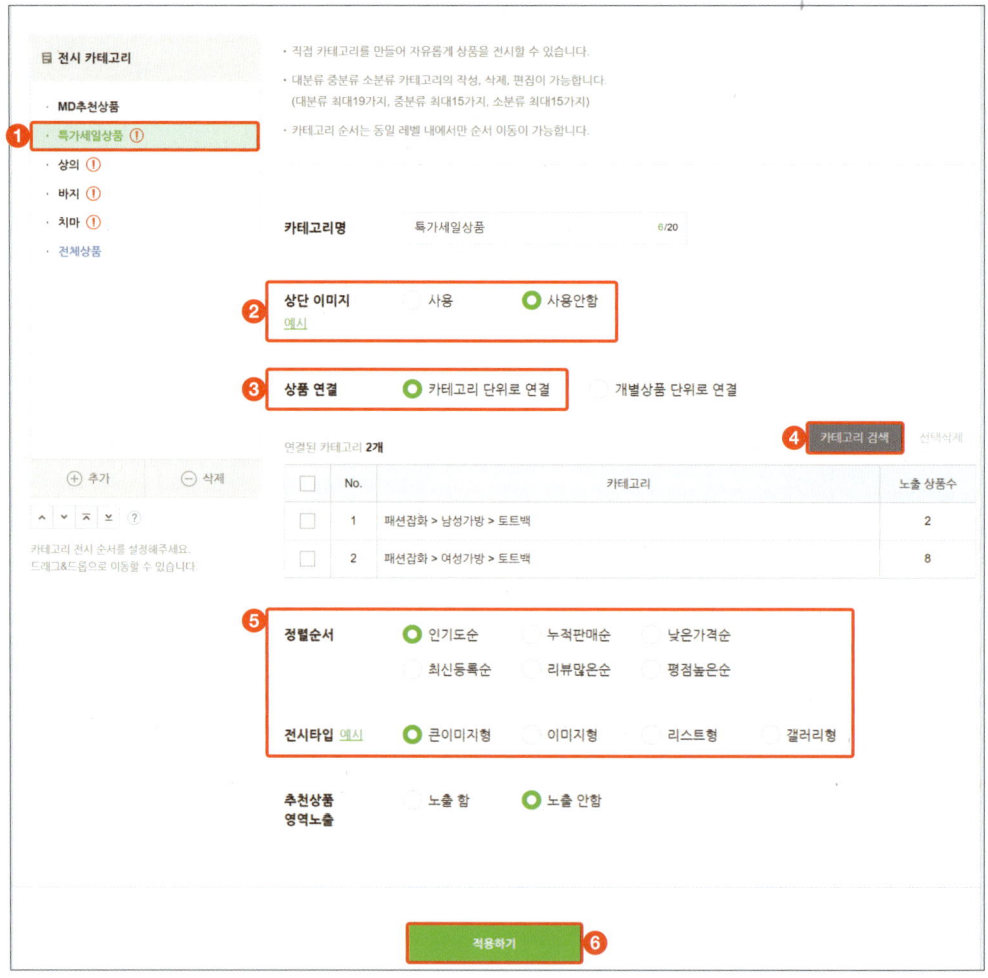

스마트스토어 TIP | 상품을 연결할 카테고리 찾기

상품 카테고리는 왼쪽의 [대분류] 카테고리부터 순서대로 선택합니다. [중분류]까지 선택하면 하위 카테고리 상품은 자동으로 포함됩니다.

[선택추가]를 클릭하면 하단에 [선택된 카테고리] 목록이 나타납니다. 카테고리 선택은 최대 20개까지 할 수 있습니다.

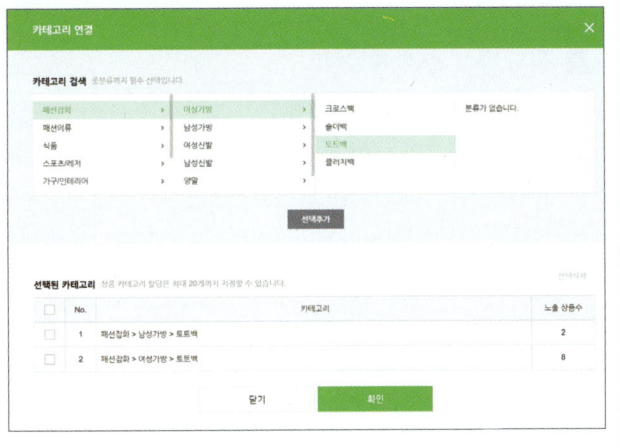

03 전시 카테고리 확인하기

전시 카테고리를 생성한 후 상품을 연결하면 내 스토어에 상품 카테고리 메뉴가 노출됩니다. 상품이 연결된 전시 카테고리만 표시됩니다.

전시 카테고리는 내 스토어에 방문한 고객의 편리한 쇼핑을 위해 설정하는 것입니다. 네이버에서 상품 검색을 통해 방문한 고객이 처음으로 도달하는 페이지는 해당 상품의 상세페이지입니다. 다음으로 스토어에서 더 많은 상품을 보고 싶을 때 많이 클릭하는 곳은 메인페이지의 홈 버튼(스토어명)과 상단의 카테고리입니다.

상품을 직관적인 소개할 수 있는 카테고리를 설정해 상품을 매칭해두면 내가 어필하고 싶은 상품을 매력적으로 전시할 수 있습니다. 갖고 있는 상품에 따라 전시 카테고리 설정이 아주 유용한 경우도 있으니 사용 방법을 꼭 알아두도록 합니다.

전시 방식 추가 설정하기

[카테고리 전시방식]에서 [카테고리 그대로 전시]와 [나만의 카테고리 전시] 중 어떤 방식을 선택하든 카테고리 페이지에서 상품을 노출할 때 추가 설정 기능이 있습니다. 카테고리 페이지에서 상품이 노출되는 조건을 설정할 수 있습니다. 이 부분을 잘 설정해둔다면, 모바일에서 상품 정보를 정확하게 노출할 수 있습니다. 설정 방식을 이해하고 내 상품과 맞는 방법을 활용해봅니다.

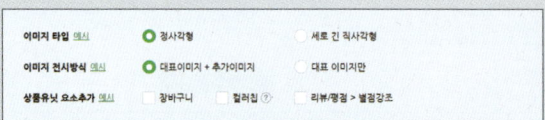

이미지 타입

상품 등록 시 대표 이미지를 [정사각형]으로 등록한 경우, 그대로 두는 것이 제품 정보가 잘리지 않고 잘 노출될 수 있습니다. 그러나 모델 착용컷으로 촬영된 제품 이미지의 경우, 대표 이미지를 [정사각형]으로 설정하면 좌우에 여백이 많이 생깁니다. 이때 [이미지 타입]을 [세로 긴 직사각형]으로 선택하면 1:1.3의 비율 직사각형으로 노출되어 여백보다 제품 이미지에 집중시켜 노출할 수 있습니다. 의류/잡화군이 아닌 경우에는 [정사각형]을 권장합니다.

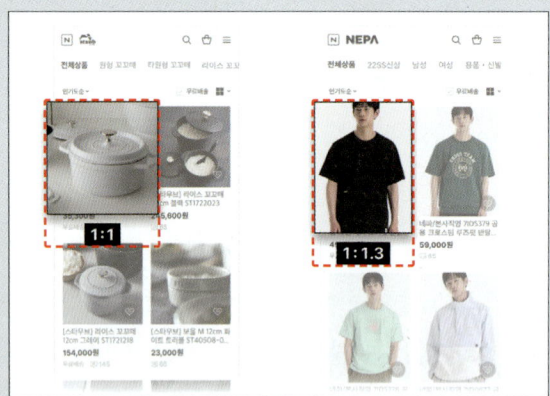

이미지 전시방식

상품 등록 시 대표 이미지뿐만 아니라 추가 이미지도 등록할 수 있습니다. 한 장의 이미지로 제품의 다양한 색상이나 기능을 모두 설명할 수 없기 때문에, 가급적 추가 이미지를 등록하는 것을 권장합니다. 추가 이미지를 등록한 경우 [이미지 전시방식]을 [대표이미지+추가이미지]로 설정해보세요. 카테고리 페이지에서 슬라이딩하면 대표 이미지와 추가 이미지를 순차적으로 보여줄 수 있습니다.

대표 이미지만 등록하고 [대표이미지+추가이미지]로 설정한 경우에도 기존과 동일하게 대표 이미지만 노출됩니다. 이후에 추가 이미지를 등록할 수도 있으니 일단 기본값으로 [대표이미지+추가이미지]로 설정하는 것을 권장합니다.

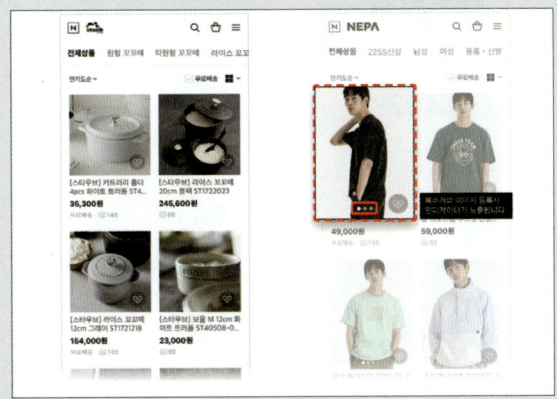

상품유닛 요소추가

상품 목록에서 '제품 이미지+제목+가격'으로 노출되는 기본 유닛에 요소를 추가할 수 있습니다. 이 요소는 기본 설정값이 OFF 처리되어 있으므로 별도로 설정하지 않으면 반영되지 않습니다. 설정할 수 있는 요소는 [장바구니], [컬러칩], [리뷰/평점]입니다.

보통은 상품 이미지를 클릭하여 상세 페이지에서 장바구니 담기가 가능한데, [장바구니]를 선택해두면 아래와 같이 상품 카테고리 페이지에서 바로 장바구니 담기가 가능합니다. 고객들이 여러 개의 상품을 다수의 색상이나 다양한 디자인으로 구매하는 경우나 상품의 수가 다양하다면 [장바구니]에 체크하는 것이 좋습니다.

 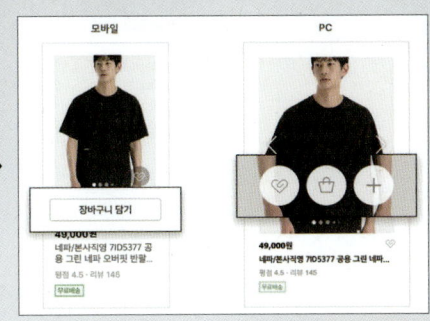

의류/잡화 상품의 옵션을 등록하는 경우, [색상/사이즈 간편 입력]으로 등록했다면 [컬러칩]에 체크합니다. [색상/사이즈 간편 입력]으로 선택한 색상 옵션이 상품 이미지 하단에 추가로 노출됩니다.

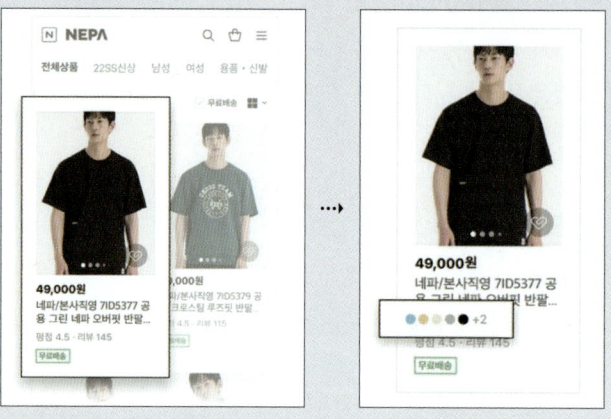

TIP 색상/사이즈 간편 입력에 대한 자세한 내용은 114쪽을 참고합니다.

인기 많은 상품의 리뷰/평점을 별점으로 강조할 수 있습니다. [리뷰/평점]에 체크해두면 상품 제목 아래에 평점과 리뷰 수가 회색으로 표시된 부분이 별점으로 눈에 띄게 변경됩니다. 리뷰에 강한 상품들을 강조하기에 좋습니다. 다만 일부 상품만 설정하거나 제외할 수 없으므로 전반적으로 평점이 좋은 경우에 설정합니다.

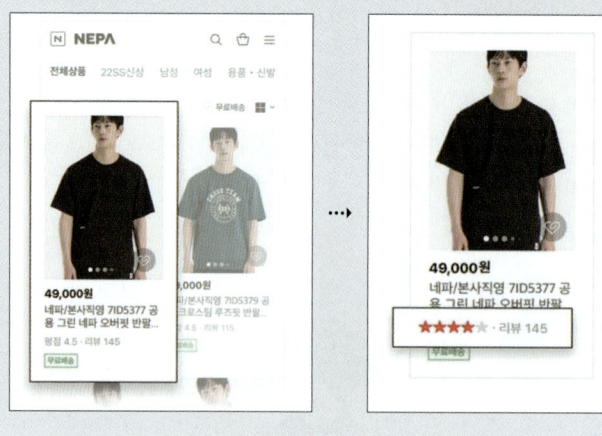

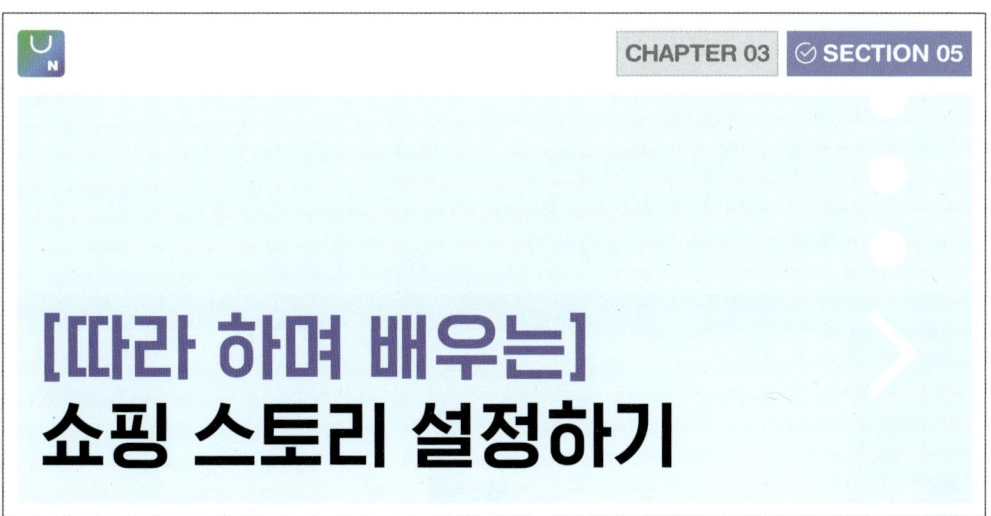

[따라 하며 배우는]
쇼핑 스토리 설정하기

CHAPTER 03 SECTION 05

스마트스토어에서 상품을 전시할 때 상품 정보 외에 추가적으로 안내하고 싶은 다양한 콘텐츠는 쇼핑 스토리를 통해 소개할 수 있습니다. 회사와 브랜드를 소개하거나 오프라인 매장 정보와 제조 과정을 설명할 수 있습니다. 또는 제품의 다양한 구성이나 활용 방법, 이벤트 소개 등을 안내할 수도 있습니다. 이 쇼핑 스토리는 내 스토어 메인페이지에 노출할 수 있습니다.

01 쇼핑 스토리 관리

01 스마트스토어센터에서 [스토어관리]-[쇼핑 스토리 관리]를 클릭합니다. 이미 작성된 쇼핑 스토리는 쇼핑 스토리 목록에서 노출됩니다. 새롭게 쇼핑 스토리를 작성하기 위해서 우측 상단 [새 쇼핑 스토리 등록]을 클릭합니다.

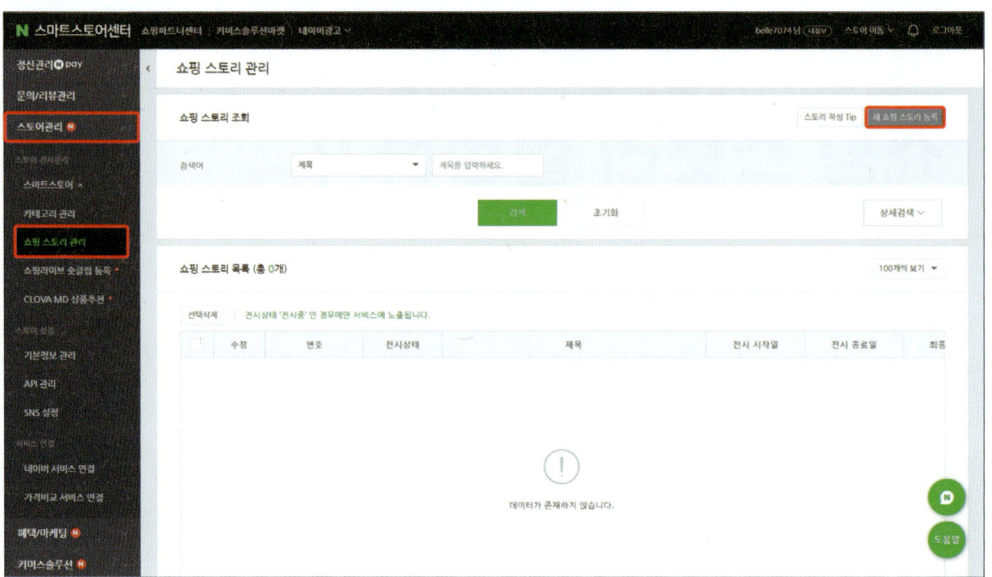

TIP [스토리 작성 Tip]을 클릭하면 이미 작성된 다른 스토어들의 쇼핑 스토리를 확인할 수 있습니다. 다양한 콘텐츠를 참고하여 내 쇼핑 스토리를 작성해보세요.

쇼핑 스토리를 등록하는 페이지에서는 제목, 스토리, 관련상품 설정, 전시기간 설정 항목을 작성하여 스토리를 등록할 수 있습니다.

❶ [제목]을 입력하면 스마트스토어 메인페이지에서 제목으로 노출됩니다. 정확한 주제를 입력합니다. ❷ [쇼핑 스토리 상세]의 [Smart Editor ONE으로 작성]을 클릭하여 내용을 입력합니다. 상품 상세페이지 작성과 동일한 에디터 창이 열립니다. 사진과 글로 구성하거나 콘텐츠를 이미지로 제작하여 등록할 수 있습니다. ❸ [관련상품 설정]에서는 쇼핑 스토리에 등록할 콘텐츠 내용과 관련 있는 상품을 불러와 콘텐츠 하단에 노출할 수 있습니다. ❹ [전시기간 설정]에서는 전시 기간의 시작일과 종료일을 설정할 수 있습니다.

▲ 쇼핑 스토리를 등록하는 페이지

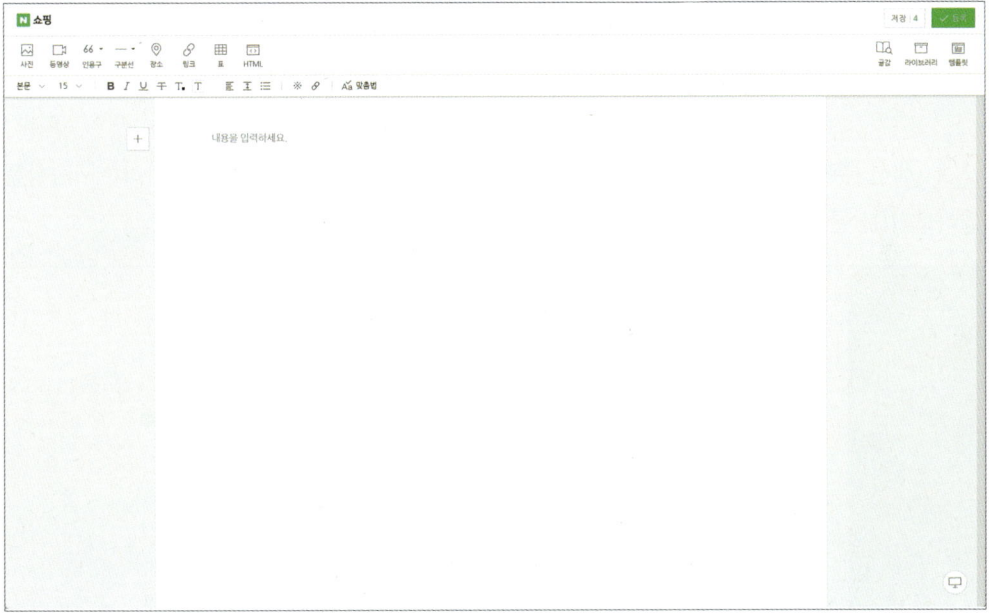
▲ [Smart Editor ONE으로 작성]을 클릭하면 나타나는 스마트 에디터 창

스토어 전시 관리하기 ▼ CHAPTER 03 ▼ **207**

02 섹션 등록하기

02 ❶ [관련상품 설정]에서 [설정함]을 선택한다면 작성한 스토리 내용과 가장 개연성 높은 상품을 노출해야 합니다. 나의 섹션에 관련 상품은 최대 200개까지 등록 가능합니다. ❷ 다양한 주제별로 섹션을 나누어 상품을 전시하기 위해 [섹션 등록하기]를 클릭합니다. 섹션은 최대 열 개까지 등록 가능합니다.

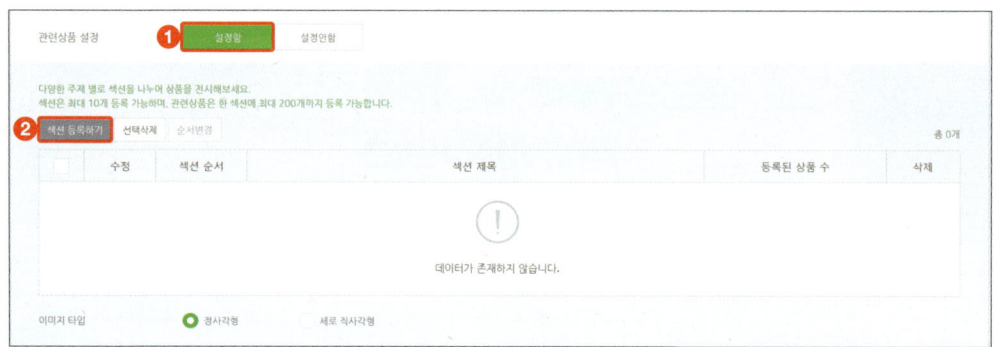

TIP 스마트스토어 운영의 최종 목적은 결국 매출을 만드는 것이기 때문에 여러 곳에 상품을 노출하는 것이 좋습니다.

03 [섹션 추가] 팝업 창이 나타나면 ❶ [섹션 제목]을 입력합니다. ❷ [상품 관리]에서 [상품 불러오기]를 클릭하여 노출할 상품들을 선택합니다.

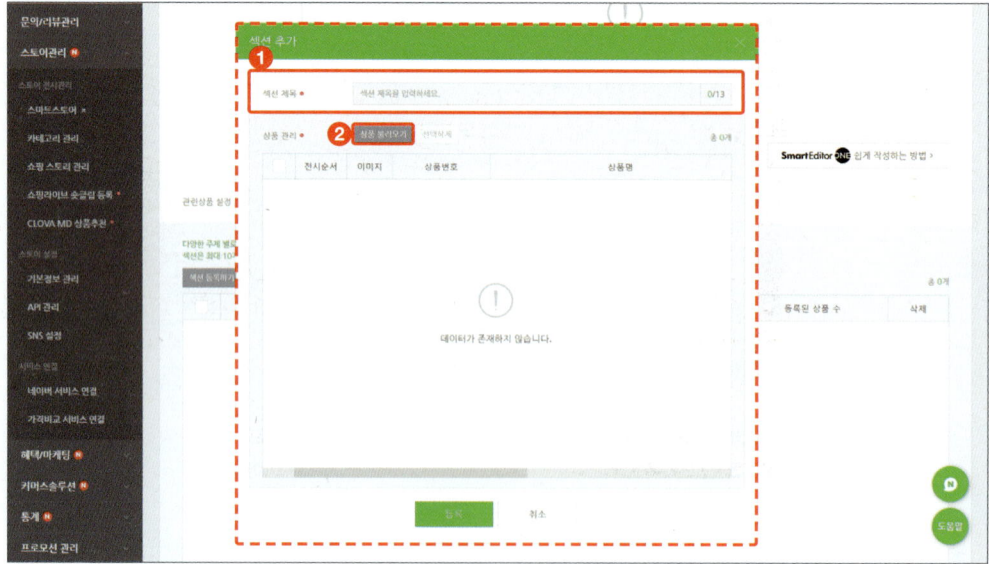

03 전시순서 변경하기

04 상품은 기본적으로 최신 등록순으로 정렬됩니다. ❶ [전시순서]를 클릭하여 상위에 노출하고 싶은 순서대로 번호를 입력합니다. ❷ [등록]을 클릭하면 섹션 영역에 섹션 제목과 등록된 상품 수가 노출됩니다.

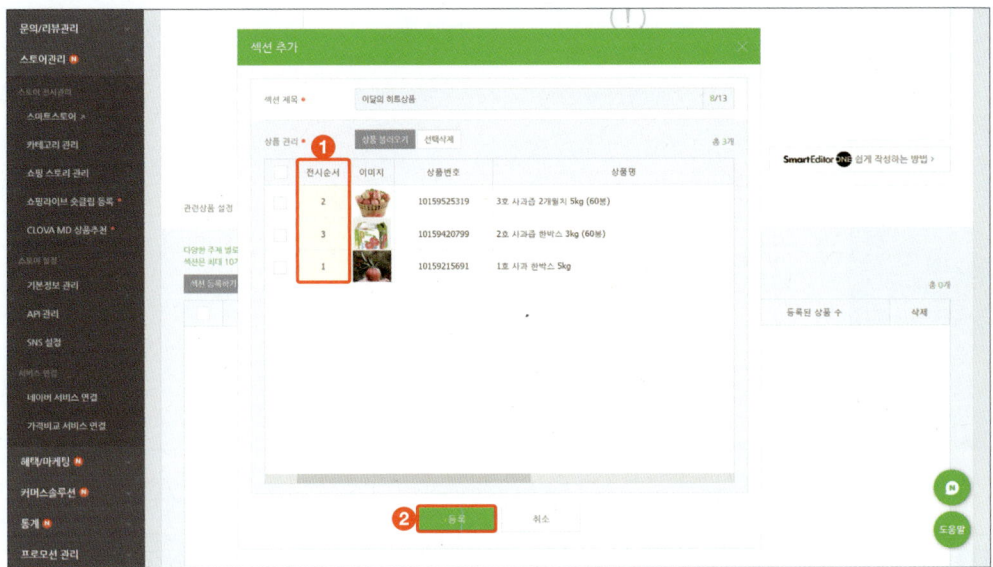

TIP [전시순서]에서 순서를 정하고 [등록]을 클릭해야 노출 결과에 반영됩니다. 팝업 창에서는 오름차순으로 정렬되지 않습니다.

05 [섹션 등록하기]를 클릭하여 추가로 섹션 제목과 상품을 등록하면 섹션 목록이 노출됩니다. 이때 각 섹션에 등록된 상품이 일부 중복되어도 무방합니다.

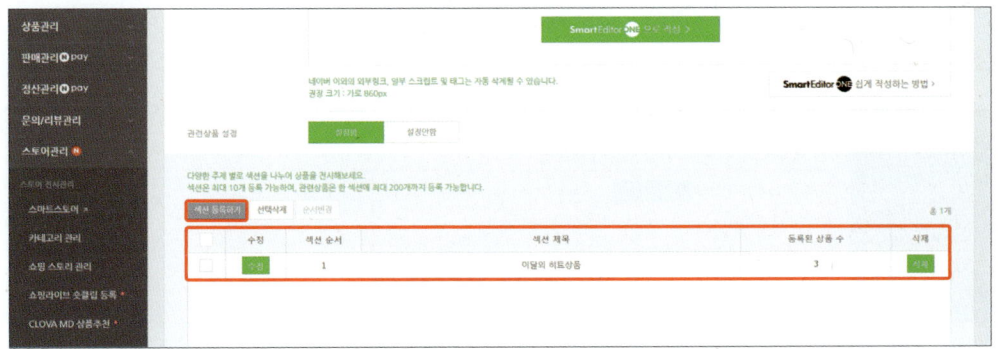

06 ❶ 섹션의 순서를 변경하고자 할 때는 [순서변경]을 클릭하여 섹션의 순서를 변경합니다. ❷ [이미지 타입]에서 [정사각형], [세로 직사각형] 중에 선택합니다. 제품의 대표 이미지가 노출되기 때문에 제품 이미지가 잘리지 않기 위해서는 [정사각형]을 권장합니다.

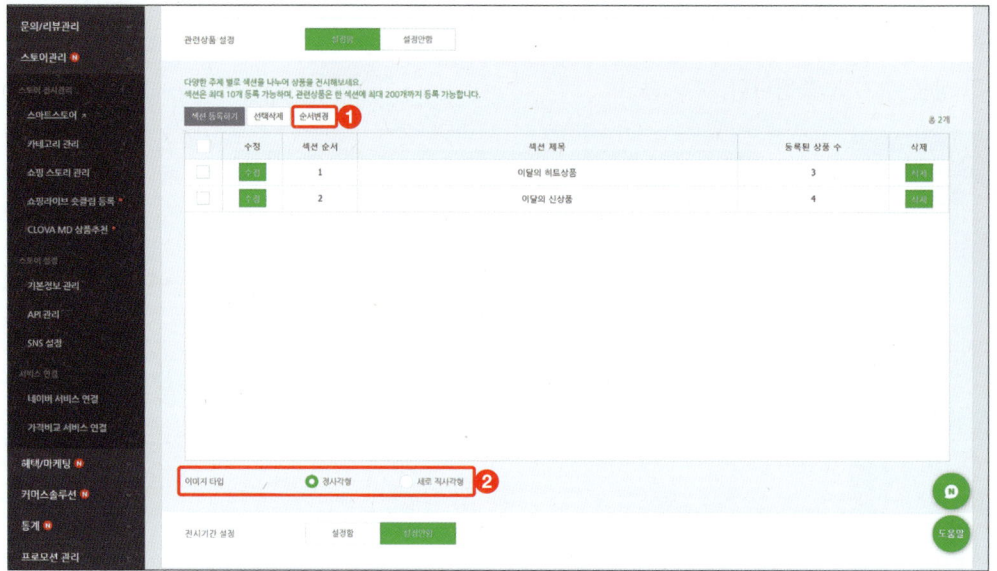

04 전시기간 설정하기

07 이벤트성으로 노출하기 위한 콘텐츠라면 ❶ [전시기간 설정]에서 [설정함]을 클릭하고 전시 기간의 시작일과 종료일을 설정합니다. 내 스토어에 계속 노출되어도 좋은 콘텐츠라면 별도로 설정하지 않아도 됩니다. ❷ [미리보기]를 클릭하여 콘텐츠와 하단에 노출될 상품 목록을 확인합니다. ❸ [쇼핑 스토리 등록]을 클릭하여 스토리를 등록합니다. 쇼핑 스토리는 최신 등록순으로 노출됩니다.

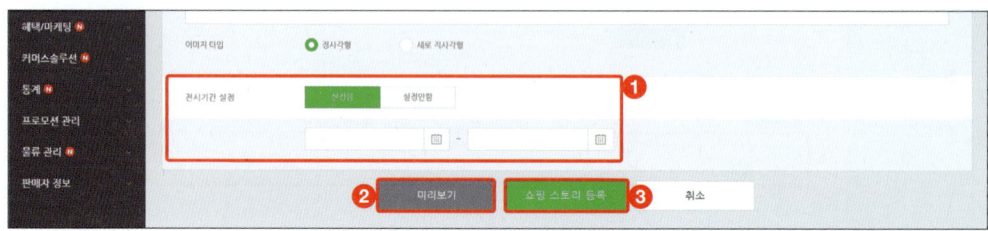

 **쇼핑 스토리 노출이 안 돼요**

쇼핑 스토리를 작성했지만 내 스마트스토어 메인페이지에서 노출되지 않을 수 있습니다.

이때는 스마트스토어센터에서 [스토어관리]-[스마트스토어]를 클릭합니다. 좌측 [관리 메뉴]에서 [컴포넌트 관리] 탭을 선택하여 [쇼핑 스토리]가 초록색으로 활성화되어 있는지 확인해보세요. 회색이라면 클릭하여 활성화합니다.

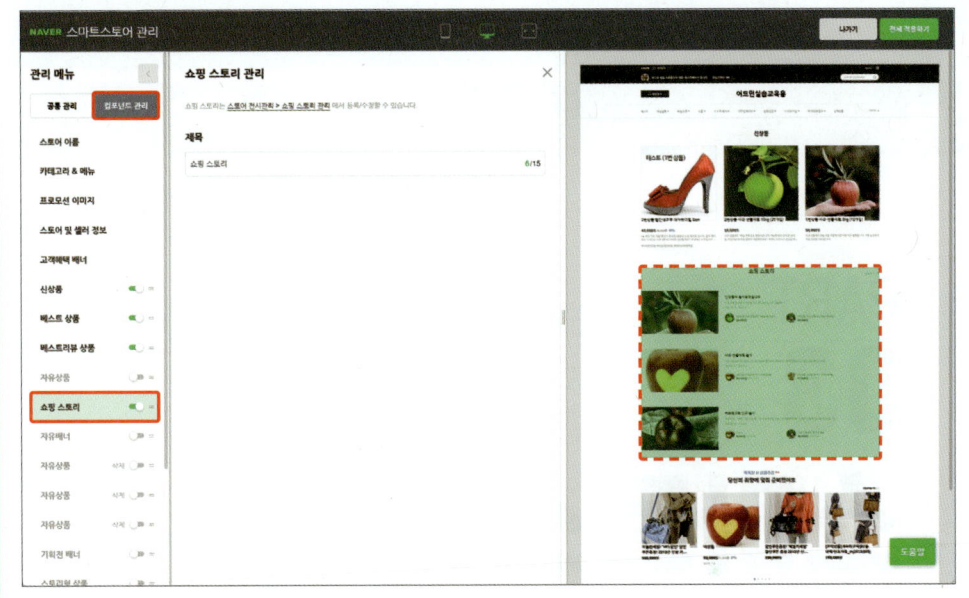

N 스마트스토어

PART
03
스마트스토어
운영하기

Chapter 01

마케팅 서비스 연결하기

스마트스토어를 개설하고 상품 등록을 마쳤다면 이제 제대로 운영할 차례입니다. 상품이나 스토어를 노출하고 다양한 경로로 고객을 유입하기 위한 준비가 필요합니다. 네이버 스마트스토어와 네이버의 다양한 서비스를 연동해 가장 기초적인 유입 경로를 확보해보겠습니다.

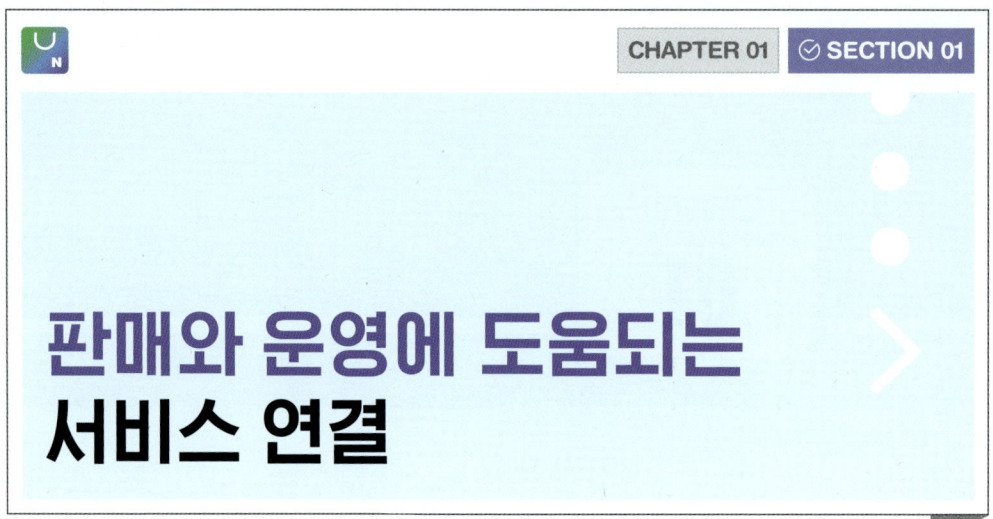

판매와 운영에 도움되는 서비스 연결

CHAPTER 01 · SECTION 01

스마트스토어 운영에 필요한 서비스 연결은 스마트스토어센터의 [스토어관리]-[서비스 연결]-[네이버 서비스 연결]에서 설정이 가능합니다. 개인회원은 [네이버 서비스 연결], [가격비교 서비스 연결]을 확인할 수 있습니다. [쇼핑윈도 노출 신청], [네이버 서비스 연결], [가격비교 서비스 연결] 등이 있습니다.

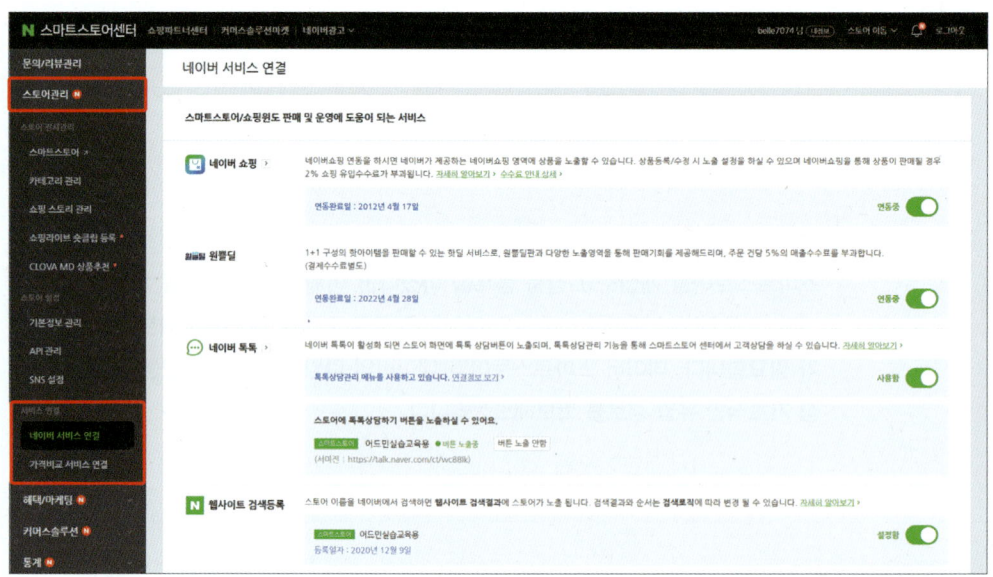

TIP 사업자 회원은 [쇼핑윈도 노출 신청] 메뉴도 노출됩니다.

01 네이버 서비스

네이버 서비스와의 연동은 [네이버 서비스 연결] 메뉴에서 설정합니다. [네이버 쇼핑], [네이버 톡톡], [웹사이트 검색등록] 항목 중 연결할 서비스 항목의 오른쪽에 있는 설정 버튼을 클릭해 [사용안함]을 [사용함]으로 변경합니다.

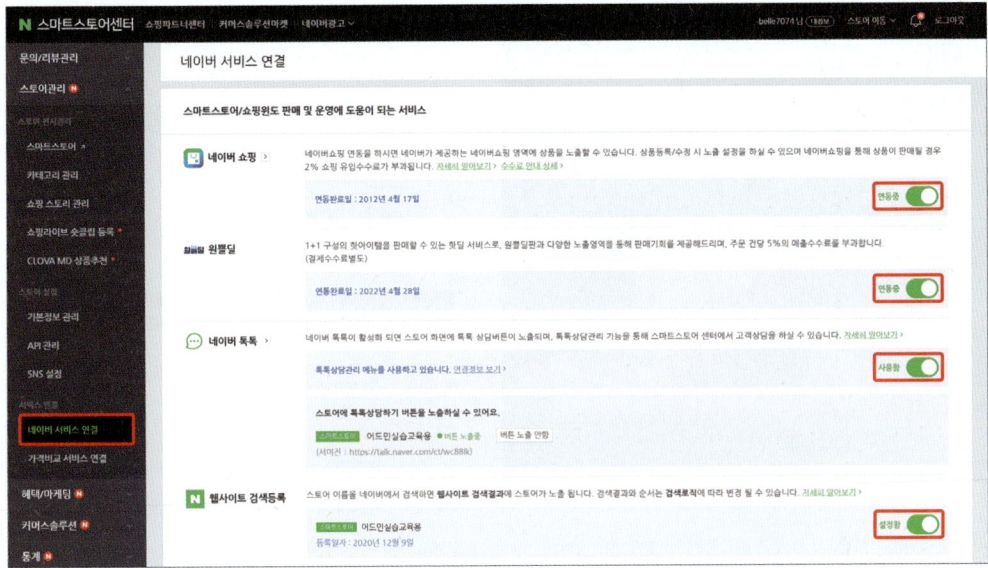

TIP [네이버 쇼핑] 항목은 스마트스토어 가입 시 연결을 설정한 경우에만 [사용함]으로 표시되고 가입한 날이 '연결일자'가 됩니다.

네이버쇼핑

[네이버 쇼핑] 항목에서는 네이버 통합검색 시 네이버쇼핑 영역에 상품을 노출하는 여부를 설정합니다. 기본 상태는 [사용함]입니다. 이 항목이 [사용함]으로 설정되어 있지 않으면 네이버에서 상품을 검색했을 때 판매자의 스마트스토어 상품이 노출되지 않습니다. 가장 기본적인 유입 경로인 네이버쇼핑 검색을 위해 반드시 활성화합니다.

네이버쇼핑과 연동한다는 것은 내 스마트스토어를 네이버쇼핑 서비스에 입점해 상품 정보를 연결한다는 의미입니다. 연결된 상품 정보는 네이버쇼핑에 노출됩니다. 네이버 이용자가 가장 많이 이용하는 검색을 통해 네이버쇼핑에 상품명과 이미지, 가격을 노출할 수 있는 것입니다.

네이버 톡톡

[네이버 톡톡] 항목은 고객과 메시지를 주고받으며 상담하는 서비스입니다. 고객의 문의를 실시간으로 알림받을 수 있고, PC와 모바일로 쉽게 응대할 수 있습니다. 모바일에서 톡톡파트너센터 앱을 설치하면 더욱 편리하게 활용할 수 있습니다. [사용함]을 설정해 [네이버 톡톡] 항목을 활성화하면 상품 상세페이지에 [톡톡문의] 버튼이 노출됩니다.

▲ 상품 상세페이지의 [톡톡문의] 버튼이 활성화된 모습

네이버 톡톡을 활성화하면 고객의 실시간 문의에 응대할 수 있는데, 이들은 대개 상품에 관심을 보이는 고객들입니다. 가장 많이 묻는 질문은 배송관련, 재고, 상세페이지에 없는 내용 등입니다. 배송이나 재고 문의에 빠르게 회신하면 바로 결제까지 이어질 가능성이 높습니다. 또한 상세페이지에 없는 내용을 문의한 고객에게 자세한 설명을 통해 상품에 대한 이해도를 높여주면 구매로 연결될 수 있습니다. 이러한 고객의 문의는 상세페이지에 미처 담지 못한 내용이나 고객의 시선에서 궁금해하는 부분을 알려주므로 상세페이지 보완에도 도움이 됩니다.

TIP   네이버 톡톡을 활용한 상담이 잠시 어려운 기간에는 네이버 톡톡을 비활성화하거나 탈퇴하지 않고, [버튼 노출 안함]을 클릭합니다. 고객에게는 [톡톡문의] 버튼이 보이지 않습니다.

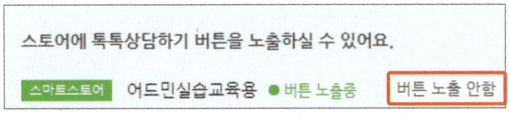

웹사이트 검색등록

[웹사이트 검색등록] 항목을 [설정함]으로 활성화하면 네이버에서 스토어 이름을 검색했을 때 검색결과 중 웹사이트 영역에 노출됩니다. 단, 판매 중인 상품이 없으면 [웹사이트 검색등록] 항목을 활성화할 수 없으므로 먼저 상품을 등록한 후에 설정합니다.

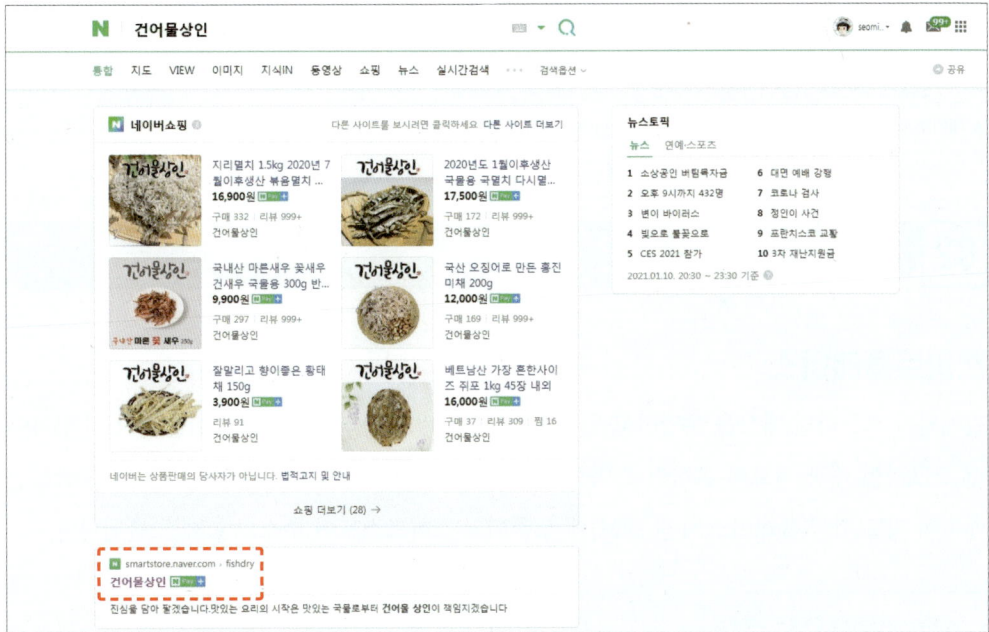

▲ 스마트스토어 이름을 검색했을 때 네이버 검색결과 웹사이트 영역에 스마트스토어가 노출된 화면

[웹사이트 검색등록]을 활성화하면 웹사이트 검색 영역에 노출되지만, 노출 순서는 네이버 검색 로직에 의해 변경될 수 있습니다. 통합검색 노출 결과는 블로그, 지식iN, 이미지, 동영상, 웹사이트 등 여러 섹션이 노출되므로 최상단에 노출되지 않을 수도 있습니다.

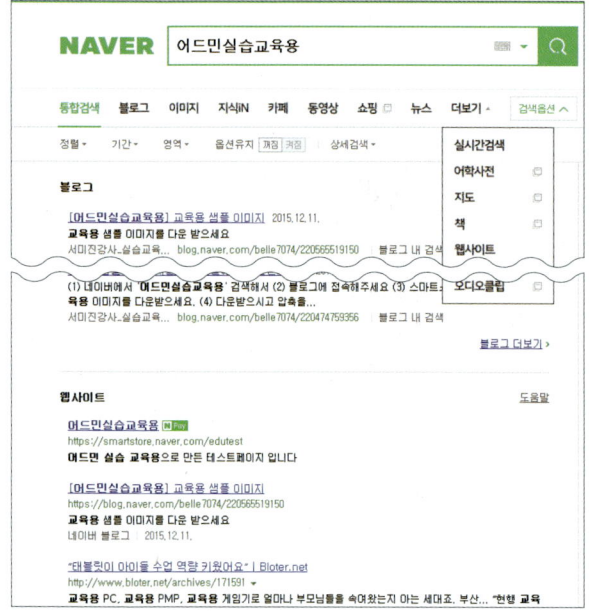

▲ 네이버 검색결과에서 스마트스토어가 블로그 다음에 노출된 화면

02 추가 연동하면 좋은 서비스

스마트플레이스

판매자가 오프라인 매장을 운영하고 있다면 [노출 서비스 관리] 탭의 [스마트플레이스] 항목에서 오프라인 매장 정보와 온라인 스마트스토어를 연결할 수 있습니다. 매장 정보를 등록하면 네이버 지도 검색(플레이스 매장 정보)에 노출되고 스마트스토어 주소도 함께 노출됩니다.

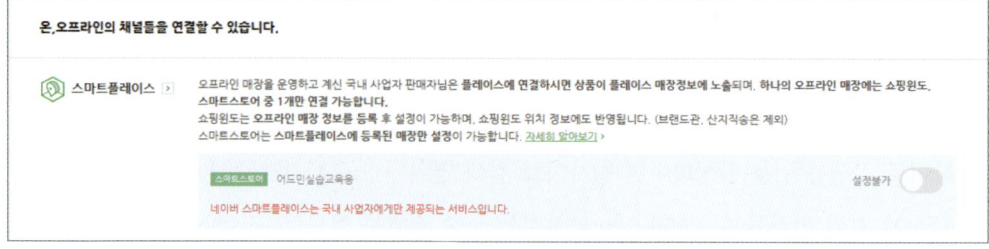

TIP 오프라인 매장은 쇼핑윈도, 스마트스토어 중 하나만 연결할 수 있습니다. 스마트스토어는 스마트플레이스에 이미 등록된 매장만 연결할 수 있고, 네이버 내부 심사 후 플레이스 정보에 최신 상품이 함께 노출됩니다.

가격비교 서비스 연결

사업자 회원이라면 가격비교 사이트인 '에누리'와 '다나와' 웹사이트에서도 검색될 수 있도록 연결할 수 있습니다. [가격비교 서비스 연결] 메뉴를 클릭하고 원하는 항목을 설정합니다. 개인 판매회원은 연결할 수 없으므로, 사업자 회원으로 전환한 후에 활성화합니다.

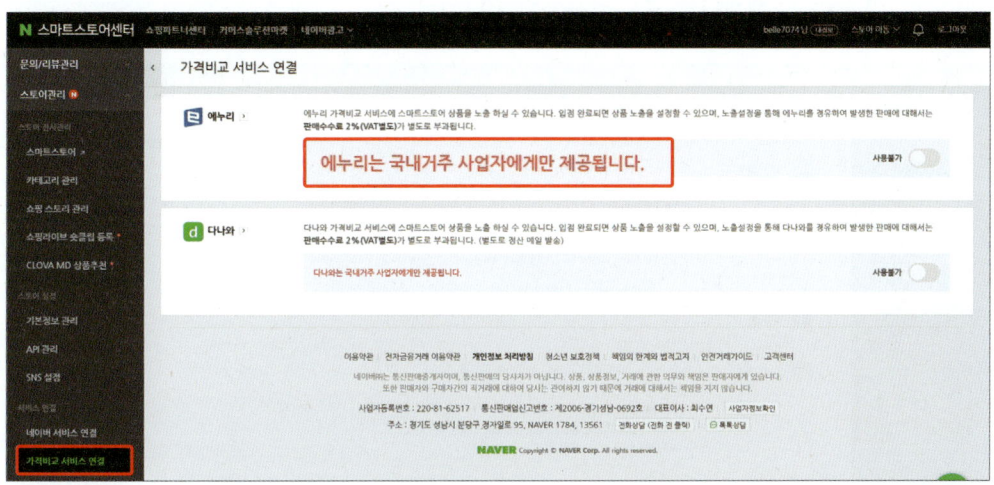

03 SNS 연동하기

네이버 블로그, 페이스북, 인스타그램 등의 SNS 계정을 스마트스토어에 연결할 수 있습니다. 스마트스토어는 모바일 결제율이 높은 편이라, SNS를 통한 고객 유입이 중요한 마케팅 요소가 됩니다. SNS 계정에 판매자의 스마트스토어 주소를 링크하는 것은 제품 정보에 흥미를 가진 고객을 스마트스토어에서 방문하게 할 수 있고 더 나아가 쉽게 결제할 수 있게 유도하는 중요한 수단이 됩니다. 스마트스토어에 SNS 계정 정보를 연결하는 것은 더 많은 상품 정보를 보여주고 잠재고객을 확보하기 위한 수단으로만 활용해야 합니다.

> **스마트스토어 TIP** SNS 계정 연결 시 주의 사항
>
> 스마트스토어에 SNS 계정을 연결하면 스마트스토어에 방문한 고객이 SNS 콘텐츠 영역으로 이탈할 수 있습니다. 그런데 이때 다시 돌아올 수 있는 장치를 눈에 띄게 마련해두지 않으면 상품을 보고 결제할 수 있었던 고객이 다시 스마트스토어로 돌아오지 못할 수도 있습니다. 그런 일이 발생하지 않도록 SNS 계정 내에 다시 스마트스토어로 돌아올 수 있는 링크를 배치해야 합니다.

SNS 설정

스마트스토어와 SNS 계정을 연결해두면 판매자는 SNS와의 상호 작용을 통해 고객 유입량 증대에 도움을 얻을 수 있고, 고객은 스마트스토어를 통해 네이버페이로 편리하게 결제할 수 있습니다. [스토어관리] - [스토어 설정] - [SNS 설정] 메뉴에서 설정하세요. 연결할 수 있는 SNS에는 네이버 블로그, 페이스북, 인스타그램이 있습니다.

설정된 정보는 스마트스토어 소개 페이지 및 상세페이지 하단의 판매자 정보 영역에 노출됩니다.

▲ PC 화면에 노출되는 SNS 연결 정보

▲ 모바일 화면에 노출되는 SNS 연결 정보

Chapter
02

배송 및 판매 관리하기

상품을 등록한 후 네이버의 다양한 서비스를 연결해 노출을 확대하면 고객이 방문하고 구매가 발생합니다. 이제 고객의 주문이 발생했을 때 상품 주문 확인과 배송, 판매 관리는 어떻게 해야 하는지 알아보겠습니다.

CHAPTER 02 | SECTION 01

[따라 하며 배우는] 주문 확인하기

고객이 상품을 주문하면 스마트스토어의 판매자 페이지에서 확인할 수 있습니다. 주문을 놓치거나 늦게 확인하는 일이 없도록 빠르게 확인하는 방법도 알아보겠습니다.

01 신규 주문 확인

현재 상품을 판매 중이라면 수시로 스마트스토어센터 판매자 페이지에 접속해 신규 주문을 확인하는 것이 좋습니다. 스마트스토어센터 판매자 페이지에 접속하면 첫 화면에 [주문/배송] 항목이 있습니다. [신규주문]에 숫자가 있다면 클릭해 주문 내역을 확인합니다.

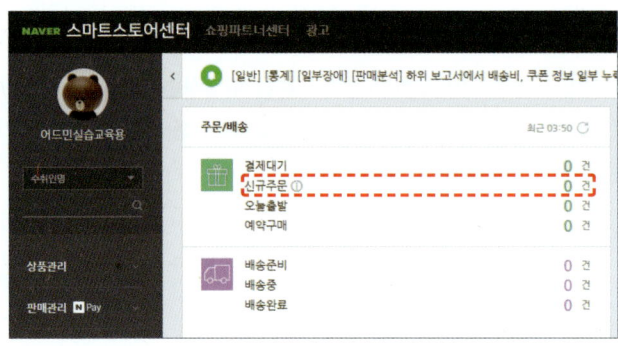
▲ PC에서 신규 주문 확인

▲ 모바일에서 신규 주문 확인

02 주문 실시간 알림 설정

스마트폰 용량이 충분하다면, [네이버 스마트스토어센터] 앱을 설치해보세요. 이 앱을 설치하면 신규 주문이 발생할 때마다 푸시 알림이 오도록 설정할 수 있습니다. 그러면 PC나 모바일에서 수시로 접속하는 번거로움 없이도 놓치지 않고 주문을 확인할 수 있습니다.

01 네이버 스마트스토어센터에서 앱 상단 알림(종 모양)을 클릭합니다.

02 스토어알림 페이지 우측 상단에 있는 설정(톱니바퀴 모양)을 클릭합니다.

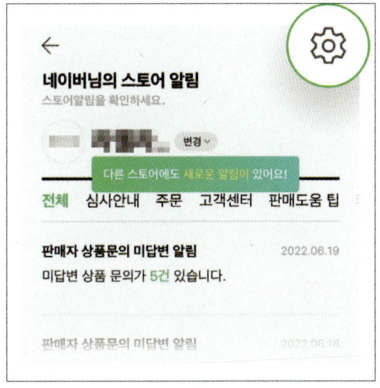

03 [알림받기]를 클릭하여 초록색으로 활성화합니다.

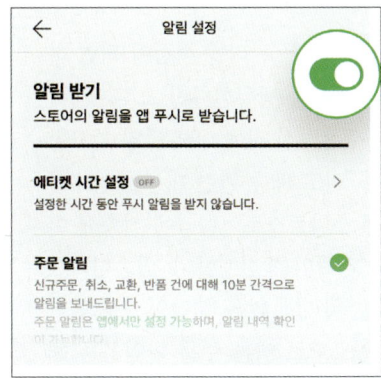

TIP [에티켓 시간 설정]을 통해 업무 외 시간에는 알림이 울리지 않도록 설정할 수 있습니다.

[주문 알림], [정산 알림], [고객문의] 등 빠르게 처리해야 하는 업무는 알림 체크를 활성화합니다.

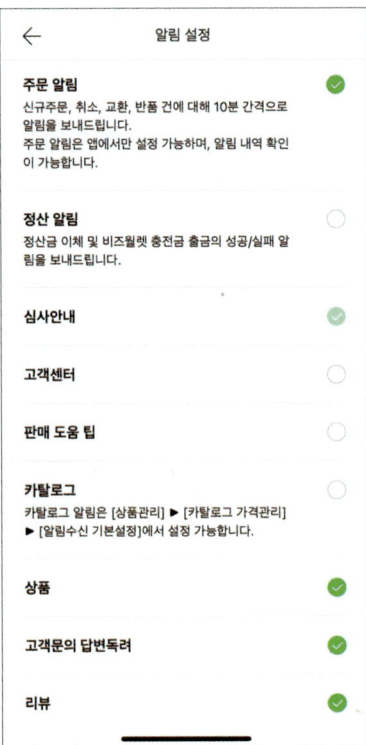

> **NOTE** 스마트스토어 전문가의 실전 노하우
>
> 📋 **초보자라면 필수적으로 해야 하는 실시간 알림 설정**
>
> 등록한 상품에 주문이 들어오고 배송에 익숙해진 후, 넉넉한 재고를 관리할 시점이 되면 하루의 업무 루틴이 만들어집니다. 예를 들어 택배기사가 오후 6시쯤 방문한다면 오후 5시까지 포장을 완료해야 합니다. 상세페이지에는 "오후 2시까지 주문하신 건에 대해 당일 출고합니다. 오후 2시 이후 주문 건은 익일에 포장하여 출고합니다."라고 배송 관련 내용을 안내합니다. 그러면 오전에는 다른 업무를 진행하다가 오후 2시에 스마트스토어센터에 접속해 어제 2시 이후부터 오늘 2시 전까지의 주문을 일괄 확인해 포장 작업을 진행할 수 있습니다. 하지만 초보 판매자는 아직 재고 준비 과정이나 포장, 배송 처리에 많은 시간이 소요됩니다. 또한 고객 문의 등 주문/배송 관련 처리가 미숙할 수 있으므로 빠른 주문 확인을 위해 실시간 알림을 설정하는 것이 좋습니다. 이후에 주문이 많아져 문자 수신이 불편해지면 [주문 알림]을 비활성화하면 됩니다.

[따라 하며 배우는] 고객 주문 처리

신규 주문이 발생하면 다음 세 단계에 따라 처리합니다. 첫 번째는 신규 주문 내역을 확인하는 단계입니다. 어디에 사는 누가 어떤 상품을 몇 개 주문했는지 확인합니다. 두 번째는 고객의 주문대로 상품을 확인해 포장하는 단계입니다. 배송 정보를 입력하고 상품을 발송하는 것이 마지막 단계입니다.

01 1단계 - 신규 주문 내역 확인

01 스마트스토어센터 판매자 페이지에서 [신규주문]의 숫자를 클릭합니다.

02 [발주/발송관리] 페이지로 이동하면 [신규주문]을 클릭합니다.

TIP [발주/발송관리] 페이지에 바로 접속하려면 [판매관리]-[발주/발송 관리] 메뉴를 클릭합니다.

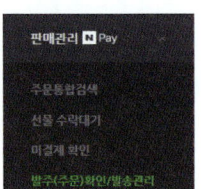

03 하단에 주문 내역 목록이 나타납니다. ❶ 스크롤바를 오른쪽으로 드래그해 주문한 상품의 옵션정보(색상, 사이즈 정보 등)와 [배송메세지], [발송기한] 등을 확인합니다. ❷ 주문 내역을 선택하고 ❸ [주문확인]에서 [발주확인]이나 [발송지연안내]를 클릭합니다.

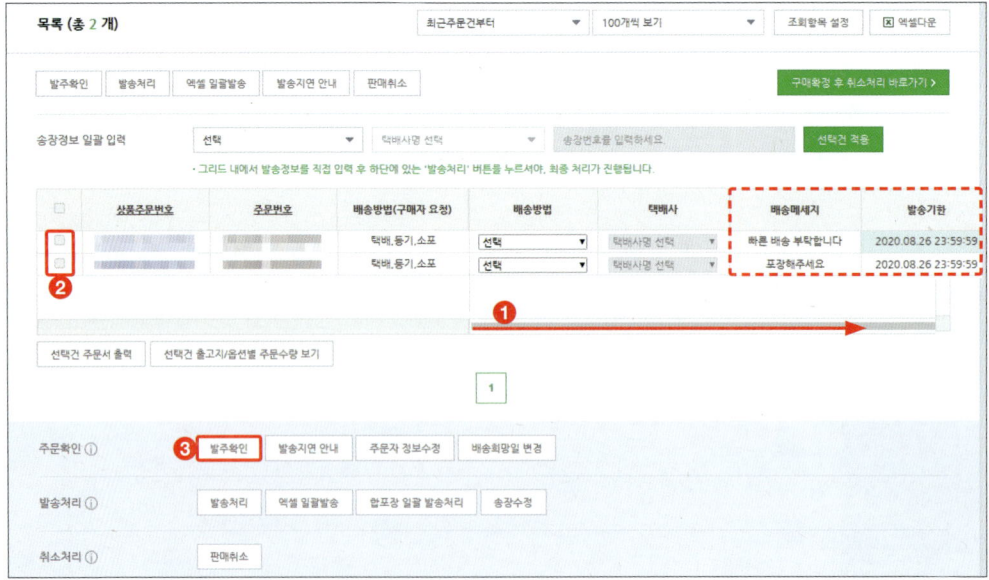

TIP 판매자가 신규 주문을 확인했음을 알리기 위해 [주문확인]을 적절하게 처리해야 합니다. [발주확인]을 클릭하면 고객에게 배송준비중 상태로 노출됩니다. 재고가 없다면 [발송지연 안내]를 클릭합니다.

스마트스토어 TIP | 발주확인과 발송지연 안내

- **발주확인** | 발송기한 내에 포장 및 발송이 가능할 경우에 선택합니다. 구매자에게 안내되는 상태는 [결제완료]에서 [배송준비중]으로 변경됩니다.

- **발송지연 안내** | 결제일로부터 3일(영업일 기준) 이내에 발송 처리가 불가할 경우에 선택합니다. [발송지연 사유]와 [발송기한](최대 90일 이내), [발송지연 상세사유]를 각각 입력하고 [발송지연 안내하기]를 클릭해 구매자에게 알립니다.

NOTE 스마트스토어 전문가의 실전 노하우

의무 발송기한과 발송지연 안내

Q. 발송지연 안내는 반드시 해야 하나요?

구매자의 결제일로부터 영업일 기준 3일 이내의 '의무 발송기한' 내에 발송하는 것이 스마트스토어의 규정입니다(예외 카테고리 있음). 기한 내에 배송하지 않으면 판매자에게 페널티가 부과되므로 3일 이내에 발송이 어렵다면 반드시 발송지연 안내를 해야 합니다. 재고가 없는 경우뿐 아니라 상품 특성상 준비 시간이 필요한 경우, 고객의 요청으로 특정 날짜에 배송해야 하는 경우 등에도 안내를 해야 페널티를 받지 않습니다. 또한 온라인 쇼핑에 익숙한 고객들은 주문한 상품이 오늘내일 중에 출고될 것으로 예상합니다. 그러므로 페널티가 아니더라도 배송이 늦을 경우에는 발송지연 안내를 해야 합니다.

Q. 발주확인을 한 후에 발송지연 안내를 해도 되나요?

[발주확인]을 선택했더라도 결제 완료일로부터 3일 이내에는 [발송지연 안내]로 변경할 수 있습니다. 단, 발송지연은 1회만 가능합니다.

NOTE 스마트스토어 전문가의 실전 노하우

📋 주문 확인 후에 판매를 취소할 때

주문을 확인한 후에 여러 사유에 의해 판매를 취소해야 할 때도 있습니다. 이때는 주문 내역을 선택하고 목록 아래에 있는 [취소처리]의 [판매취소]를 선택합니다. [선택건 판매취소] 창이 나타나면 [판매불가 사유]를 선택합니다. 그런 다음 [구매자에게 전하실 말씀]에 자세한 사유를 입력해 구매자에게 전달합니다. 이때 [상품품절]로 인한 취소는 페널티가 발생할 수 있으니, 평소에 재고 관리를 잘 해야 합니다.

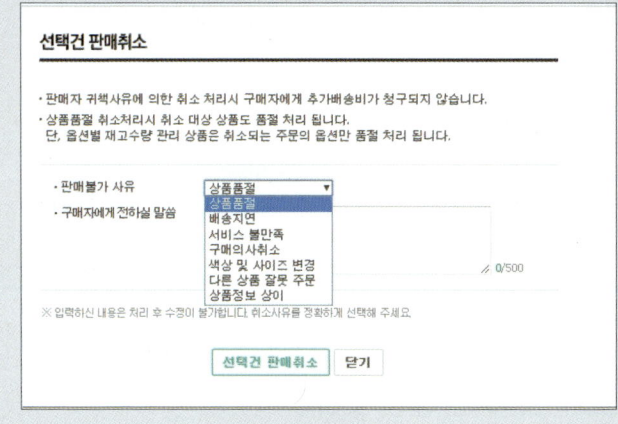

02 2단계 - 상품 포장 및 배송

포장하기

상품의 재고를 확인해 포장하고 배송하는 단계에서 스마트스토어센터 판매자 페이지에서 처리할 부분은 없습니다.

상품을 포장하려면 포장재를 준비해야 합니다. 외장재로는 박스나 폴리백이 많이 쓰이며, 온라인으로 구매할 수 있습니다. 처음부터 대량으로 준비하는 것보다 소량을 구매해 사용해본 후 수량을 조절하면서 구비합니다. 또한 한 개만 포장할 때, 여러 개를 포장할 때 등 상품 수량에 맞게 선택할 수 있도록 다양한 규격을 준비하는 것이 좋습니다.

소형 박스는 비나 눈이 올 때 훼손되어 상품이 손상될 수도 있으니 이중포장도 고려해야 합니다. 상품을 외장재에 바로 담지 않고 소포장을 해야 하는 경우에는 내장재도 준비합니다. 자주 쓰이는 내장재로는 일명 뽁뽁이라 불리는 에어캡, 개별포장용 투명 비닐인 OPP 봉투, 에어캡 봉투 등이 있습니다. 밀봉에 필요한 박스테이프, 배송 과정에서 파손이 우려되는 상품을 안내하는 취급주의 테이프와 스티커 등을 준비하기도 합니다.

배송하기

상품 배송에는 편의점택배 또는 배송사를 이용할 수 있습니다. 대표적인 배송사인 우체국, CJ 택배 등의 사이트에 접속해 방문 접수를 예약하거나 직접 찾아가 접수합니다. 판매를 처음 시작하는 경우, 소량 또는 가벼운 상품 등은 편의점 택배가 편리하고 저렴할 수 있습니다. 그러나 발송할 수량이 많아지면 배송관리를 체계적으로 해야 합니다. 사업자등록 이후에 택배사와 계약하고 매일 방문접수를 요청하면 정해진 금액으로 편하게 상품을 발송할 수 있습니다.

▲ 중량에 따라 배송료가 달라지는 편의점택배

▲ 방문 접수와 창구 접수가 가능한 우체국택배

NOTE 스마트스토어 전문가의 실전 노하우

📋 포장을 잘하고 싶다면

상품에 어울리고 훼손이 되지 않도록 포장을 잘하고 싶다면 온라인 구매 경험을 되살려봅니다. 내가 주문한 상품을 받을 때 판매자들이 많이 이용했던 포장재들을 기억해낼 수 있습니다. 너무 당연한 것이라 생각한 것들도 판매자가 된 후에는 모두 준비해야 하는 부분입니다. 상품을 받았을 때 불편했거나 불쾌했던 포장 상태를 생각한다면 좀 더 세심하게 준비할 수 있을 것입니다.

택배사와 계약할 때는 내 사업장과 가까운 위치에 있는 업체를 선택하는 것이 좋습니다. 택배비는 발송 물량에 따라 책정됩니다. 물량이 늘어날수록 택배비가 낮아지므로 초반에는 우리가 흔히 예상하는 금액(약 2,500원)으로 계약하기 어려울 수도 있습니다.

03 3단계 - 배송 정보 입력

배송 정보 입력하기

01 상품을 포장해 배송까지 완료했다면 배송 정보를 입력해야 합니다. ❶ 스마트스토센터에서 [판매관리]-[발주/발송 관리] 메뉴를 클릭합니다. ❷ [발주/발송관리] 페이지에서 [발주확인 완료]를 클릭해 주문 목록으로 이동합니다.

TIP [발주/발송관리] 페이지로 이동하면 [발주확인] 처리를 했으나 배송 정보가 입력되지 않은 주문 내역이 나타납니다. 발송기한까지 배송 정보를 입력한 후 발송 처리를 해야 합니다.

02 ❶ 발송한 상품에 맞게 [배송방법]과 [택배사]를 선택하고 [송장번호]를 입력한 후 ❷ [발송처리]를 클릭합니다.

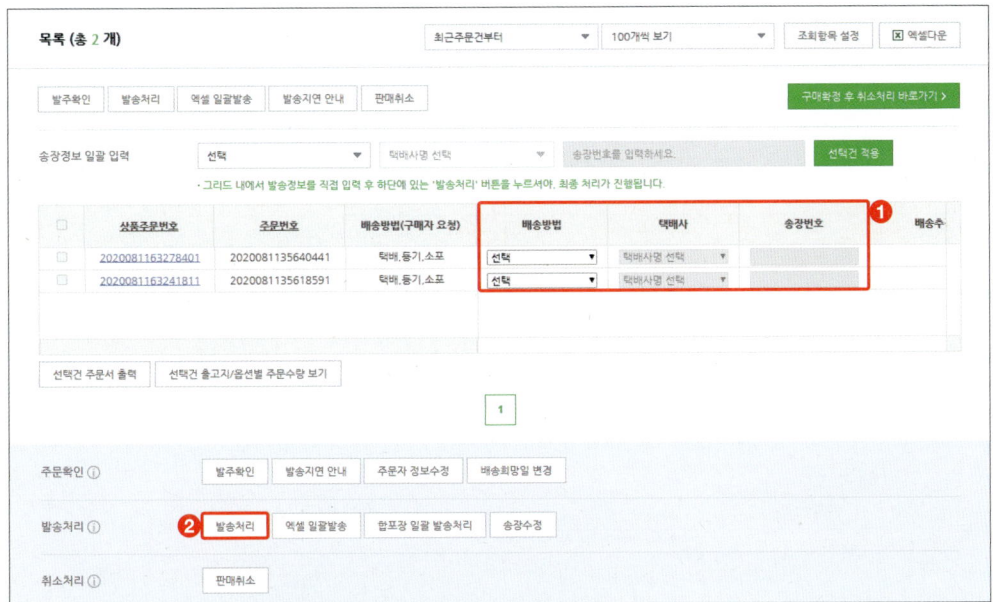

TIP 정보를 입력한 후 반드시 [발송처리]를 클릭해야 최종 발송 처리가 진행됩니다.

스마트스토어 TIP 송장번호가 없어요

송장번호가 없는 상품이나 택배 배송상품이 아닌 경우에는 [배송방법]을 [퀵서비스], [방문수령], [직접전달] 중 알맞은 것으로 선택합니다. 이때 [택배사]와 [송장번호]는 입력하지 않습니다.

NOTE 스마트스토어 전문가의 실전 노하우

📄 엑셀 파일 활용하여 배송 정보 쉽게 입력하기

발송할 상품의 수량이 많아지면 스마트스토어센터 판매자 페이지에서 배송 정보를 일일이 입력하는 게 번거롭습니다. 그런 경우 주문내역을 엑셀 파일로 다운로드한 후 [상품주문번호]에 맞는 [배송방법], [택배사], [송장번호]를 입력해 저장합니다. 그런 다음 [엑셀 일괄발송]을 클릭해 엑셀 파일을 업로드하면 배송 정보를 쉽게 등록할 수 있습니다.

엑셀 파일 일괄등록 시 유의사항

상품 주문내역을 엑셀 파일로 다운로드해 배송 정보를 입력할 때 주의해야 할 점을 알아보겠습니다.

엑셀 파일에 배송 정보를 일괄 등록할 때는 ❶ 노란색 배경의 1행을 삭제하고 ❷ 시트이름을 '발송처리'로 수정합니다. ❸ [배송방법], [택배사], [송장번호] 행에는 반드시 해당 정보를 입력해야 합니다.

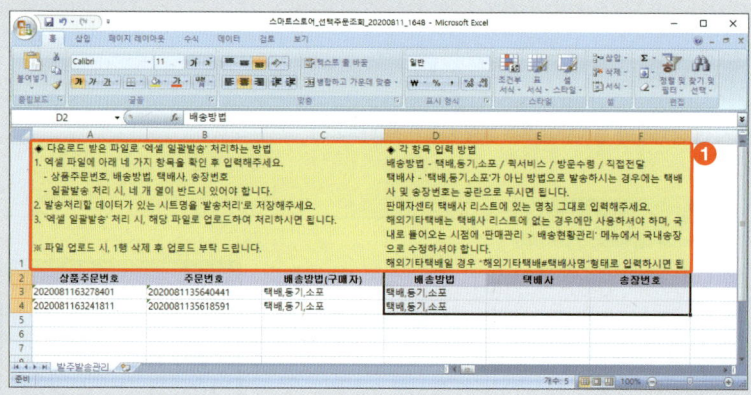

▲ 다운로드한 엑셀 파일

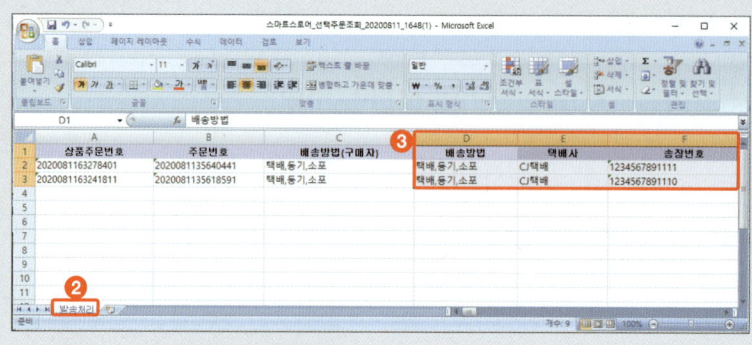

▲ 일괄 등록을 위해 정보를 입력한 엑셀 파일

모바일에서 배송 처리하기

상황에 따라 PC가 아닌 모바일에서 배송 정보를 입력해야 할 때도 있습니다. 모바일에서 배송 처리를 하는 방법을 알아보겠습니다.

01 스마트스토어센터 판매자 페이지에 접속해 ❶ [신규주문]을 선택합니다. ❷ [판매 관리] 페이지로 이동하면 [신규주문]을 선택하고 상품을 선택한 후 ❸ [발주확인] 또는 [발송지연] 등을 선택해 처리합니다.

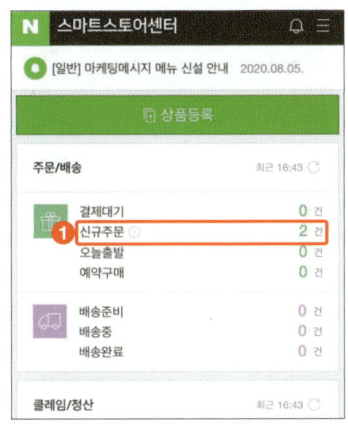 

02 배송 정보나 발송 기한 등의 세부 정보는 각 주문 내역을 선택해 확인합니다. ❶ [발주확인]으로 처리한 주문 내역은 [배송준비] 목록에서 확인할 수 있습니다. ❷ 발송할 주문을 선택하고 ❸ [발송처리]를 선택합니다. ❹ 상단에 나타나는 입력란에 알맞은 정보를 입력하고 [저장]을 선택합니다.

 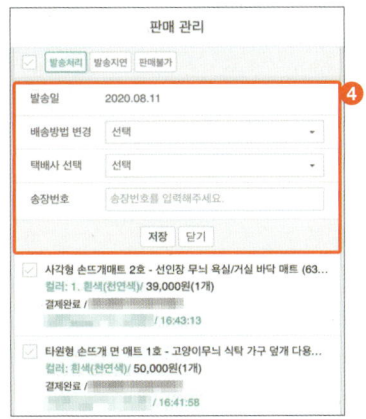

> **TIP** 주문 내역이 많지 않다면 모바일에서 처리하는 것이 효율적입니다. 대량 주문 등 엑셀 파일을 활용한 일괄 등록은 PC를 이용해 관리합니다.

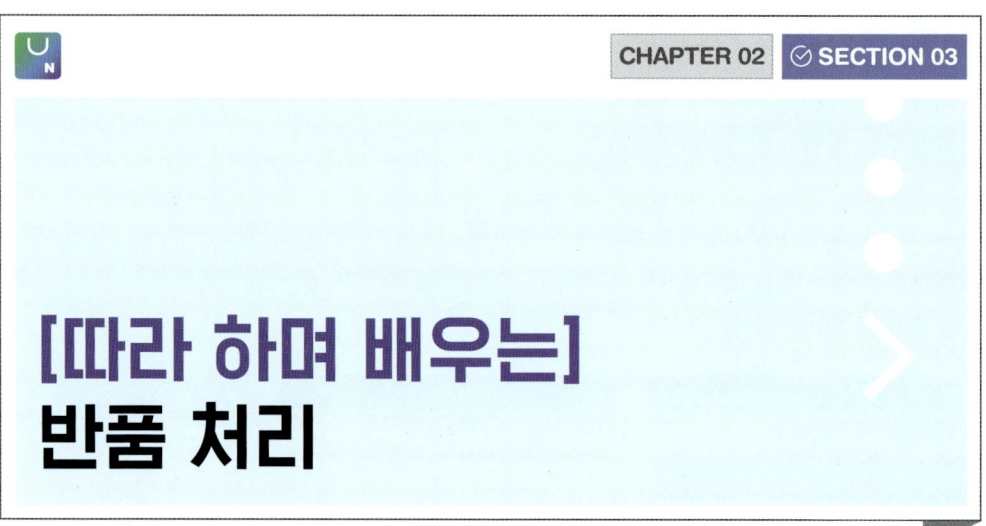

[따라 하며 배우는] 반품 처리

CHAPTER 02 · SECTION 03

구매자가 주문한 상품을 발송 처리하고 난 후에 구매자의 요청으로 상품을 반품 처리해야 하는 경우가 있습니다. 반품 처리는 세 단계로 진행되는데, 구매자가 신청한 반품을 접수하고, 상품이 수거되어 다시 돌아오면 상품 상태를 확인하고 반품 처리를 완료합니다. 위 과정에서 알아두어야 하는 사항을 살펴보겠습니다.

01 1단계 – 반품 접수

반품 접수는 일반적으로 구매자가 주문 내역에서 신청합니다. 경우에 따라 판매자가 직접 접수할 수도 있습니다. 판매자가 반품을 접수하는 방법을 알아보겠습니다.

01 ❶ 스마트스토어센터에서 [판매관리]-[배송현황 관리] 메뉴를 클릭하고 ❷ [판매자 직접 반품]을 클릭해 반품을 접수합니다.

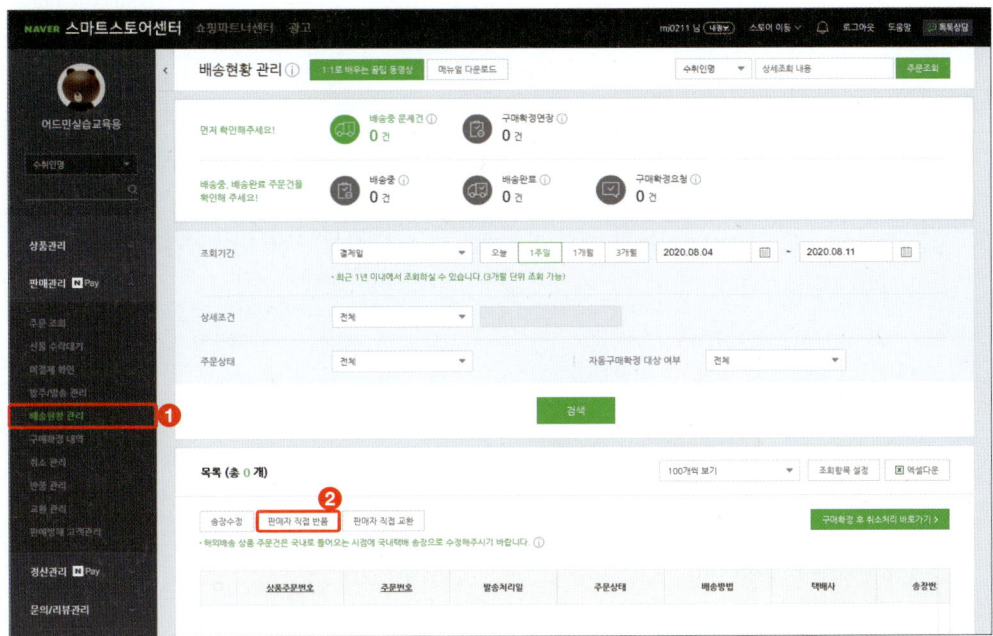

구매자나 판매자가 반품을 신청하면 계약된 택배사로 집하 요청이 전달됩니다. 그런 다음 상품이 수거되어 도착하면 확인 후 비용을 정산하고 반품/환불처리를 진행합니다.

> **스마트스토어 TIP | 계약된 택배사가 없다면?**
>
> 개인 판매회원이라면 계약된 택배사 정보가 없으므로 스마트스토어센터에서 기본 설정된 택배사(우체국택배)로 집하 요청이 전달됩니다.

 **스마트스토어 전문가의 실전 노하우**

반품 수거를 위한 택배사 등록하기

사업자 회원이라면 판매자와 계약한 택배사를 스마트스토어 정보에 등록해야 합니다. 그래야 반품이 접수되었을 때 판매자와 계약된 택배사에서 상품을 수거할 수 있습니다.
스마트스토어센터에서 [판매자정보]-[판매자정보] 메뉴를 클릭한 후 [배송정보]를 확인하고 [택배사 계약정보 확인]을 클릭해 택배사 계약 정보를 등록합니다.
상품 등록이나 판매가 이루어지지 않은 경우에는 [배송정보]에 [택배사 계약정보 확인] 버튼이 나타나지 않습니다.

택배사 등록은 굿스플로 서비스에서 확인할 수 있습니다. [택배사 등록]을 클릭해 계약된 택배사 정보를 등록합니다.

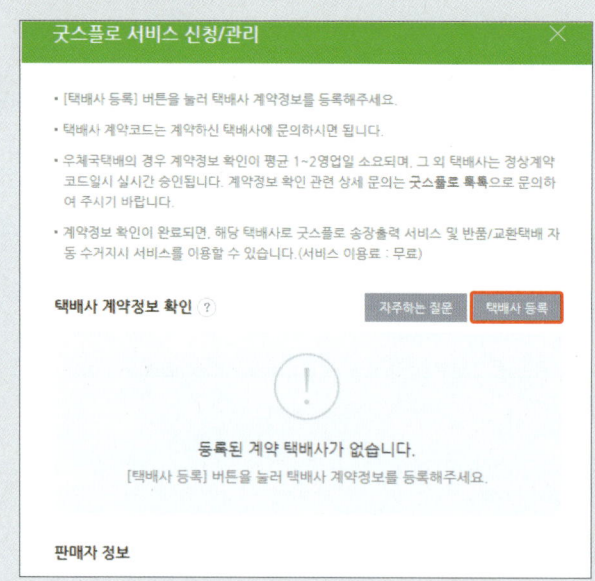

02 2단계 – 상품 확인

02 반품이 접수되어 수거된 상품이 판매자에게 입고되면 상품 정보를 확인하고 3일 이내에 반품 처리를 완료해야 합니다. 그러므로 정해진 기한 내에 반품된 상품의 상태를 확인하고 처리합니다.

반품은 판매자 준수사항을 지켜 처리해야 합니다. 특히 '3.카테고리 상품별 청약 철회 주의사항'은 판매자가 오해하는 경우가 많으니 반드시 확인해 규정에 어긋나는 내용은 상세페이지에 고지하지 말아야 합니다.

청약 철회(교환/반품/환불) 관련 판매자 준수사항
스마트스토어 판매자는 전자상거래법에 명시된 청약 철회 기준을 숙지하고 준수해야 합니다.

1. 청약 철회 가능 기간
   - 단순/변심의 경우 : 상품을 수령한 날로부터 7일 이내
   - 표시 광고 내용 또는 계약 내용과 다르게 이행된 경우 : 상품을 수령한 날로부터 3개월 이내, 그 사실을 안 날 또는 알 수 있었던 날로부터 30일 이내

2. 구매자의 청약 철회가 제한되는 경우
   - 구매자에게 책임 있는 사유로 재화 등이 멸실 또는 훼손된 경우. 다만, 재화 등의 내용을 확인하기 위해 포장 등을 훼손한 경우는 제외
   - 구매자의 사용 또는 일부 소비에 의해 재화 등의 가치가 현저히 감소한 경우
   - 시간 경과로 인해 재판매가 곤란할 정도로 재화 등의 가치가 현저히 감소한 경우
   - 복제가 가능한 재화 등의 포장을 훼손한 경우
   - 개별 주문 생산되는 재화 등 청약 철회 시 판매자에게 회복할 수 없는 피해가 예상되어 소비자의 사전 동의를 얻은 경우

3. 카테고리 상품별 청약 철회 주의사항(패션의류 & 패션잡화의 청약 철회)
가. 결제 대금 환급을 충전금으로만 전환하는 행위

- 반품 시, 환불 불가능하며 충전금(포인트 등)으로 처리
- 원칙상 환불은 불가하며 상품 교환이나 충전금(포인트 등)으로 처리

나. 특정품에 대해 교환/환불이 불가하다고 규정하는 행위
- 흰옷, 가방, 액세서리는 교환/반품 불가
- 니트류, 화이트/아이보리 색상 제품은 교환/반품 불가
- 1:1 오더 제품이기에 교환/반품 불가(실제 기성품으로 재판매 가능)
- 쉬폰/실크 등 손상이 쉬운 질감의 제품은 교환/반품 불가
- 가죽제품 등은 교환/반품 불가
- 세일상품은 교환/반품 불가
- 모니터 해상도 차이로 색상이나 재질이 다르게 보인 경우 이를 이유로 교환/반품 불가

다. 반품/교환에 횟수를 제한하는 행위
- 반품/교환은 1회에 한해 가능

라. 청약 철회 기한을 임의로 규정하는 행위
- 상품을 받은 후 2일 이내에 신청하지 않을 경우 교환/반품 불가
- 교환/반품은 상품수령 후 2일 내 전화로 접수하고 5일 내 상품이 도착해야 함
- 사전에 판매자와 협의하지 않을 경우 반품 불가
- 환불은 불가하며 교환만 가능

※ [참고] 청약 철회 위반 시 처벌 규정
- 시정조치 명령, 1천만 원 이하의 과태료(전자상거래 등에서의 소비자보호에 관한 법률 제21조 제1항 제1호 위반)

출처 : 스마트스토어센터 도움말

03 3단계 – 반품 처리

03 ❶ 스마트스토어센터에서 [판매관리]-[반품관리] 메뉴를 클릭합니다. ❷ [반품관리] 페이지에서 [반품요청]을 클릭해 상품 목록을 확인합니다.

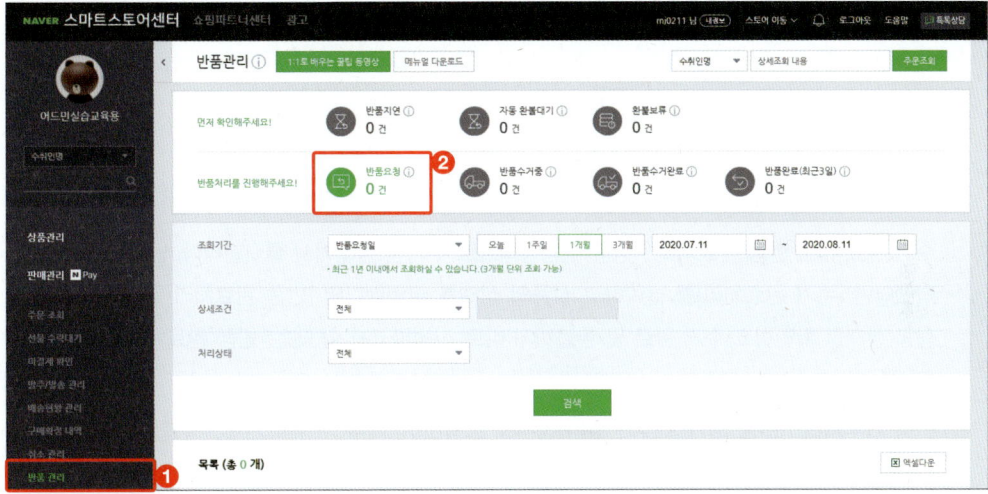

TIP 스마트스토어센터 판매자 페이지에서 [반품요청]의 숫자를 클릭해도 [반품관리] 페이지로 이동합니다.

04 ❶ 반품 상품을 확인한 후 [수거완료처리]를 클릭하고 ❷ 상품이 정상적으로 수거되었다면 [반품완료처리]를 클릭해 반품 처리를 완료합니다.

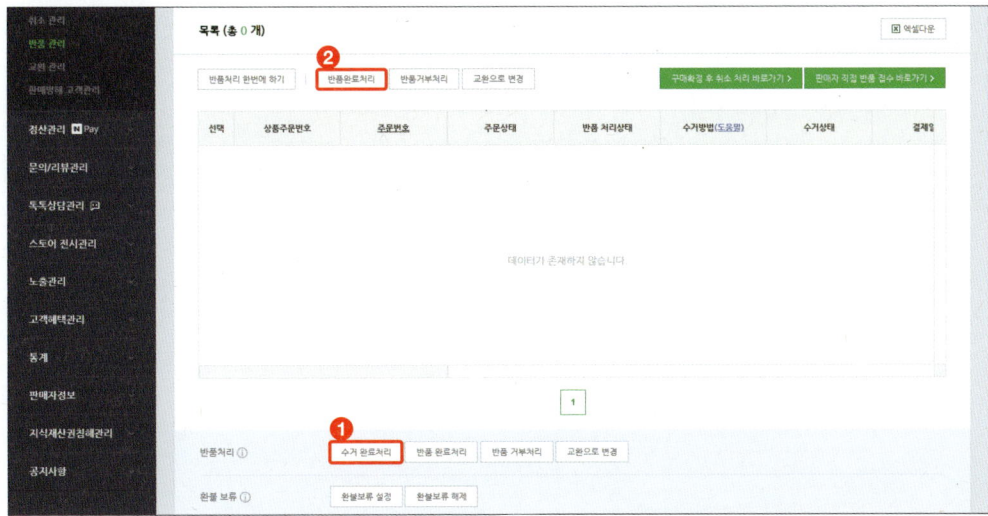

 **반품 관리 항목 알아보기**

반품된 상품을 확인한 후 판매자가 선택할 수 있는 다양한 반품 관리 항목에 대해 알아보겠습니다. 스마트스토어센터에서 [판매관리]-[반품 관리] 메뉴를 클릭해 [반품관리] 페이지로 이동합니다. [반품요청]을 클릭해 상품 목록을 확인하고 아래에 있는 [반품처리], [환불보류], [정보 수정] 중 적절한 항목을 선택해 관리합니다.

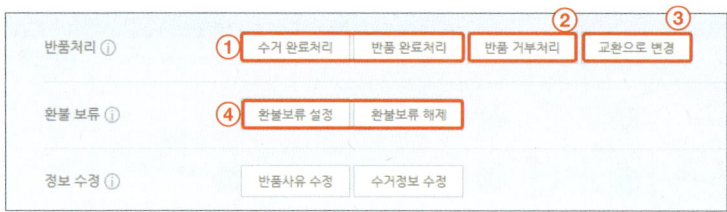

① **수거 완료처리, 반품 완료처리** | 상품이 정상적으로 수거된 상태에서 클릭합니다. 반품 상품이 도착했다면 [수거 완료처리]를 클릭하고 상품의 상태를 확인했다면 [반품 완료처리]를 클릭합니다. 상품 상태를 확인하고 수거 완료 및 환불까지 바로 진행하고자 할 때는 [반품 완료처리]만 클릭해도 됩니다.

② **반품 거부처리** | 반품 불가 사유가 있는 경우에 클릭하며, 거부 사유를 기재해야 합니다. 이 사유는 구매자에게 전달되므로 명확한 정보를 입력해야 하며, 증빙 사진을 촬영해둡니다. 이때 반드시 구매자에게 먼저 연락해서 반품 거부 사유를 고지해야 합니다. 관련 내용은 229쪽의 '청약 철회(교환/반품/환불) 관련 판매자 준수사항'을 확인합니다.

③ **교환으로 변경** | 구매자가 처음에는 반품을 요청했다가 이후에 교환 요청을 하는 경우가 있습니다. 이때 아직 반품이 완료되지 않았다면 교환으로 변경할 수 있습니다.

④ **환불보류 설정, 환불보류 해제** | 특정 사유로 반품이 불가능할 때 클릭합니다. 상품에는 이상이 없으나 반품 배송비를 청구해야 하는 경우 등에 사용합니다. 반품 사유를 구매자 귀책 사유로 변경하고 환불보류 사유를 [반품배송비청구], [기타반품비용청구] 등으로 선택합니다. 사유가 해소된 이후에는 반드시 [환불보류 해제]를 클릭한 후 [반품 완료처리]를 클릭합니다.

CHAPTER 02 | SECTION 04

[따라 하며 배우는] 교환 처리

구매자가 상품을 수령한 후에 교환을 요청하는 경우가 있습니다. 대부분의 교환 요청 사유는 사이즈나 색상 교환이지만, 유사한 상품 또는 전혀 다른 상품으로의 교환 요청도 종종 발생합니다.

발송한 상품을 수거해 상품 상태를 확인하고 교환을 승인하는 단계까지는 반품 과정과 유사하고, 여기에 교환 상품을 새로 발송하는 단계가 추가됩니다.

01 1단계 - 교환 접수

교환 접수는 일반적으로 구매자가 신청하지만 경우에 따라 판매자가 직접 접수할 수도 있습니다.

01 ❶ 스마트스토어센터에서 [판매관리]-[배송현황 관리] 메뉴를 클릭하고 ❷ [판매자 직접 교환]을 클릭해 교환을 접수합니다.

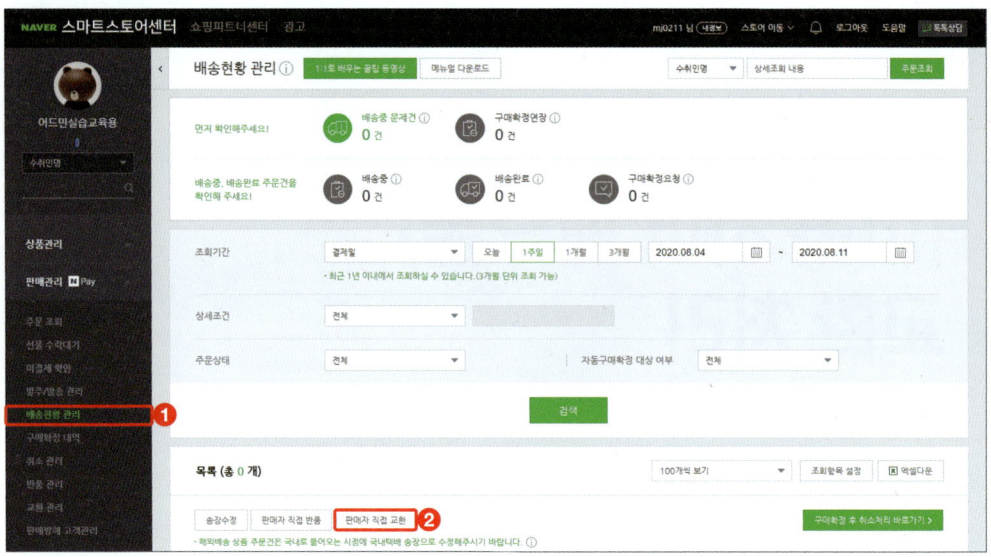

02 ❶ 스마트스토어센터에서 [판매관리]-[교환 관리] 메뉴를 클릭합니다. ❷ [교환관리] 페이지에서 [교환요청]을 클릭해 교환 목록을 확인하고 ❸ 상품 상태에 따라 [교환 재배송처리]나 [반품으로 변경] 등을 클릭합니다. 택배사로 집하 요청이 전달됩니다.

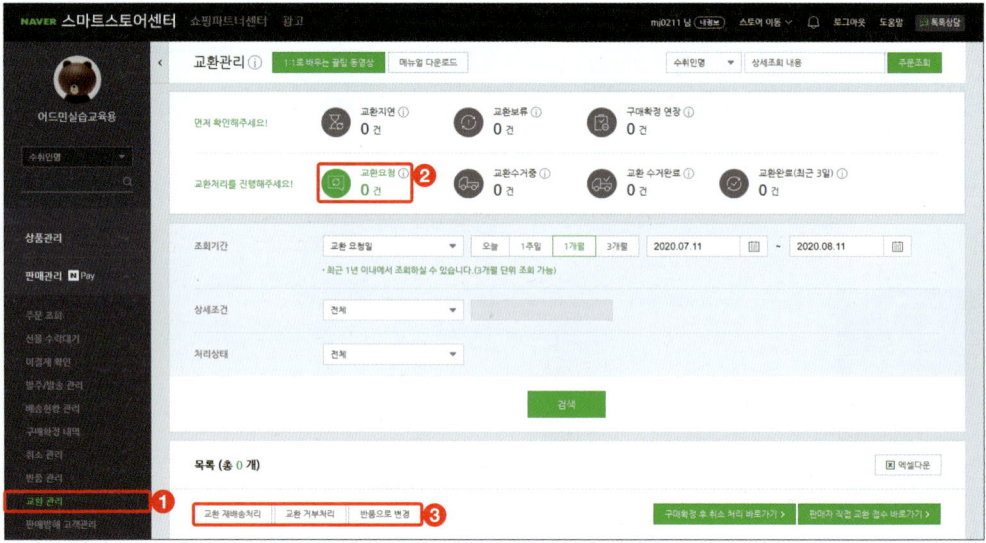

02 2단계 – 상품 확인 및 교환 처리

구매자가 교환 신청한 상품이 도착하면 상품을 확인하고 교환 처리를 진행합니다. 반품 처리와 동일한 과정으로, 상품이 정상적으로 도착했는지, 적절한 교환 사유인지 확인한 후 처리해야 합니다. 정상적인 교환 처리는 교환할 상품을 재배송해야 하므로 신규송장번호를 입력하는 과정이 추가됩니다.

> **TIP** 교환 처리 과정은 반품 처리와 동일합니다. 자세한 단계는 반품 처리 과정을 참고합니다.

스마트스토어 TIP | 교환 관리 항목 알아보기

교환된 상품을 확인한 후 판매자가 선택할 수 있는 다양한 항목에 대해 알아보겠습니다. 스마트스토어센터에서 [판매관리]-[교환 관리] 메뉴를 클릭해 [교환관리] 페이지로 이동합니다. [교환요청]을 클릭해 상품 목록을 확인하고 아래에 있는 [교환 처리], [교환 보류], [정보 수정] 중 적절한 항목을 선택해 관리합니다.

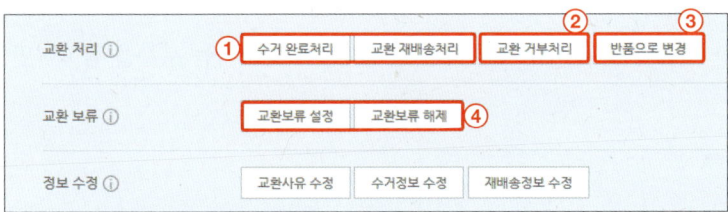

① **수거 완료처리, 교환 재배송처리** | 상품이 정상적으로 수거되었으면 [수거 완료처리]를 클릭하고, 교환 상품을 재발송했으면 [교환 재배송처리]를 클릭합니다. 이때 재배송 송장번호도 함께 입력합니다.

② **교환 거부처리** | 교환 가능한 상품이 없는 등의 특정 사유로 인해 교환이 어렵다고 판단되면 [교환 거부처리]를 클릭합니다. 이때 미리 구매자에게 연락해 적절한 사유를 안내한 후에 처리하는 것이 좋습니다. 또한 교환 요청으로 인해 진행된 상품 수거 지시는 자동으로 취소되지 않으므로 택배사에 별도로 연락을 취해 상품을 수거하지 않도록 조치합니다.

③ **반품으로 변경** | 교환 완료되지 않은 주문 건을 교환이 아닌 반품으로 처리해야 하는 경우에 선택합니다. 해당 교환 상품에서 [반품으로 변경]을 클릭하고 [반품 처리] 메뉴에서 [반품 완료처리]를 클릭해야 구매자에게 환불됩니다.

④ **교환보류 설정, 교환보류 해제** | 교환을 요청하기 위해 되돌려보낸 상품이 일부 누락된 경우 [교환보류 설정]을 클릭하고, 교환보류 사유가 해결되면 [교환보류 해제]를 클릭해 교환 재배송 처리를 진행합니다.

03 반품과 교환을 줄이는 노하우

구매자는 상품의 사진이나 상세페이지 등을 보고 상품을 구매합니다. 실제 상품을 눈으로 보지 못하기 때문에 사진을 보고 상상해 구매 결정을 내리는 것입니다. 따라서 사진은 정확한 정보를 알려주는 용도로 활용해야 하고 상품의 다양한 정보를 최대한 많이 담아야 합니다.

상품의 사이즈를 숫자로만 표기하거나 색상을 보여주지 않고 텍스트로만 안내한다면 고객은 머릿속에서 상상하여 구매하게 됩니다. 상상과 실물이 유사하다면 문제가 되지 않지만, 그렇지 않은 경우에는 반품율이 높아집니다. 또한 상품의 앞, 뒤, 위, 아래, 안쪽까지 구석구석 사진으로 보여주지 않으면 고객이 필요로 하는 기능이나 구매 기준이 달라 반품될 확률이 높습니다. 특히 포장 과정이나 배송 과정에서 문제가 될 만한 정보는 상세페이지에 부각하여 공지하고 구매자가 오해할 여지를 주지 않아야 합니다.

마지막으로 신경 써야 하는 부분은 '상세 정보'입니다. 상품을 등록하는 과정에서 상품 정보를 상세히 설명하는 것이 반품을 줄이는 가장 기초적인 방법입니다. 초보 판매자는 반품 경험이 부족하기 때문에 동일한 제품을 많이 다루어본 다른 판매자들이 강조하는 부분을 참고하면 도움이 될 것입니다.

Chapter 03

고객 관리하기

내 스토어에 방문한 고객은 상품에 대해 문의하거나 구매 이후에 리뷰를 작성하는 등 다양한 액션을 취합니다. 이러한 고객 반응에 빠르고 적절하게 대응해야 고객과의 접점이 형성되고 장기적인 매출 신장에 도움이 됩니다. 스토어에서의 고객 관리 방법을 알아보겠습니다.

CHAPTER 03 SECTION 01

고객 문의에 응대하기

고객의 문의의 형태는 크게 세 가지입니다. 스토어나 상품 페이지에 방문한 고객이 상품 상세 페이지 Q&A에 문의글을 남기는 [상품문의], 상품을 구매한 고객이 직접 문의하는 [고객문의], 네이버 톡톡으로 실시간 문의하는 것입니다. 고객 문의의 유형별로 어떻게 응대해야 하는지 알아보겠습니다.

01 고객 문의의 종류

상품 문의

스마트스토어에 방문한 고객은 상품 상세페이지에 없는 정보를 얻고자 하거나, 구매를 결정하는 데 필요한 개인적인 궁금증이 있을 때 문의를 남기는 경우가 있습니다. 대부분 상품에 관련된 단순한 질문입니다. 이때는 빠르게 답변을 달아 관심 고객을 구매 고객으로 전환시켜야 합니다. Q&A는 해당 페이지에 방문한 다른 고객도 관심 있게 읽을 수 있으므로 친절하고 꼼꼼한 설명을 통해 제대로 된 정보를 전달하는 것이 좋습니다. 빠른 답변 역시 이후 방문 고객에게 긍정적인 이미지를 전달합니다. 또한 Q&A 게시판에 자주 문의가 들어오는 내용은 상세페이지에 추가하는 것이 좋습니다.

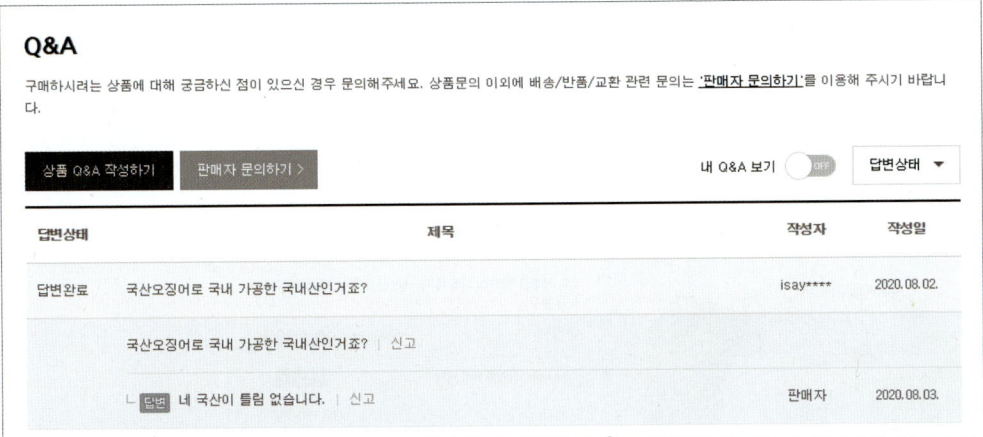

▲ 상품 문의 글이 상세페이지 하단 Q&A에서 노출됩니다.

고객 문의

상품을 구매한 고객은 결제 페이지에서 판매자에게 1:1 문의를 할 수 있습니다. 배송, 반품, 교환과 관련된 요청이 대부분입니다. 따라서 상품 발송 이전에 고객의 1:1 문의가 있는지 확인한 후에 배송하는 것이 좋습니다.

> TIP 상품 발송은 신규 주문을 확인한 후 진행합니다. 관련 내용은 225쪽을 참고합니다.

▲ 판매자에게 1:1 문의를 할 수 있는 구매자 결제 페이지

톡톡 문의

스마트스토어센터에서 [네이버 톡톡]을 [사용함]으로 설정했다면 구매자는 [톡톡문의]로 문의 및 상담을 시도할 수 있습니다. 상품에 대한 직접적인 관심으로 재고, 배송에 대한 문의가 많으며 고객과의 상담이 필요한 상품의 경우 톡톡으로 대화가 지속적으로 이루어질 수 있습니다.

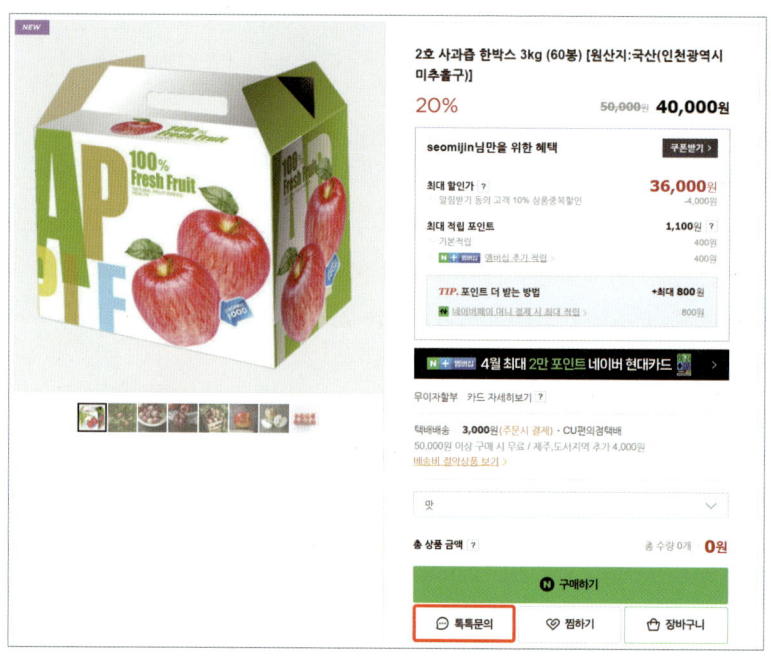

스마트스토어 TIP 앱으로 실시간 응대하기

판매자는 톡톡 문의, 상세페이지 하단의 Q&A, 주문자의 문의글을 실시간 알림으로 바로 확인할 수 있습니다. 스마트스토어센터 앱을 설치하여 고객의 문의에 실시간으로 응대할 수 있도록 알림을 설정해보세요. 자세한 내용은 223쪽을 참고합니다.

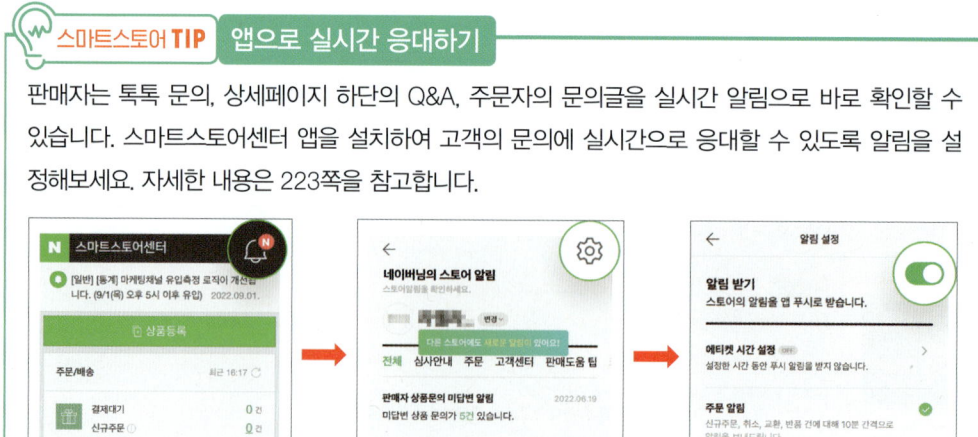

02 고객 문의에 응대하기

고객의 문의에 대한 답변은 최대한 빠르고 친절하게 작성하는 것이 좋습니다. 문의를 확인하고 답글을 작성하는 과정을 알아보겠습니다.

문의 확인하기

고객이 상세페이지 Q&A에 남긴 문의를 확인하려면 스마트스토어센터에서 [문의/리뷰관리]-[문의 관리] 메뉴를 클릭합니다. [문의 관리] 페이지에서 고객이 문의한 상품 정보와 문의 내용을 확인할 수 있고 [답글]을 클릭해 답변을 작성할 수도 있습니다.

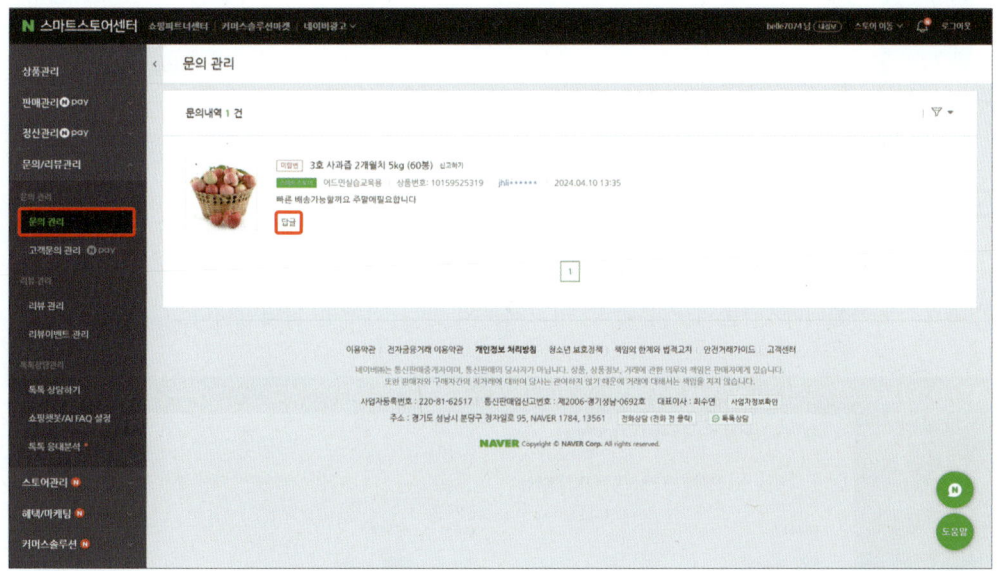

스마트스토어 TIP · 문의를 빠르게 확인하기

스마트스토어센터에 접속하면 판매자 메인페이지에서 스토어 관련 정보를 한눈에 확인할 수 있습니다. [미답변 문의] 항목에 [상품문의], [고객문의], [톡톡문의]가 표시되며, 문의 내역을 클릭하면 해당 페이지로 이동해 답변을 작성할 수 있습니다.

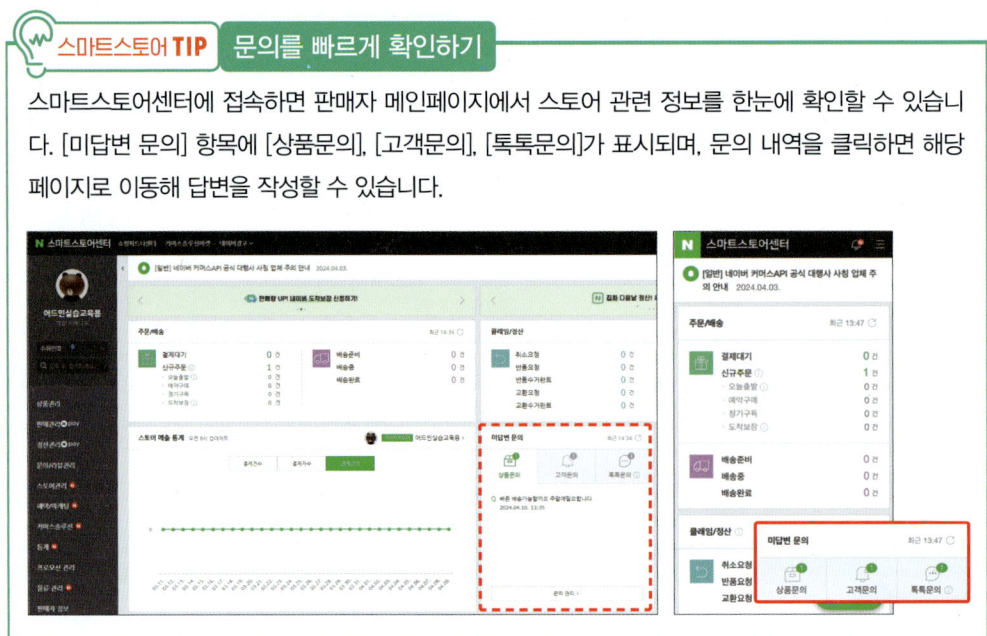

고객 문의 확인하고 응대하기

고객이 상품을 주문한 후 1:1 문의한 내역은 [고객문의 관리] 페이지에서 확인할 수 있습니다. 스마트스토어센터에서 [문의/리뷰관리] - [고객문의 관리] 메뉴를 클릭합니다.

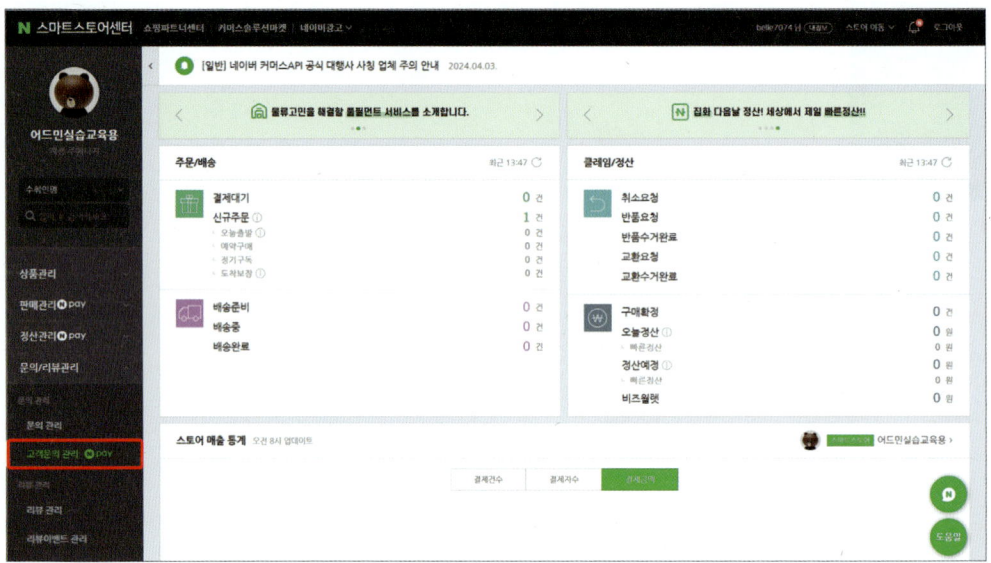

[고객응대 관리] 페이지가 열리고 문의 내역을 목록별로 확인할 수 있습니다. 문의 제목을 클릭하면 아래에 해당 문의의 자세한 정보와 내용이 나타납니다. 정보를 확인한 후 [판매자 답변 처리] 영역에 답글을 입력하고 [답변하기]를 클릭합니다.

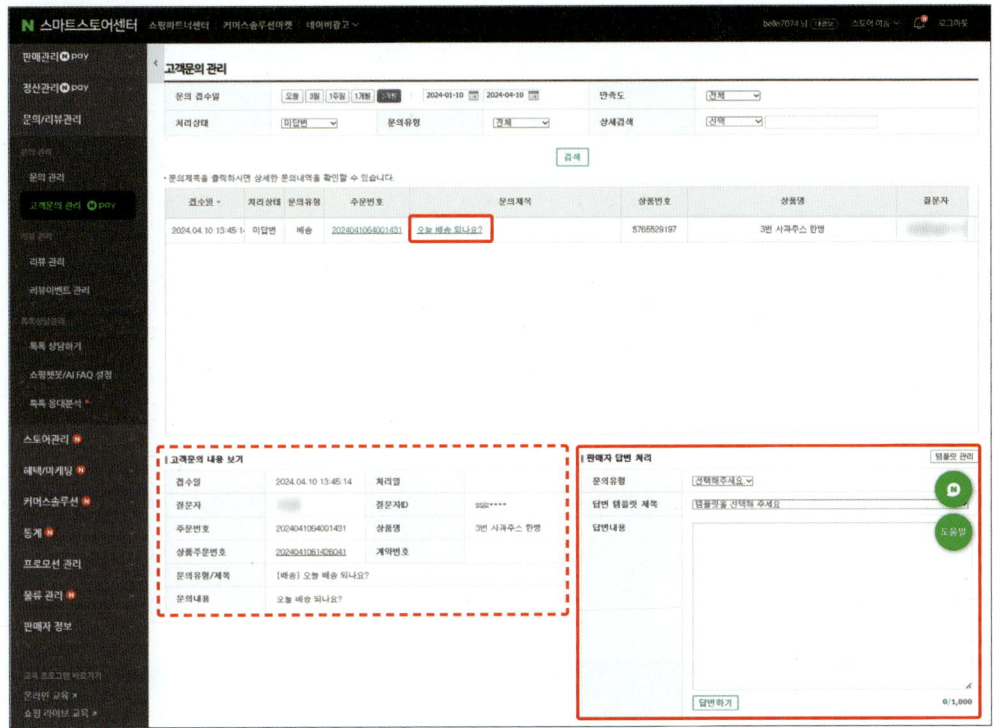

고객 리뷰 응대하기

CHAPTER 03 / SECTION 02

상품을 구매한 고객은 상품 수령 후 구매 결정과 함께 리뷰(구매평, 상품 후기)를 작성할 수 있습니다. 고객이 작성한 리뷰는 상품의 상세페이지에 노출되며, 새로 방문하는 고객의 구매 결정에 큰 영향을 끼칩니다.

01 리뷰 확인

고객이 직접 작성한 리뷰는 스마트스토어센터의 [문의/리뷰관리] – [리뷰 관리] 메뉴를 클릭해 [리뷰관리] 페이지에서 확인할 수 있습니다. [리뷰작성일]에서 원하는 옵션을 선택하고 [검색]을 클릭하면 [리뷰목록] 항목에 작성된 리뷰가 나타납니다.

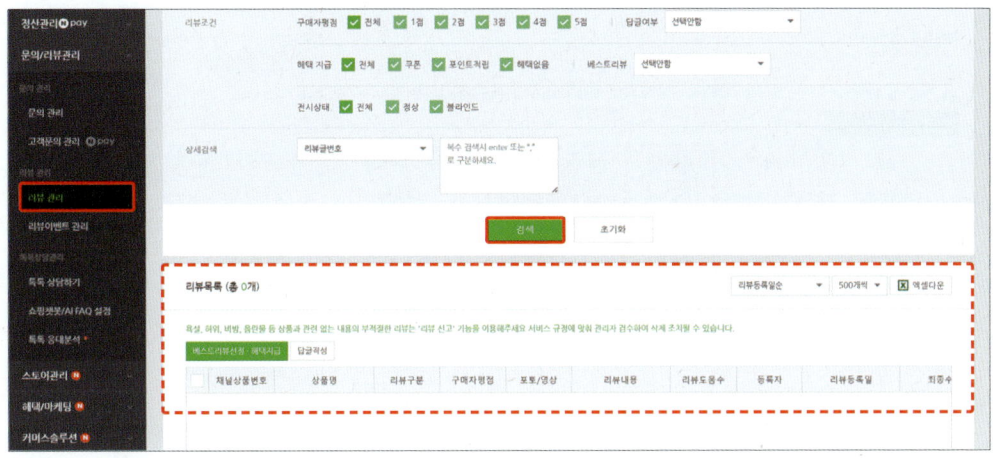

리뷰의 종류

고객이 작성할 수 있는 리뷰에는 크게 두 종류가 있습니다. 상품 구매 후에 작성하는 일반 리뷰와 구매 한 달 이후에 작성하는 한 달 사용 리뷰입니다. 리뷰는 텍스트만 입력해도 되고 사진이나 동영상을 첨부해 작성할 수도 있습니다.

판매자는 [리뷰구분], [리뷰타입]에서 원하는 옵션을 선택해 고객이 작성한 리뷰를 검색할 수 있습니다.

리뷰목록에서는 상품 정보와 리뷰 종류를 확인할 수 있습니다. [리뷰구분]에서 일반 리뷰인지 한 달 사용 리뷰인지 확인할 수 있고, [포토/영상]에서 사진이나 영상이 첨부되었는지 확인할 수 있습니다.

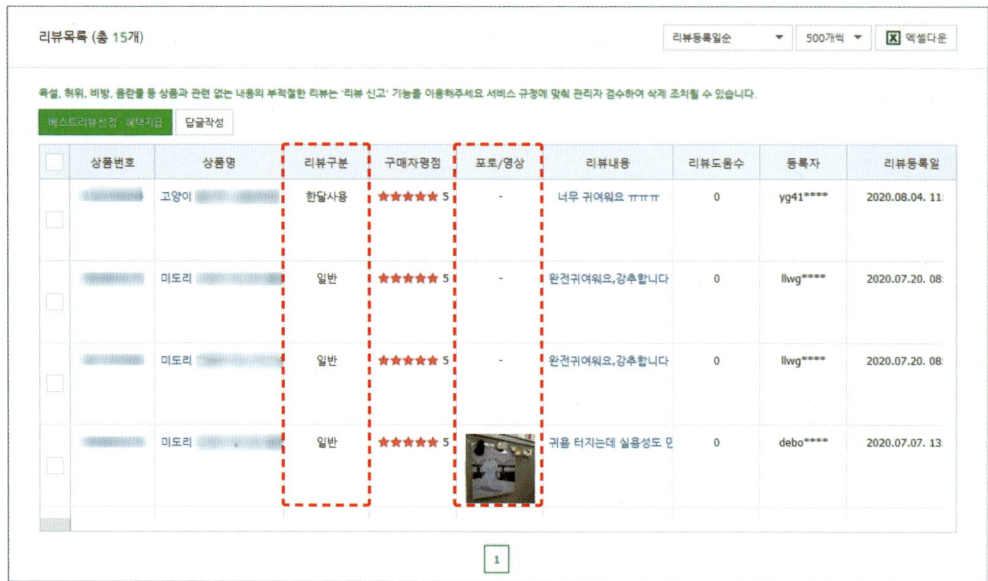

리뷰 확인하기

[리뷰목록]에서 [리뷰내용]의 해당 항목을 클릭하면 [리뷰 상세보기] 창이 나타나며 고객이 작성한 리뷰를 확인할 수 있습니다. 여기서 답글을 작성할 수 있습니다. 이 답글은 상세페이지에 리뷰 내용과 함께 노출되므로 다른 고객의 구매에 도움을 줄 수 있도록 상세하게 작성하는 것이 좋습니다.

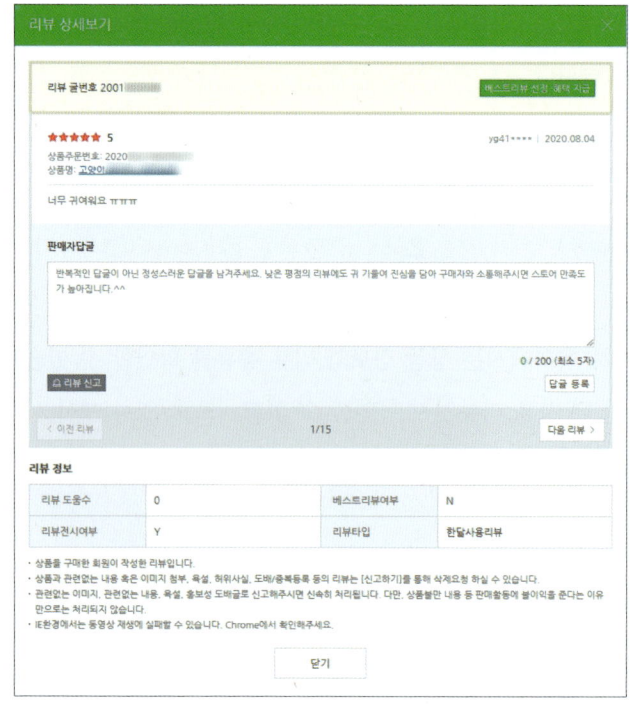

리뷰 작성 시 지급되는 포인트

네이버에서는 스마트스토어에서 상품 결제 시 네이버페이 포인트가 쌓이는 정책을 운영하고 있습니다. 구매자는 상품을 구매하면 자동으로 적립되는 구매 포인트뿐만 아니라 추가 적립, 리뷰 적립 등 다양한 포인트 적립 혜택을 받을 수 있습니다. 상품 구매 시 지급받을 수 있는 포인트는 다음과 같습니다.

- 상품 구매 시 결제 금액의 1%(기본 구매 적립)
- 구매 확정 후 일반 리뷰 작성 시(텍스트만 입력했을 때 50원, 사진이나 동영상 첨부 시 150원)
- 네이버 플러스 멤버십에 가입한 경우 추가 적립

예를 들어 1만 원짜리 상품을 구매한 고객은 구매 기본 적립 1%인 100원을 네이버페이 포인트로 적립받습니다. 상품 수령 후 구매확정을 하고 사진이나 동영상을 포함한 리뷰를 작성하면 150원을 추가로 받고, 네이버 플러스 멤버십까지 가입했다면 400원을 더 받습니다. 즉, 최대 650원이 적립됩니다.

이러한 포인트 혜택을 통해 고객의 리뷰 작성을 독려할 수 있습니다. 또한 텍스트로만 작성한 리뷰와 사진이나 동영상을 포함한 리뷰의 포인트에 차등을 둘 수도 있습니다.

상품 등록 시 추가 지급되는 포인트를 설정하려면 상품 등록 과정에서 [구매/혜택 조건]-[포인트] 항목을 확인합니다. 포인트 지급을 위해 [상품리뷰 작성 시 지급]에 체크하고 각 옵션에 추가로 적립할 금액을 입력합니다. 이렇게 지급되는 포인트 금액은 판매자의 정산 금액에서 차감되므로 적절한 선에서 조절해야 합니다.

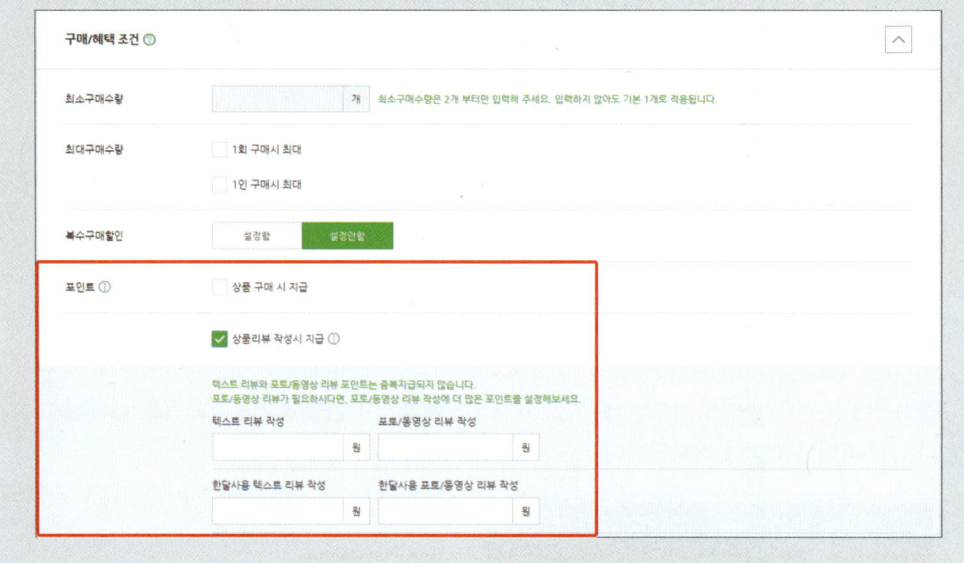

부정적인 리뷰 응대

판매자라면 리뷰의 중요성을 알아야 합니다. 스마트스토어에서 상품을 구매한 고객이 작성한 리뷰는 이후 상품 페이지에 접근하는 모든 고객에게 공개됩니다. 리뷰 수가 많거나 리뷰 별점이 높으면 판매에 긍정적인 영향을 끼치기도 합니다. 그러나 모든 리뷰가 긍정적이기만 할 수는 없습니다. 상품의 상태나 배송 처리 등에 대한 불만을 토로하는 리뷰가 있다면 이후에 방문할 신규 고객을 위해서라도 다음과 같은 내용을 충분히 담아 답글을 작성합니다.

- ✅ 잘못된 점을 인정하고 보완할 것을 약속하는 답글
- ✅ 어떤 상황으로 이런 이슈가 발생했는지 안내하는 답글
- ✅ 판매자와는 전혀 상관없는 이슈임을 공정히 안내하는 답글
- ✅ 고객과의 오해로 인해 발생한 상황임을 상세히 설명하는 답글

판매자의 이러한 답글이 달려 있다면 이후에 방문하는 고객들은 부정적인 리뷰만으로 판단하지 않게 됩니다. 신규 고객이 리뷰와 답글을 보고 충분히 이해하고 용인한다면 계속 주문이 발생할 수 있지만, 부정적인 리뷰에 아무런 액션을 취하지 않거나 너무 강경한 답글을 달면 신규 고객에게 반감을 주어 매출에 악영향을 미칩니다.

무엇보다 중요한 것은 판매자의 마음가짐입니다. 좋은 상품을 판매하고 있다면 부정적인 구매평에 흔들리지 않아도 됩니다. 세상 모든 사람이 만족하는 상품은 없습니다. 부정적인 리뷰는 상품이나 배송에 대한 글이지 나에 대한 비방이 아님을 기억해야 합니다.

02 리뷰 이벤트

좋은 상품을 꾸준히 판매하면 차츰 긍정적인 리뷰가 쌓일 것입니다. 하지만 최대한 짧은 시간에 양질의 리뷰를 많이 확보하려면 구매자에게 리뷰 작성을 권장하는 이벤트를 진행하는 것도 좋은 방법입니다. 리뷰 이벤트는 스마트스토어센터의 [문의/리뷰관리] - [리뷰이벤트 관리] 메뉴에서 관리합니다. 새 이벤트를 등록하려면 [리뷰이벤트 관리] 페이지에서 [리뷰이벤트 목록]의 [리뷰 이벤트 등록]을 클릭합니다.

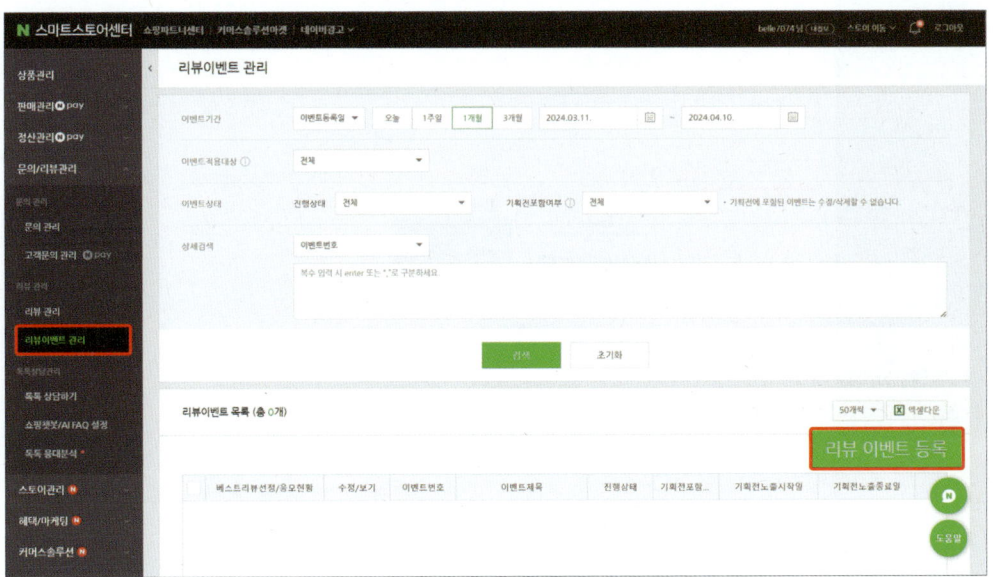

[리뷰이벤트 등록] 페이지가 나타나면 리뷰 이벤트를 등록합니다. 이 이벤트는 스토어 이벤트 게시판에 자동으로 노출되며, 당첨자 발표 상태가 되면 베스트리뷰 선정 내역이 안내됩니다. 세부 항목을 알아보겠습니다.

① **이벤트 제목** | 판매자가 알아보고 관리할 수 있는 리뷰 이벤트 제목을 입력합니다.

② **이벤트 적용 대상** | [스토어전체], [카테고리설정], [상품설정] 중에서 선택합니다. 스토어 전체 상품, 특정 카테고리, 특정 상품 등 이벤트를 적용할 대상을 선택합니다.

③ **이벤트기간** | 이벤트가 진행될 리뷰 작성 기간을 선택합니다. 이벤트 등록일 +1일부터 선택할 수 있으며, 종료일은 최대 31일까지 선택할 수 있습니다.

④ **발표일** | 리뷰 이벤트 선정자 발표일을 설정합니다. 이벤트 기간이 종료되기 3일 전부터 이벤트 종료일 이후 10일 중에서 선택할 수 있습니다.

⑤ **선정 리뷰 수** | 응모 인원 중 리뷰 이벤트 당첨자 수를 선택합니다. 이 항목은 응모 현황에 따라 더 많거나 적게 수정할 수 있습니다.

⑥ **포인트혜택** | 이벤트에 선정된 고객에게 제공할 포인트 금액을 입력합니다. 혜택 포인트를 입력하면 [이벤트 총 예산]에서 총 금액을 실시간으로 확인할 수 있습니다.

⑦ **이벤트 내용** | [내 상품 판매에 도움되는 유용한 리뷰 받기]를 클릭하면 이벤트 목록(제목)이 나타납니다. 상품군에 따른 이벤트 내용을 선택합니다.

⑧ **이벤트 배너 스타일** | 리뷰 이벤트를 공지할 배너 이미지를 선택합니다. [일반형]과 [강조형] 중에서 선택할 수 있습니다.

모든 항목을 입력하고 이벤트 총 예산 금액을 충전하면 이벤트를 등록할 수 있습니다. 등록한 리뷰 이벤트의 진행 상태는 [리뷰이벤트 목록]에서 확인할 수 있습니다. 이벤트가 완료되면 [응모현황보기]를 클릭해 베스트 리뷰를 선택합니다.

NOTE **스마트스토어 전문가**의 실전 노하우

📋 리뷰 이벤트 활용하기

상품을 등록하면서 '리뷰 작성 시 포인트 지급'을 설정하는 것도 좋지만, 리뷰 이벤트가 더 효과적입니다. 리뷰 이벤트는 충전금으로 판매자의 비용이 들어가고 직접적인 노출이 이루어지므로 고객의 긍정적인 리액션을 기대할 수 있습니다.

리뷰 이벤트에 응모된 리뷰는 그렇지 않았을 때의 리뷰보다 퀄리티가 높습니다. 특히 선착순 이벤트의 경우에 효과가 좋습니다. 다음 자료를 보면 선착순 이벤트에 응모한 리뷰의 퀄리티가 높았음을 알 수 있습니다.

	선착순 이벤트	포토/동영상 리뷰이벤트
사진 첨부율	42.14%	44.58%
동영상 첨부율	2.83%	0.69%
잘 쓴 리뷰 비율	20.75%	12.21%
아주 잘 쓴 리뷰 비율	10.38%	5.4%

▲ 내부 기준에 따라 분류한 리뷰 이벤트 효과 분석 자료

선착순 리뷰 이벤트 운영 TIP

1. 신상품 혹은 리뷰가 잘 모이지 않는 상품에 선착순 이벤트를 열면 효과가 좋습니다.
2. 사진이나 동영상 첨부가 아닌 다른 조건으로도 선착순 리뷰 이벤트를 열 수 있습니다.
3. 퀄리티 높은 응모 리뷰를 더 많이 받기 위해 선착순 인원을 늘릴 수 있습니다.
4. 고객과의 약속을 지키기 위해 베스트리뷰로 선정 가능한 범위에서만 선착순 이벤트를 열고, 선착순 대상인 리뷰는 반드시 베스트리뷰로 선정해야 합니다.

출처 : 스마트스토어센터 공지사항 – 스마트스토어 리뷰이벤트 운영 TIP 안내

TIP 고객 등급별 혜택 관리에 대한 자세한 내용은 345쪽을 참고합니다.

Chapter
04

정산
관리하기

상품이 판매되고 구매자가 구매 확정을 하면 판매자에게 판매대금이 정산됩니다. 네이버 스마트스토어는 판매자에게 수수료를 제외한 판매대금을 '구매확정일+영업일 1일'에 정산합니다. 상품 판매 후 정산 과정에 대해 알아보겠습니다.

01 스마트스토어 정산 프로세스

네이버 스마트스토어의 정산 대금은 계좌이체 또는 판매자 충전금으로 입금됩니다. 영업일 기준으로 매일 지급됩니다. 정산 대금은 판매자의 수수료를 제외한 판매대금이며, 고객의 구매확정일+영업일 1일 후에 정산됩니다.

▲ 스마트스토어 정산 프로세스

02 정산 내역 확인하기

스마트스토어센터에서 [정산관리]-[정산 내역] 메뉴를 클릭해 [정산내역] 페이지로 이동합니다. [일별 정산내역], [건별 정산내역], [나의 수수료] 탭이 있습니다.
다음은 [일별 정산내역] 탭을 선택한 화면입니다. 화면 아래의 [정산내역 및 목록]에서 최종 정산 금액과 상세내역을 확인할 수 있습니다.

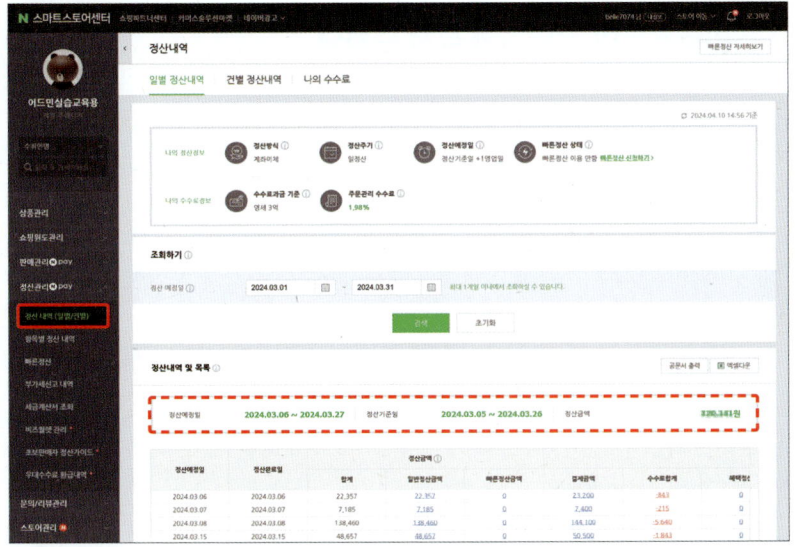

정산 대금은 보통 고객의 결제 금액에서 수수료, 포인트 등을 차감한 금액입니다. 추가로 [일별공제환급], [지급보류], [마이너스충전금상계] 등의 항목이 있습니다.
다음은 [일별 정산내역] 탭의 [정산내역 및 목록]입니다.

1만 원짜리 상품을 팔았다고 해서 1만 원을 정산받지 않습니다. 정산 금액은 고객의 결제 금액에서 수수료를 제외한 금액이며, 이때 배송비까지 포함되어 정산됩니다.
위 그림처럼 고객이 결제한 금액이 42,000원이라면 총 2,370원의 판매수수료가 발생합니다. 결제 금액은 상품 금액과 배송비를 더한 금액에서 포인트 등 할인을 적용한 최종 결제 대금입니다. 여기에 총 수수료를 제하고 정산되는 것입니다.

TIP [정산방식]이 계좌이체가 아닌 충전금으로 나타날 수 있습니다. 이때는 [판매자정보]-[판매자 정보] 메뉴에서 [세금계산서 발행동의]를 진행해야 합니다.

NOTE 스마트스토어 전문가의 실전 노하우

📋 상세 내역 알아보기

[정산내역 및 목록]에 있는 상세 내역과 수수료에 대해 알아보겠습니다.

상세 내역

- **수수료 합계** | 네이버페이 결제수수료, 네이버쇼핑 매출연동수수료 등을 포함한 수수료 총액입니다.
- **혜택정산** | 판매자가 설정한 혜택(리뷰 작성 및 상품 구매 시 포인트 지급 등)으로, 판매자 부담 금액입니다.
- **일별공제환급** | 복수구매할인, 조건부 무료배송 적용 후 취소 처리된 내역, 네이버 지정 택배사를 통한 배송운임비 등입니다.
- **지급보류** | 특정 사유에 의하여 판매대금 정산을 일시적으로 중지한 금액입니다.
- **마이너스충전금상계** | 일별 정산을 받을 금액보다 정산 후 취소(주문 취소) 및 공제금액이 더 큰 경우에 책정됩니다.

정산내역 상세보기

상세 내역의 금액을 클릭하면 [정산관리]-[정산 내역 상세] 메뉴로 이동해 자세한 내용을 확인할 수 있습니다. 세부 내용을 조회하려면 상단의 각 탭을 클릭합니다.

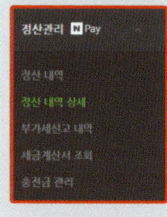
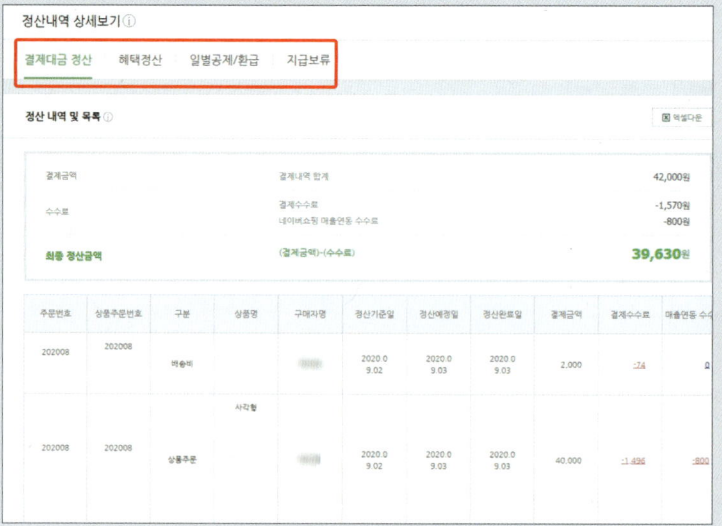

03 정산을 위한 구매확정 유도하기

고객이 상품 수령 후 바로 네이버에서 구매확정을 하면 판매자는 그 다음날 판매대금을 정산받습니다. 그러나 대부분의 고객은 구매확정에 인색합니다. 구매확정이 진행되지 않으면 판매자의 정산은 늦어집니다. 빠른 구매확정은 상품 정산에 도움이 될 뿐 아니라 빠른 구매확정을 하는 고객의 상당수는 구매평도 작성해 스토어 운영에 큰 도움을 줍니다.

> **스마트스토어 TIP | 구매확정 안내 메시지 발송하기**
>
> 택배사 연동을 통해 배송 추적 가능한 주문건은 배송완료일을 확인할 수 있으며 3일 이후에 구매확정을 독려하는 안내 메시지가 발송됩니다. 그리고 5일 후, 즉 배송완료일로부터 8일째 되는 날에는 '자동구매확정처리'가 됩니다. 정산은 '자동구매확정처리' 다음날 이루어집니다. 그런데 직배송, 퀵서비스, 방문수령, 직접전달 등 배송완료일이 확인되지 않는 주문건은 발송처리일로부터 28일째 되는 날에 자동구매확정이 됩니다. 이런 경우 판매자는 발송처리일+8일이 되는 시점부터 스마트스토어센터에서 [판매자 구매확정 요청]을 클릭해 고객에게 구매확정을 독려하는 메시지를 발송할 수 있습니다.

빠른 구매확정과 훌륭한 구매평을 얻기 위해 다양한 방법을 모색할 수 있습니다. 가장 쉬운 방법은 고객에게 구매평 작성을 독려하는 것입니다. 무작정 작성해달라고 해봐야 고객은 쉽게 움직이지 않으므로 앞에서 안내한 리뷰 이벤트나 혜택 제공 마케팅을 활용하면 좋습니다.

이때 고객이 이벤트나 마케팅을 접하고 빠르게 구매확정과 리뷰 등록을 할 수 있도록 잘 어필하는 것이 중요합니다. 상세페이지는 상품 구매를 고민할 때 보는 페이지이므로 리뷰 이벤트를 아무리 열심히 설명해도 어필하는 데는 무리가 있습니다. 리뷰 이벤트나 포인트 지급 마케팅은 고객이 상품을 받았을 때 볼 수 있게 하는 것이 좋습니다. 이벤트를 알리는 전단 등을 만들어 상자 위나 폴리백 속 상품 위에 두면 효과적입니다. 타이틀은 다음 예시와 같이 짧고 명확하게 작성해 크게 표시하고, 지급 기간, 지급 대상 등 세부 내용을 정확히 명시합니다.

- ✓ 지금 당장 구매확정하고 구매평 작성하자! 최대 5천 포인트 지급
- ✓ 제품 개봉 사진 구매평 작성하고 300포인트 받자!

스마트스토어

PART 04
스마트스토어 마케팅하기

Chapter 01

재방문을 유도하는
마케팅

판매자는 내 스토어에 방문한 고객이 상품을 구매할 것을 기대합니다. 그러나 대부분의 고객은 단번에 상품을 구매하지 않습니다. 내 스토어를 잠시 스쳐 지나갈 뿐입니다. 그렇다면 스쳐 지나갔던 고객을 다시 찾아오게 하려면 어떻게 해야 할까요? 이번에는 스마트스토어 마케팅 중 고객의 구매 의지를 높일 수 있는 재방문 유도 마케팅에 대해 알아보겠습니다.

상품 쿠폰으로 재방문 유도하기

CHAPTER 01 / SECTION 01

상품을 사려고 할 때 어떤 과정을 거치는지 우리의 쇼핑 경험을 되짚어보겠습니다. 온라인 구매를 할 때는 대부분 ❶ 상품을 검색하고 ❷ 상품 리스트를 살펴보고 ❸ 마음에 드는 상품을 클릭해 ❹ 상품 상세페이지에 방문하는 네 단계를 거칩니다. 이때 상세페이지 첫 방문이 바로 상품 결제로 이어지는 경우는 많지 않습니다. ❶, ❷, ❸, ❹ 단계를 여러 번 반복하기 때문입니다. 상품에 관련된 다양한 키워드로 검색하고, 상품 리스트에서 이미지와 가격으로 여러 상품을 충분히 비교한 후, 적당해 보이는 상품을 클릭해 상세페이지를 확인하는 과정을 반복하면서 더 마음에 드는 상품을 고르고 골라 결제합니다. 이 과정은 여러 날 또는 여러 달에 걸쳐 진행되기도 하고 당일에 결제까지 이루어지기도 합니다. 검색에서 결제까지는 평균 20~30회의 클릭이 일어난다고 합니다.

이 과정에서 스마트스토어를 활용하여 쉽게 시작할 수 있는 가장 큰 마케팅은 내 스토어에서 사용할 수 있는 쿠폰을 발행하는 것입니다. 쿠폰을 발행하면 메인페이지와 내 스토어의 상품 상세페이지에 노출됩니다. 쿠폰은 고객이 직접 다운로드해 사용할 수 있습니다. 때에 따라 판매자가 직접 특정 고객을 위한 쿠폰을 발행할 수도 있습니다. 쿠폰 발행은 고객에게 혜택을 제공해 재방문을 유도하고 매출을 높이는 가장 기본적인 마케팅 방법이라 할 수 있습니다.

01 쿠폰 설정 이해하기

타기팅 대상에 따라 다양한 쿠폰을 발급할 수 있습니다. 먼저 스마트스토어센터에서 [혜택/마케팅] - [혜택 등록] 메뉴를 클릭해 [혜택 등록] 페이지에서 원하는 쿠폰을 설정합니다. 각 항목을 살펴보겠습니다.

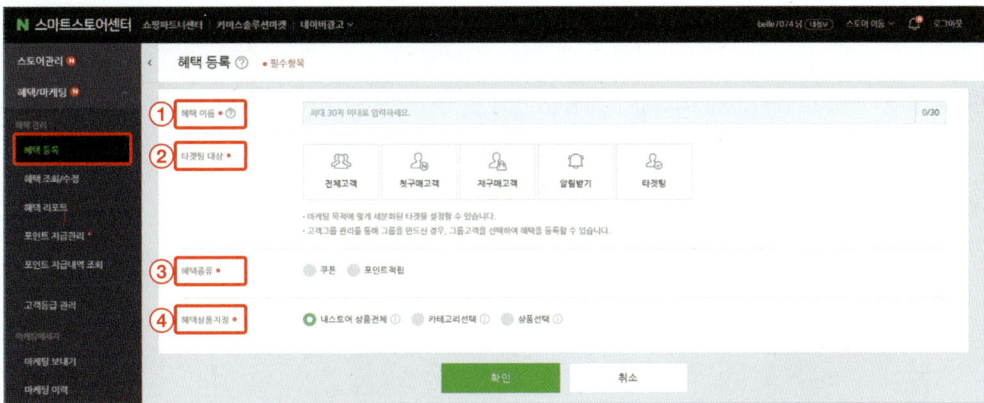

① **혜택 이름** | 판매자가 발급한 쿠폰을 알아볼 수 있도록 제목을 입력합니다.
② **타겟팅 대상** | 쿠폰을 사용할 수 있는 마케팅 대상 범위를 선정합니다.
③ **혜택종류** | 설정한 [타겟팅 대상]에 따라 [쿠폰] 또는 [포인트적립]으로 자동 설정됩니다.
④ **혜택상품지정** | [내스토어 상품전체], [카테고리선택], [상품선택] 중에서 선택합니다.

선택한 [타겟팅 대상]에 따라 세부 항목이 나타납니다. 필수 입력 항목을 포함해 모든 정보를 입력해야만 혜택을 등록할 수 있습니다. 판매자에게 맞는 할인쿠폰에 대해 알아보겠습니다.

02 첫 구매 고객 혜택과 재구매 고객 혜택

내 스토어에서 구매한 내역이 있는지 없는지를 기준으로 타깃을 설정할 수 있습니다. 내 스토어를 처음 이용하는 고객을 대상으로 한 혜택을 등록하려면 [첫구매고객]을 선택합니다. 최근 2년간 내 스토어에서 구매한 이력이 없는 고객이 방문하면 설정된 쿠폰이 자동으로 노출됩니다.

내 스토어 구매 내역이 있는 고객에게 혜택을 제공하려면 [재구매고객]을 선택합니다. 최근 6개월 이내 구매 경험이 있는 고객이 재방문하면 할인쿠폰이나 포인트적립 혜택이 자동으로 노출됩니다. 식품이나 리빙/생활용품 등 구매 주기가 짧은 제품을 판매한다면 단골고객 유지를 위해 재구매 고객 혜택을 등록하는 것이 좋습니다.

▲ 첫 구매 고객 혜택이 노출된 화면

▲ 재구매 고객 혜택이 노출된 화면

초보 판매자는 우선 첫 구매 고객에게 할인쿠폰을 발행하게 되지만 차차 재방문을 유도하기 위한 마케팅 계획을 세우는 것이 필요합니다. 재구매 고객을 위한 혜택은 아직 이를 수 있으니 필요에 따라 선택적으로 활용합니다.

03 알림받기 혜택 설정

이미 많은 판매자가 애용하고 있으며 초보 판매자에게 추천할 혜택은 [알림받기] 입니다. 이 혜택은 다른 마케팅과 프로모션 참여 시에 필수적으로 설정해야 하는 경우가 많고, 고객의 재방문을 시각적으로 유도할 수 있는 방법이므로 반드시 알고 있어야 합니다.

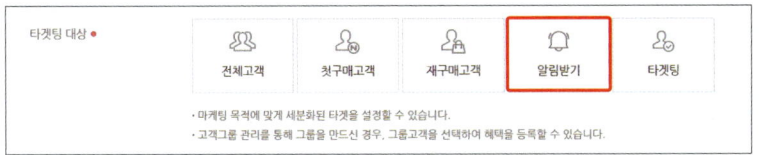

[타겟팅 대상]에서 [알림받기]를 선택해 혜택을 등록한 경우 고객이 쿠폰을 다운로드하면 내 스토어가 고객의 '관심스토어' 목록에 추가됩니다. 또한 고객이 내 스토어에서 발송한 단체 메시지를 받는 수신대상자가 됩니다. 이는 곧 혜택 제공과 동시에 고객의 재방문을 유도하는 마케팅의 첫 걸음입니다. 그러므로 장기적으로 꾸준한 고객 유입을 바란다면 [알림받기] 혜택을 활용하는 것이 좋습니다.

 **스마트스토어 전문가**의 실전 노하우

할인쿠폰 비용 정산 방법

할인쿠폰 등 판매자가 등록하는 혜택은 판매자가 직접 비용을 부담하는 프로모션입니다. 그러나 혜택을 등록해 할인쿠폰이 발행된 즉시 비용이 발생하는 것은 아닙니다. 또한 할인쿠폰이 여러 고객에게 발행되어도 당장 비용이 청구되지 않습니다. 할인쿠폰을 소지한 고객이 내 스토어에 방문해 제품을 구매하면서 할인쿠폰을 사용한 경우에만 비용이 발생합니다. 예를 들어, 1천 원짜리 할인쿠폰을 고객 100명이 받았다면 10만 원 상당의 무형 쿠폰이 발행된 셈입니다. 이때까지는 매출에 영향을 끼치는 부분이 전혀 없습니다. 100명의 잠재고객 중 내 스토어에 방문해서 할인쿠폰을 사용하며 상품을 구매한 고객이 50명이라면 전체 판매금액에서 5만 원을 차감하고 정산을 받습니다. 쿠폰별로 사용율의 차이는 있지만, 보통 온라인 쇼핑몰에서 쿠폰 사용율은 10% 내외이고 스마트스토어에서 할인쿠폰을 사용하는 경우는 평균적으로 10~20% 정도입니다.

CHAPTER 01　SECTION 02

[따라 하며 배우는] 단골고객 유치하기

웹사이트를 즐겨찾기나 북마크해두면 웹브라우저에 목록으로 남아 수시로 클릭하여 재방문할 수 있습니다. 웹과 모바일이 혼용되는 요즘, 고객이 내 스토어로 쉽게 방문할 수 있도록 고객에게 '알림받기'를 유도해 잠재적인 재방문 고객을 늘리고 단골고객을 유치하는 방법이 있습니다.

01 고객이 내 스토어를 재방문하게 만드는 알림받기

스마트스토어 메인페이지 상단에는 [알림받기] 버튼이 있습니다. 스토어 상단에는 [관심고객수]가 위치하는데, 이 숫자가 크면 마치 '좋아요'가 많은 인스타그램 피드나 유튜브 영상처럼 스마트스토어의 인기가 있어 보이는 심리적인 효과도 있습니다.

TIP 실제로 초보 판매자들은 방문자 수도 적은데 [알림받기] 수도 적어서 고객이 없어 보이는 것 같다는 걱정을 하기도 합니다. 그러나 [알림받기]는 스토어 운영기간에 비례해 차츰 증가하니 너무 걱정하지 않아도 됩니다.

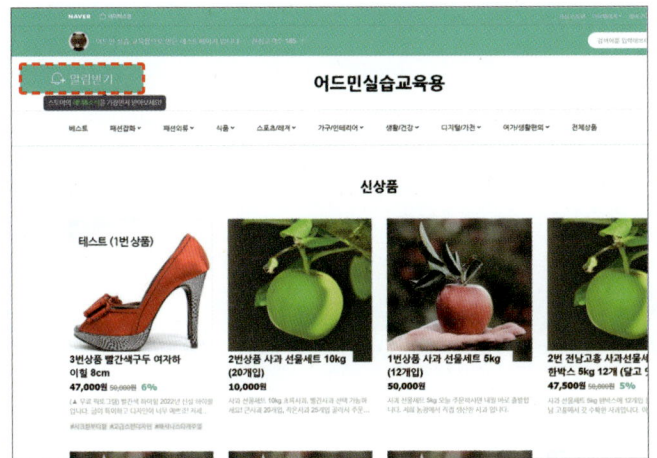 

PC   모바일

▲ 고객이 선택할 수 있는 [알림받기]

[알림받기]를 동의한 고객은 스마트스토어의 상단 [관심 스토어] 메뉴나 네이버쇼핑의 [쇼핑 MY]-[관심 스토어]를 클릭해 자신이 [알림받기]한 스토어 목록을 쉽게 확인할 수 있습니다.

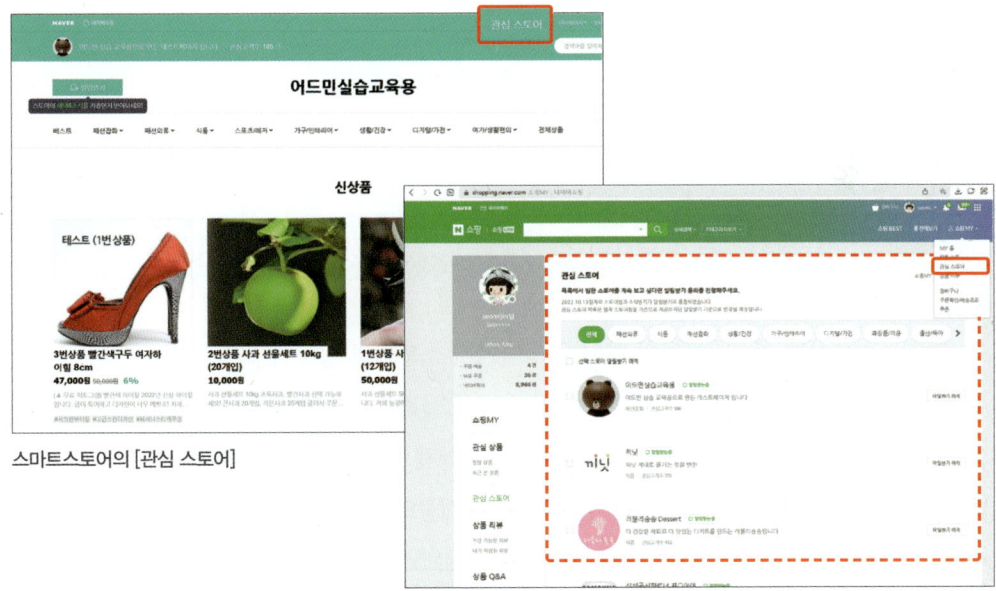

스마트스토어의 [관심 스토어]

네이버쇼핑의 [관심 스토어]

▲ PC 버전에서 [관심 스토어]를 볼 수 있는 메뉴

모바일의 네이버 메인페이지에서 [쇼핑] 페이지로 이동하면 상단 [관심 스토어] 탭에서 목록을 확인할 수 있습니다. 이 영역에서는 고객이 [찜하기]를 설정한 스토어들의 신상품, 인기상품, 베스트리뷰 상품 등 최근 소식을 볼 수 있습니다. 마음에 들었던 스토어의 소식만 노출되므로 호감 있는 상품의 정보를 확인하고 재방문하기 쉽습니다.

▲ 모바일 버전에서 [관심 스토어]를 볼 수 있는 메뉴

02 알림받기를 유도하는 할인쿠폰 발행하기

고객이 내 스토어를 알림받기하면 다양한 영역에서 스토어와 상품이 노출되고 고객의 재방문이 쉬워집니다. 그러나 고객이 스스로 [알림받기]를 클릭하고 재방문을 계획하는 일은 흔하지 않습니다. 판매자가 [알림받기]를 클릭해달라고 요청해도 사정은 크게 달라지지 않습니다. 이때는 [알림받기]를 클릭하면 받을 수 있는 혜택을 제공해 클릭을 유도하는 것이 좋습니다. 알림받기 고객만 받을 수 있는 혜택을 발행하면 스마트스토어 메인페이지와 상세페이지 상단에 할인쿠폰이 자동으로 노출됩니다.

알림받기 할인쿠폰 발행하기

01 ❶ 스마트스토어센터에서 [혜택/마케팅] - [혜택 등록] 메뉴를 클릭합니다. ❷ [혜택 이름]에는 판매자가 관리할 수 있는 이름을 입력합니다. 여기서는 '알림받기 쿠폰 발행'을 입력했습니다. ❸ [타겟팅 대상]은 [알림받기]을 선택합니다.

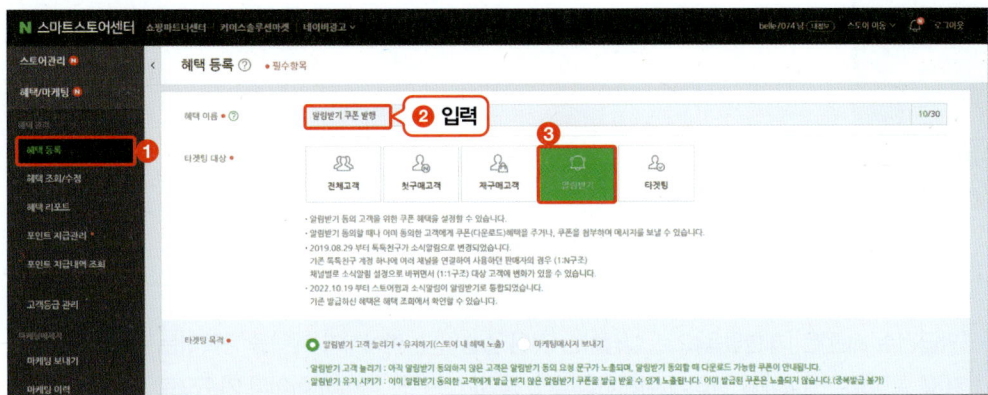

> **TIP** 필수 입력 항목의 이름 옆에는 빨간색 점이 표시되어 있습니다. 그 외 항목은 자동 설정되어 있습니다. 이번 실습에서는 직접 입력해야 하는 항목 위주로 진행합니다.

> **TIP** [타겟팅 대상]을 선택하면 선택 대상에 따라 [타겟팅 목적]이 자동 노출됩니다. 찬찬히 살펴본 후 다음 단계를 진행합니다.

02 ❶ [혜택종류]에서 [쿠폰]을 선택하고, ❷ [쿠폰종류]는 [상품중복할인]으로 선택합니다.

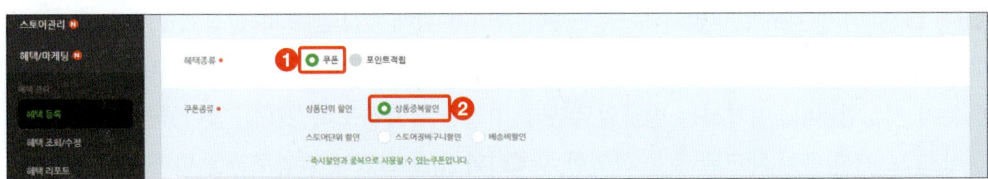

> **스마트스토어 TIP** [쿠폰종류] 알아보기
>
> [쿠폰종류]는 [상품단위 할인]의 [상품중복할인]과 [스토어단위 할인]의 [스토어장바구니할인], [배송비할인] 중 하나를 선택합니다. [상품중복할인]을 선택하면 상품의 판매가+할인가에서 할인쿠폰 금액까지 추가 할인하여 결제됩니다. [장바구니할인]은 특정 상품이 아닌 총 주문 금액에서 일정 금액을 할인하고, [배송비할인]은 배송비가 발생하는 경우 배송비를 할인해줍니다. [스토어단위 할인]의 옵션을 선택하면 내 스토어 상품에만 적용할 수 있습니다. 보통 [상품중복할인]을 많이 사용합니다.

03 [할인설정]은 금액 또는 비율(%)로 설정할 수 있습니다. ❶ 여기서는 [원]을 선택하고 ❷ '1,000'을 입력했습니다. [최소주문금액]은 할인쿠폰을 사용할 수 있는 최소 결제 금액입니다. ❸ 여기서는 '10,000'을 입력했습니다.

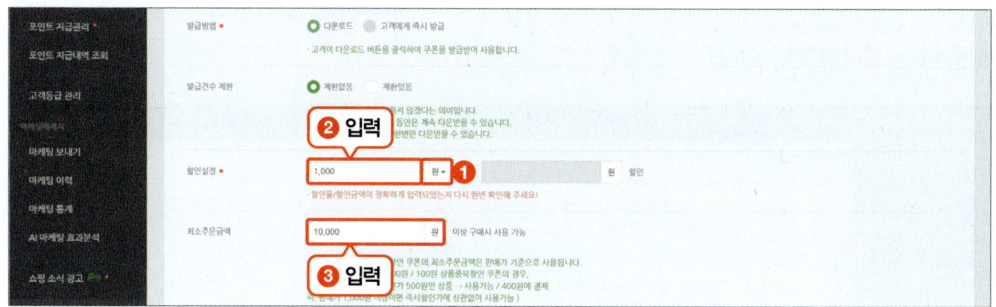

> 💡 **스마트스토어 TIP** [발급건수 제한], [할인설정] 알아보기
>
> [발급건수 제한]은 [제한없음]으로 설정하는 것이 좋습니다. 판매자가 혜택을 등록하는 이유는 [찜하기]를 클릭할 단골고객을 늘리기 위해서입니다. 동일한 쿠폰은 네이버 아이디 기준으로 한 번만 다운로드할 수 있으니 중복 발행에 대해서는 신경 쓰지 않아도 됩니다.
>
> [할인설정]은 금액 또는 비율(%)로 설정할 수 있습니다. 보통 금액으로는 1,000원, 비율로는 5~10%를 등록합니다. 비율로 설정할 때는 최대 할인(최대 1만 원 할인 등)이 가능한 금액을 함께 입력합니다.

04 ❶ [혜택기간]은 알림받기 수를 꾸준히 늘리기 위해서 [1년]으로 설정했습니다. ❷ [쿠폰 유효기간]은 [발급일 기준으로 설정]을 선택하고, 쿠폰 발급일로부터 며칠 이내에 사용해야 하는지 지정합니다. 여기서는 발급일로부터 10일간 유효하도록 '10'을 입력했습니다. ❸ [상품상세 노출] 항목이 체크된 것을 확인한 후 ❹ [확인]을 클릭해 할인쿠폰을 발행합니다.

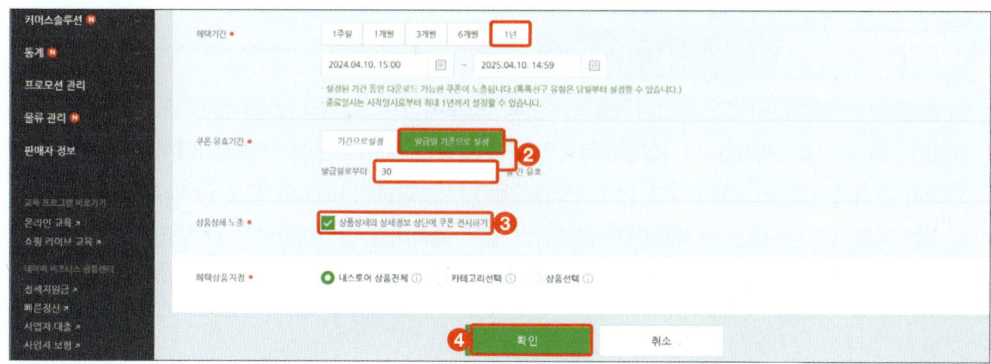

스마트스토어 TIP [혜택상품지정] 알아보기

[혜택 등록]의 마지막 항목은 혜택을 제공할 상품의 범위를 설정하는 [혜택상품지정]으로, 기본 설정은 [내스토어 상품전체]입니다. [카테고리선택]이나 [상품선택]으로 설정해 특정 카테고리나 특정 상품으로 제한을 둘 수도 있지만, 방문 고객이 어떤 상품을 통해 유입되었는지 예상할 수 없으므로, [찜하기] 클릭을 유도하려면 상품 전체에서 사용할 수 있는 혜택을 등록하는 것이 좋습니다.

NOTE 스마트스토어 전문가의 실전 노하우

혜택 등록 시 자주하는 질문

Q. 자주 쓰는 쿠폰의 종류는?

판매자가 가장 많이 활용하는 것은 '상품중복할인' 쿠폰입니다. 상품 상세페이지에서 직관적으로 할인 혜택을 확인할 수 있어서 사용 빈도가 높습니다.

Q. 비율 할인과 금액 할인 중 어떤 것이 더 좋을까?

5% 할인보다 2,000원 할인이 직관적으로 더 크게 와 닿을 수 있습니다. 그러나 상세페이지 상단에는 '최대 할인가'가 노출되고 있어서 고객이 느끼는 체감 할인은 크게 다르지 않으므로 가격 대비 적정한 할인율을 적용해 선택하도록 합니다. 또한 상품의 판매금액을 정할 때부터 프로모션 비용을 함께 고려하는 것이 좋습니다. 단, 여러 영역에서 할인쿠폰을 활용해야 한다면 '금액' 할인을 추천합니다.

Q. 적당한 쿠폰 유효기간은?

고객 방문과 결제가 동일한 날짜에 이루어질 가능성이 높은 상품은 할인쿠폰의 유효기간을 짧게 설정하는 것이 좋습니다. 쿠폰을 활용해 결제까지 이어질 수 있도록 유도하는 것입니다. 그러나 캠핑용품이나 가전제품처럼 여러 차례 검색하고 둘러보면서 장바구니에 담아두고 고민하다가 결제하게 되는 상품이라면 할인쿠폰의 유효기간을 길게 설정하는 것이 좋습니다.

Q. 특정 상품만 할인해도 괜찮을까?

특정 상품을 선정해 고객의 결제를 유도하는 것은 좋은 시도입니다. 그러나 알림받기 혜택은 언제, 어디서, 어떤 고객이, 어떤 상품을 클릭하고 방문하는지 알 수 없습니다. 따라서 초보 판매자에게는 한정적인 특정 상품보다는 스토어 전체 상품으로 설정하는 것이 적합합니다. 첫 번째 목적인 찜하기 숫자 늘리기를 달성하기에도 좋습니다.

발행한 혜택 확인하기

발행한 할인쿠폰은 스마트스토어센터의 [혜택/마케팅] – [혜택 조회/수정] 메뉴에서 확인할 수 있습니다. 혜택 목록에서 [중지]를 클릭하면 현재 발행 중인 혜택이 중단되고 더 이상 노출되지 않습니다. 목록의 스크롤바를 옮겨보면 [발급건수]와 [사용건수] 항목에서 쿠폰이 얼마나 발급/사용되었는지 확인할 수 있습니다.

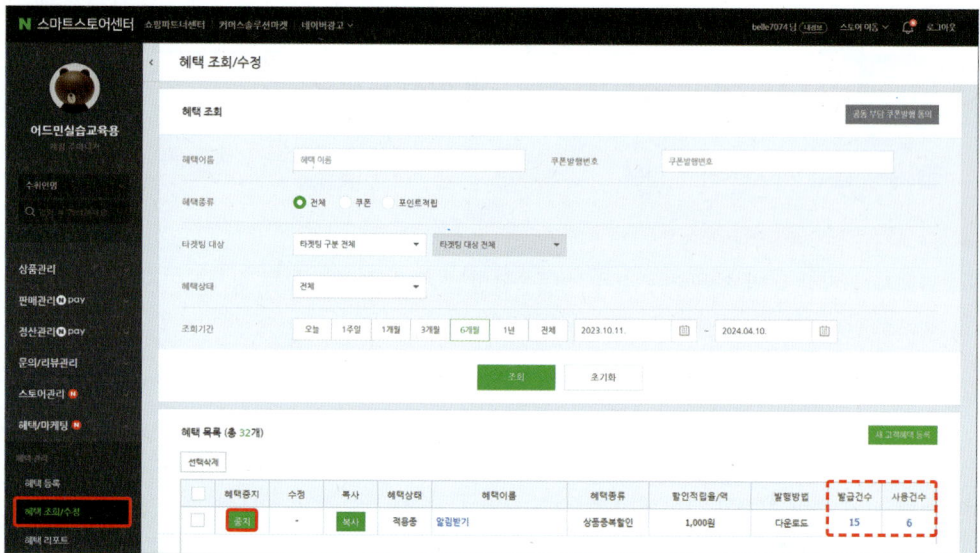

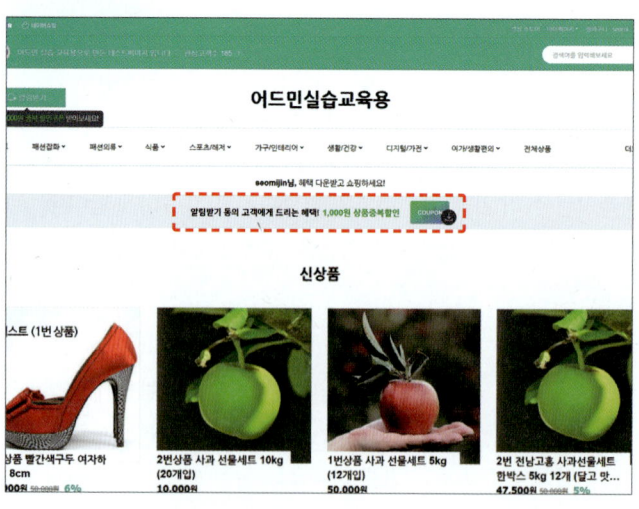

PC   모바일

▲ 스마트스토어 메인페이지에 노출된 쿠폰 혜택

고객은 상품 상세페이지에서 [쿠폰받기]를 클릭해 할인쿠폰을 다운로드합니다. 쿠폰을 발급받으면 [찜하기]를 클릭한 것과 같은 혜택이 적용됩니다.

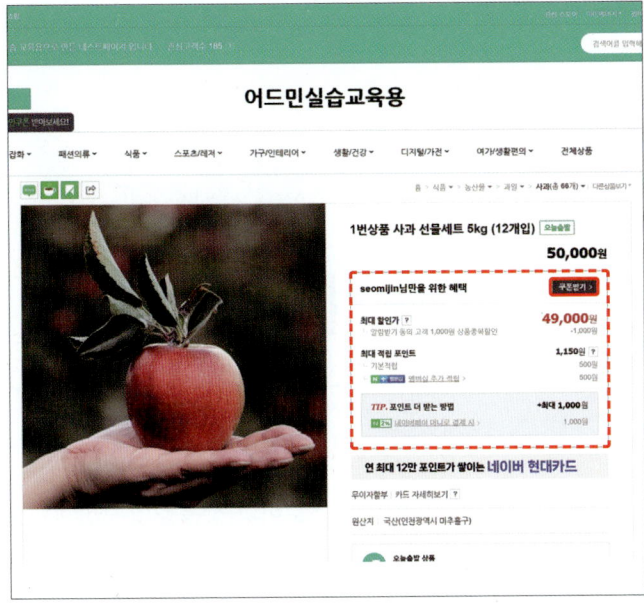

PC

모바일

▲ 상세페이지에 노출된 최대 할인가

PC

모바일

▲ 상품 상세정보 상단에 전시된 쿠폰 이미지

재방문을 유도하는 마케팅 ▼ CHAPTER 01 ▼ 279

CHAPTER 01 | SECTION 03

알림받기를 설정한 고객에게 단체 메시지 발송하기

내 스토어에 방문했던 고객에게 마케팅 메시지 기능을 이용해 스토어와 상품을 홍보할 수 있습니다. 메시지 발송은 스토어에 방문했던 고객이 '알림받기'에 동의해야만 발송할 수 있으며, 내 스토어에 네이버 톡톡이 연동되어 있어야만 합니다.

TIP 네이버 톡톡에 대한 설명은 248쪽에서 확인합니다.

01 고객이 설정하는 스마트스토어 알림받기

판매자가 발송한 단체 메시지는 고객의 네이버 아이디로 전달됩니다. 알림받기의 가장 큰 매력은 메시지가 직관적으로 전달된다는 것입니다. PC에서는 로그인 후 [알림] 탭에서 확인할 수 있고, 모바일에서는 네이버 메인페이지 상단 앱 푸시 알림을 통해 노출됩니다.

▲ 네이버 앱으로 전달되는 [스토어소식]

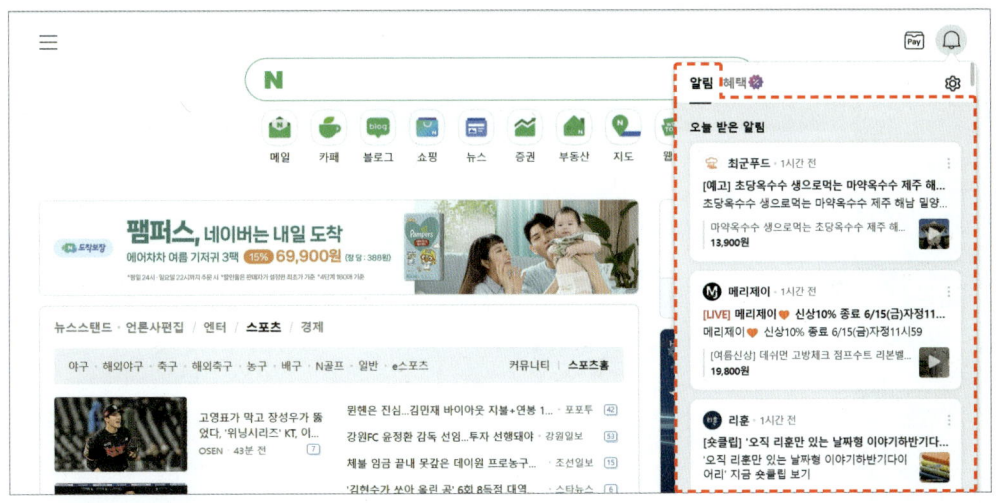

▲ 네이버 웹사이트의 [알림] 탭에 표시되는 단체 메시지

알림받기 단체 메시지는 네이버 사용자에게 직접 전달되므로 고객이 내용을 읽고 스토어에 재방문하는 데 큰 역할을 합니다. 특히 네이버 앱을 사용한다면 네이버 메인페이지 알림 표시를 통해 빠르게 확인됩니다.

02 알림받기에 동의한 고객에게 마케팅 메시지 보내기

마케팅 메시지를 보내는 목적은 고객의 재방문을 유도하는 것입니다. 좀 더 효과적으로 목적을 달성하려면 할인쿠폰을 포함해 보내는 것이 좋습니다. [알림받기]에 동의한 고객에게 메시지를 발송하는 방법을 알아보겠습니다.

마케팅 메시지를 보내기 전 할인쿠폰 설정하기

마케팅 메시지에 할인쿠폰을 첨부할 것이라면 메일 발송 전에 쿠폰을 발행해야 합니다.

01 할인쿠폰은 스마트스토어센터의 [혜택/마케팅] - [혜택 등록] 메뉴에서 설정합니다. 이때 반드시 ❶ [타겟팅 대상]은 [알림받기] ❷ [타겟팅 목적]은 [마케팅메시지 보내기]를 선택합니다. [마케팅메시지 보내기]로 설정된 쿠폰은 스마트스토어에는 노출되지 않고 메시지를 받은 고객만 확인할 수 있습니다.

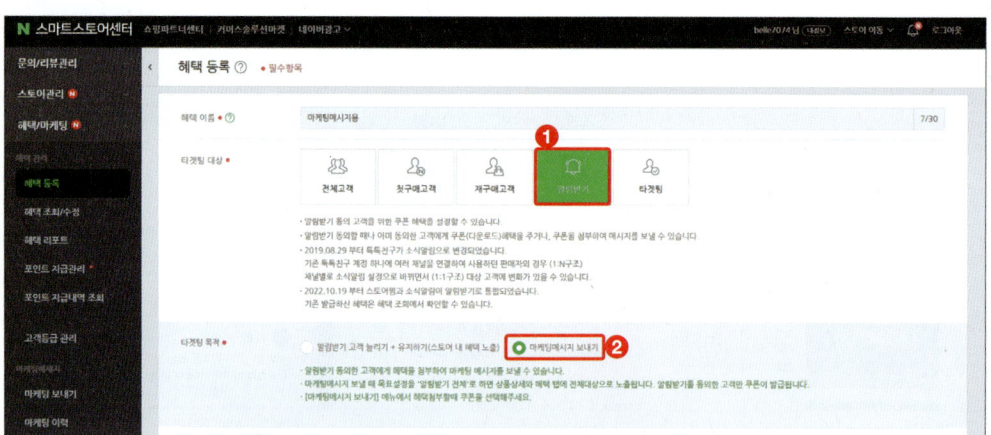

> **스마트스토어 TIP** [혜택기간], [쿠폰 유효기간] 입력하기
>
> 특정 기간에만 혜택을 제공하려면 [혜택기간]을 [특정 기간만 혜택 제공]으로 설정합니다. [쿠폰 유효기간]은 '혜택기간 시작일~혜택기간 종료일+10일' 정도로 설정하는 것이 좋습니다.
>
>

마케팅 메시지 보내기

● STEP 1. 발송 스토어 정하기

02 ❶ 스마트스토어센터의 [혜택/마케팅] - [마케팅 보내기] 메뉴를 클릭합니다. [STEP 1. 발송 스토어 정하기] 단계가 시작되고 네이버 톡톡과 연동된 스토어 목록이 노출됩니다. ❷ 스토어에 체크하고 ❸ [스토어 확정]을 클릭합니다.

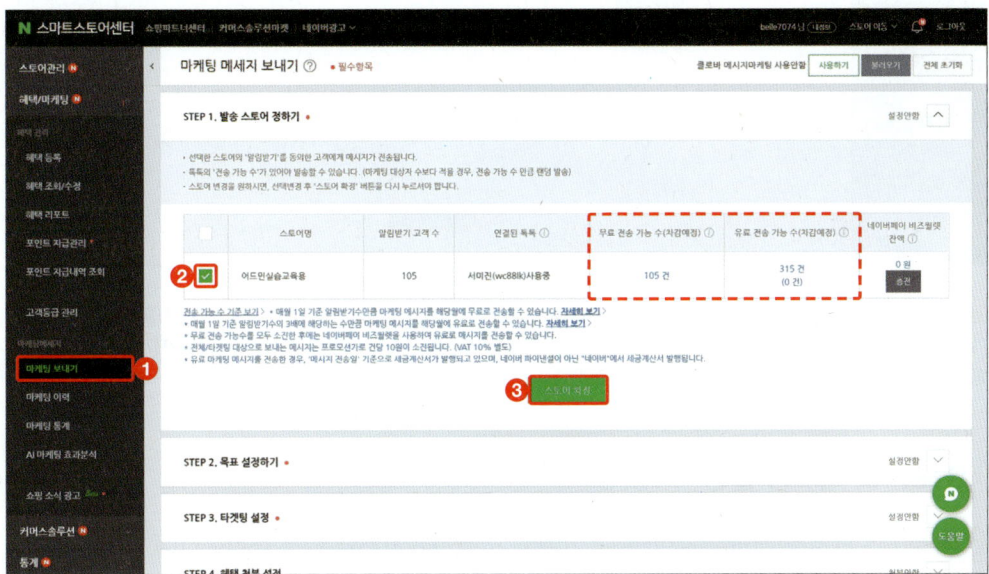

💡 스마트스토어 TIP 전송 가능 수 확인하기

매월 1일 기준으로 알림받기 수만큼 마케팅 메시지를 해당 월에 무료로 전송할 수 있습니다. [무료 전송 가능 수]는 현재 스토어에 연동된 톡톡에 남아있는 무료 전송 가능 메시지 수입니다. 이 숫자만큼 해당 월에 무료로 메시지를 전송할 수 있고, 전송 완료 후에는 실제 전송 대상자 수만큼 차감됩니다. 무료 전송 가능 수를 모두 소진한 후에는 네이버페이 비즈 월렛을 사용하여 유료로 메시지를 전송할 수 있습니다. [유료 전송 가능 수]는 매월 1일 기준으로 알림받기 수의 세 배에 해당하는 수만큼 전송할 수 있습니다. 전체/타겟팅 대상으로 보내는 메시지는 프로모션가로 건당 10원이 소진됩니다. (VAT 10% 별도)

STEP 2. 목표 설정하기

03 ❶ [목표 설정]에서 [알림받기 전체]를 선택하고 ❷ [목표 확정]을 클릭합니다.

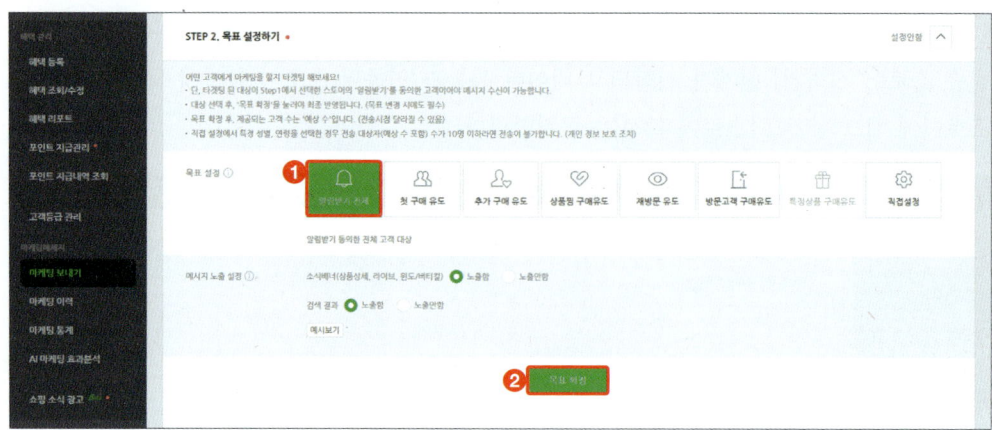

TIP [알림받기 전체]를 선택한 경우에 한해, 알림받기 여부와 관계없이 전체 고객을 대상으로 작성한 메시지를 노출할 수 있습니다. 메시지가 노출되는 영역은 상품 상세, 검색결과 및 혜택 탭(인기 혜택)입니다. [노출함]을 선택했을 때 메시지가 노출되므로, 마케팅 메시지 내용에 따라 노출 여부를 개별적으로 설정하면 됩니다.

STEP 3. 타겟팅 설정

04 ❶ [AI 타겟팅]에서 [사용안함]을 선택하고 ❷ [타겟팅 확정]을 클릭합니다.

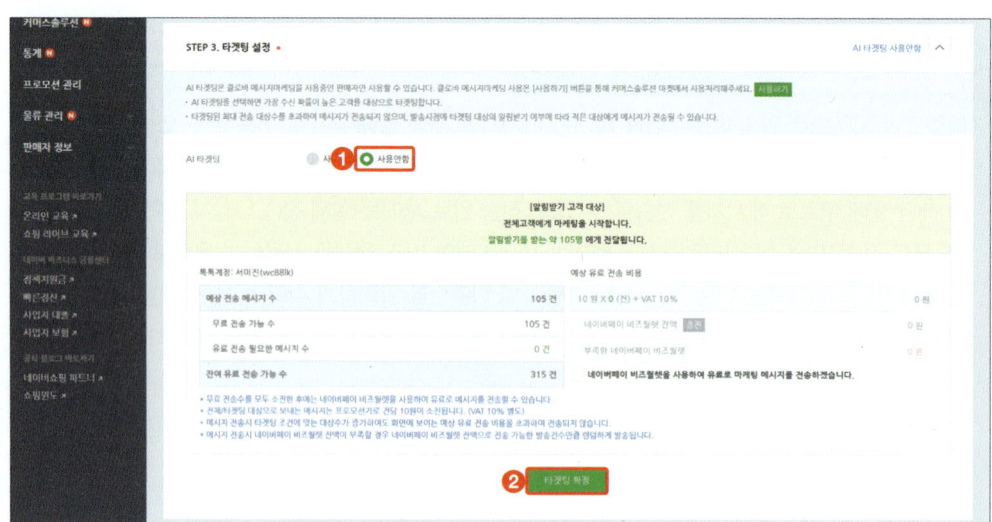

 **AI 타겟팅**

AI 타겟팅은 [CLOVA 메시지마케팅]을 사용 중인 판매자만 사용할 수 있습니다. CLOVA 메시지마케팅을 사용하려면 스마트스토어센터 상단 [커머스솔루션마켓]에서 [추가하기]할 수 있습니다.

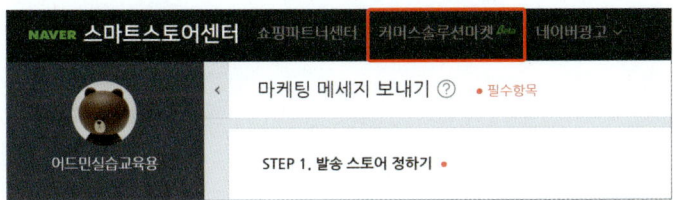

AI 타겟팅을 선택하면 가장 수신 확률이 높은 고객을 대상으로 타겟팅합니다. 타겟팅된 최대 전송 대상수를 초과하여 메시지가 전송되지 않으며, 발송 시점에 타겟팅 대상의 알림받기 여부에 따라 더 적은 대상에게 메시지가 전송될 수 있습니다. 초보 판매자는 알림받기 친구 수가 많지 않으니, 먼저 전체 발송을 해본 후에 구체적인 타겟팅 방법을 도모해보기로 합니다.

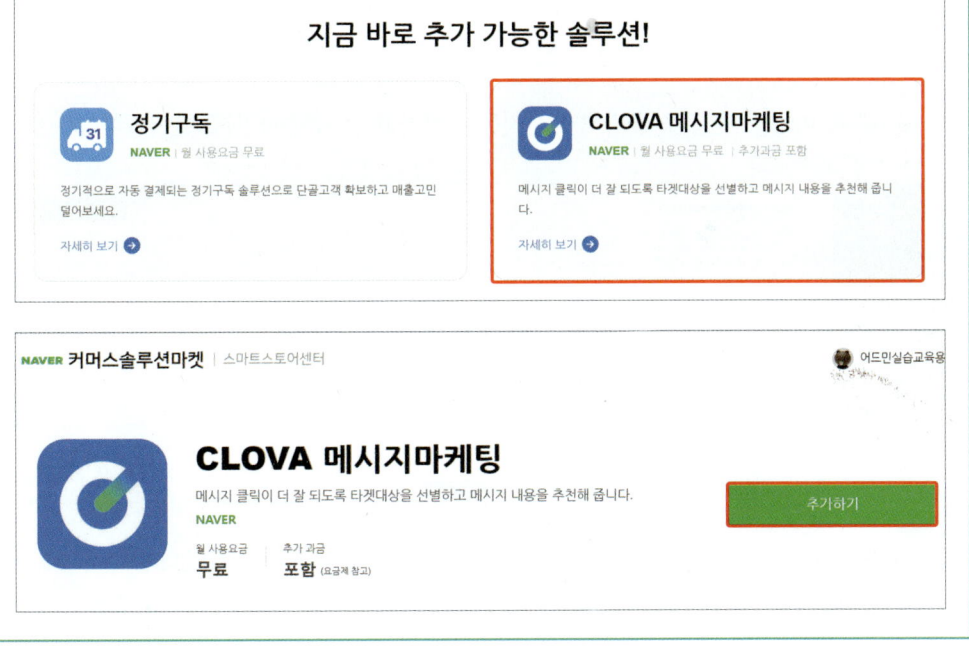

• STEP 4. 혜택 첨부 설정

05 ❶ [혜택첨부함]을 클릭하고 ❷ 앞서 미리 발행한 할인쿠폰을 목록에서 선택한 후 ❸ [혜택 확정]을 클릭합니다.

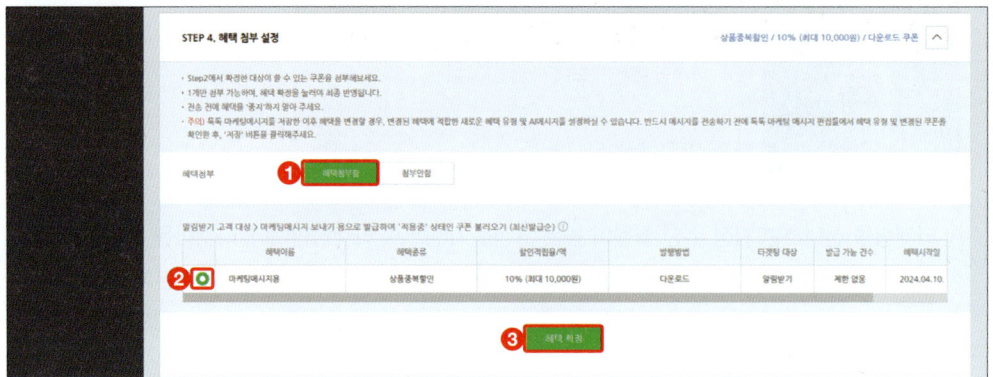

• STEP 5. 톡톡 마케팅 메시지 편집

06 ❶ [톡톡 마케팅 편집]을 클릭해 메시지를 작성하고 ❷ [전송하기]를 클릭합니다.

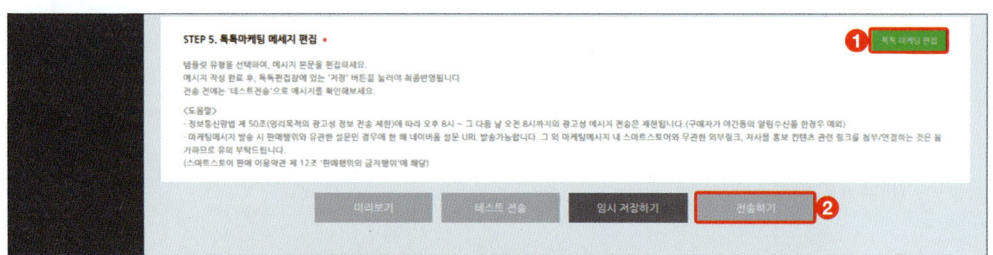

스마트스토어 TIP | 테스트 전송과 임시 저장하기

메시지가 작성되면 하단의 [테스트 전송], [임시 저장하기], [전송하기]가 활성화됩니다. 고객에게 전송하기 전, 메시지가 어떻게 전송되는지 확인한 후에 [전송하기]를 클릭해야 합니다. [테스트 전송]을 클릭하면 스마트스토어 운영자 대상으로 메시지가 발송됩니다. [임시 저장하기]는 지금까지 설정한 값을 임시로 저장하는 기능으로, 최대 30개까지 저장할 수 있습니다. 저장된 메시지는 메뉴 상단에 있는 [불러오기] 메뉴를 클릭해 이어서 편집할 수 있습니다.

07 ❶ [전송설정] 창이 나타나면 [전송예약]을 클릭하고 ❷ 일시를 설정한 후 ❸ [확인]을 클릭합니다. ❹ [마케팅 메세지 확인] 창에서 메시지를 확인한 후 [확인]을 클릭해 마무리합니다.

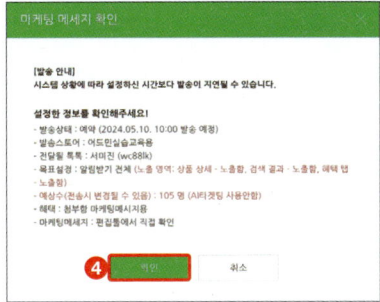

TIP 정보통신망법에 따라 야간(저녁 8시~오전 8시)에는 메시지를 즉시 전송할 수 없습니다.

NOTE 스마트스토어 전문가의 실전 노하우

 성공하는 마케팅 메시지 작성법

[STEP 5. 톡톡 마케팅 메시지 편집] 단계에서 [톡톡 마케팅 편집]을 클릭하면 네 개의 템플릿 중 하나를 선택해 메시지를 작성할 수 있습니다. 원하는 템플릿의 [메시지 작성하기]를 클릭합니다.

[STEP 4. 혜택 첨부 설정] 단계에서 할인쿠폰을 설정했다면 선택한 디자인 하단에 할인쿠폰이 노출됩니다. 입력해야 하는 영역을 클릭하고 정보를 입력합니다. 메시지를 작성하다가 원하는 형식과 다르게 보인다면 오른쪽에 있는 [템플릿 변경]을 클릭해 템플릿 디자인을 변경합니다. 템플릿을 변경해도 입력한 정보는 사라지지 않습니다.

▲ [설명] 메시지 입력 화면

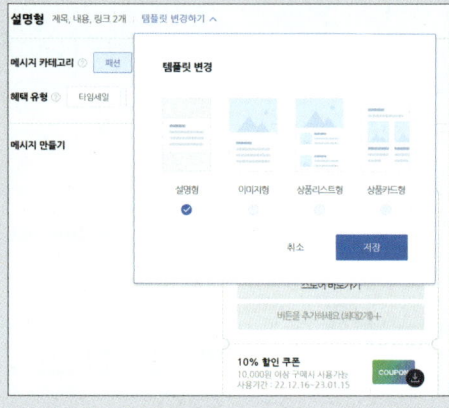
▲ [템플릿 변경] 선택 화면

▲ [이미지형] 메시지 / ▲ [상품리스트형] 메시지

▲ [상품카드형] 메시지

템플릿을 수정했는데 빨간색 느낌표가 표시될 때가 있습니다. 메시지가 변경된 템플릿의 권장 사이즈를 초과한 경우에 나타나는 경고 표시입니다. 텍스트 분량, 이미지 사이즈 등을 수정하고 [적용하기]를 클릭합니다.

발송한 마케팅 메시지 확인하기

스마트스토어센터의 [혜택/마케팅]-[마케팅 이력] 메뉴에서 메시지별 전송 상태를 확인할 수 있습니다. [완료], [예약], [예약취소], [실패] 내역을 각각 선택할 수 있고, [메세지별 상세] 목록에서 [타겟팅 예상 수], [발송 전 전송 가능 메세지 수], [전송 대상자 수]를 확인할 수 있습니다.

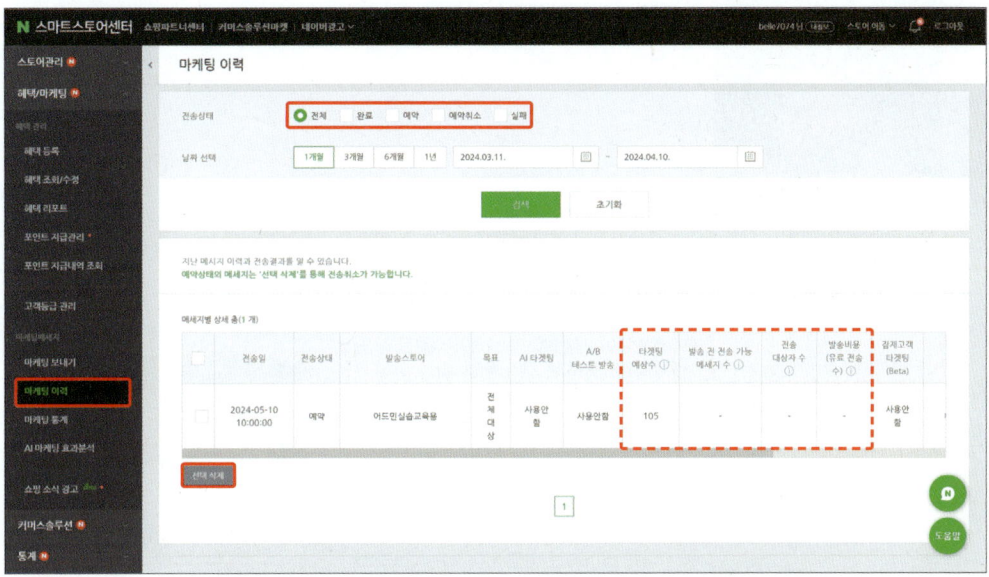

TIP 전송 예약 상태인 마케팅 메시지는 톡톡 연결이 끊어져도 전송됩니다. 발송을 취소하려면 메시지를 선택한 후 [선택 삭제]를 클릭해 삭제해야 합니다.

전송이 완료된 내역은 [마케팅 메세지]-[마케팅 통계] 메뉴에서 확인할 수 있습니다. 발송한 메시지의 읽음 수, 클릭 수 및 주문 정보가 확인됩니다. 전송 완료 시점부터 최대 14일간의 통계 정보를 보여줍니다.

전송일	발송스토어	목적	메시지 노출		타겟팅		첨부 혜택명	메세지	전송 대상자 수	읽음 수	클릭 수	주문 정보	
			상품상세	검색결과	AI타겟	잠재고객타겟팅						주문 건수	주문 금액
2022-11-17		첫구매	노출안함	노출안함	사용함	사용함			52	41	19	0	0원
2022-11-15		특정상품구매유도	노출안함	노출안함	사용함	사용함			97	59	34		
2022-08-31		알림받기전체	노출안함	노출안함	사용안함	사용안함			583	141	40	0	0원

스마트스토어 전문가의 실전 노하우

마케팅 메시지별 작성 가이드

이미지형

- 대표 이미지는 혜택과 가장 긴밀한 제품 이미지 또는 혜택을 잘 설명하는 문구를 담은 이미지로 설정합니다.
- 제목에서는 혜택을 설명하는 숫자(할인율, 할인 금액)나 혜택 내용(무료배송, 단 하루의 혜택 등)을 확실히 보여줘야 합니다.
- 링크는 최대 두 개까지 가능합니다. 스마트스토어 메인보다는 혜택이 적용된 상품 주소를 입력하는 것이 좋습니다.

상품리스트형

- 대표 이미지는 권장 사이즈(2.4:1(628x270픽셀))에 맞추어 상품이 잘 보일 수 있게 구성합니다.
- 상품은 최대 세 개까지 노출할 수 있습니다. 상품 제목이나 가격 정보가 매력적인 상품을 선별해 노출합니다.

상품카드형

- 상품 이미지가 주력으로 노출되어야 하는 의류잡화군에 어울리는 템플릿입니다.
- 상품은 최대 여섯 개까지 노출할 수 있으며 고객이 슬라이딩하여 확인할 수 있습니다. 할인율이 가장 높은 상품, 인기상품순으로 정렬하는 것이 좋습니다.

Chapter
02

내 스토어
체류 시간을 늘리는
마케팅

네이버에서 상품을 검색한 고객이 방문하게 되는 페이지는 상품 상세페이지입니다. 그런데 대부분의 고객이 상세페이지에 머무는 시간은 약 3초 미만입니다. 자세한 정보를 확인하기 위해 스크롤을 내리는 고객은 일부이고 스토어의 더 많은 상품을 둘러보는 경우도 흔하지 않습니다. 내 스토어에서 다양한 상품을 둘러보며 스토어에 머무는 시간이 긴 고객이 상품을 구매할 확률이 높습니다. 고객을 오래 머물게 하고, 좀 더 다양한 상품 정보를 확인할 수 있도록 하는 스마트스토어 마케팅 기능을 알아보겠습니다.

CHAPTER 02　**SECTION 01**

상세페이지 체류 시간 늘리기

고객이 내 스토어에서 처음 보는 화면은 상품 상세페이지입니다. 여기에서 상품의 대표 이미지와 상품명, 가격 등의 기본 정보를 확인하게 됩니다. 그리고 상품 정보를 더 확인할지 그냥 나갈지 결정합니다. 이 결정은 아주 짧은 시간에 이루어지고 대부분의 고객은 별다른 활동 없이 상세페이지를 바로 벗어납니다. 고객이 더 오래 머물게 하려면 어떤 마케팅을 활용할 수 있는지 알아보겠습니다.

01 추가 이미지 구성하기

상세페이지 상단에는 대표 이미지가 자리잡습니다. 그러나 성의 없는 대표 이미지 한 개만 덩그러니 보이면 고객은 바로 이탈할 확률이 높습니다. 대표 이미지는 완성도 있게 촬영하고, 추가 이미지를 등록해 상품의 다양한 모습을 보여주는 것이 좋습니다. 상품의 대표 이미지에서 얻을 수 없는 정보를 추가 이미지로 전달하면 고객의 이목을 끌 수 있고, 관심이 높아진 고객은 스크롤을 내려 상품의 상세 정보를 확인할 것입니다.

추가 이미지에는 상품의 옆면이나 뒷면, 다른 색상, 다른 코디, 상품 내부 모습, 상품의 포장 모습, 배송 시 포장 예시 등을 담으면 좋습니다. 물론 이런 정보는 상세페이지에서 확인할 수 있지만, 상단에 있는 대표 이미지에서 표현하면 센스 있는 전달법이 됩니다. 또한 추가 이미지를 등록할 때 상품을 잘 보여줄 수 있는 짧은 동영상을 첨부하는 것도 좋습니다. 동영상을 통해 사진으로 설명할 수 없는 기능적인 부분을 전달함으로써 상품에 대한 호감도를 높이고 고객의 평균 체류 시간을 늘릴 수 있습니다.

> **TIP** 추가 이미지가 등록된 대표 이미지는 아래쪽에 이미지 개수만큼 ●○ 표시가 나타나고, 좌우로 스와이프하여 다른 이미지를 볼 수 있습니다.

▲ 추가 이미지를 등록한 대표 이미지

02 할인 혜택 노출하기

상품의 가격 정보 바로 아래에는 판매자가 설정한 할인쿠폰이 노출됩니다. 네이버 아이디로 로그인한 고객이 받을 수 있는 혜택 정보가 표시되고 혜택을 받을 수 있는 [쿠폰받기] 버튼이 나타납니다. 고객이 [쿠폰받기]를 선택하면 다운로드할 수 있는 쿠폰 내역이 나타나고 [쿠폰 전체 다운받기]가 활성화됩니다.

▲ 할인쿠폰이 노출된 화면   ▲ 다운로드할 수 있는 쿠폰

고객은 할인쿠폰을 적용해 저렴하게 상품을 구매할 수 있을 거란 생각에 상세페이지를 더 오래 둘러볼 수 있습니다. 앞서 소개한 부분이지만 할인 혜택을 통해 고객이 내 스토어에 재방문할 수 있도록 하는 마케팅은 꼭 필요합니다.

> **TIP** 할인쿠폰 발행 방법은 275쪽을 참고합니다.

CHAPTER 02 / SECTION 02

더 많은 상품을 함께 노출하기

고객이 상품 하나만 보고 이탈하지 않고 내 스토어의 더 많은 상품을 볼 수 있도록 안내하는 연관상품 관리 기능을 활용해보겠습니다. 현재 보고 있는 상품과 관련이 있는 상품들을 함께 노출하면 매출 증대에 도움이 될 뿐 아니라 고객에게 편리함과 효율을 제공할 수 있습니다.

01 연관상품 활용하기

연관상품은 한 개의 상품 상세페이지에 다른 상품을 추가로 노출하는 마케팅 방법입니다. 연관상품에는 세 종류가 있습니다. 의류나 잡화처럼 사진 속에 함께 코디된 상품 정보를 알려주는 '코디 상품', 한번에 여러 상품을 장바구니에 담도록 유도하는 '함께 사면 좋은 상품', 비슷한 상품을 함께 보여주는 '유사한 상품'입니다. 상품 카테고리별로 사용할 수 있는 메뉴가 다릅니다.

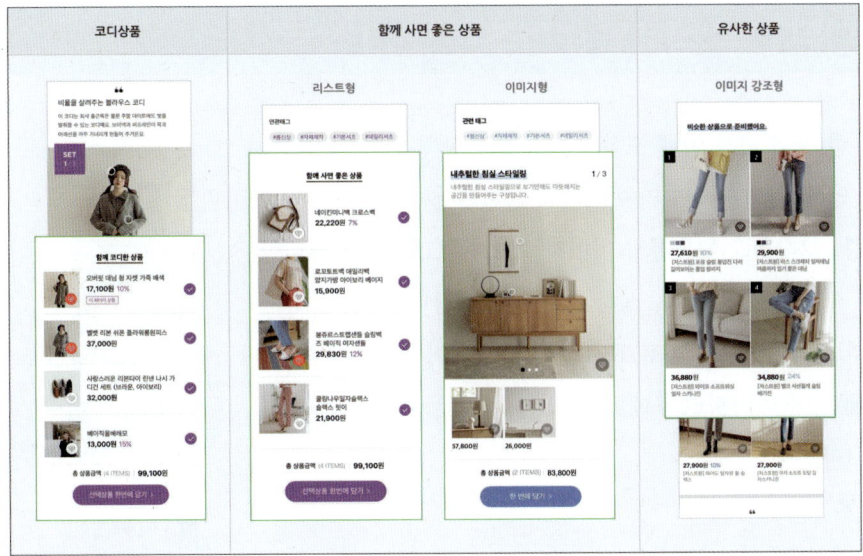

▲ 연관상품의 종류 출처 : 스마트스토어센터

연관상품 등록하기

연관상품을 등록하려면 스마트스토어센터의 [상품관리]-[연관상품 관리] 메뉴에서 [연관상품 등록]을 클릭합니다. 상품을 새로 등록하는 것이 아니라 등록된 상품을 서로 연동하는 것이므로 상품 등록을 모두 마친 후에 진행해야 합니다.

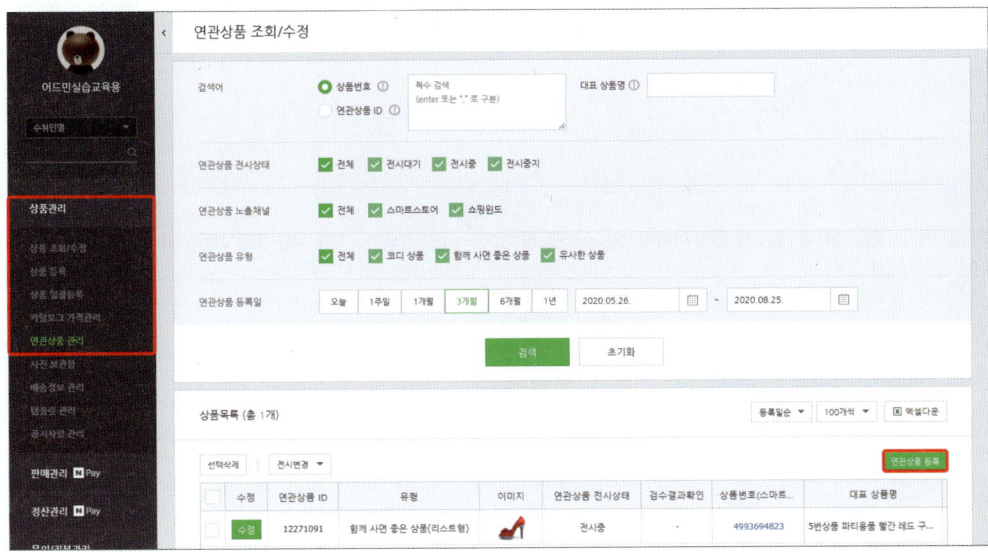

내 스토어 체류 시간을 늘리는 마케팅 ▼ CHAPTER 02 ▼ 295

02 코디된 다른 상품을 보여주는 '코디 상품'

'코디 상품'은 한 장의 사진 안에 포함된 상품들을 함께 보여주는 기능입니다. 주로 의류, 잡화 카테고리 아이템에 많이 이용합니다.

상세페이지 중 [코디] 탭에서 전체 이미지를 보여주고, [함께 코디한 상품] 영역에 코디 설명과 제목, 상품 설명을 보여줍니다. 이때 전체 이미지에 코디 상품이 동그라미로 표시됩니다. 고객이 해당 상품을 모두 장바구니에 담아 패키지로 구매할 수 있는 [선택상품 한번에 담기] 버튼도 있습니다.

코디 상품 등록하기

[연관상품 조회/수정] 페이지에서 [연관상품 등록]을 클릭하면 [연관상품 등록] 페이지로 이동됩니다. [타입 선택]에서 [코디 상품]을 선택하고 필수 항목에 필요한 정보를 입력합니다.

> **TIP** 연관상품을 등록할 때는 각 항목 아래에 있는 설명을 참고하면서 진행합니다. [함께 사면 좋은 상품], [유사한 상품]을 등록할 때도 마찬가지입니다.

코디 상품을 신규로 등록할 때, 기존에 선택한 다른 상품 목록이 중복되어도 됩니다. 예를 들어 '가디건-원피스 코디', '가디건-티셔츠 코디', '가디건-멜빵바지 코디'와 같이 등록할 수 있습니다. 이렇게 하면 원피스, 티셔츠, 멜빵바지에서는 한 개의 코디 목록이 보이고, 가디건에서는 세 개의 코디 목록이 보입니다.

03 여러 상품 구매를 유도하는 '함께 사면 좋은 상품'

'함께 사면 좋은 상품'은 대부분의 상품 카테고리에 적용할 수 있어 판매자들이 가장 많이 활용합니다. 기본 설정인 [리스트형]을 선택하면 상세페이지에 추가 상품을 노출할 수 있습니다. 건어물 판매 스토어를 예로 들면, 지리멸치를 등록할 때 '함께 사면 좋은 상품'으로 국물용 멸치, 아몬드, 오징어채 등을 추가할 수 있습니다. 고객은 지리멸치 상세페이지에서 함께 조리하기에 좋은 국물용 멸치, 아몬드, 오징어채 등을 쉽게 구매할 수 있습니다.

> TIP 함께 사면 좋은 상품의 [상세 유형] 중 [이미지형]은 가구/인테리어, 생활/건강 〉 주방용품 카테고리 상품만 등록할 수 있습니다.

04 비슷한 상품을 함께 보여주는 '유사한 상품'

'유사한 상품'은 동일한 소분류 카테고리 상품으로만 구성해 추가 노출할 수 있습니다. 예를 들면 블라우스를 클릭해 방문한 고객에게 비슷한 스타일 또는 비슷한 재질의 다른 블라우스들을 한번에 보여줄 수 있습니다. 상품 등록 시 [옵션 설정 안 함] 또는 [색상/사이즈 간편 옵션]으로 등록한 상품으로만 설정할 수 있으며, 추가 상품이 설정된 경우에는 등록할 수 없습니다.

> **스마트스토어 TIP** 유사한 상품을 등록했지만 노출되지 않을 때
>
> 연관상품 등록 시 상품 정보를 저장했으나 노출 가능한 조건에 맞지 않으면 상세페이지에 보이지 않습니다. 다음과 같은 경우에는 '유사한 상품'으로 노출되지 않으니 유의합니다.
>
> - 일반 옵션이 설정된 경우([색상/사이즈 간편 옵션] 또는 [옵션이 등록되지 않은 상품]만 노출 가능)
> - 구성 상품의 소분류 카테고리가 대표 상품과 다른 경우
> - 판매상태가 [판매중(품절 포함)]이며, 전시상태가 [전시중]이 아닌 경우
> - 연관상품 등록 시 선택한 노출 대상 채널이 아닌 경우(스마트스토어/쇼핑윈도)
> - 추가 상품, 톡톡으로 판매하기가 설정된 상품, 무결제 상품인 경우
>
> 노출 가능한 상품이 대표 상품 외 최소 한 개 이상 있어야만 '유사한 상품'이 노출됩니다.
>
> 출처 : 스마트스토어센터 도움말

Chapter
03

네이버쇼핑을 이해하는 기본 마케팅

국내 검색률 1위 플랫폼인 네이버에서 특정 키워드를 검색하면 네이버쇼핑이 검색결과에 나타납니다. 이때 스마트스토어에 등록되어 있는 상품들이 네이버쇼핑에 노출됩니다. 즉, 내 스토어로 고객이 유입되는 가장 일반적인 경로가 네이버쇼핑인 것입니다. 이번에는 네이버쇼핑에서 내 상품이 어떻게 노출되는지 알아보고, 상품을 상위에 노출시킬 수 있는 방법을 알아보겠습니다.

CHAPTER 03 | SECTION 01

네이버쇼핑 검색 이해하기

01 네이버 검색 프로세스

네이버에서 특정 키워드로 검색하면 검색결과에 지도, 이미지, 동영상, 블로그 등 다양한 콘텐츠 영역이 노출됩니다. 예를 들어 '역삼역'을 검색하면 검색결과에는 지하철역 정보와 지도가 상위 노출되고 기타 정보는 하단에 노출됩니다. 유명인사를 검색하면 인물정보와 관련 정보(동영상, 뉴스 등)가 상위 노출됩니다. 이처럼 네이버 검색결과는 검색 키워드의 의도를 분석해 적합한 콘텐츠를 상단에 노출합니다. 검색결과의 콘텐츠 영역 순서는 키워드마다 다릅니다.

쇼핑에 관련된 키워드를 검색하면 검색결과의 최상단에 네이버쇼핑이 노출됩니다. 판매할 상품과 주력으로 노출하고 싶은 키워드 등을 검색해 노출 형태를 확인해봅니다. PC에서는 여섯 개에서 여덟 개의 상품이 노출되고 모바일에서는 키워드에 따라 노출되는 수량이 다릅니다. [쇼핑 더보기]를 클릭하면 네이버쇼핑으로 이동합니다.

TIP 검색 키워드마다 순서가 변동될 수 있습니다.

PC　　　　　　　　　　　　　　　　모바일

▲ 네이버에서 '감자'로 검색한 화면

02 PC 검색과 모바일 검색의 차이점 이해하기

네이버쇼핑에서 상품을 검색하면 기본적으로 '네이버 랭킹순'으로 정렬됩니다. 노출 순서는 네이버에서 검색했을 때와 동일합니다.

TIP '네이버 랭킹순'은 네이버쇼핑 랭킹순입니다. 이 책에서는 네이버 랭킹순으로 표기하며, 자세한 내용은 304쪽에서 설명합니다.

PC　　　　　　　　　　　　　　　　모바일

▲ 네이버쇼핑에서 '감자'로 검색한 화면

필터 적용하여 검색결과 살펴보기

키워드에 따라서 PC와 모바일에서의 상품 노출 순서가 다를 수 있습니다. PC에서는 '네이버 랭킹순'으로만 적용되지만, 모바일에서는 로그인된 네이버 아이디의 고객 정보를 파악해 'FOR YOU 랭킹순'으로 노출되기도 합니다(일부 상품군). 따라서 내가 판매할 상품을 PC와 모바일에서 모두 검색해보고, '네이버 랭킹순'과 'FOR YOR 랭킹순'에 따라 다르게 노출되는 것을 확인합니다.

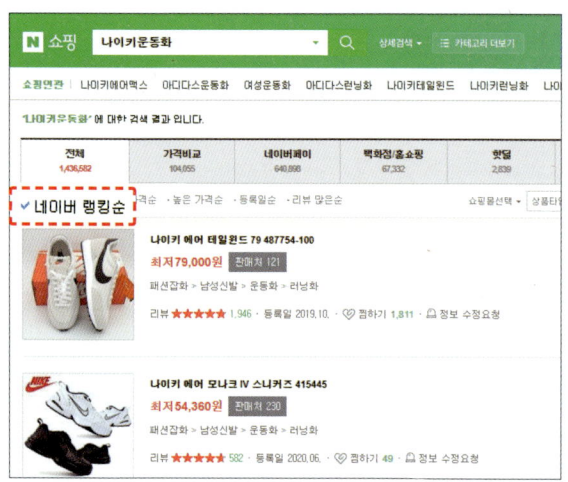 

모바일에서 'FOR YOR 랭킹순' 필터는 로그인된 네이버 아이디의 고객 정보에 맞는 상품이 노출되므로, 벤치마킹을 위해서는 로그아웃한 상태로 검색하여 '전체 사용자'를 타깃 연령대로 변경해야 합니다.

▲ '전체 사용자' 필터 옵션을 변경한 검색결과

TIP 모바일에서 'FOR YOU 랭킹순' 정렬 방식은 일부 상품군에서만 적용할 수 있습니다. 식품, 가구 등 일부 카테고리에서는 상품 검색 시 '네이버 랭킹순'으로만 노출됩니다.

TIP 'FOR YOU 랭킹순'은 개인맞춤형 상품 랭킹을 제공합니다. 이용자의 성별, 연령 정보와 최근 쇼핑 이력을 활용하여 개인 선호도 지수가 높게 예측되는 상품을 상단에 정렬합니다. 단, 광고상품은 별도 기준에 따라 상단 정렬됩니다.

NOTE 스마트스토어 전문가의 실전 노하우

모바일 검색결과의 필터 확인

고객은 작은 모바일 화면에서 자신이 원하는 상품을 정확하게 찾기 위해 검색결과 상단에 있는 필터를 활용할 수 있습니다. 필터가 적용된 상품 검색결과에서 상품의 클릭률이 높습니다.

키워드 추천, 연관 키워드를 주목하세요!

상품을 등록할 때 상품명을 잘 활용하면 검색에 유리해집니다. 추천 키워드를 확인하고 내 스토어의 상품 설명에 참고합니다.

필터 정보를 참고하세요!

내 스토어의 상품이 필터에 적용되어 더 많이 노출되도록 하려면 상품을 등록할 때 [상품주요정보]-[상품속성]에서 정확한 정보를 선택해야 합니다.

가격비교 상품의 최저가 확인

네이버쇼핑에서 노출되는 상품이 매칭 형태로 노출된다면 상품의 가격이 노출 순위에 큰 영향을 끼칩니다.

가격 동향을 확인하세요!

스마트스토어센터에서 [상품관리]-[카탈로그 가격관리] 메뉴를 클릭해 내 상품 중 가격비교 상품(카탈로그 매칭)의 상품 수와 카탈로그 순위를 확인할 수 있습니다. 원한다면 주력 상품의 가격 동향을 알림 받을 수도 있습니다.

CHAPTER 03 | SECTION 02

네이버쇼핑의 '네이버 랭킹순' 활용하기

네이버쇼핑에서 상품을 검색하면 '네이버 랭킹순'으로 노출됩니다. 노출 순서를 결정하는 알고리즘을 이해한다면 내 상품을 상위에 노출시킬 수 있습니다. 네이버쇼핑에서 제공하는 네이버쇼핑 상품 검색 가이드를 확인해 노출 순위를 결정하는 기본적인 세 가지 구성에 대해 알아보겠습니다.

네이버쇼핑 상품 검색 알고리즘이란?

네이버쇼핑 검색결과의 노출 순위 즉 네이버 랭킹을 결정하는 검색 알고리즘은 적합도, 인기도, 신뢰도의 세 가지로 구성됩니다. 여기에 추가해 스토어에서 제공하는 상품 정보와 네이버에서 수집하는 각종 쇼핑 데이터 및 검색 사용자 로그를 종합적으로 평가해 검색어 및 사용자 요구에 맞게 재구성하여 검색결과가 결정됩니다.

이 과정에서 검색결과 품질을 높이고 사용자에게 다양한 검색결과를 제공하기 위한 별도의 검색 알고리즘이 반영될 수 있으며, 이를 보완하는 로직 및 대책이 수시로 반영될 수 있습니다.

출처 : 네이버쇼핑 입점 및 광고 – FAQ

TIP 네이버쇼핑 상품 검색 가이드는 네이버쇼핑 입점 및 광고의 FAQ에 명시된 내용으로 안내합니다. 이 책에서는 초보 판매자가 쉽게 이해할 수 있도록 가이드 내용을 풀이해 설명하거나 더 많은 예문과 경험담을 담아 전달합니다.

01 적합도 관리하기

이용자가 입력한 검색어가 상품명, 카테고리, 제조사/브랜드, 속성/태그 등 상품 정보의 어떤 필드와 연관도가 높은지, 검색어와 관련해 어떤 카테고리의 선호도가 높은지 산출해 적합도로 반영됩니다.

필드 연관도

고객이 검색하는 키워드와 판매자가 상품 등록 시 입력했던 정보와의 연관도를 따져 적합도 점수를 측정합니다.

고객이 검색하는 키워드는 상품명에 포함되어 있어야만 검색 노출에 도움이 됩니다. 그러나 상품명 외에 '제조사/브랜드', '속성/태그' 등의 정보도 노출 순위에 영향을 미칩니다.

'리바트 이즈마인 책장'을 검색했을 때 – 브랜드 정보와 카테고리 정보도 함께 분석됩니다.

[A 스토어] 입력 정보	[B 스토어] 입력 정보
상품명 : 리바트 이즈마인 뉴프렌즈 100 책장	상품명 : 리바트 이즈마인 뉴프렌즈 100 책장
제조사 : [ ]	제조사 : 현대리바트
브랜드 : [ ]	브랜드 : 리바트 이즈마인
카테고리 : 가구/인테리어 > 서재/사무용가구 > 책장	카테고리 : 가구/인테리어 > 서재/사무용가구 > 책장
속성 : [ ]	속성 : 책장단품, 1200, 5단, 도어형, 화이트오크
태그 : [ ]	태그 : 깔끔한디자인, 실용적인, 안정적인

결과 : 검색어가 '리바트 이즈마인 책장'인 경우 '리바트 이즈마인'은 브랜드 유형으로 인식되며, 상품명에 '리바트 이즈마인'이 기입되어 있는 것보다 브랜드에 '리바트 이즈마인'으로 매칭되어 있는 [B스토어]가 우선적으로 노출됩니다.

필드 연관도가 높을수록 적합도 점수는 높아집니다. 그러므로 [상품명], [제조사, 브랜드], [속성], [태그]를 꼼꼼히 채워야 합니다.

카테고리 선호도

고객이 검색하는 키워드와 관련해 어떤 카테고리의 선호도가 높은지 산출해 검색결과에 반영됩니다. 그러므로 상품을 등록할 때, 선호도가 높은 카테고리를 선택해야 합니다.

> '강아지 백팩'을 상품 등록하고자 할 때에는 카테고리 정보를 분석합니다.
>
> 생활/건강 〉 애완 〉 애견용품 〉 캐리어
> 생활/건강 〉 애완 〉 의류/잡화 〉 소품잡화
> 출산/육아 〉 유아잡화 〉 가방 〉 캐리어백
>
> **결과** : '강아지 백팩' 검색어의 경우는 여러 카테고리 상품이 검색되지만, [생활/건강 〉 애완 〉 애견용품〉캐리어] 카테고리의 선호도가 매우 높습니다. 검색 알고리즘은 해당 카테고리의 상품을 먼저 보여줄 수 있도록 추가 점수를 부여합니다.

카테고리 선택이 어렵다면 내가 판매할 상품을 네이버쇼핑에서 검색해봅니다. 검색 키워드와 검색결과 1페이지에 노출되는 상품들의 카테고리를 확인하면 선호도가 높은 카테고리를 바로 이해할 수 있습니다. 예를 들어 꽃을 말려 인테리어 소품용으로 사용할 수 있도록 제작한 드라이플라워를 '인테리어소품' 카테고리로 등록하는 것이 좋을지 '꽃' 카테고리로 등록하는 것이 좋을지 궁금하다면 네이버쇼핑에서 '드라이플라워'를 검색해봅니다. 1페이지에 [생활/건강 〉 원예/식물 〉 보존화] 카테고리의 상품이 노출된 것을 확인할 수 있습니다.

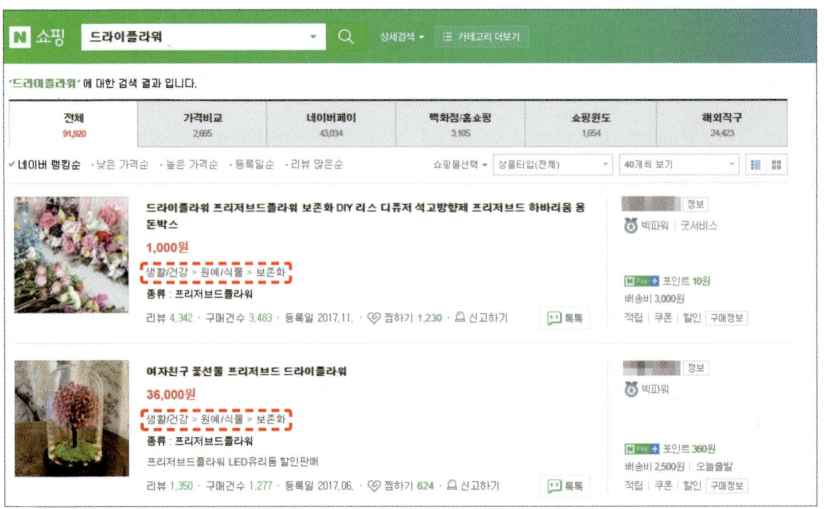

적합도에 영향을 끼치는 요소

필드 연관도와 카테고리 선호도를 잘 이용하면 내 상품을 1페이지에 상위 노출할 수 있습니다. 그러나 적합도에 나쁜 영향을 끼치는 요소도 있습니다. 주의해야 할 요소를 알아보겠습니다.

● **상품명**

상품명은 중복된 단어, 상품과 관련 없는 키워드, 할인 정보 등은 제외하고 간결하게 작성해야 합니다. 스마트스토어에는 상품명이 검색최적화 가이드에 적합한지 확인할 수 있는 [상품명 검색품질 체크] 기능이 있습니다.

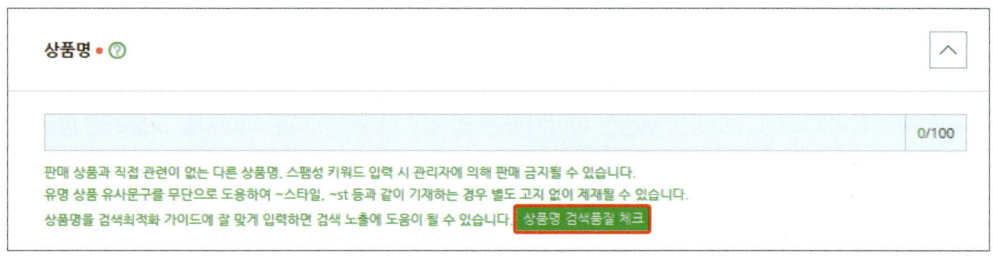

상품명이 검색에 적합하지 않다면 체크 항목과 수정해야 할 부분이 안내됩니다. 수정할 부분이 없다면 잘 입력되었다는 안내 문구가 나타납니다. [상품명 검색품질 체크]에서 수정해야 할 부분이 발생하면 상품 노출에 부정적인 영향을 끼치므로 검색품질 체크 항목을 준수해야 합니다.

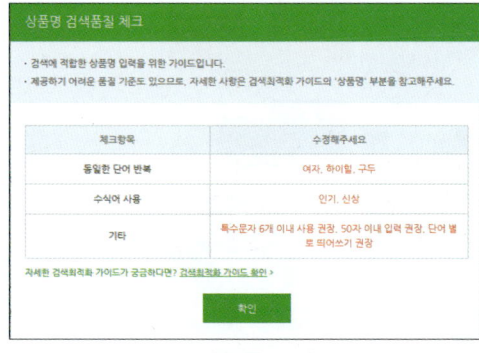

▲ 검색에 적합하지 않은 상품명을 입력한 경우

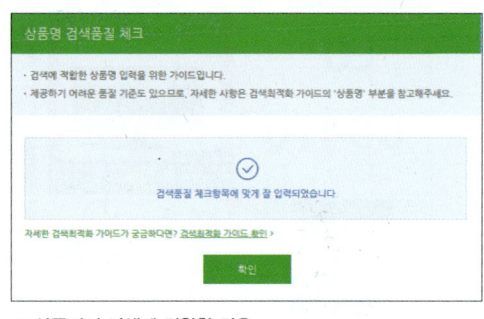

▲ 상품명이 검색에 적합한 경우

● 이미지

상품 이미지에 등록한 대표 이미지는 네이버쇼핑 검색결과에서 섬네일로 노출되는 중요한 요소입니다. 상품을 정확하게 표현할 수 있도록 선명한 고해상도 이미지를 사용하는 것이 좋습니다. 저품질 이미지는 어뷰징으로 인식되며 검색결과에 좋지 않은 영향을 끼칩니다.

> **스마트스토어 TIP 저품질 이미지 체크리스트**
>
> - 이미지 내에 과도한 텍스트/워터마크/도형이 포함된 경우(브랜드, 스펙 설명 등 제품 사진을 가리지 않는다면 어느 정도 허용함)
> - 초점이 흐리거나 확대하지 않아도 픽셀이 깨지는 이미지
> - 배경이 어지러워 상품을 구분하기 힘든 형태
> - 매장에 디스플레이된 상태 그대로 촬영하거나 여러 소품으로 상황을 연출해 촬영한 형태
> - 실제 상품과 다르게 과도하게 보정된 이미지 또는 상품과 관계없는 다른 이미지를 노출하는 형태
> - 상품 두 개 이상, 모델 두 명 이상인 경우
> - 단일 상품의 앞/뒤/옆모습을 하나의 이미지로 표현하거나 해당 상품을 구성하고 있는 상품을 나열하고 찍은 형태
> - 색상만 다른 제품을 하나의 이미지로 만든 형태
>
>
>
> ▲ 저품질 이미지의 예   출처 : 네이버쇼핑 입점 및 광고 FAQ

● 브랜드/제조사

상품명에 브랜드/제조사 정보를 포함할 수 있습니다. 공식적으로 사용하는 브랜드/제조사 이름을 정확하게 입력했다면 검색결과에 노출됩니다. 그럼에도 불구하고 브랜드/제조사 필드가 별도로 있는 이유는 고객이 상품을 좀 더 잘 찾을 수 있게 돕는 용도입니다. 필드 연관도 점수를 높이려면 [상품 주요정보]에서 [브랜드], [제조사] 항목을 반드시 입력합니다.

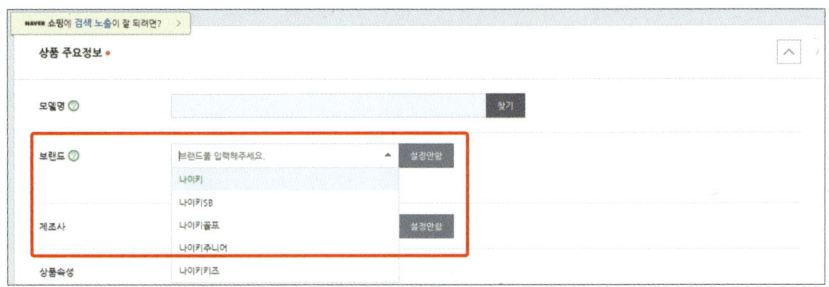

오타, 줄임말, 특수문자를 사용하거나 상품과 관련이 없는 인기 있는 브랜드/제조사를 입력하는 것은 검색 노출에 전혀 도움이 되지 않습니다. 상품 정보와 관계없는 정보는 어뷰징으로 판단되어 검색에서 불이익을 받게 되고, 악의적인 의도라고 판단되면 판매가 금지되거나 상품 노출이 중지될 수 있으니 조심해야 합니다.

● 카테고리

상품의 성격에 맞는 정확한 카테고리를 선택해야 합니다. 상품과 관계없는 카테고리를 선택하면 스마트스토어 DB 운영 관리 시스템에 따라 카테고리가 다시 매칭되고, 악의적인 의도로 판단될 경우 판매가 금지되거나 상품 노출이 중지될 수 있습니다.

● 상품 속성

상품 속성이란 소재, 사이즈, 용량, 스타일 등 상품의 세부적인 정보를 말합니다. 상품의 세부 정보는 검색 적합도를 높이는 중요한 요소입니다. 스마트스토어에는 카테고리별로 고객이 많이 검색하는 항목을 분류해 정리한 [상품속성]이 있습니다. 주요한 속성 위주로 정확하게 선택해야 합니다.

상품 속성은 고객이 상품을 탐색하는 데 주요 데이터로 활용됩니다. 실제로 속성 정보의 입력

유무에 따라 상품 노출 횟수에 크게 차이가 납니다. 단, 관계없는 속성을 선택하면 판매가 금지되거나 상품 노출이 중지될 수 있습니다. 과도하게 많은 속성을 선택하는 것도 검색 노출에 도움이 되지 않습니다.

▲ [상품속성] 예시

- **태그**

태그는 네이버쇼핑의 검색결과 영역에 세부 요소로 활용될 수 있으며, 일부 영역에서는 태그로도 검색이 됩니다.

태그로 사용할 키워드가 고민된다면 네이버에서 제공하는 추천 태그를 활용합니다. 태그는 최대 열 개까지 등록할 수 있는데, 열 개를 모두 채우지 않아도 됩니다.

▲ 상품에 맞게 제안되는 [태그]

상품명, 브랜드명 등 상품 정보보다는 스타일, 타깃, 시즌, 감성 등을 표현할 수 있는 태그를 활용하는 것이 좋습니다. 상품의 정확한 정보와 콘셉트에 맞는 태그를 등록하면 검색 품질도 높아지고 해시태그 효과도 톡톡히 볼 수 있습니다.

일부 태그는 검색결과에서 [스타일추천] 항목으로 활용되기도 합니다. 판매할 상품의 키워드 검색결과에서 [스타일추천]을 참고하면 태그 설정에 큰 도움이 됩니다.

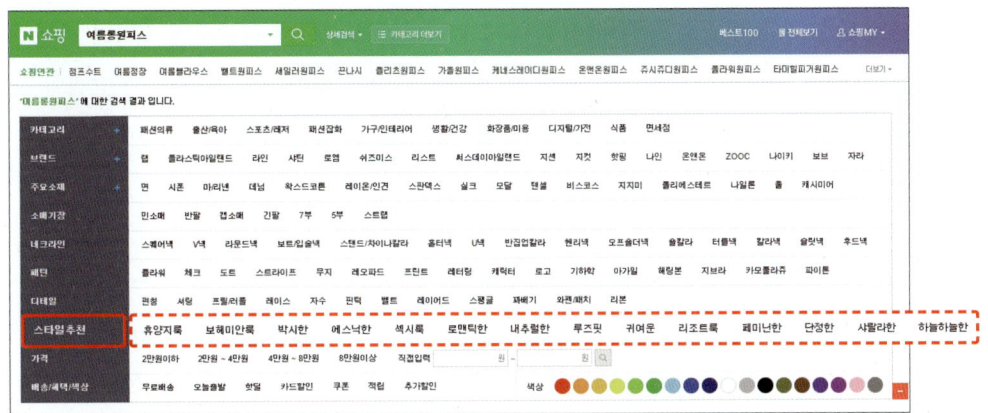

▲ 네이버쇼핑의 [스타일추천] 항목

02 인기도 관리하기

인기도는 해당 상품의 클릭 수, 찜 수, 판매실적, 리뷰 수, 최신성 요소와 카테고리 특성을 고려해 책정합니다. 인기도는 카테고리별로 다르게 구성됩니다.

클릭 수

네이버쇼핑에서 최근 7일 동안 발생한 상품 클릭 수입니다. 중복 클릭이나 어뷰징 요소가 될 만한 부정 클릭은 반영되지 않습니다.

찜 수

상품의 찜 수를 지수화하여 반영합니다. 카테고리에 따라 상대적으로 적용되므로 판매하는 상품에 따라 찜 수가 노출에 크게 영향을 끼치지 않을 수도 있습니다.

판매실적

최근 2일, 7일, 30일 동안 네이버쇼핑 검색에서 발생한 판매수량과 판매금액을 각각 지수화해 반영합니다.

리뷰 수

개별 상품의 리뷰 수를 지수화해 반영합니다. 이때 이미지를 포함한 상품구매 후기와 사용자 평점 정보도 포함해 반영됩니다. 리뷰 수는 인기도에 반영될 뿐만 아니라 방문한 고객의 상품 구매를 결정하는 데 크게 작용하는 요소이므로 구매 고객들의 좋은 리뷰는 반드시 필요합니다.

> **스마트스토어 TIP | 부당한 방법을 사용한 경우**
>
> 판매실적과 리뷰 수는 네이버페이를 통해 자동으로 연동되고, 부정 거래가 있다고 판단될 경우 페널티가 부여됩니다. 내가 등록한 상품을 내가 구매하는 등의 허술한 방법은 인기도 상승에 전혀 도움이 되지 않고, 페널티 점수가 높아지면 상품 노출에 불리해집니다.

최신성

신규 상품은 클릭 수, 찜 수, 판매실적, 리뷰 수가 모두 현저히 부족하므로 인기도 점수가 낮을 수밖에 없습니다. 그러면 상품 노출에 불리할 것이라고 생각하기 쉽지만 최신성 점수가 있으므로 꼭 그렇지는 않습니다. 상품 데이터를 등록하는 순간 등록일이 부여되는데, 최신성 점수는 등록일 기준으로 부여됩니다. 최신성 점수는 일정 기간 동안 인기도 점수를 높이는 데 도움이 됩니다. 그러나 최신성 점수를 높이기 위해 다른 점수를 버리고 상품을 재등록하는 것은 무의미합니다. 이 행위는 어뷰징으로 간주되어 차후 스마트스토어 운영에 제재가 가해질 수 있습니다.

가전제품처럼 가격비교(카탈로그) 매칭되는 상품은 상품을 등록한 날짜가 아닌 카탈로그가 생성된 날짜가 상품등록일로 노출됩니다. 3년 전에 출시된 가전제품을 오늘 등록한다고 해서 최신성 점수가 부여되지 않습니다.

03 신뢰도 이해하기

네이버쇼핑 페널티, 상품명 SEO 요소를 통해 해당 상품이 이용자에게 신뢰를 줄 수 있는지 산출해 신뢰도에 반영합니다.

적합도, 인기도 점수를 올리고자 악의적인 어뷰징 행위를 하면 페널티 요소가 반영되어 신뢰도 점수가 낮아집니다. 신뢰도 하락에 큰 영향을 끼치는 부분은 상품명과 어뷰징으로 인한 페널티입니다.

네이버쇼핑 페널티

구매평, 판매실적, 상품 정보 어뷰징 등에 대해 상품이나 스마트스토어에 페널티가 부여됩니다. 구매평, 구매 데이터 등 고의적인 데이터 변경이나 어뷰징 행위가 발견될 때, 약관에 위배되는 정상적인 판매 행위를 벗어날 때는 해당 상품이나 스마트스토어에서 취급하는 모든 상품의 랭킹에 불이익이 주어질 수 있습니다.

상품명 SEO

적합도에 나쁜 영향을 끼치는 요소에서 설명한 상품명 기준과 동일합니다. 가이드라인을 벗어난 상품에는 페널티가 부여됩니다. 단어 중복, 혜택/수식 문구, 특수문자, 지나치게 긴 상품명 등은 사용하지 않는 게 좋습니다.

CHAPTER 03 | SECTION 03

네이버쇼핑 쇼핑BEST 인기검색어 활용하기

네이버쇼핑에서 잘 팔리는 상품은 어떤 상품일까요? 어떤 제목과 어떤 사진을 쓰고 있으며 가격은 어떻게 형성되어 있는지 내 상품과 비교해봐야 합니다. 네이버쇼핑에서는 '쇼핑BEST'를 통해 인기검색어와 인기상품을 노출합니다. 네이버쇼핑 메인페이지에서 상단에 있는 [쇼핑BEST]를 클릭해 카테고리별 인기검색어와 인기상품을 확인합니다.

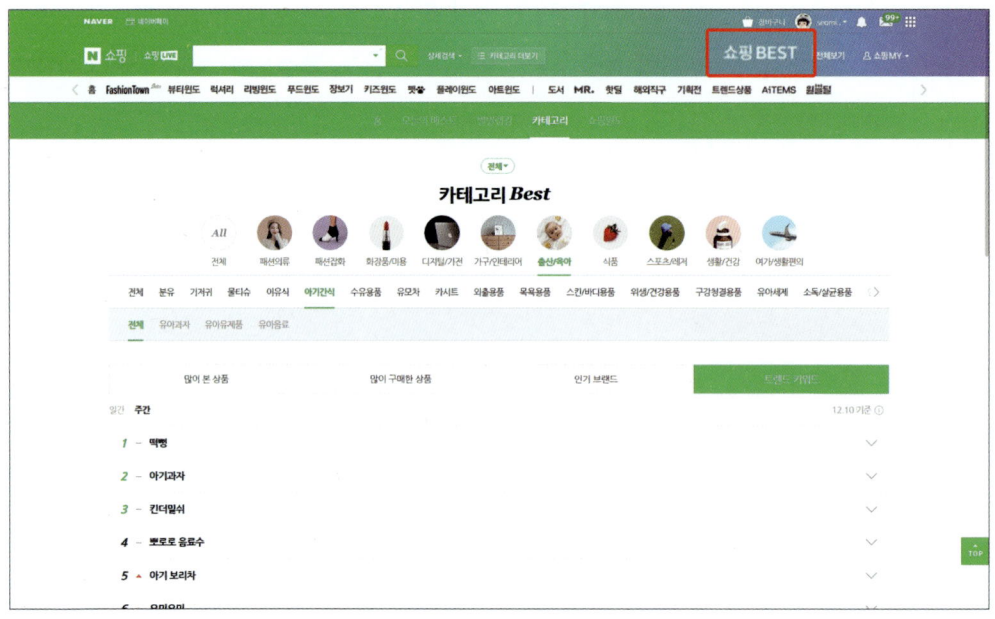

01 데이터랩에서 인기검색어 확인하기

초보 판매자는 아직 일년 사계절을 겪지 않았으므로 시즌별 상품의 검색 추이를 정확하게 파악하기 어렵습니다. 이로 인한 시행착오를 미연에 방지하려면 작년 동일 기간의 인기검색어를 확인해 시즌별 상품 검색 추이를 알아보는 것이 좋습니다. 검색엔진에서 '네이버 데이터랩'을 검색해 네이버 데이터랩(https://datalab.naver.com) 페이지로 이동합니다. 데이터랩은 네이버의 검색 트렌드 및 급상승 검색어 이력, 쇼핑 카테고리별 검색 트렌드를 제공하는 서비스로, 초보 판매자의 마케팅에 효율적입니다.

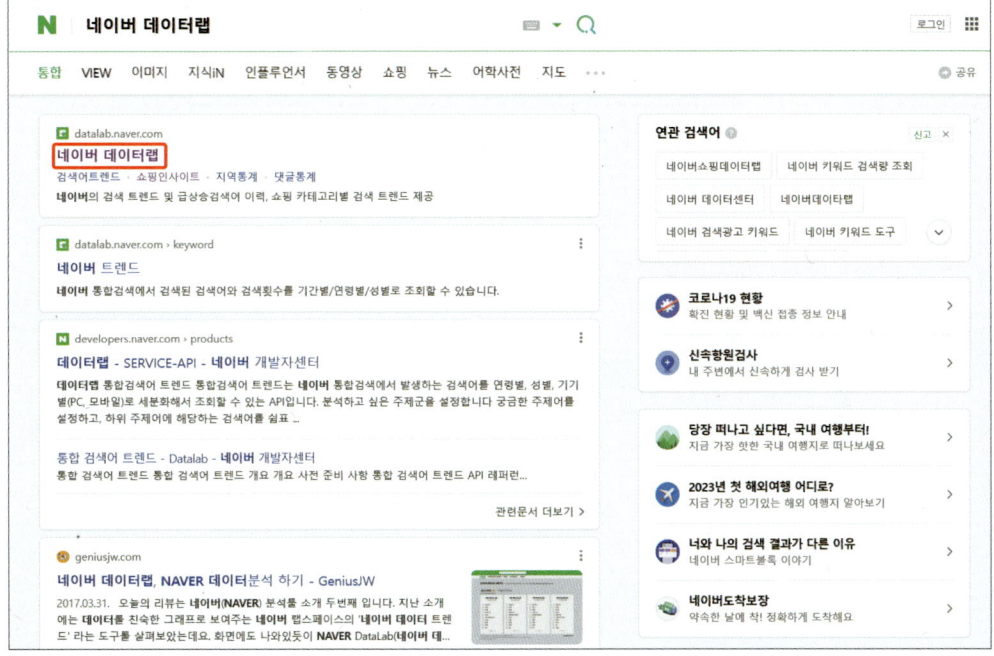

데이터랩(DataLab)

[쇼핑인사이트] 탭에서는 쇼핑BEST에서 내가 검색해본 카테고리의 인기검색어를 최대 500개까지 확인할 수 있습니다. [기간], [기기], [성별], [연령]에 따른 자세한 데이터를 확인할 수 있어 상품 판매에 도움이 됩니다.

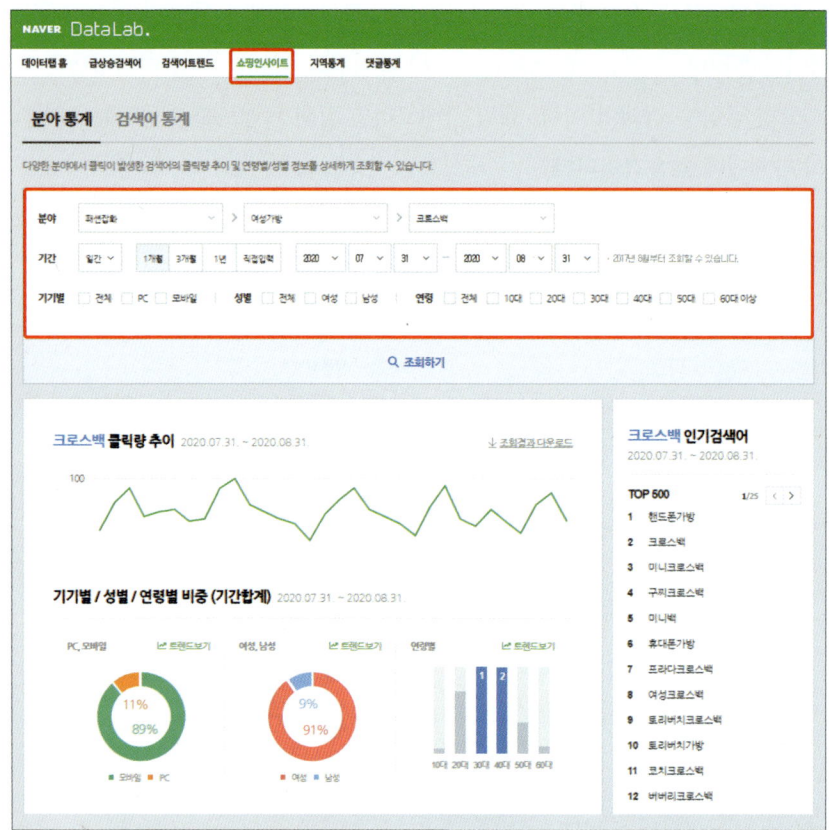

02 인기검색어로 상품 기획, 마케팅하기

작년에 많이 검색된 인기검색어 찾기

- [분야] : 패션잡화
- [기간] : 2019년 8월 1일~8월 31일

앞의 조건으로 조회하여 인기검색어를 확인합니다. 해당 기간 동안 패션잡화 분야에서 많이 조회된 검색어 목록을 확인할 수 있습니다.

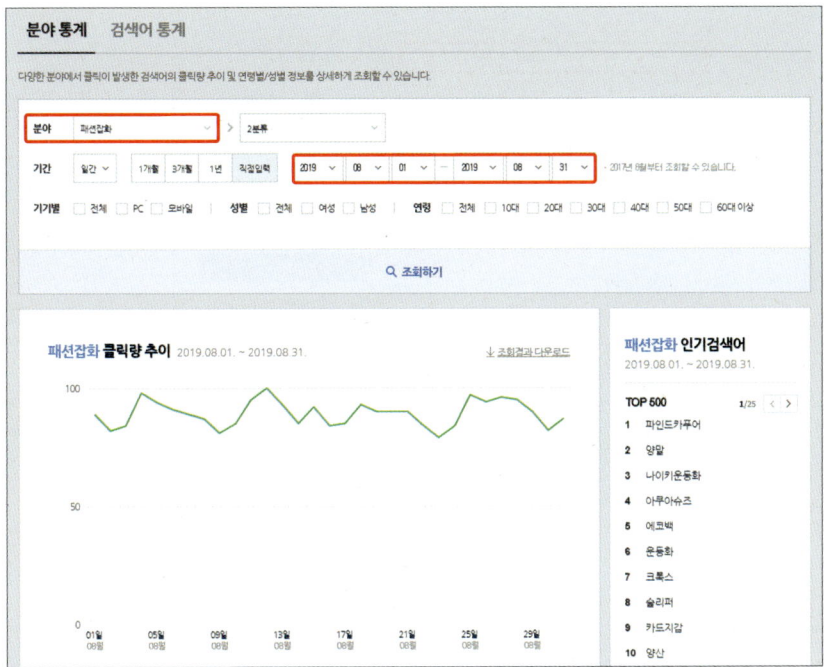

키워드 클릭량 추이로 상품 기획하기

앞의 결과화면에서 패션잡화 인기검색어 10위를 보면 '양산'이 있습니다. 양산은 특정한 연령과 성별에서 주로 이용하고 온라인 구매층과 맞지 않는 것 같은 의구심이 들 수 있습니다. 좀 더 자세히 알아보겠습니다. 인기검색어를 클릭하면 [검색어 통계] 탭으로 이동해 해당 키워드의 클릭량 추이를 확인할 수 있습니다.

[양산]을 클릭해 [검색어 통계] 탭으로 이동하면 검색 조건을 다르게 설정해 검색량을 비교해 봅니다. 또는 기간을 특정해 양산이 많이 검색된 시즌을 확인해봅니다.

- [분야] : 패션잡화
- [검색어] : 양산
- [기간] : 2019년 1월 1일~2019년 12월 31일(1년)

양산에 대한 검색량이 4월 중순부터 증가하고 6~8월에 집중되는 것을 볼 수 있습니다. 이런 시즌 상품을 판매하려면 검색량이 증가하기 전에 상품 기획과 생산, 상품 등록을 준비해야 합니다. 즉 4월 중순 이전에 기획, 생산, 등록을 모두 마쳐야만 고객을 만날 수 있습니다. 또한 모바일을 통한 검색이 월등히 많고 20~30대에서 검색량이 집중되어 있는 것을 볼 수 있습니다. 그렇다면 20~30대 여성을 타깃으로 필터 옵션을 적용해 모바일에 특화하고 상품 상세페이지를 제작해야 성공적인 판매를 기대할 수 있습니다.

Chapter 04

네이버쇼핑을 활용한 무료 마케팅

고객 유입 통로가 네이버쇼핑 검색뿐이고 방문자 수는 저조하다면 스마트스토어 판매자가 직접 참여할 수 있는 무료 프로모션 영역을 활용해볼 수 있습니다. 비용이 발생하지 않으며, 참여하는 것만으로도 더 많은 노출과 고객 유입에 도움이 됩니다. 초보 판매자의 목표는 고객 유입이 아닌 고객의 결제를 통한 매출 향상입니다. 따라서 프로모션 참여 이전에 상품 상세페이지와 메인페이지 등을 완성도 있게 준비해두어야 합니다.

CHAPTER 04   SECTION 01

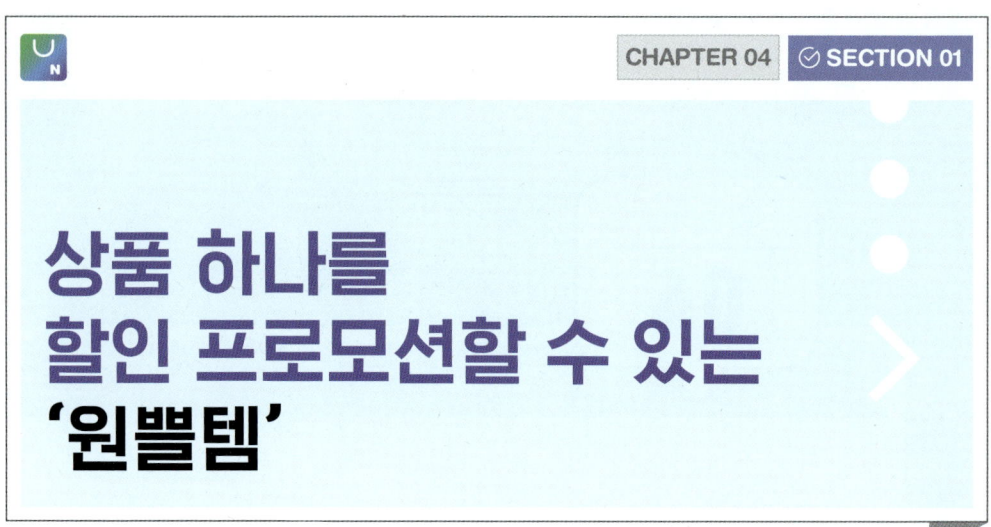

상품 하나를 할인 프로모션할 수 있는 '원쁠템'

01 원쁠딜 활성화하기

모바일 네이버에서 오른쪽으로 스와이프해서 네이버쇼핑, 쇼핑라이브 등의 페이지 다음에 [원쁠딜] 페이지를 확인할 수 있습니다.

[원쁠딜]은 스마트스토어 판매자라면 누구나 참여 신청이 가능합니다. 우선 [스토어관리]-[네이버 서비스 연결]에서 [원쁠딜] 서비스를 연동하기 ◉로 활성화해야 합니다.

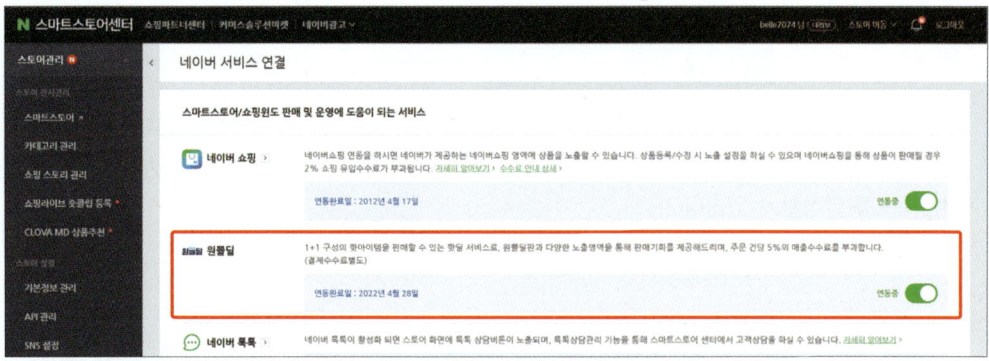

[프로모션 관리] 메뉴에서 [원쁠딜] 메뉴를 확인할 수 있습니다. [원쁠딜] 메뉴에서는 원쁠딜과 원쁠템을 제안할 수 있습니다. 원쁠딜은 아래 공지사항 설명과 같이, 1+1으로 상품을 기획하여 제안합니다(매주 월요일). 제안된 상품 중에 우수한 상품을 선별하여 하루에 30개만 [원쁠딜] 페이지에 노출됩니다. 그러다 보니 소량의 제품을 판매하는 소상공인이나 처음 상품을 기획해보는 초보 판매자에게는 선정되기가 다소 어렵고 기준치가 높았습니다.

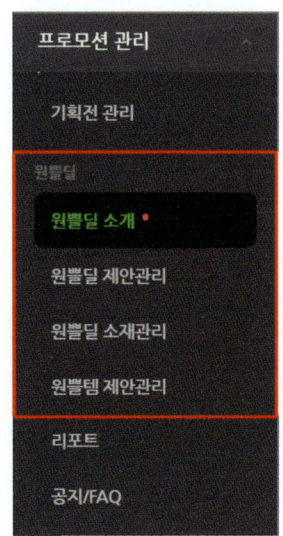

▲ [원쁠딜] 메뉴

▲ [원쁠딜] 설명 가이드(출처 : 스마트스토어센터 원쁠딜 공지사항)

그래서 '모든 상품이 1+1/무료배송/가격적 메리트를 보장하는 재미/심플 핫딜'이라는 특징을 가진 [원쁠템]이 생겼습니다. [원쁠템]은 1+1, 1+@, 1+Npay(적립) 세 가지 중 하나의 구성을 골라 매뉴얼대로 잘 제안한다면 [원쁠템] 페이지에서 노출됩니다.

> **스마트스토어 TIP** [원쁠딜]과 [원쁠템] 차이
>
> [원쁠딜]은 선별하여 뽑기 때문에 최상단에 노출되는 대신, 선정되기가 어렵습니다. [원쁠템]은 가이드를 잘 맞춰 제안하면 무조건 선정이 되는 대신, 누구나 참여할 수 있기 때문에 매력적인 상품이어야만 목표를 달성할 수 있습니다.

02 원쁠템 제안 따라 하기

원쁠템 제안을 위해서는 [원쁠템 제안관리] 메뉴를 클릭하고, [제안 등록] 탭을 클릭합니다.

TIP [원쁠템 가이드 다운로드]를 클릭해 가이드를 참고하세요.

> **스마트스토어 TIP** [원쁠템] 제안 시 유의 사항
>
> • 동일 기간 내 한 개의 상품만 진행할 수 있으며, 이미 원쁠템에 제안한 상품, 또는 진행 중인 상품이 있다면 [원쁠템]에 추가 제안이 불가합니다.
> • 일주일에 한 개의 상품만 제안할 수 있습니다.
> • 한 번 진행한 상품은 30일 이후 다시 제안 가능합니다.
> • 검수 불가 5회 누적 시 30일간 제안이 불가합니다.

원쁠템 제안관리 주요 항목 입력하기

01 ❶ [채널선택]에서 내 스토어명을 선택하고 ❷ [상품찾기]에서 제안할 상품을 선택합니다.

02 [소재등록]에서 ❶ [상품 구성]을 선택합니다. ❷ [원쁠템 상품명]은 최대 30글자로, 구성을 잘 설명하는 제목으로 입력합니다. ❸ [원쁠템 제안가]에 최종판매가를 입력합니다.

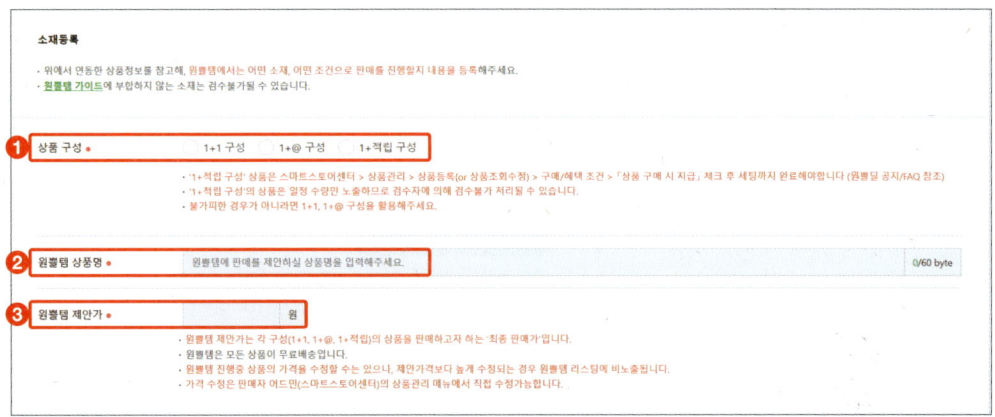

> **스마트스토어 TIP** 상품 구성 이해하기
>
> - 1+1 : 완전히 동일한 상품 두 개 또는 동일한 상품의 속성만 다른 두 개의 상품으로 구성
> - 1+@ : 원상품과 +@ 상품으로 구성(판매율이 높은 두 가지 상품의 결합 또는 1+1이 불가한 상품 대상)
> - 1+Npay(적립) : 원상품과 추가 적립으로 구성 추가 적립은 원쁠템가의 3% 이상으로 설정 필요

03 ❶ 판매 가능한 재고 수량을 입력합니다. [재고수량]은 최소 열 개 이상이어야 합니다. ❷ 식품/화장품/생활세제 상품군 등 유통기한 표기 의무 상품은 [유통기한] 입력이 필요합니다. ❸ [소재이미지]의 [등록가이드]를 참고해서 메인 이미지를 등록합니다. ❹ [진행기간]은

제안일 기준 +2영업일 이후를 시작일로 설정할 수 있으며, 최소 3일에서 최대 14일까지 진행 기간을 설정할 수 있습니다.

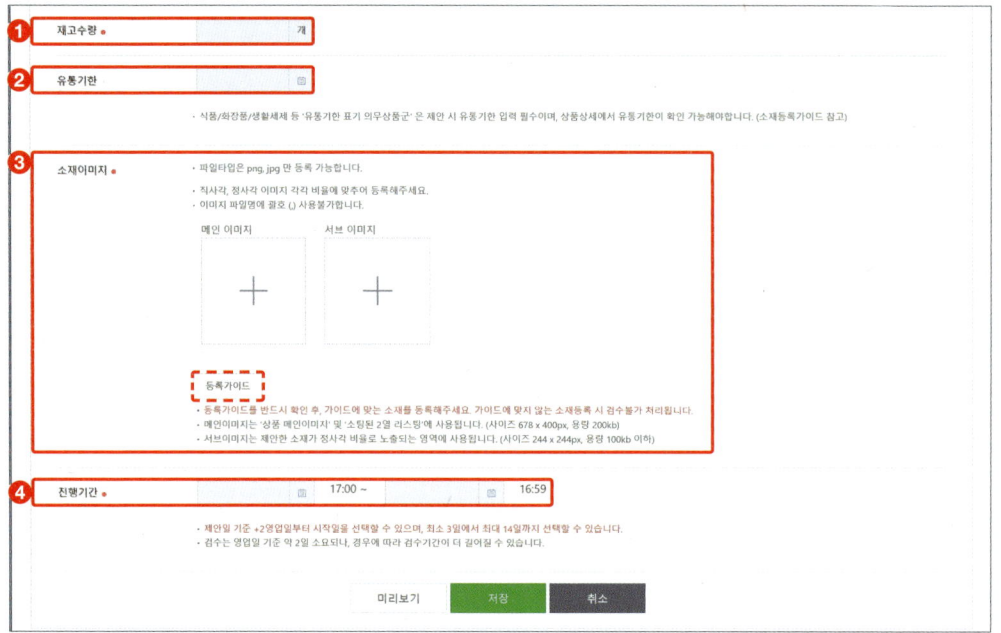

 **스마트스토어 전문가의 실전 노하우**

📋 **원쁠템 진행 시 자주 묻는 질문**

[원쁠템]은 제안 시, 다섯 번의 반려를 당할 경우 30일 동안 제안이 불가합니다.
[원쁠템] 서비스 오픈 당시, 가장 많이 문의받았던 부분을 정리했습니다.

- 판매 중인 상품이 있어야 해당 상품 정보로 [원쁠템]에 노출 제안이 가능합니다.
- [원쁠템]으로 진행할 1+1 상품은, 제안 후 신규로 등록해야 합니다.
- 기존에 판매하던 제품이 이미 1+1, 1+a로 구성되어 있고 변경사항이 없다면 [원쁠템]으로 연동할 수 있습니다.
- 기존에 판매하던 제품의 구성을 바꾸거나, 상품을 변경하여 제안하는 경우 상품ID 재사용으로 네이버쇼핑 검색에서 상품이 삭제될 수 있습니다. 기존 상품을 수정하여 제안하는 것은 반드시 지양해야 합니다.

스마트스토어 TIP · 소재이미지 이해하기

[등록가이드]를 클릭하면 반려 케이스와 검수 통과 케이스를 확인할 수 있습니다.

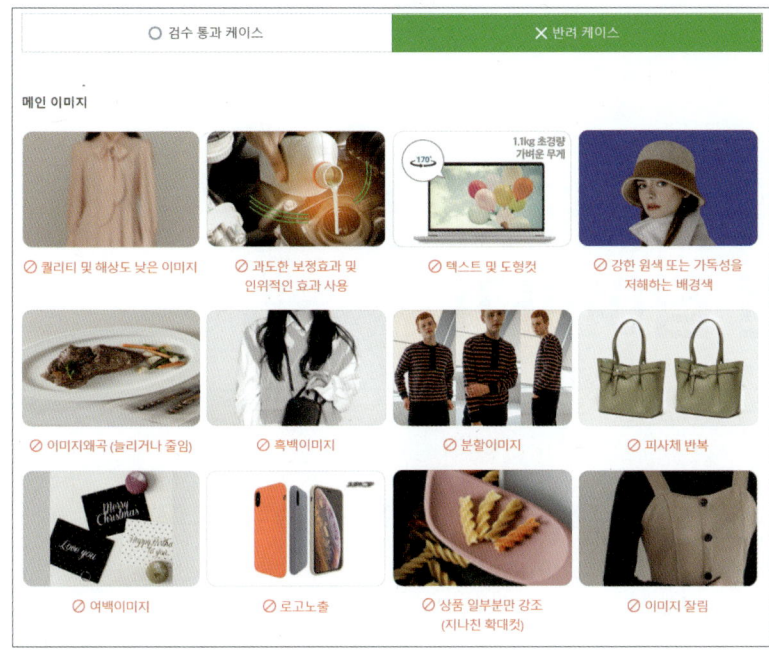

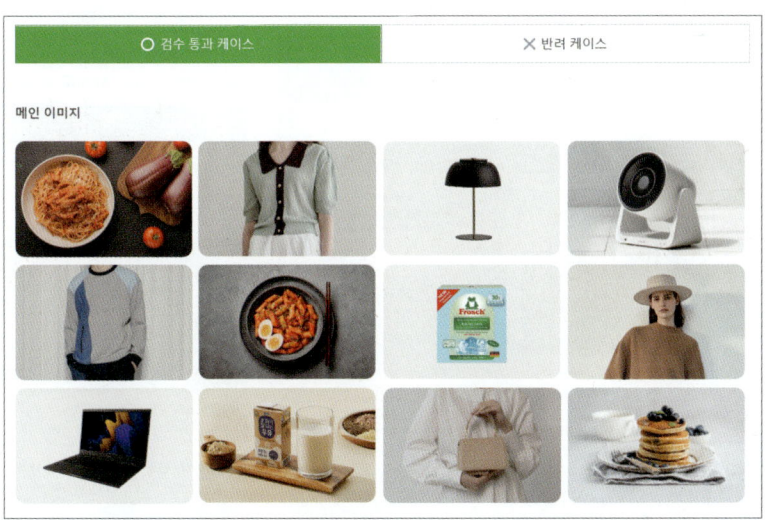

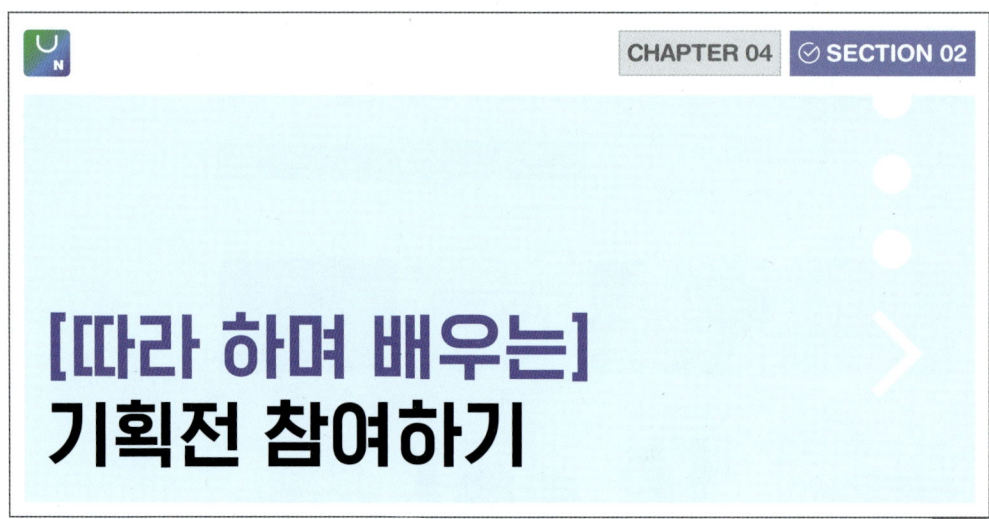

CHAPTER 04　SECTION 02

[따라 하며 배우는]
기획전 참여하기

기획전은 스마트스토어에 등록된 상품을 모아 하나의 주제로 노출하는 프로모션으로, 네이버 쇼핑의 [기획전] 메뉴에서 확인할 수 있습니다. 총 50개 이상의 상품으로 진행할 수 있으니 전체 상품 등록을 마친 후에 진행하는 것이 좋습니다.

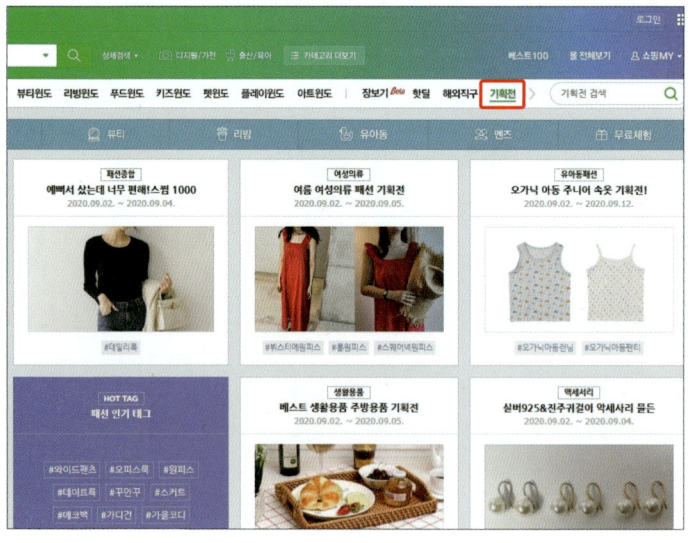

PC

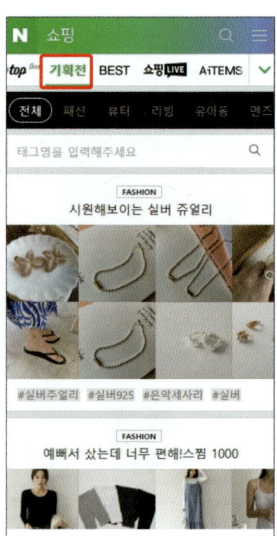

모바일

▲ 기획전 메인페이지

01 기획전 상품 제안 따라 하기

01 기획전에 참여하려면 스마트스토어센터에서 ❶ [프로모션 관리] – [기획전 관리] 메뉴를 클릭한 후 ❷ [신규 기획전 등록]을 클릭합니다.

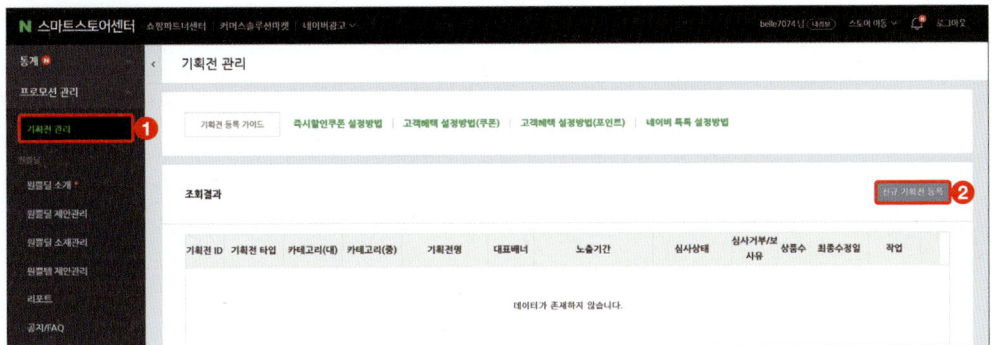

기획전 상품 등록 주요 항목 입력하기

02 ❶ [기획전 타입]은 네 가지 항목 중 하나 이상을 선택해야 합니다. 등록한 상품에 맞게 선택합니다. ❷ [카테고리]에는 기획전을 노출할 카테고리를 선택합니다. 여러 품목을 노출할 경우 가장 주력 상품군의 카테고리를 선택하는 것이 좋습니다.

TIP [기획전 타입]을 선택할 때는 기획전에 노출할 상품이 할인이나 쿠폰, 포인트 적립 중이어야 합니다. 앞서 '할인쿠폰 발행 및 즉시할인 설정'을 언급한 것은 기획전 참여를 쉽게 하기 위해서입니다.

네이버쇼핑을 활용한 무료 마케팅 ▼ CHAPTER 04 ▼ **327**

03 ❶ [기획전 제목]을 입력합니다. 기획전 제목은 네이버쇼핑 검색에도 활용되므로 호감을 줄 수 있는 제목으로 입력합니다. ❷ [태그명]은 기획전에 노출될 상품, 기획전 주제에 맞는 키워드로 최대 열 개까지 입력합니다. 태그명 또한 검색에 활용됩니다. ❸ [기간]은 최소 3일 최대 14일 이내로 설정합니다. 영업일 기준으로 등록일 3일 이후부터 시작할 수 있습니다.

04 [상단배너(모바일)]과 [상단배너(PC)]의 [이미지등록]을 각각 클릭해 이미지를 등록합니다. PC와 모바일에 노출될 상품 이미지이므로 권장 사이즈와 파일 타입을 지켜야 합니다.

05 ❶ [이미지등록]을 클릭해 [핫딜 특가소식 배너]를 등록합니다. 권장 사이즈와 파일 타입을 지켜서 등록합니다. ❷ [상단배너 타이틀]에는 기획전 내용을 설명하는 제목을 입력합니다.

상단배너는 기획전에서 가장 먼저 노출할 상품으로 만드는 것이 좋습니다. 고객에게 가장 호감을 줄 수 있는 주력 상품 대표 이미지를 선택해 등록합니다.

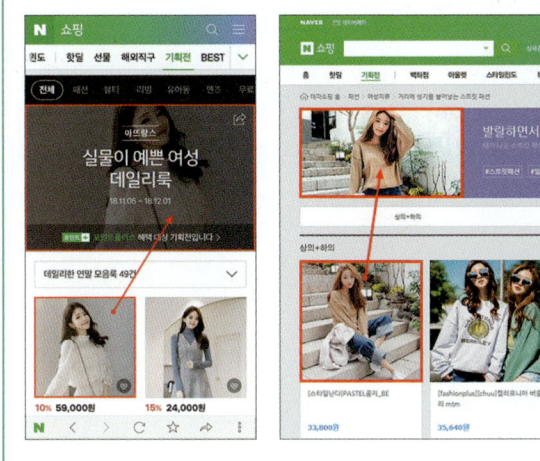
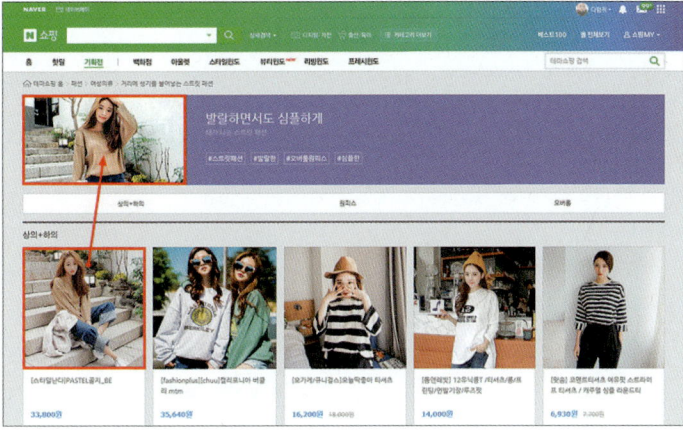

기획전 섹션 설정 및 노출 상품 등록하기

06 기본정보를 모두 입력했으면 [섹션 설정 및 노출 상품 등록] 항목에서 노출할 상품을 선택합니다. ❶ 하나의 섹션에 50개 이상의 상품을 모두 담으려면 한 섹션만 [섹션명], [전시유형], [섹션별 태그 등록]을 설정합니다. ❷ 기획전 내에서 상품군 구분이 필요하다면 [섹션추가]를 클릭해 최대 다섯 개까지 섹션을 추가해 구분한 후 각각의 정보를 입력합니다. ❸ [상품관리]를 클릭해 상품을 등록합니다.

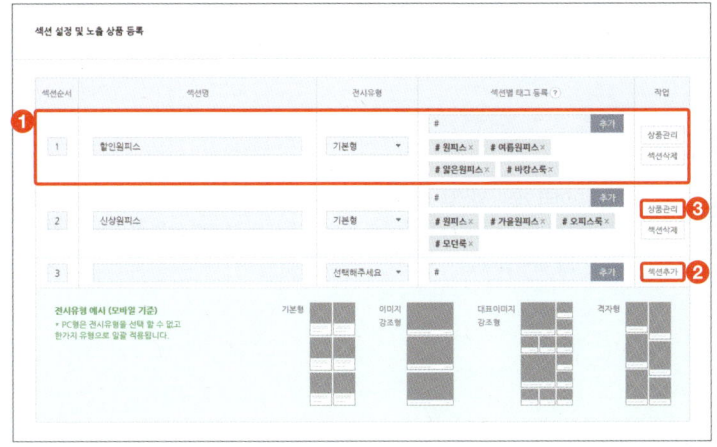

TIP 앞에서 기획전 기본정보를 누락했으면 상품 설정을 할 수 없으므로 01~05 과정을 참고해 꼼꼼히 입력합니다.

 **기획전 제안 상품 필수 조건**

- 기획전 등록 시 상품 수는 50개 이상 500개 미만으로 정할 수 있습니다.
- 섹션별 상품 수는 11개 이상 100개 미만으로 정할 수 있습니다.
- 섹션별 상품이 중복되면 심사가 거부되니 중복되는 상품이 없도록 주의해야 합니다.

07 [상품관리] 항목에서 [상품찾기]를 클릭해 기획전에 등록할 상품을 하나씩 추가합니다.

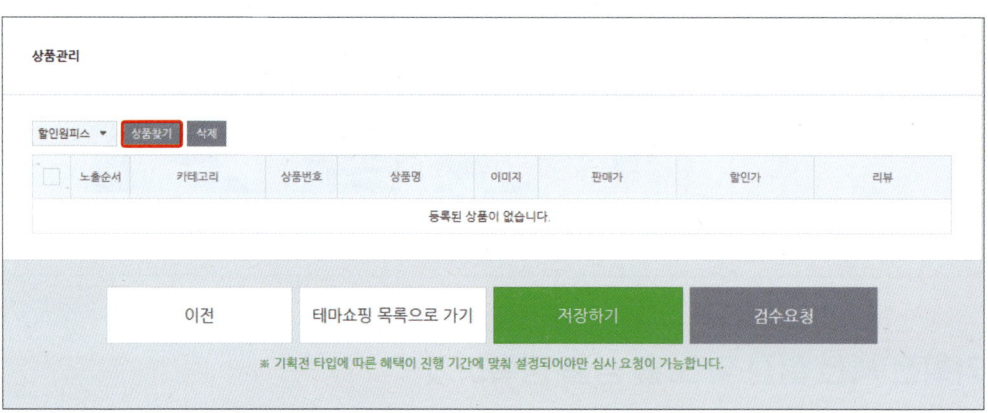

08 상품을 추가하다 보면 [노출순서]가 [999]로 설정됩니다. 판매자가 노출하고 싶은 상품의 순서대로 번호를 입력하면 내림차순으로 상품이 정렬됩니다. 배너 이미지로 활용한 대표 상품을 1번으로 설정합니다.

> **TIP** 여러 개의 섹션을 이용하는 경우에는 [상품찾기] 옆에 있는 섹션명을 클릭해 다른 섹션에서 상품을 찾을 수도 있습니다. 모든 섹션의 상품 설정이 끝나면 [저장하기]를 클릭합니다.

기획전 제안 관리하기

스마트스토어센터에서 [노출관리]-[기획전 관리] 메뉴를 클릭하면 [조회결과]에서 등록한 기획전을 확인할 수 있습니다. [심사요청]을 클릭해 네이버 담당자의 심사를 거친 후 심사가 완료되면 기획전 영역에 내 기획전을 노출할 수 있습니다. [심사상태]가 거부 처리된 경우, [심사거부/보류 사유]를 확인하고 수정해 재요청할 수 있습니다.

02 기획전을 마케팅에 활용하기

기획전은 네이버 검색결과 페이지의 다양한 영역에 노출됩니다. 네이버쇼핑에서 검색하면 자동완성기능으로 검색어 영역에 기획전 바로가기가 노출됩니다.

출처 : 스마트스토어센터 공지사항

이는 모바일 네이버쇼핑에서도 마찬가지로 노출됩니다. 이 부분은 공간의 제약이 있어 신규 기획전 위주로 노출됩니다.

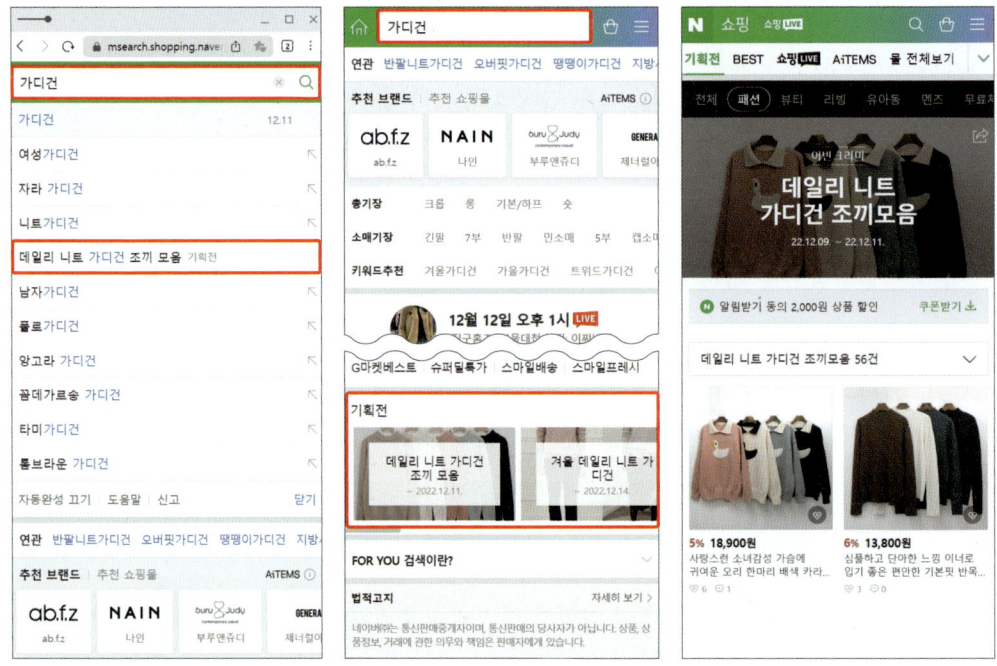

출처 : 스마트스토어센터 공지사항

이렇게 추가적인 노출을 공략하려면 기획전 타이틀, 태그, 섹션별 태그를 잘 입력해야 합니다. 기획전 타이틀은 짧지만 명확한 주제와 혜택 내용을 기반으로 입력하고, 태그는 기획전 주제 및 카테고리, 상품과 연관된 키워드 중심으로 등록해야 합니다.

CHAPTER 04 SECTION 03

네이버쇼핑 파트너 공식 블로그 활용하기

판매자가 스스로 참여하는 원쁠딜과 기획전 등의 프로모션을 이해했으면, 네이버에서 직접 운영하는 네이버쇼핑 파트너 공식 블로그에 방문해 다양한 프로모션을 확인하는 것이 좋습니다. 네이버쇼핑 공식 블로그는 네이버에서 검색하거나 스마트스토어센터에서 [공식 블로그 바로가기]-[네이버쇼핑 파트너] 메뉴를 클릭해 이동합니다.

TIP 네이버쇼핑 파트너 공식 블로그 주소는 https://blog.naver.com/naver_seller입니다.

01 다양한 프로모션 확인하기

네이버쇼핑 파트너 공식 블로그에서는 스마트스토어에 대한 판매 팁, 운영 정보 등 유용한 정보를 찾아볼 수 있으므로 자주 방문하는 것이 좋습니다. 또는 다양한 프로모션 참여를 독려하고 상품 제안을 공지하고 있으므로 초보 판매자에게는 큰 도움이 됩니다.

공지에 기재된 테마에 맞는 상품을 제안 기간 안에 정확히 등록하면 프로모션 테마에 맞는 상품이 네이버의 여러 영역에 노출됩니다. 가장 중요한 것은 광고 비용을 지불하지 않고도 판매자가 직접 제안하는 상품들이 무료로 노출된다는 점입니다.

특히 계절과 시즌에 맞는 다양한 주제로 상품을 선정해 특정 기간에 노출하는 프로모션이 많고, 혜택이나 인기 상품들을 모아서 노출하는 프로모션들도 있습니다. 이렇게 프로모션에 선정된 상품 중 일부는 네이버쇼핑 메인페이지에 노출되기도 합니다. 스마트스토어 판매자라면 네이버에서 직접 운영하는 프로모션에 상품을 노출할 좋은 기회를 놓치지 않기를 바랍니다.

이런 방법들을 통해 추가적인 노출을 계획한다면, 더 많은 고객을 쉽게 만날 수 있을 것입니다. 방법은 블로그에 충분히 설명되어 있고, 제안 후에는 프로모션 선정 공지를 통해 선정 여부를 확인할 수 있습니다.

출처 : 네이버쇼핑 파트너 공식 블로그

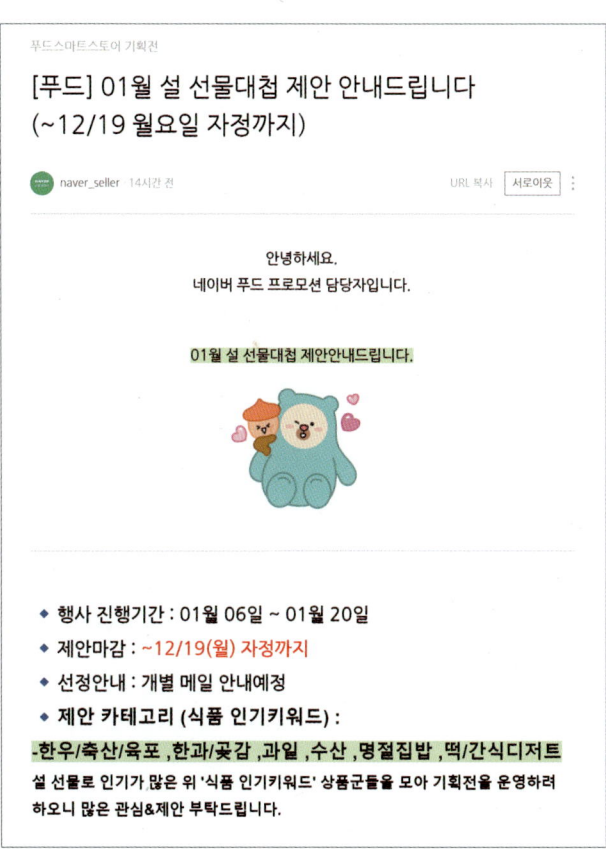

출처 : 네이버쇼핑 파트너 공식 블로그

02 타임특가, 프로모션, 기획전 등 프로모션 확인하기

공식 블로그에서는 프로모션뿐만 아니라 리빙상품, 생필품, 키즈, 푸드, 스포츠레저, 디지털가전, 패션, 펫 등 다양한 카테고리와 상품군으로 메뉴가 구성되어 있습니다. 해당 메뉴에서 타임특가, 프로모션, 기획전 등의 다양한 마케팅 활동을 공지합니다. 내가 판매할 상품과 관련 있는 메뉴를 즐겨찾기로 등록하고 수시로 정보를 확인하며 프로모션에 적극적으로 참여하는 것이 좋습니다.

- 네이버 쇼핑라이브
  - 공지 / 이용가이드
  - 네이버 스퀘어 스튜디오 신청
  - 라이브스타 라이브 제안/신청
  - 블루밍데이즈 신청/제안
  - 테마기획전 신청/공지
  - 숏클립 라이브 제안/공지
  - 교육/수수료 지원 신청

- 쇼핑라이브 제작 제휴

- 네이버 원쁠딜
  - 공지사항/선정공지

- 네이버 브랜드데이

- 네이버 정기구독
  - 공지/이용 가이드
  - 정기구독 제안공지

- 네이버 도서
  - 기획전 제안공지
  - 선정공지

- 리빙스마트스토어
  - Tip 포스팅
  - 타임특가
  - 리빙 프로모션
  - 리빙 선물샵
  - 리빙 기획전
  - 문구 프로모션
  - 선정공지
  - 오픈라이브

- 브랜드직영 스마트스토어
  - 브랜드직영관 공지
  - 럭키투데이 프로모션
  - 브랜드직영관 프로모션
  - 브랜드직영관 원쁠딜
  - 타임특가
  - 브랜드DAY
  - 선정공지

- 키즈스마트스토어
  - 타임특가
  - 키즈 브랜드직영관 입점
  - 브랜드직영관 프로모션

- 푸드스마트스토어 제안/공지
  - 공지사항
  - 푸드스마트스토어 기획전
  - 타임특가
  - 헬시 프로모션
  - 후기검증
  - 푸드선물샵
  - 푸드 전통주 기획전

- 스포츠/레저 카테고리
  - 내일도착/무료반품 기획전 공지
  - 스포츠/레저 타임특가
  - 캠핑 프로모션/공지
  - 낚시 프로모션/공지
  - 헬스 프로모션/공지

- 디지털가전 스마트스토어
  - 핫딜 프로모션
  - 선물하기 상품제안
  - 선물하기 선정공지
  - 스마트스토어_주간 프로모션
  - 스마트스토어_주간 선정 공지

- 네이버선물하기
  - 공지

- [선물하기]e쿠폰/디지털 컨텐츠

- 트렌드남성패션관
  - 공지사항

- 패션스마트스토어
  - Tip 포스팅
  - [밤시장] apm 라이브
  - 타임특가
  - 월별프로모션
  - [패션]후기검증
  - [남성]주간프로모션
  - 동대문 풀필먼트 서비스 신청
  - 패션메가세일

- Toptop_탑탑
  - 공지

- 펫 프로모션
  - (시즌) 메인프로모션
  - 펫 정기구독 프로모션
  - 라이브데이 제안/공지
  - 블랙멍냥데이 제안공지
  - 블랙멍냥데이 선정공지
  - 금주의펫픽_프로모션제안
  - 브랜드장보기 프로모션

Chapter 05

네이버 서비스를 활용한 저렴한 마케팅

스마트스토어를 운영하다 보면 네이버에서 지원하는 다양한 혜택을 이용할 수 있습니다. 이를 통해 저렴한 수수료로 더 많은 순이익을 만들고 더 많은 프로모션에 적극적으로 참여해 매출을 끌어올릴 수도 있습니다. 실속있는 여러 가지 마케팅 방법을 알아보겠습니다.

CHAPTER 05　SECTION 01

네이버페이 수수료를 0%로! 스타트 제로수수료

네이버 결제수수료는 고객이 결제하는 수단에 따라 비율이 다르게 책정됩니다. 최대 비율은 휴대폰결제(3.85%)이고 최소비율은 무통장입금(1%, 최대 275원)입니다. 스마트스토어는 소자본으로 시작할 수 있는 장점이 있지만 고객의 결제수단에 따라 책정되는 결제수수료는 온라인 판매에서 반드시 발생하는 요소입니다.

> TIP 결제수수료에 대한 자세한 내용은 40쪽을 참고합니다.

01 스타트 제로수수료 혜택

스타트 제로수수료는 창업 초기 스마트스토어 판매자의 사업 안정을 위해 12개월간 결제수수료를 무료로 지원하는 혜택입니다. 사업자 회원으로 신규 가입했거나 스마트스토어 개설 이후 개인회원에서 사업자 회원으로 전환했다면 스타트 제로수수료 혜택을 이용할 수 있습니다. 스마트스토어를 개설한지 1년 미만이고 연매출 5억 이하의 사업자라면 신청할 수 있습니다. 스타트 제로수수료를 신청하면 신청한 익월부터 12개월간 월 최대 500만 원까지 순 결제 금액의 수수료가 0%로 적용됩니다.

02 스타트 제로수수료 신청하기

스타트 제로수수료는 스마트스토어센터의 [판매자정보] – [판매자 지원 프로그램] 메뉴에서 신청할 수 있습니다. 판매자 구분 및 조건에 따라 승인 여부가 나타나며, 모든 조건을 만족해야만 신청할 수 있습니다.

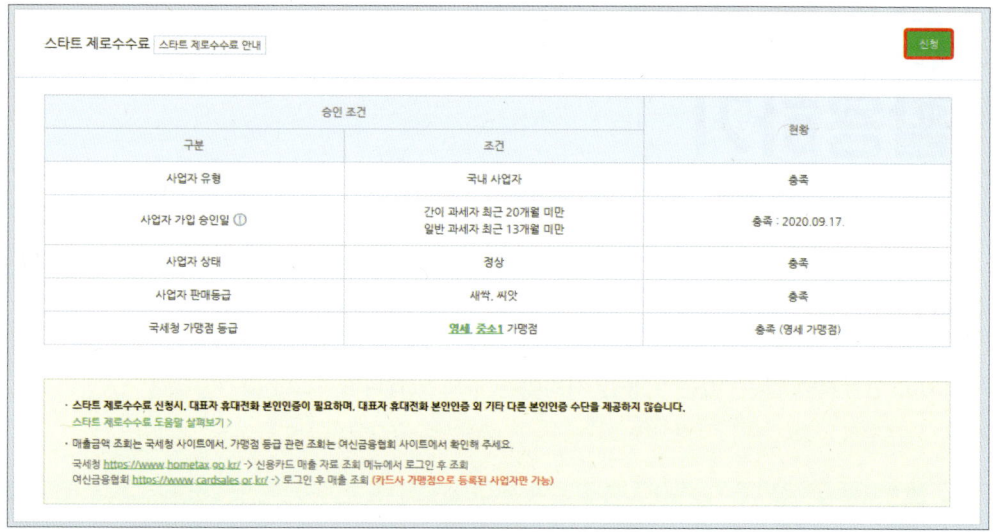

모든 조건을 충족해 스타트 제로수수료를 신청하고 승인이 완료되면 주문관리수수료 3.63%를 12개월, 매출연동수수료 2%를 6개월간 무료로 지원받습니다.

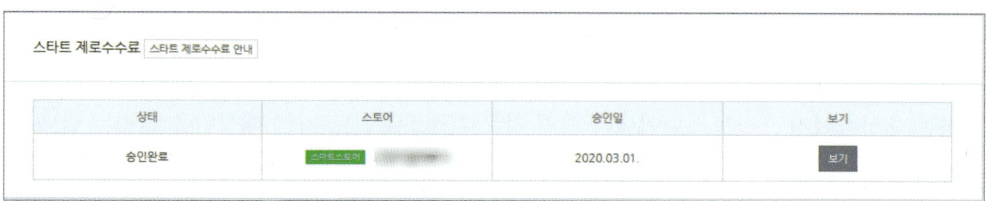

CHAPTER 05　SECTION 02

[따라 하며 배우는] 성장포인트 활용하기

스마트스토어를 운영하면서 마케팅 비용을 투자해야 할 때도 있습니다. 이때 카드 포인트처럼 누적되고 현금처럼 쓸 수 있는 비용을 지원받을 수도 있습니다.

01 매출이 오를 때마다 지급되는 성장포인트

성장포인트는 스마트스토어 판매자에게 지급되는 포인트로, 스마트스토어의 최근 3개월 평균 거래액을 계산해 200만 원, 800만 원, 4천만 원을 달성하면 성장포인트가 지급됩니다. 이 포인트는 고객 마케팅 비용이나 네이버 검색광고 비즈머니로 사용할 수 있습니다.

스마트스토어 입점일로부터 3개월 이상 1년 미만 운영 사업자 중 월평균 거래액이 기준에 부합하는 대상자에게 스마트스토어센터 팝업 창으로 성장포인트 지급 대상임을 알리는 안내 메시지가 나타납니다.

> **TIP** 성장포인트는 스마트스토어 URL 기준으로 동일 사업자가 여러 개의 스토어를 운영해도 각각 인정됩니다. 또한 지급 시점에 판매자가 정상 운영 상태여야 하며, 이용 정지 또는 탈퇴한 상태라면 지급되지 않습니다.

성장포인트를 지급받은 판매자는 매월 1일 1:1 맞춤 진단 컨설팅을 신청할 수 있고 창업성장 지식iN 컨설팅을 통해 문의와 답변을 빠르게 받아볼 수 있습니다. 이 모든 서비스는 스마트스토어를 운영하는 판매자들이 당연히 누려야 할 혜택이므로 잊지 말고 도움을 받기 바랍니다. 성장포인트를 받았다는 것은 내 스토어에서 어느 정도의 매출이 발생하고 있으며, 더 나은 매출과 스토어의 성장을 고민해야 하는 시기에 접어들었다는 의미이기도 합니다.

> **스마트스토어 TIP** 개인 판매회원에서 사업자 회원으로 전환하기
>
> 처음에는 개인 판매회원으로 가입했다가 경험이 좀 쌓이면 장기적인 판매 활동을 위해 사업자 회원으로 전환할 것을 고민할 수 있습니다. 개인 판매회원에서 사업자 회원으로 전환하려면 '구매안전서비스 이용확인증'을 출력해 통신판매업에 신고해야 합니다. 자세한 전환 방법은 78쪽을 참고합니다.

02 성장포인트를 활용한 마케팅 노하우

성장포인트를 적절히 잘 활용하면 한계단 더 성장하는 원동력이 될 수 있습니다. 따라서 초보자는 성장포인트를 활용하는 마케팅 팁을 꼭 알아두어야 합니다. 아직 성장포인트를 받지 못했더라도 성장포인트를 목표로 스토어를 운영하기 바랍니다.

● STEP 1. 구매 고객 리뷰에 포인트 지급하기

리뷰를 작성한 고객에게 포인트를 지급하는 포인트 비용을 성장포인트로 대체할 수 있습니다.

01 스마트스토어센터에서 [상품관리] - [상품 조회/수정] 메뉴를 클릭한 후 ❶ [상품목록]에서 포인트를 지급할 상품을 선택합니다. ❷ [일괄변경] 목록에서 [구매/혜택]을 선택합니다.

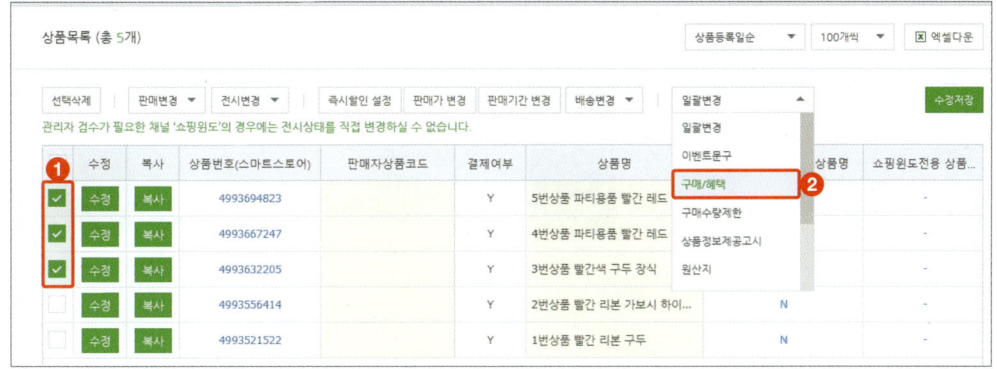

02 ❶ [구매/혜택 변경] 창이 나타나면 [상품리뷰 작성시 지급]을 클릭하고 ❷ 지급할 포인트를 입력합니다. 텍스트 리뷰보다 포토/동영상 리뷰 작성에 더 높은 포인트를 입력해야 양질의 리뷰가 쌓이는 데 도움이 됩니다.

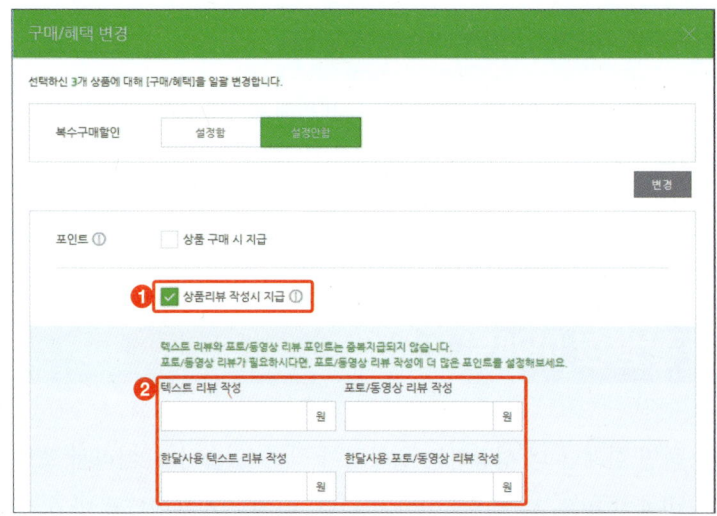

TIP 한달사용 리뷰는 고객이 구매 이후 한 달이 지나야 작성할 수 있습니다. 사용 후기가 필요한 제품이라면 한달사용 리뷰에도 포인트를 설정할 수 있겠지만, 다른 리뷰 마케팅이 있으니 포토/동영상 리뷰에만 포인트를 설정해도 무방합니다.

● **STEP 2. 재구매율이 높은 스토어, 단골고객에게 포인트 지급하기**

의류, 식품, 생활용품 등 재구매율이 높은 카테고리에서는 단골고객을 유지하는 것이 매우 중요합니다. 재구매 고객의 리뷰는 [재구매]로 표기되므로 다른 고객에게 더 신뢰를 줄 수 있습니다.

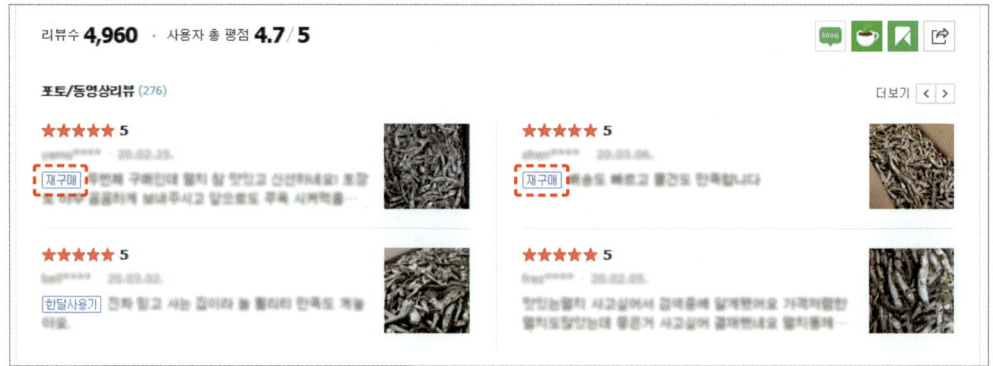

▲ [재구매] 고객 리뷰 노출

상품을 재구매할 때 지급할 포인트 혜택을 설정하면 구매 고객이 스토어에 재방문했을 때 상세페이지에서 포인트 추가 지급 혜택을 확인할 수 있습니다.

▲ 재구매 고객을 위한 혜택이 노출된 화면

03 ❶ 스마트스토어센터에서 [혜택/마케팅] - [혜택 등록] 메뉴를 클릭하고 [타겟팅 대상]에서 [재구매고객]을 선택한 후 ❷ [혜택종류]를 [포인트적립]으로 선택합니다.

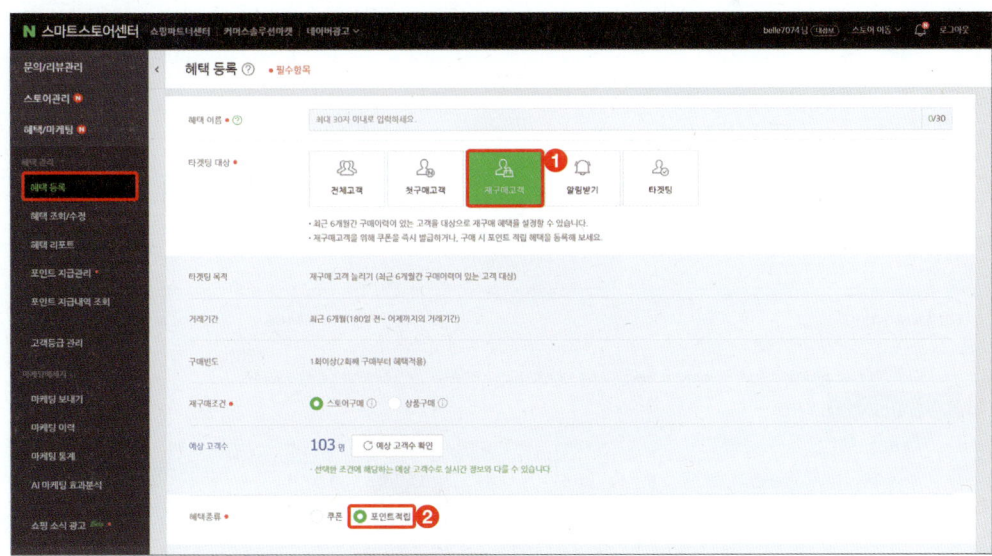

TIP 포인트 적립은 판매가의 15% 이하로만 설정할 수 있으며 최대 2만 원까지 지급됩니다.

● **STEP 3. 베스트리뷰 선정 후 포인트 지급하기**

좋은 리뷰를 작성한 고객을 선정해 포인트를 지급할 수 있습니다. 선정된 리뷰는 상품 상세페이지의 리뷰 영역 상단에 노출되고, 스토어 메인페이지에 [베스트 리뷰 상품]으로 노출됩니다. 재구매율이 낮거나 리뷰가 절대적으로 중요한 상품이라면 베스트 리뷰에 포인트를 지급하는 방법이 좋습니다. 그러면 양질의 리뷰를 확보할 수 있고, 좋은 리뷰가 누적되면 다른 고객에게도 긍정적인 이미지를 심어줄 수 있습니다.

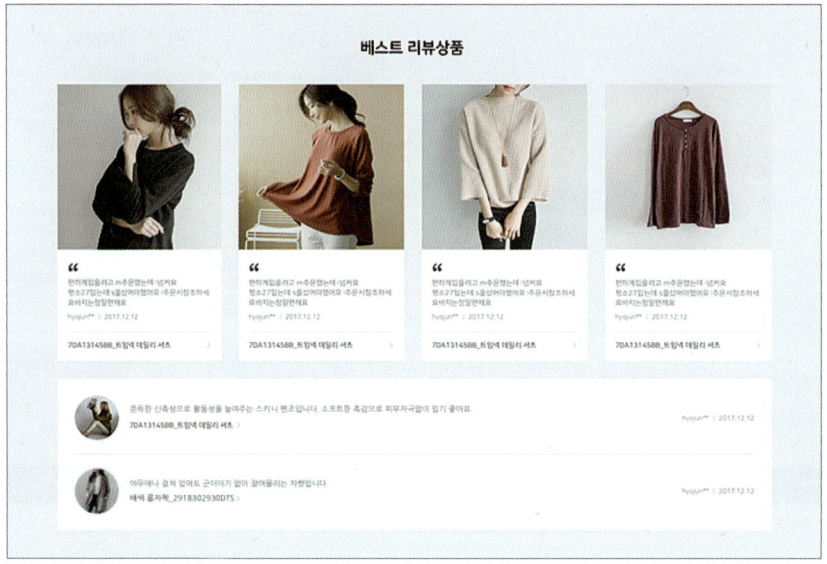

04 ❶ 스마트스토어센터에서 [문의/리뷰관리] - [리뷰 관리] 메뉴를 클릭하고 [리뷰목록]에서 좋은 리뷰를 선택합니다. ❷ [베스트리뷰선정 · 혜택지급]을 클릭합니다.

05 ❶ [베스트리뷰 선정 · 혜택지급] 창이 나타나면 [베스트리뷰 여부]에서 [선정]을 선택하고 ❷ [혜택]은 [포인트적립]을 선택합니다. ❸ [포인트설정]에 지급할 포인트를 입력하고 ❹ [적용]을 클릭하면 성장포인트에서 차감되거나 미리 충전해둔 충전금에서 차감됩니다.

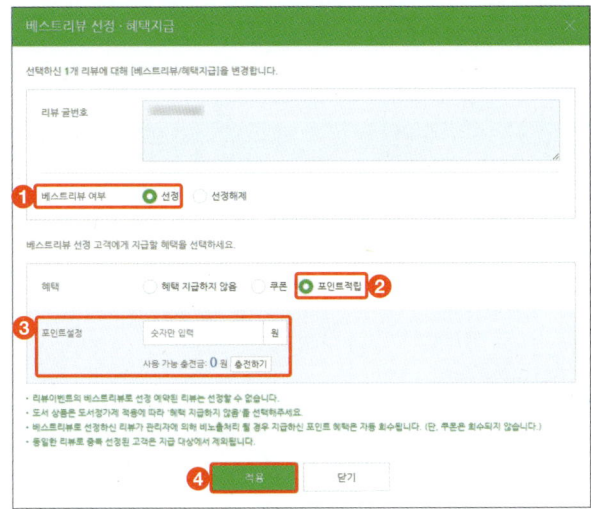

TIP 선정할 리뷰가 없다면 베스트리뷰를 활용할 수 없습니다. 좋은 리뷰를 적극 권장하기 위해 다양한 리뷰 이벤트를 진행해보는 것도 좋습니다. 리뷰 이벤트는 257쪽을 참고하세요.

● STEP 4. 고객 등급 설정하고 포인트 지급하기

내 스토어의 구매 고객의 등급을 설정하고 등급별 혜택(할인쿠폰, 포인트 지급)을 제공할 수 있습니다. 등급은 1~4단계로 설정할 수 있고 익월 1일부터 적용됩니다. 등급은 설정한 기간 동안의 주문금액 또는 주문횟수를 기준으로 설정합니다.

06 스마트스토어센터에서 [혜택/마케팅] - [고객등급 관리] 메뉴를 클릭하고 [등급기준]을 설정합니다. 여기서는 [주문금액] 기준으로 최근 [3개월] 동안 구매확정한 주문으로 설정했습니다.

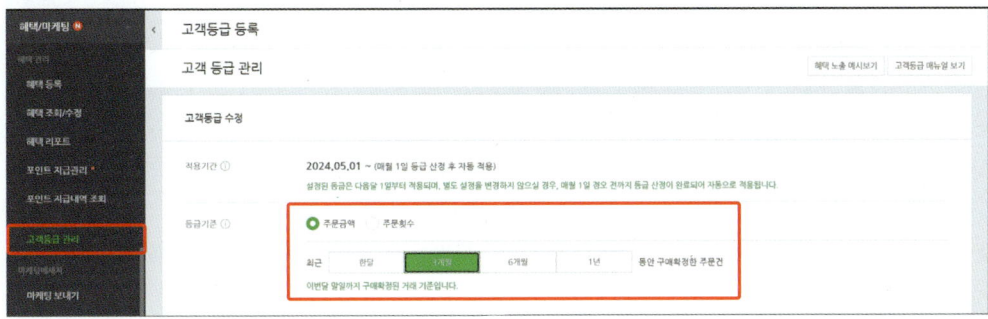

07 ❶ 설정할 등급의 [사용여부]를 클릭합니다. [등급별 혜택 설정] 창이 열리면 ❷ [등급조건]을 선택하고 ❸ [포인트 적립]을 클릭한 후 ❹ 적립금액을 입력합니다.

08 여러 등급을 사용한다면 등급별 혜택을 각각 다르게 적용합니다. SILVER 〈 GOLD 〈 VIP 〈 VVIP 순으로 등급별 혜택이 점점 커져야 합니다.

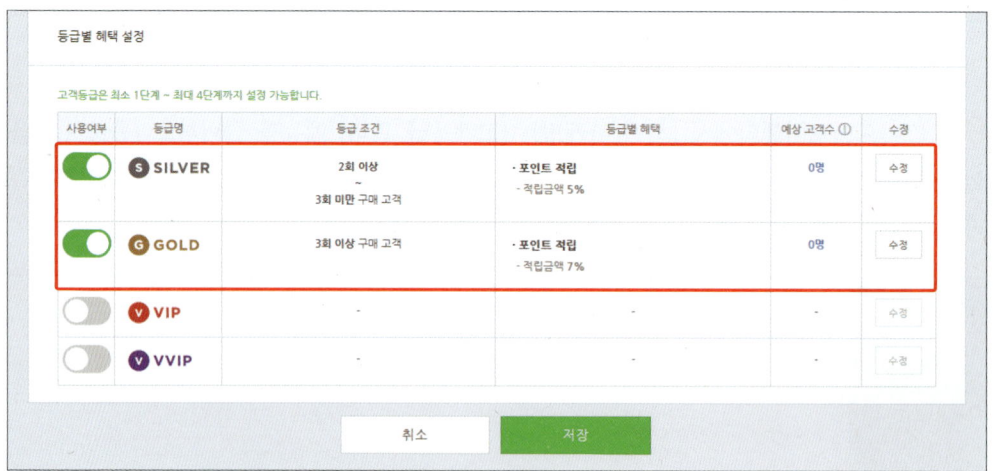

> **TIP** STEP 2의 재구매 혜택과 STEP 4의 등급별 혜택은 중복되지 않습니다. 재구매 혜택보다 등급별 혜택이 낮지 않게 설정하는 것이 좋습니다.

03 성장포인트로 네이버 검색광고 진행하기

성장포인트로 검색광고를 진행해볼 수 있습니다. 검색광고는 검색결과에 내 스토어를 더 많이 노출하기 위한 유료광고로, 클릭 수(유입량)와 방문량 대비 결제 수(투자수익률)를 민감하게 관찰하며 집행해야 합니다. 검색광고는 상품 등록, 배치, 꾸미기, 혜택 설정 등 스토어가 완성된 상태에서 시작해야 그 효과를 '매출'로 확인할 수 있습니다. 덜 만들어진 스토어는 비용을 들여 고객을 유입시켜도 매출로 이어지지 못하니 광고비만 날리는 셈입니다.

네이버에서 가장 많이 볼 수 있는 '사이트 검색광고'

'키워드광고', '검색광고', '파워링크'에 노출되는 검색광고입니다. 고객이 내 상품의 주력 키워드, 내 스토어명 등의 키워드로 검색했을 때 내 스토어를 검색결과 상위에 노출시킬 수 있습니다.

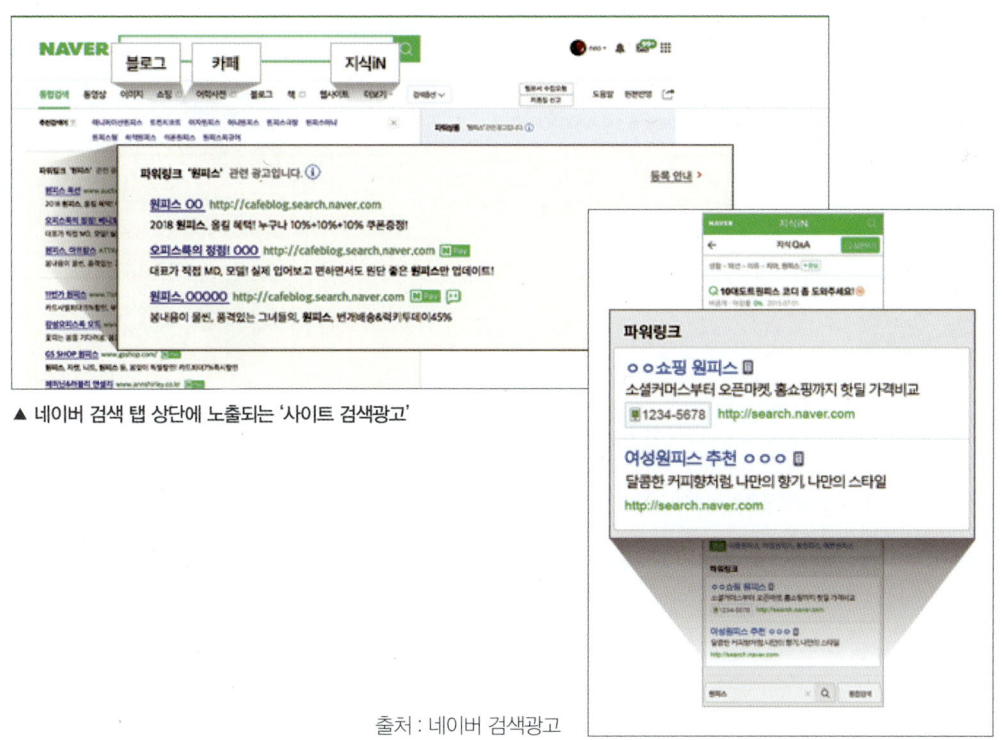

▲ 네이버 검색 탭 상단에 노출되는 '사이트 검색광고'

출처 : 네이버 검색광고

▲ 네이버 콘텐츠 영역에 노출되는 '사이트 검색광고'

 **사이트 검색광고 비용**

사이트 검색광고 비용은 광고주(판매자)가 제안하는 입찰가로 클릭당 과금되며, 노출 순서는 입찰가와 품질 지수에 따라 결정됩니다. 따라서 노출 영역과 로그 분석 등 광고 영역에 대한 기본 개념을 이해한 후에 진행하는 것이 좋습니다. 스마트스토어 판매를 처음 준비하는 판매자에게는 먼 이야기일 수 있겠지만, 온라인에서 가장 큰 힘을 가진 '검색결과'에 내 스토어를 노출시키고 고객을 끌어들이는 길은 그다지 멀리 있지 않습니다.

네이버쇼핑에서 '네이버 랭킹순'을 뛰어넘는 '쇼핑 검색광고'

네이버쇼핑의 검색결과는 '네이버 랭킹순'으로 상품이 노출됩니다. 그러나 이 랭킹보다 상위에 노출되는 것이 광고 상품입니다. 스마트스토어를 오픈함과 동시에 '네이버 랭킹순'의 상위에 노출되는 것은 매우 어렵습니다. 그렇다면 쇼핑 검색광고를 이용해 내 상품을 상위에 노출시키고 고객 유입량을 증가시키는 방법을 활용해도 좋습니다.

▲ 네이버쇼핑 검색결과 상단에 노출되는 '쇼핑 검색광고'

TIP 쇼핑 검색광고는 검색결과의 상위에 노출시키고 싶은 '상품'을 선택하고 상품 노출에 대한 '입찰가'를 제안합니다. 제안한 '입찰가'와 '연관도'에 의해 노출 순서가 결정되고 광고가 집행됩니다. 앞에서 설명한 사이트 검색광고와 달리, 판매자가 직접 키워드를 선정하지 않고 이미 네이버쇼핑에 노출되고 있는 상품을 상위 영역에 노출하는 광고입니다.

NOTE 스마트스토어 전문가의 실전 노하우

검색광고 집행하기

네이버 검색광고는 검색광고 페이지(https://searchad.naver.com)에서 집행(입찰)할 수 있습니다. 검색광고 회원으로 가입하고 [광고시스템] 메뉴에서 광고 등록과 진행을 관리합니다.

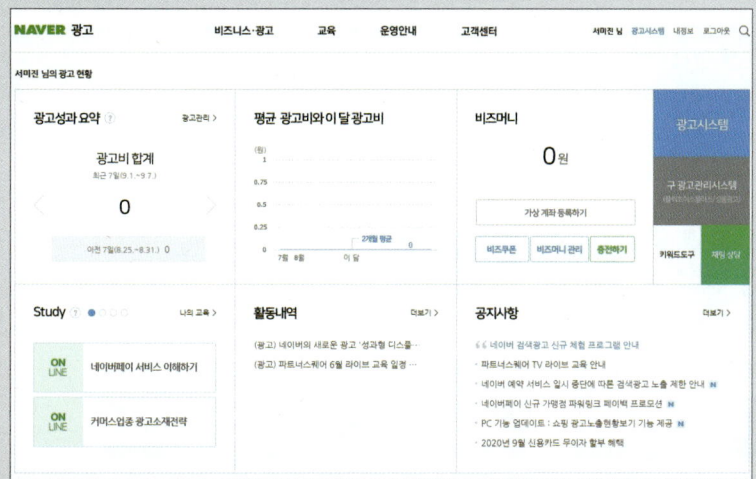

비즈머니

비즈머니는 광고를 집행하기 위한 충전금으로, 신용카드 결제나 계좌이체로 충전합니다. 성공포인트가 있다면 스마트스토어센터의 [고객혜택관리]-[포인트 지급내역 조회] 메뉴에서 [비즈머니로 전환]을 클릭한 후 네이버 검색광고 아이디를 연동해 비즈머니로 적립할 수 있습니다.

스마트스토어

[특별부록]
온라인 판매 성공 계획하기

스마트스토어를 다양하게 활용할 수 있는 방법

스마트스토어를 개설하고 상품을 판매하다 보면 현실적인 문제를 만나게 됩니다. 지금보다 더 많은 고객유입이 필요하고, 도화선에 불을 붙이듯 구매율을 상승시킬 기폭제가 필요한 때가 되는 것입니다. 이때는 좀 더 넓은 시야를 갖고 스마트스토어를 다양하게 활용해보아야 합니다.

쇼핑라이브로 언택트 마케팅을!

올해 네이버쇼핑에서 가장 크게 부각된 서비스는 '쇼핑라이브(쇼핑 LIVE)'입니다. 이 서비스는 스마트폰으로 라이브 방송을 촬영해 고객과 실시간으로 상품에 대해 소통하면서 판매할 수 있는 방송 기능입니다. 시청자와 실시간으로 소통할 수 있는 기능이므로 고객의 니즈를 직접 파악하고 방송 중에만 제공하는 혜택(추가할인, 사은품 제공 등)을 어필해 매출 향상을 계획할 수 있습니다. 또한 꾸준한 방송을 통해 충성도 있는 고객을 확보하고 더욱 친밀한 관계를 쌓아갈 수 있습니다.

쇼핑라이브는 유튜브 등 영상 정보를 친밀하게 접하는 젊은 세대와 홈쇼핑을 통해 충분한 정보를 습득하고 상품을 구매하는 기성 세대를 아우르는 다양한 고객층에게 홍보할 수 있는 수단입니다. 쇼핑라이브는 현재 쇼핑파트너 블로그와 쇼핑윈도 블로그에서 라이브 참여 제안 프로모션을 진행하고 있습니다.

스마트스토어 TIP 스마트스토어센터, 쇼핑라이브 앱

쇼핑라이브는 스마트스토어센터 앱이나 쇼핑라이브 앱에서 라이브 방송을 준비합니다. 라이브를 진행할 스토어를 선택하고 노출 상품을 최대 20개까지 등록합니다. 예약 기능으로 원하는 시간에 라이브를 예약할 수 있고, 리허설 기능으로 라이브를 연습할 수도 있습니다. 라이브 방송은 스마트스토어 '알림받기'를 설정한 고객에게 방송 알림을 발송할 수도 있습니다. 단, 쇼핑라이브는 판매자 '새싹' 등급 이상만 진행할 수 있습니다.

스마트스토어를 모바일 결제 담당으로

이제는 모바일이 대세입니다. 검색율이나 쇼핑 결제 비중도 PC보다 모바일이 훨씬 높습니다. 그래서 스마트스토어는 나의 온라인 가게이면서 동시에 고객의 편의를 위한 '모바일 결제' 담당으로도 활용할 수 있습니다. 블로그나 인스타그램 등 내 이웃과 팔로워에게 상품을 소개하고 모바일을 통한 결제까지 이어질 수 있도록 스마트스토어 상품 결제 정보를 연결해보는 것은 어떨까요? 내 스토어가 멋지게 디자인되어 있지 않아도, 상세페이지가 조금 부족해도 구매 의지가 있는 고객이 쉽게 결제할 수 있도록 스마트스토어를 활용하는 것입니다.

실제로 20~30대를 주고객으로 하는 패션, 의류, 잡화 판매 스토어는 주요 타깃이 모이는 인스타그램을 통해 상품을 소개하는 경우가 많습니다. 적극적인 인스타그램 활동을 통해 팔로워를 늘리고 신상품 입고와 세일 등의 정보를 홍보합니다. 그런 다음 인스타그램 프로필 주소를 통해 고객이 스마트스토어로 이동한 후 쉽게 결제할 수 있도록 안내합니다.

고객 유입 경로를 확대하자

스마트스토어에 상품을 여러 개 등록하면 네이버쇼핑 검색결과에 노출되는 상품의 수량이 많아집니다. 즉, 고객이 상품을 클릭해 내 가게로 방문할 수 있는 경우의 수가 많아지는 것입니다. 그래서 여러 상품을 한 개의 상세페이지에 담아 옵션을 선택하는 방식으로 등록하는 것보다 각각의 상품으로 등록하는 것이 좋습니다.

> **TIP** 동일 상품을 중복 등록하는 것은 네이버 스마트스토어 운영 정책에 어긋납니다. 중복 등록을 할 경우 검색결과 노출에 불리해지고 판매에도 영향을 끼칠 수 있으므로 주의합니다.

페이스북, 인스타그램, 블로그, 카페, 유튜브 등 다양한 SNS 채널을 통해 고객을 만날 수도 있습니다. 단, 다양한 유입 경로가 양적으로 추가되는 것도 좋지만, 실제 구매가 발생하는 '매출에 영향력 있는 유입 경로'를 잘 관리하는 것이 더 중요합니다. 영향력 있는 유입 경로는 상품군마다 다릅니다. 무조건 추가하는 것보다 내가 잘할 수 있거나 부담스럽지 않은 선에서 유입 경로를 마련하고 점차 확대하는 것이 좋습니다. 경험과 매출을 토대로 유입 경로를 확대한다면 고객이 내 스토어로 방문하는 길이 점차 많아질 것입니다.

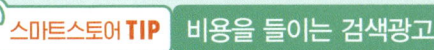

스마트스토어 TIP — 비용을 들이는 검색광고

검색광고는 비용을 들여 내 상품을 검색결과 상위에 노출해줍니다. 이때 섣불리 큰 금액의 장기 계약으로 광고를 진행하면 후회하게 될 가능성이 많습니다. 스마트스토어에 가입하면 많은 광고대행사로부터 영업 전화를 받을 것입니다. 나보다 경험이 많은 대행사는 내 스토어 성장에 큰 도움이 될 수 있지만, 판매자가 광고 운영 내용을 자세히 알고 있어야만 의미있는 효과를 기대할 수 있습니다.

처음에는 적은 금액과 소수의 키워드로 경험해보고 효과가 좋다면 좀 더 적극적으로 운영할 것을 추천합니다. 그리고 준비가 부족한 초창기보다는 스토어가 모두 완성된 후에 시작하는 것이 좋습니다.

오프라인 매장이 있다면 쇼핑윈도를 활용하자

네이버쇼핑에서는 오픈마켓, 개인 쇼핑몰, 스마트스토어에 입점한 상품이 노출됩니다. 그리고 오프라인 매장의 상품을 네이버쇼핑에 등록할 수 있는 쇼핑윈도 서비스도 있습니다. 쇼핑윈도는 패션, 푸드, 리빙 등 전국 각지의 다양한 오프라인 상점 정보를 제공하는 쇼핑 O2O(Online to Offline) 플랫폼으로, 오프라인 소상공인들에게 좋은 상품을 알리고 판매할 수 있는 기회를 제공합니다.

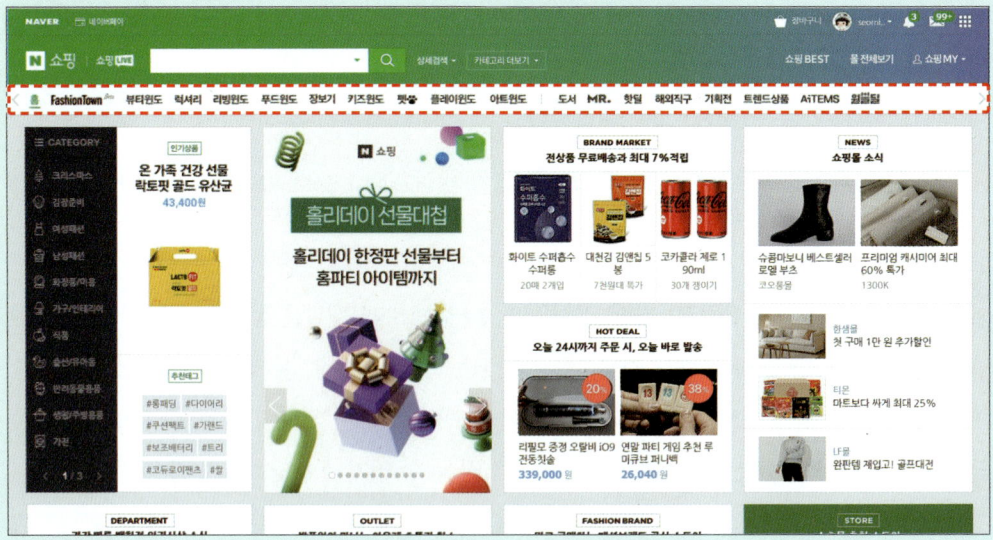

스마트스토어를 운영하면서 쇼핑윈도를 운영할 수 있습니다. 쇼핑윈도는 스마트스토어처럼 네이버 톡톡, 네이버페이 결제 등 대부분의 스마트스토어 관련 서비스를 동일하게 사용합니다.

 **스마트스토어와 쇼핑윈도의 차이점**

쇼핑윈도 운영 방식은 스마트스토어와 동일합니다. 다만 상품 등록 시 검수 단계가 있다는 것이 다릅니다. 스마트스토어센터에서 상품 정보를 입력할 때 [노출 채널]에서 다음과 같이 [스마트스토어]와 [쇼핑윈도]를 선택할 수 있습니다. 하나만 선택하면 선택한 채널에서만 해당 상품이 노출되고 둘 다 선택하면 두 채널에 모두 상품이 등록됩니다.

단, 스마트스토어는 바로 등록되고, 쇼핑윈도는 담당자가 상품 정보를 검수하고 승인해야 등록됩니다.

쇼핑윈도는 오프라인 상점 운영자를 위한 서비스이므로 입점 과정이 스마트스토어보다 조금 까다롭습니다. 사업자등록증, 통신판매업신고증을 구비해야 하고, 스타일윈도(의류잡화군)는 고객이 방문할 수 있는 오프라인 상점이 있어야 하며, 푸드윈도는 생산자가 직접 생산하는 식품군이어야 하는 등 각 상품 카테고리마다 신청 조건을 꼼꼼히 따져봐야 합니다.

판매자 등급이 높아지면 신뢰도도 높아집니다

스마트스토어에서는 거래 규모와 서비스 기준에 따라 판매자 등급을 부여합니다. 이 등급은 스마트스토어 판매자 정보 영역에 함께 표기되어 고객에게 스마트스토어의 신뢰도를 전달합니다. 특히 판매자 등급 중 '새싹' 등급부터 네이버의 신규 서비스인 '쇼핑라이브'에도 참여할 수 있습니다.

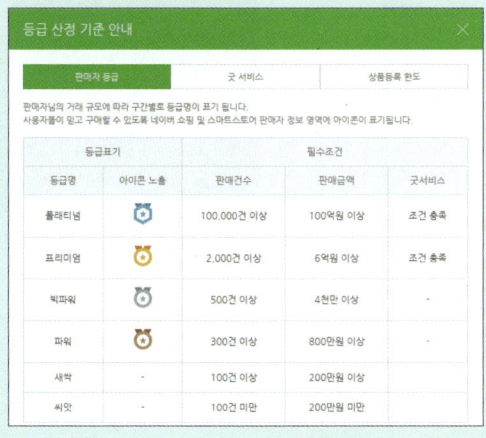
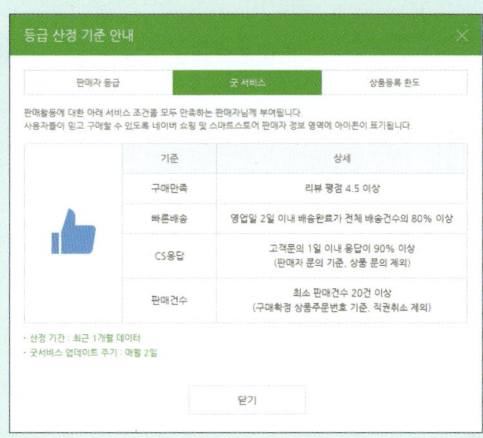

궁금한 점이 생기면 이렇게!

● 도움말

스마트스토어센터의 각 메뉴 오른쪽 하단에는 [도움말] 버튼이 있습니다. 이 버튼을 클릭하면 현재 페이지에서 가장 많이 질문하는 내용이 추천 도움말로 노출됩니다. 운영하면서 궁금한 내용이 있다면 도움말 검색 창에 내용을 입력해 확인할 수 있습니다.

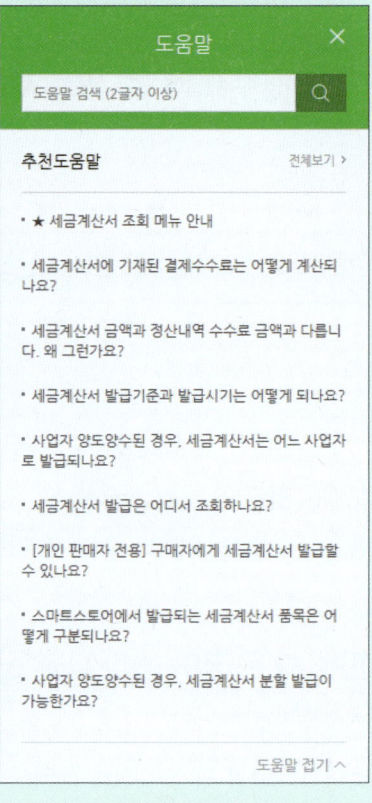

● 공지사항

공지사항에서는 네이버에서 공지하는 시스템, 정책, 판매팁 등을 볼 수 있습니다. 스마트스토어센터에서 [판매자정보]-[공지사항] 메뉴를 클릭해 최신 정보를 놓치지 않고 확인할 것을 권합니다.

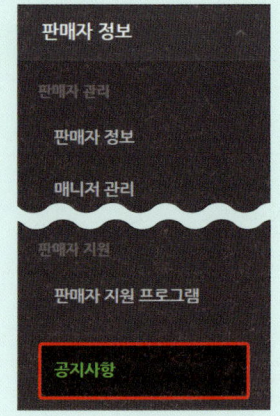

● 전화상담, 톡톡상담

스마트스토어센터 페이지의 하단에는 판매자 고객센터와 상담할 수 있는 버튼이 있습니다. 클릭하여 전화상담 번호를 확인하거나 톡톡상담을 진행할 수도 있습니다. 전화상담은 상담대기 시간이 있을 수 있습니다. 톡톡상담을 이용하면 챗봇이나 고객센터 담당자와의 채팅을 통해 빠르게 문제를 해결할 수 있습니다.

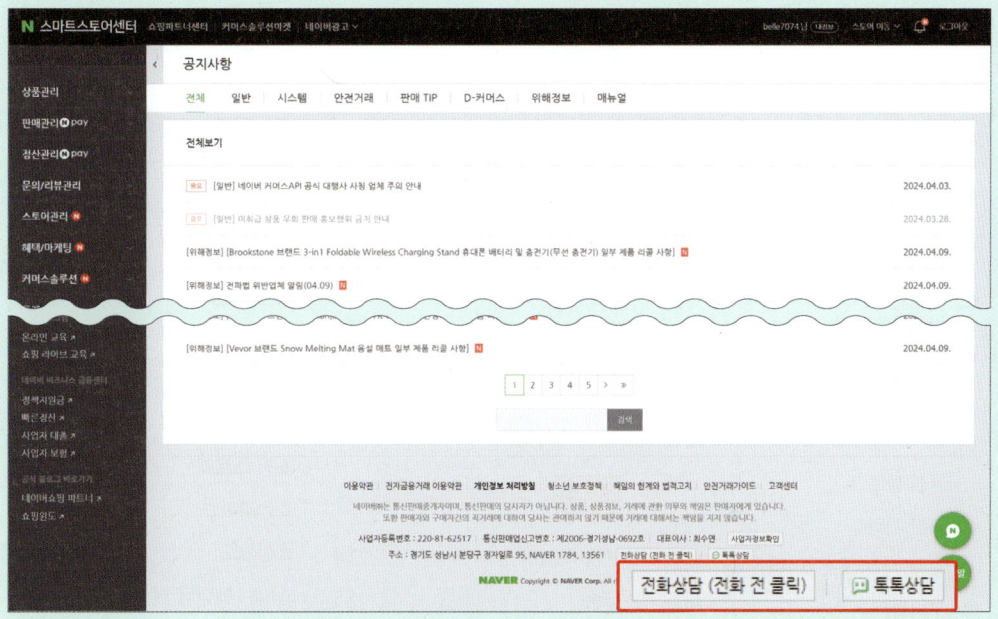

스마트스토어로 판로를 확장하세요

동네 맛집이 유명한 핫플레이스가 되면 분점을 개설하거나 프랜차이즈로 확장하기도 합니다. 스마트스토어도 마찬가지입니다. 쇼핑윈도 추가 입점 등 다양한 경로로 고객을 만나기 위해 온라인 판로를 확장할 수 있습니다. 다양한 연령대의 고객을 만날 수 있는 기획을 구상하고 MD와의 상담을 통해 오픈마켓으로 진출하거나 소셜커머스에 입점할 수도 있습니다. 새로운 채널을 통해 추가적인 매출이 크게 발생할 수도 있습니다. 또는 역으로 내 스토어에 상품 입점 제안을 받기도 합니다. 더 나아가 개인 쇼핑몰을 열어 큰 판매업체로 발돋움할 수도 있습니다. 스마트스토어를 경험하면서 쌓은 온라인 판매 노하우를 잘 활용한다면 판로를 추가할 때 겪을 수 있는 시행착오를 줄일 수 있을 것입니다.

찾아보기

숫자 & 알파벳

GNB 위치	172
Modoo!	43
Smart Editor ONE	119

ㄱ

가격비교 매칭	36
개인 쇼핑몰	28
개인 판매자	70
검색광고	44, 349
결제수수료	264
고객 리뷰	252
고객 문의	246
공식 블로그	333
교환 처리	241
구매안전서비스 이용확인증	81
구매확정	265
기타 상품 정보	133
기획전	326

ㄴ

네이버 랭킹순	304
네이버 톡톡	46, 248
네이버쇼핑	32, 300
네이버페이	39

ㄷ

데이터랩	315

ㄹ

랭킹순	304
리뷰 이벤트	257

ㅁ

마케팅 메시지	282
모두	43

ㅂ

반품 처리	234
배송	135
배송 정보 입력	230
베스트 리뷰 상품	188
베스트 상품	186
벤치마킹	50

ㅅ

사업자 판매자	71
사업자등록증 발급	79
사입	25
상세 설명 템플릿	123
상세페이지	64, 119
상품 등록	103, 146
상품 이미지	117
상품 정보 수정	155
상품 주요 정보	130
상품 쿠폰	268
서비스 연결	214
성장포인트	340
소셜커머스	27
쇼핑 스토리	205
쇼핑라이브	352
쇼핑윈도	57, 354
스마트 에디터 원	119
스마트플레이스	43
스타트 제로수수료	338
스토어 대표 이미지	167
스토어 이름	175
스토어 전시	164, 170
신뢰도	313
신상품	184

ㅇ

아이템	24
알림받기	271
애널리틱스	45
어뷰징	154
오픈마켓	27
온라인 판매처	27
옵션 설정	109
원쁠딜	320
원쁠템	320
인기검색어	314
인기도	311

ㅈ

자유배너	194
자유상품	189
재고수량	107
재방문 마케팅	268
적합도	305
전시 카테고리	195
정산	262
주문 실시간 알림 설정	223
주문 처리	225
주문 확인	222
주문관리수수료	40

ㅊ

체류 시간 마케팅	292

ㅋ

카테고리 매칭	36
카테고리 선택	104, 150
카테고리 설정	195
컬러 테마	171
컴포넌트 관리	174
클릭 수	311

ㅌ

태그	142, 310
통신판매업	72

ㅍ

판매 규정	22
판매가	107
판매자 가입	86
판매자 등급	355
판매자(셀러)	70
프로모션 이미지	179

ㅎ

해외사업자 회원	73

동영상 강의 확인하고 실시간 상담하기

네이버 지식iN eXpert에서 저자에게 질문하기

언제 어디서나 전문가와 1:1 온라인 상담을 할 수 있습니다. 네이버 모바일 버전에서 지식iN eXpert에 접속하고 [창업/부업]-[쇼핑몰 창업]을 선택해 서미진 엑스퍼트에게 질문하세요. 실시간으로 궁금증을 해결할 수 있습니다(유료 서비스).

▲ 네이버 지식iN eXpert

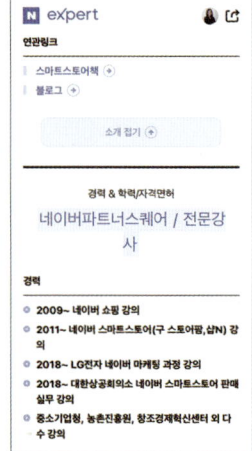

▲ 지식iN eXpert 바로가기

초보 판매자를 위한 동영상 강의 확인하기

네이버 스마트스토어를 처음 시작하는 분을 위한 서미진 저자의 특별 동영상 강의가 준비되어 있습니다. 스마트스토어를 개설한 후에 상품을 등록하는 방법을 차근차근 배워보세요. 카테고리 선택부터 특이사항 기재까지 따라 하면서 스마트스토어를 쉽고 빠르게 익힐 수 있습니다.

▲ 상품등록 동영상 강의 바로가기